U0946098

中华全国工商业联合会

年 鉴

2018

中华全国工商业联合会 编著

中华工商联合出版社

图书在版编目（CIP）数据

中华全国工商业联合会年鉴. 2018 / 中华全国工商业联合会编著 . -- 北京 : 中华工商联合出版社, 2019.6
ISBN 978-7-5158-2511-3

Ⅰ.①中… Ⅱ.①中… Ⅲ.①中华全国工商业联合会-2018-年鉴 Ⅳ.①D665.4-54

中国版本图书馆CIP数据核字（2019）第 097471 号

中华全国工商业联合会年鉴 2018

作　　者：中华全国工商业联合会
项目统筹：王宝平　李红霞
责任编辑：马　燕　孟　丹
封面设计：周　琼
责任审读：郭敬梅　李　征
责任印制：迈致红
出版发行：中华工商联合出版社有限责任公司
印　　刷：北京毅峰迅捷印刷有限公司
版　　次：2019 年 7 月第 1 版
印　　次：2019 年 7 月第 1 次印刷
开　　本：710mm×1020mm　1/16
字　　数：530千字
印　　张：单色18.75　彩色4
书　　号：ISBN 978-7-5158-2511-3
定　　价：198.00 元

服务热线：010-58301130
销售热线：010-58302813
地址邮编：北京市西城区西环广场 A 座 19-20层，100044
http: //www. chgslcbs. cn
E-mail: cicap1202@sina.com（营销中心）
E-mail: gslzbs@sina.com（总编室）

《中华全国工商业联合会年鉴2018》编审委员会

目　录

专　题

第一部分　概况

第二部分 工作成果

第三部分 领导讲话

第四部分 调研报告

第五部分 全国工商联2018年大事记

第六部分 地方工商联工作

“改革先锋”称号获得者（部分）

2018年12月18日上午，庆祝改革开放40周年大会在北京人民大会堂举行。100名“改革先锋”称号获得者在大会上受到表彰。其中，部分受表彰者曾任或现任全国工商联职务[①]（以下按姓氏笔画排列）。

民营企业家的优秀代表　刘永好

刘永好　男，汉族，群众，1951年9月出生，四川新津人，新希望集团有限公司董事长、总裁，第九届、十届全国政协常委，第七届、八届全国工商联副主席。1982年他投身农业领域，1987年研制出第一款国产乳猪饲料。带领企业不忘初心，勠力前行，不断拓展，目前产品涵盖饲料生产、农业科技、食品加工、金融服务等诸多领域，在全球30多个国家和地区拥有分（子）公司600余家，员工近7万人，年销售收入超千亿元，连续14年被评为“中国企业500强”。积极投身公益事业，倡议发起“中国光彩事业”。开启“精准扶贫1+1”行动，广泛开展产业扶贫、教育扶贫。荣获“全国劳动模范”等称号和“全国脱贫攻坚奉献奖”。

民营汽车工业开放发展的优秀代表　李书福

李书福　男，汉族，无党派人士，1963年6月出生，浙江台州人，浙江吉利控股集团董事长，全国工商联副主席。他怀揣着“做老百姓买得起的好车”的理想，1997年进入汽车行业，创办了我国第一家民营汽车企业。带领吉利成功完成了一系列国际化战略布局，不仅推动沃尔沃汽车取得了品牌的复兴和持续发展，还成为沃尔沃集团第一大持股股东、戴姆勒公司第一大股东，积极推动中国汽车工业“走出去”。经过20多年蓬勃发展，吉利集团连续7年位列世界500强，在全球拥有逾10万名员工。荣获“浙江省新时代优秀中国特色社会主义事业建设者”称号。

① 人员名单及事迹材料参见央视网：http://news.cctv.com/2018/12/18/ARTIRWhryv0xd0JG1cHXypLo181218.shtml。部分人员照片来自权威网站。

电子产业打开国际市场的开拓者　李东生

李东生　男，汉族，中共党员，1957年7月出生，广东揭阳人，TCL集团股份有限公司党委书记、董事长、首席执行官，全国工商联副主席。他主导TCL开展重大跨国并购，开创了中国企业国际化经营的先河，在全球设有28个研发机构和22个制造基地、产品行销160个国家和地区、年营业收入超千亿元。彩电销售量连续多年位居全国和全球前列，创下了制造我国第一台按键免提电话、第一代大屏幕彩电等多个第一。带领团队建成完全依靠自主创新、自主团队、自主建设的高世代面板线，实现我国视像行业显示技术的历史性突破，中国继日韩之后成为掌握自主研制高端显示科技的国家。荣获“全国劳动模范”等称号。

海归创业报国推动科技创新的优秀代表　李彦宏

李彦宏　男，汉族，无党派人士，1968年11月出生，山西阳泉人，百度在线网络技术（北京）有限公司董事长、首席执行官。中国民间商会副会长、曾任全国工商联副主席。他秉持“用科技让复杂的世界更简单”的理念，20世纪90年代率先深入研究搜索引擎技术，拥有“超链分析”技术专利。2000年归国创业成立百度公司，发展成为全球第二大独立搜索引擎和最大的中文搜索引擎。注重人工智能前沿科技研究，推动人工智能、大数据等技术与制造、汽车、教育、金融、生活服务等领域的深度融合及在社会治理方面的应用，助力我国经济的高质量发展和智慧城市的构建。成立百度基金会，促进公益事业。荣获“首都杰出人才奖”等。

倾力支持国家改革开放的香港著名企业家　曾宪梓

曾宪梓　男，汉族，1934年2月出生，广东梅州人，香港金利来集团有限公司创办人。曾任全国工商联副主席，第八届、九届、十届全国人大常委。1986年开始到内地投资设厂，1989年合资成立中国银利来有限公司，成为我国首家专营领带生产的合资企业。组织海内外华人到内地投资，2001年促成第六届“世界华商大会”在南京召开。从20世纪70年代末开始，捐资支持国家教育、航天、体育、科技、医疗与社会公益事业，历年捐资逾1400项次，累计金额超过12亿港元。拥护“一国两制”方针，曾任香港特别行政区筹备委员会委员，为香港顺利回归祖国、实现平稳过渡和保持繁荣稳定做出重要贡献。荣获“中华慈善奖”、香港特别行政区政府“大紫荆勋章”。编号第3388号小行星被命名为“曾宪梓星”。

社区党建和治理创新的探索者　茅永红

茅永红　男，汉族，中共党员，1954年12月出生，湖北武汉人，湖北省武汉市江岸区百步亭社区党委书记、百步亭集团有限公司董事局主席，曾任第十二届全国政协常委，全国工商联副主席。他改革创新“社区”理念，率先开启中国特色“社区建设”探索之路，突破传统管理模式，建成全国第一个不设街道办事处的社区，对全国新建社区逐步取消街道产生了促进作用。首创“建设、管理、服务”三位一体的社区建设模式和“党的领导、政府服务、居民自治、市场运作”的社区运行机制，“百步亭社区党建工作法”成为全国社区党建一面旗帜，影响和推动了基层治理体系和治理能力现代化。荣获“全国先进工作者”称号。

经济体制改革理论的探索者　林毅夫

林毅夫　男，汉族，无党派人士，1952年10月出生，台湾宜兰人，北京大学教授，国务院参事，第十三届全国政协常委、经济委员会副主任，全国工商联原专职副主席，世界银行原高级副行长、首席经济学家。他植根于改革开放实际，自主创立并实践了新结构经济学理论体系，在国际上产生重要影响力。丰富完善农业经济学理论，重新构建发展中国家制度安排和宏观经济理论，为我国经济学理论创新做出了重要贡献。参与国有企业、金融体制、电信体制改革、中国加入世界贸易组织和经济全球化、粮食和“三农”等重要改革政策制定。积极推动中非合作新模式，帮助有关发展中国家成功实现经济结构转型。参与创立北京大学南南合作与发展学院，推动了合作转型和深化发展。荣获“全国先进工作者”“国家有突出贡献中青年专家”等称号。

温州民营经济的优秀代表　南存辉

南存辉　男，汉族，无党派人士，1963年7月出生，浙江温州人，正泰集团股份有限公司董事长，全国工商联副主席，第十二届、十三届全国政协常委。1991年中美合资正泰电器有限公司成立以来，他坚守实业、改革创新，推行股权配送制度等股份制改造，使公司迅速发展壮大，成为产销世界70多个国家和地区的大型现代企业集团、我国低压电器行业最大产销企业和新能源领军企业，实现了从传统制造向智能、绿色和服务型制造转型。2007年，正泰集团控告国外某知名电气公司专利侵权，对方败诉并赔付巨额资金，成为国内企业在涉外知识产权案件上获得赔付的经典案例。荣获“浙江省新时代优秀中国特色社会主义事业建设者”等称号。

改革开放40年百名杰出民营企业家

在改革开放40周年之际，为宣传民营经济发展巨大成就，展示民营企业家中国特色社会主义事业建设者风采，大力弘扬优秀企业家精神，鼓励广大非公有制经济人士“不忘创业初心，接力改革伟业”，为实现中华民族伟大复兴中国梦做出新的贡献，中央统战部、全国工商联决定推荐宣传改革开放40年百名杰出民营企业家。2018年10月24日，全国工商联在北京举行新闻发布会，发布了“改革开放40年百名杰出民营企业家名单”。（以下按姓氏笔画排列）

丁佐宏 月星集团有限公司董事长。1962年5月出生于江苏如皋。任第十三届全国政协委员、全国工商联常委、全国工商联家具装饰业商会会长、上海工商联副主席等职务。荣获“中国民营企业文化建设先进个人”“江苏省劳动模范”“上海市劳动模范”“上海市优秀企业家”等荣誉称号。

万　隆 双汇集团董事长。1940年出生，河南漯河人。是享受中国国务院特殊津贴的高级经济师、高级政工师，现任世界肉类协会理事，中国肉类协会常务理事、高级顾问，第九届、十届全国人大代表。荣获“全国劳动模范”等荣誉。

马　云 阿里巴巴集团董事局主席。1964年9月10日生于浙江省杭州市，中共党员。荣获“中国经济十年商业领袖”“CCTV中国经济年度人物”“改革先锋”等荣誉称号。

马化腾 腾讯公司董事会主席兼首席执行官。1971年10月29日生于海南省东方市，祖籍广东省汕头市。现任全国人大代表、全国青联副主席。荣获“2004年全球青年领袖”“2007年中国最具影响力的商界领袖”“2013年全球商界风云人物排行榜第3位”“2018年世界最具影响力十大华商人物”“改革先锋”等荣誉称号。

马有福 青海雪舟三绒集团董事长。中共党员。全国优秀乡镇企业家，2004年荣获“青海省劳动模范”称号，2005年荣获“全国劳动模范”荣誉称号。

王　伟 贵州兴伟集团公司董事长。1968年10月出生，贵州普定人，高级管理师。贵州省工商联副主席、安顺市政协副主

席、安顺市工商联主席。第十三届全国人大代表，第十二届全国政协委员，第十二届中国民间商会副会长，第十届、十一届、十二届全国工商联常委。荣获“中国特色社会主义事业建设者”“全国光彩事业奖章”“全国关爱员工优秀企业家”“全国光彩事业突出贡献奖”“中华慈善奖”等荣誉称号。

王　填　步步高集团董事长。1968年出生于湖南湘乡市，全国人大代表、中国光彩事业促进会副会长、中国连锁协会第四届理事会主席。

王文京　用友网络科技股份有限公司董事长兼CEO。1964年12月15日生于江西省上饶县。荣获“中国优秀民营企业家”“中国优秀民办科技实业家”“全国劳动模范”“求是杰出青年”“中国年度经济人物”等荣誉。

王正华　上海春秋国际旅行社有限公司董事长。1944年出生于上海市。2004年创立春秋航空并任董事长。

王召明　内蒙古蒙草生态环境（集团）有限公司董事长。第十二、十三届全国政协委员，中国上市公司协会内蒙古分会会长，中国畜牧业协会草业分会会长，中国生态道德促进会副会长。享受国务院政府特殊津贴专家，入选“国家万人计划和百千万人才工程”，“有突出贡献中青年专家”，曾获“内蒙古自治区科技进步一等奖”。

王传福　比亚迪股份有限公司董事长。1966年2月生，安徽芜湖人，中共党员。现为广东省第十二届工商联副主席。荣获香港“紫荆花杰出企业家”奖、“中国优秀民营企业家”“深圳十大杰出青年”“2008年CCTV中国经济年度人物年度创新奖”等荣誉称号。

王均金　上海均瑶（集团）有限公司董事长。1968年12月出生于浙江温州。第十三届全国政协委员、第十二届全国人大代表、第十一届全国政协委员、中国光彩事业促进会副会长、上海市工商联（总商会）副主席（副会长）、上海市浙江商会会长。荣获“全国脱贫攻坚奖奉献奖”“全国优秀企业家”等荣誉。

王林祥　内蒙古鄂尔多斯投资控股集团有限公司董事长。1951年12月出生在内蒙古包头，中共党员。第十届、十一届、十二届全国人大代表。荣获“全国边陲儿女银质奖”“国家经贸委全国首届经济改革人才奖”“全国杰出青年企业家”“全国纺织工业劳模称号”“全国劳动模范称号”“全国杰出经济管理大师”等荣誉称号。

王建沂 富通集团董事局主席。1963年12月生，浙江杭州人，正高级经济师，中国农工民主党党员，富通集团有限公司创始人，现任全国政协经济委员会委员、浙江省工商联主席、浙江省商会会长。荣获“国家信息产业重大技术发明奖”“国家科技进步二等奖”“中国光彩事业奖章”“全国劳动模范”“浙江省非公有制经济人士新时代优秀中国特色社会主义事业建设者”等荣誉称号。

牛宜顺 华勤橡胶工业集团有限公司党委书记。中共党员，1955年1月出生于山东省济宁市兖州区，高级经济师，现任山东省第九届、十届人大代表。先后获得“全国劳动模范”“山东省劳动模范”“山东省优秀企业家”“山东省优秀中国特色社会主义事业建设者”等荣誉称号。

尹明善 重庆力帆汽车有限公司董事长。1938年1月出生。2002年被选为重庆市工商业联合会（总商会）会长。2003年当选为政协重庆市第二届委员会副主席。连续被授予重庆市“优秀企业家”。另外，荣获“振兴重庆争光贡献奖”“紫荆花杯企业家”“光彩事业奖章”“全国关爱员工优秀民营企业家”“中华慈善奖”等荣誉称号。

左宗申 宗申产业集团董事局主席。原十二届全国政协委员、全国工商联常委，现重庆市人大代表、重庆市巴南区工商联主席、中国汽车工业协会摩托车分会理事长。先后荣获“全国优秀中国特色社会主义事业建设者”“首届振兴重庆杰出贡献奖”“卢作孚贡献奖”“国家民政部爱心捐助奖”“中国光彩事业奖章”等荣誉。

叶　青 北京叶氏企业集团有限公司董事长。1966年6月生，广东新会人，民建会员。担任全国政协常委、全国工商联副主席、朝阳区人大常委会副主任、朝阳区工商联主席。荣获“优秀中国特色社会主义事业建设者”“全国五一劳动奖章”等光荣称号。

史贵禄 荣民控股集团有限公司董事长。1965年4月生，陕西榆林人。现任全国工商联副主席、陕西省工商联副主席，中国民间商会副会长，陕西省工商业联合会（总商会）副会长。荣获“全国五一劳动奖章”“全国优秀中国特色社会主义建设者”“全国光彩事业奖章”“全国十大特殊贡献奖”“全国优秀民营企业家”等多项荣誉。

冯小华 广西洋浦南华糖业集团董事长。1956年8月出生，中共党员。现为全国工商联常委，中国糖业协会副理事长，广西

壮族自治区工商业联合会副会长、自治区政协委员、广西糖业协会副理事长、广西八桂糖产业商会会长。2008年被评为“全国轻工行业劳动模范”。

尼玛扎西　西藏宏绩集团有限公司董事长。1963年出生于西藏林芝，中共党员。任中共十八大代表，西藏自治区第七届党代会代表，第八届、九届政协委员。全国工商联旅游商会副会长、西藏自治区工商联副主席、西藏旅游业商会会长。荣获“西藏自治区首届优秀中国特色社会主义事业建设者”称号。

年广九　“傻子瓜子”创始人。1937年1月出生，安徽怀远县人。现任中国食品工业协会坚果炒货专业委员会顾问、芜湖市炒货食品协会名誉会长。

乔秋生　河南黄河实业集团股份有限公司董事长。河南长葛市增福庙乡人，1965年8月出生，中共党员，经济师。第十二届全国人民代表大会代表（河南代表团）。现任河南省工商联副主席。荣获“河南省先进民营科技工作者”“全国关爱员工优秀民营企业家”等荣誉。

任正非　华为技术有限公司主要创始人、总裁。1944年10月25日出生于贵州省安顺市镇宁县。

刘汉元　通威集团有限公司董事长。1964年12月生，四川眉山人，高级工程师。1994年4月加入中国民主建国会。现任民建中央常委、民建中央企业委员会主任，民建四川省委副主委，全国政协委员。荣获“优秀中国特色社会主义事业建设者”“全国‘振兴行动’突出贡献奖”“全国关爱员工优秀民营企业家”等荣誉称号。

刘永好　新希望集团有限公司董事长。生于1951年9月，四川省成都市人。现任民生银行副董事长，全球川商总会会长，中国企业家俱乐部副理事长。现任第十三届全国政协委员。历任第九届、十届全国政协常委，第十届、十一届全国政协经济委员会副主任，第七届、八届全国工商联副主席，第八届、九届、十届、十一届全国政协委员，第十二届全国人大代表。荣获“全国劳动模范”“光彩事业突出贡献奖”“CCTV中国经济年度人物”“中国改革开放30年影响中国经济30人”“全国脱贫攻坚奖奉献奖”“改革先锋”等荣誉称号。

刘延云　千喜鹤集团董事长。1967年1月生于河北省南宫市，民进成员。第十一届、十二届、十三届全国政协委员，全国工商业联合会第十届、十一届、十二届常委。荣获“中国品牌建设十大杰出企业家”“中国优秀企业家”“全国关爱员工优秀民营企业家”“2007年度全国十大奥运年度企业家”等荣誉称号。

刘庆峰 科大讯飞股份有限公司董事长、总裁。1973年2月生于安徽泾县。现任语音及语言信息处理国家工程实验室主任，全国大学生创新创业联盟首任理事长，中国语音产业联盟理事长，中国科学技术大学兼职教授、博导。第十届、十一届、十二届、十三届全国人大代表、第十二届全国工商联执委。曾获“第十四届中国经济年度人物”等荣誉。

刘羽桐 甘肃远达投资集团有限公司董事长。女，1968年5月出生，上海市人，无党派人士，经济师。担任中国光彩事业促进会常务理事、全国工商联第十一届和十二届常委、中国社会福利与养老服务协会副会长，甘肃省政协常委、省工商联副主席、光彩事业促进会副会长、民间商会副会长。

刘积仁 东软集团董事长。1955年8月生于辽宁省丹东市。任全国政协委员、东北大学副校长、计算机软件国家工程研究中心主任、中国软件行业协会副理事长、中国互联网协会副理事长。荣获“全国五一劳动奖章”“全国优秀科技工作者”“做出突出贡献的中国博士学位获得者”“全国教育系统劳动模范”等荣誉称号。

米恩华 新疆华凌工贸（集团）有限公司总裁。1958年4月出生于山东泰安，高级经济师，全国政协委员、全国工商联常委、中国光彩事业促进会副会长，新疆维吾尔自治区工商联副主席，乌鲁木齐市政协副主席、乌鲁木齐市工商联（总商会）主席（会长）。

汤　亮 奥盛集团有限公司董事长。上海市人，无党派人士。担任中国集团公司促进会副会长、中国民营经济研究会副会长、中央统战部建言献策小组文化组成员、全国工商联执委、中国民间商会副会长等职务。荣获“上海市劳动模范”“上海市十大光彩之星”“中国优秀创新企业家”“全国企业文化突出贡献人物”“全国关爱员工优秀民营企业家”等荣誉称号。

许连捷 恒安集团有限公司董事局副主席。1953年6月生，福建晋江人。第九届、十届、十一届全国政协委员，第十届全国工商联副主席，福建省工商联副主席。现任中国民间商会副会长，泉州市工商联主席。荣获“全国劳动模范”“全国优秀建设者”“第十届中华慈善奖”捐赠个人等荣誉称号。

许家印 恒大集团董事局主席。1958年10月9日生于河南省周口市太康县。现担任B20中国工商理事会副主席、APEC中国工商理事会副会长、丝绸之路商务理事会中国委员会副主席、中国国际商会副会长、中国企业联合会副会长、中国企业家协会副会长等职务。2018年，当选中国人民政治协商会议第十三届全国

委员会常委。荣获“中华慈善奖”“世界最具影响力十大华商人物”等荣誉。

远勤山 大运九州集团董事长。1968年3月生于山西省运城市盐湖区，经济师。山西省第十一届、第十二届人大常委，山西省第九届、第十届政协委员，运城市人大代表。现任山西省总商会副会长。荣获“全国优秀质量管理先进工作者”“中国优秀民营企业家”“全国诚信经营企业家”“全国关爱员工优秀民营企业家”“2008年中国十大经济人物”等荣誉称号。

严　琦 陶然居饮食文化集团董事长。1967年11月出生，重庆人。现任第十一届全国政协委员、第十一届全国青联委员、第九届民建中央委员、第十届全国工商联执委、第十届全国妇代会执委、全球华人餐饮名人委员会委员、中国青年企业家协会副会长等职。荣获“首届中国青年创业奖”“全国女职工建功立业标兵”“全国三八红旗手十佳标兵”“中国青年五四奖章”“重庆直辖10年建设功臣”等荣誉称号。

苏志刚 广东长隆集团有限公司董事长。1958年6月生，广东广州人。现任全国政协委员、中国民间商会副会长、广东省工商联主席、广东省总商会会长、粤港澳大湾区企业家联盟联席主席等职。荣获“全国优秀中国特色社会主义事业建设者”“广东省优秀民营企业家”等荣誉称号。

李　飏 海特集团董事长。1971年1月出生于四川成都，中共党员，高级经济师。现任十三届全国人大代表、全国工商联十二届常委、四川省工商联十一届副主席。曾获2008年“第二届四川省优秀中国特色社会主义事业建设者”奖章；2014年获国家工信部“国防科学技术进步奖一等奖（个人）”。

李书福 浙江吉利控股集团有限公司董事长。1963年出生于浙江台州。2018年当选为第十三届全国人大代表，全国工商联副主席，曾连任三届全国政协委员。他曾荣获“浙江省新时代优秀中国特色社会主义事业建设者”“改革先锋”等荣誉称号。

李东生 TCL集团股份有限公司董事长兼CEO。1957年7月出生，广东揭阳人，中共党员。中共十六大代表，第十届、十一届、十二届、十三届全国人大代表。荣获“CCTV中国经济年度人物”“改革先锋”等荣誉称号。

李占通 天津大通投资集团有限公司董事长。1964年4月生，河南巩义人，中共党员。现任天津市工商联副主席，南开区政协副主席、区工商联（商会）主席，天津大通投资集团有限公

司董事长。荣获“全国优秀中国特色社会主义事业建设者”“省级优秀中国特色社会主义事业建设者”等荣誉称号。

李彦宏　百度公司创始人、董事长兼首席执行官。1968年11月出生，山西阳泉人。第十二届全国政协委员，现任中国民间商会副会长，第十一届全国工商联副主席、第八届北京市科协副主席等职务，并获聘“国家特聘专家”。荣获“改革先锋”“首都杰出人才奖”“第三届北京市华侨华人‘京华奖’”等荣誉称号。

李彦群　吉林神华集团有限公司董事长。1970年6月出生，高级经济师，民盟成员。现任全国工商联执委常委、吉林市政协副主席、市工商联主席、吉林神华集团董事长。荣获“全国五一劳动奖章”“全国抗震救灾先进个人”“中华慈善事业突出贡献人物”“全国关爱员工优秀民营企业家”“吉林省创业先锋”等荣誉称号。

李振国　九芝堂股份有限公司董事长。1960年7月生，中共党员，高级工程师。十三届全国人大代表。现任黑龙江省工商联副主席，牡丹江友搏药业有限责任公司董事长。

李黑记　东岭集团股份有限公司董事长。1958年8月出生于陕西省宝鸡市，中共党员。目前兼任十二届全国工商联执委常委、中国光彩事业促进会副会长、中国村社发展促进会副会长、陕西省工商联副主席、陕西省人大财经委委员、中共宝鸡市市委委员。荣获“全国优秀中国特色社会主义事业建设者”“全国农村青年星火带头人”“全国优秀企业家”“全国劳动模范”“中国农村改革终身贡献奖”等殊荣。

李湘平　山东东明石化集团有限公司董事局主席。1962年8月生，山东省东明县武胜乡人。中共党员。第十一、十二、十三届全国人大代表，同时任第十二届全国工商联副主席，先后获得“全国劳动模范”“全国优秀企业家”“全国企业优秀党委书记”“第二届中国企业改革十大杰出人物”“全国企业文化建设先进个人”等荣誉称号。

杨宗祥　云南祥丰实业集团有限公司董事长。致公党党员，1951年3月生。现任云南省工商联副主席、云南省企业家协会副会长、云南省化工行业协会副会长、云南省光彩事业促进会副会长等社会职务。荣获“第四届全国非公有制经济人士优秀中国特色社会主义事业建设者”“云南省劳动模范”等荣誉称号。

吴少勋　劲牌有限公司董事长。中共党员。1956年4月出生于湖北大冶。中共十九大代表，第十届、十一届、十二届全国人大代表，中国酿酒工业协会副理事长、中国酿酒工业协会果露酒分

会理事长、中国光彩事业促进会副会长。曾先后荣获“全国优秀青年企业家”“全国五一劳动奖章”“全国劳动模范”“优秀中国社会主义事业建设者”“全国社会扶贫先进个人”“第六次全国民族团结进步模范个人”等荣誉称号。

吴以岭 以岭药业集团董事长。1949年10出生，河北省故城县人。中国工程院院士，第十届、十一届、十二届全国政协委员。现为国家973项目首席科学家、河北省中西医结合医药研究院院长、中国中西医结合学会副会长、河北省中西医结合学会副会长。十几年来，先后获得“国家技术发明二等奖”1项、“国家科技进步二等奖”2项、“何梁何利奖”1项，承担国家973等重大科研课题十余项。2018年5月16日，入选第五批国家级非物质文化遗产代表性项目代表性传承人。

邱亚夫 山东如意科技集团有限公司董事局主席。1959年生于山东，中共党员。担任中国企业联合会副会长、中国企业家协会副会长、中国纺织企业家联合会副会长、西安工程大学和武汉纺织大学客座教授等职务。先后荣获“中国纺织功勋企业家”“中国优秀创业企业家”“中国最受关注的十大企业家”“中华慈善人物”等奖项及称号。

何享健 美的集团创始人，现任美的控股有限公司董事长。1942年8月出生，广东顺德人，中共党员。现任美的控股有限公司董事长。荣获“全国劳动模范”“改革先锋”等荣誉称号。

余渐富 南翔集团董事局主席。1956年出生，安徽东至人。中国光彩事业促进会副会长、全国工商联常委、安徽省工商联副主席、安徽省政协委员、第十一届全国政协委员、十届全国工商联常委等职。荣获“全国光彩事业奖章”“安徽省光彩事业奖章”“安徽省五一劳动奖章”等荣誉称号。

冷友斌 黑龙江飞鹤乳业有限公司董事长。1969年生，黑龙江省北安市赵光镇人。现任中国民间商会副会长、黑龙江省工商联副主席，第十三届全国人大代表。荣获“2018十大经济年度人物”等荣誉。

汪力成 华立集团董事局主席。1960年9月生，浙江省杭州市余杭区人。浙江省第十届人大代表、浙江省第十三届人大代表、全国工商联第九届执行委员、浙江省工商联副会长。荣获“全国劳动模范”“中国第二届创业企业家”“浙江省优秀社会主义事业建设者”等荣誉称号。

沈文荣 沙钢集团董事局主席。1946年生，中共党员，高级经济师。当选为第九届全国人大代表，中共十六大、中

共十七大代表。先后获“全国劳动模范”“全国五一劳动奖章”“中国创业企业家”“优秀中国特色社会主义事业建设者”“中国慈善事业特殊贡献奖”等荣誉。

张　新　特变电工股份有限公司董事长。中共党员。1962年11月生于甘肃民勤，高级工程师。第十一届全国人大代表、中共十八大代表、第十三届全国人大代表。享受国务院特殊津贴专家，“全国五一劳动奖章”“全国劳动模范”获得者。

张一鸣　北京字节跳动科技有限公司CEO。1983年出生于福建龙岩。

张芝庭　贵州神奇集团董事长。1944年出生于河南镇平。现任全国政协常委、全国工商联常委、贵州省工商联会长、中国光彩事业促进会常务理事、民建贵州省委副主委、贵阳市政协副主席。

张华荣　华坚国际股份有限公司董事长兼总裁。1958年3月出生，江西南昌人。第十二、十三届全国政协委员，第十一、十二届全国工商联常委等职务。荣获“全国五一劳动奖章”“全国劳动模范”等荣誉称号。

张近东　苏宁控股集团董事长。安徽天长人。高级经济师。全国工商联副主席，全国工商联扶贫工作委员会主任。自2003年起连续15年担任全国政协委员，当选第十三届全国人大代表。荣获“中华慈善奖”“全国脱贫攻坚奖奉献奖”等荣誉称号。

张果喜　果喜实业集团有限公司董事长。1952年出生，江西余江人，中共党员。自1984年以来，张果喜荣获国家级、省级荣誉200多项，其中三度获“江西省劳动模范”、两度获“全国劳动模范”、连续24年被评为“江西省优秀企业家”。

张建宏　东岳集团有限公司董事局主席。中共党员，1960年11月生于山东桓台。现任中国民间商会副会长，中国氟硅有机材料工业协会副理事长，山东省政协常委，省工商联副主席，山东省高端化工发展促进会会长，是第十一届全国工商联副主席，山东省第十届党代会代表。荣获“第四届全国非公有制经济人士优秀中国特色社会主义建设者”“全国优秀复员退伍军人”“‘十一五’中国石油和化工优秀民营企业家杰出贡献奖”“山东省优秀共产党员”等荣誉称号。

张彦森 狗不理集团股份有限公司董事长。1959年12月生，河北吴桥人。任第十一届全国政协委员、全国工商联常委、天津市工商联副主席、天津同仁堂集团股份有限公司副董事长兼总经理、天津宏仁堂药业有限公司董事长。

陈东升 泰康保险集团股份有限公司董事长兼CEO。1957年出生于湖北天门竟陵。担任中国精算师协会会长、亚布力中国企业家论坛理事长、全球楚商联合会会长、武汉大学校友企业家联谊会创始理事长。

陈志列 研祥高科技控股集团董事局主席。1963年6月生，江苏无锡人。任第十三届全国政协委员、全国政协经济委员会委员、广东省工商联副主席、深圳市工商联主席等职。荣获“中国自动化行业2006年度风云人物”“感动中国十大经济人物”“中国民营企业新锐人物”“中国优秀民营科技企业家”等荣誉称号。

陈泽民 郑州三全集团董事长。1942年生于重庆江津。地美特新能源董事长，万江集团董事长，三全食品创始人。第十、十一、十二届全国人大代表。

茅永红 百步亭集团董事局主席。1954年12月生，湖北武汉人，中共党员。曾任第十二届全国政协常委，全国工商联副主席，第十一届、十二届全国政协委员，第十届全国工商联执委、中国光彩事业促进会副会长。现任湖北省武汉市江岸区百步亭社区党委书记、湖北省工商联副主席。荣获“全国劳动模范”“全国精神文明建设十佳人物”“全国先进工作者”“改革先锋”等荣誉称号。

林印孙 正邦集团有限公司董事长。中共党员，1964年4月出生，江西抚州人。第十二届、十三届全国人大代表，全国工商联常委、江西省工商联副主席、中国饲料协会副会长。2017年获国务院“全国脱贫攻坚奖奉献奖”。

金生光 正平路桥建设股份有限公司总裁。1965年12月出生，高级工程师，享受国务院特殊津贴专家。任青海省第十一届、十二届人大常委会委员，全国工商联第十一届执行委员等社会职务。荣获“优秀中国特色社会主义事业建设者”“全国五一劳动奖章”“2017—2018年度全国优秀企业家”“光彩事业二十周年先进个人”等荣誉称号。

周海江 红豆集团董事局主席兼CEO。1966年生，江苏无锡人，中共党员。现任中国民间商会副会长，中国企业联合会、

中国企业家协会第九届理事会副会长，全国工商联宣传教育委员会主任。中共十七大、十八大、十九大代表，全国工商联第十一届副主席。2016年7月被中共中央授予“全国优秀党务工作者”荣誉称号。2018年12月7日，被江苏省公示为“改革开放40年先进个人”。

周群飞　蓝思科技集团董事长。1970年出生于湖南湘乡，高级工程师，第十三届全国政协委员、第十二届全国工商联常委。获得“全国电子信息行业杰出企业家”“全国五一劳动奖章”等荣誉。

郑跃文　科瑞集团董事局主席。1962年1月出生于福建罗源。任全国工商联副主席、政协第十三届全国委员会经济委员会委员。先后获得“中国优秀民办科技实业家”“中国优秀民营企业家”“江西省十佳民营企业家”“全国光彩事业奖章”“香港紫荆花杯杰出企业家成就奖”“中国民营科技企业‘开拓奖’”“中国优秀民营科技企业家”“中国改革开放30年创新人物”等荣誉称号。

宗庆后　杭州娃哈哈集团有限公司董事长。中共党员。1945年10月出生于江苏宿迁，高级经济师。第十届、十一届、十二届全国人大代表。荣获“全国五一劳动奖章”“全国劳动模范”“全国优秀企业家”“浙江省非公有制经济人士新时代优秀中国特色社会主义事业建设者”等荣誉称号。

南存辉　正泰集团股份有限公司董事长兼总裁。1963年生于浙江省乐清市。曾任第九届、第十届、第十一届全国人大代表，第十届全国青联常委。现任全国政协常委、全国工商联副主席、中国工业经济联合会主席团主席、中国电器工业协会会长。荣获“优秀中国特色社会主义事业建设者”“中国优秀民营科技企业家”“首届中国机械十大杰出企业家”“浙江省功勋乡镇企业家”“改革先锋”等荣誉称号。

柳传志　联想集团有限公司董事局名誉主席。1944年4月出生于江苏镇江，中共党员，高级工程师。任中共十六大、十七大代表，第九届、十届、十一届全国人大代表，全球CEO发展大会联合主席。荣获“全国劳动模范”“改革先锋”等荣誉称号。

钟建国　新疆天山电梯制造有限公司董事长。1965年4月16日生，祖籍江苏吴江，中共党员。2011—2015年任乌鲁木齐市头屯河区政协委员。现任乌鲁木齐市电梯协会监事长，新疆建设兵团工商联、自治区工商联、经济技术开发区（头屯河区）工商联常委等职。

俞敏洪 新东方教育集团董事长。1962年9月4日出生于江苏省江阴市。担任洪泰基金联合创始人、中国青年企业家协会副会长、中华全国青年联合会委员等职。2009年获得“CCTV年度经济人物”。

徐冠巨 传化集团有限公司董事长。1961年生，浙江萧山人。现任中国民间商会副会长、第十三届全国人大代表。曾当选为浙江省第九届、十届政协副主席，第九届、十届、十一届、十二届全国政协委员，第八届、九届、十届、十一届全国工商联常委。荣获“全国五一劳动奖章”“优秀中国特色社会主义事业建设者”“中国优秀民营企业家”“全国关爱员工优秀民营企业家”“浙江省劳动模范”等荣誉称号。

涂建华 隆鑫控股有限公司董事局主席。1963年生于重庆，重庆市工商联主席、总商会会长。第十一届、第十二届全国人大代表，第二届、第三届、第四届重庆市人大代表。曾获“全国优秀企业家”“全国关爱员工优秀企业家”“优秀中国特色社会主义事业建设者”等荣誉称号。

陶华碧 贵阳南明老干妈风味食品有限公司董事长。女，出生于1947年1月26日。先后获贵阳市南明区“巾帼建功标兵”，贵阳市南明区“创卫先进工作者”，贵阳市“巾帼建功标兵”，贵阳市“两个文明”建设服务先进个人，贵州省“三八”红旗手，“全国巾帼建功标兵”“全国杰出创业女性”“中国百名优秀企业家”“全国‘三八’红旗手”等荣誉称号。

黄　立 武汉高德红外股份有限公司董事长。中共党员。1963年6月出生于陕西西安，高级工程师，第十三届全国政协委员，全国工商联副主席。

曹和平 长春欧亚集团董事长。1956年生，山西平顺人。中共十六大、十七大、十八大、十九大代表，全国第九届人大代表，吉林省第七次、八次、九次、十次、十一次党代会代表。荣获“全国劳动模范”“国家有突出贡献的中青年专家”“国务院特殊津贴获得者”等百余项荣誉称号。

曹德旺 福耀玻璃集团创始人、董事长。1946年5月出生，福建省福州福清市人。荣获第十届“中华慈善奖”等荣誉称号。

常兆华 上海微创医疗器械有限公司董事长。出生于1963年。担任全国政协常委、全国工商联副主席、国家教育部现代微创·器械及技术工程研究中心主任、上海理工大学博士生导师等职务。荣获“优秀中国特色社会主义事业建

设者”“上海市优秀中国特色社会主义事业建设者”“首届华侨华人专业人士杰出创业奖”“中国侨界贡献奖”“‘万人计划’领军人才”“国家科技进步二等奖”等荣誉称号。

崔根良　亨通集团董事局主席。中共党员。1958年5月出生于江苏吴江，高级经济师。全国工商联常委、江苏省工商联副主席，第十二届、十三届全国人大代表。先后被授予“全国时代楷模”“全国脱贫攻坚奉献奖”“全国道德模范（提名奖）”“全国劳动模范”“全国非公有制经济人士优秀中国特色社会主义事业建设者”“全国优秀企业家”“中华慈善奖”等荣誉。

阎　志　卓尔控股有限公司董事长。1972年7月1日出生于湖北省黄冈市罗田。现任湖北省工商联副主席、湖北省青联副主席、武汉市工商联主席、武汉市总商会会长、中国企业家协会副会长等职务。荣获“中国特色社会主义事业建设者”“关爱员工优秀民营企业家”等荣誉称号。

梁稳根　三一集团董事长。1956年12月生，湖南涟源人，中共党员，中共十七大、十八大代表，第八、九、十、十三届全国人大代表，全国工商联副主席。全国劳动模范、全国五一劳动奖章获得者。被评为“优秀中国特色社会主义事业建设者”“CCTV中国经济年度人物”。

彭　凡　宁夏共享集团股份有限公司董事长。中共党员。1963年4月出生于四川，正高职高级工程师，中共十八大、十九大代表。享受国务院特殊津贴，获得“何梁何利基金科学与技术创新奖”。

韩　伟　大连韩伟集团董事长。民建会员。1956年2月出生于辽宁沈阳。历任中国人民政治协商会议第八、九、十届全国委员会委员，全国工商联第七、八、九、十届常委和第十一届执委。现任全国工商联农业产业商会名誉会长、辽宁省工商联副主席、大连市第十六届人大代表、大连市总商会副会长。先后荣获“全国新长征突击手”“优秀中国特色社会主义事业建设者”“首届中国十佳民营企业家”等荣誉称号。

景　柱　海马集团董事长。1966年10月生，河南兰考人，中共党员，教授、博士生导师，海马汽车创办人。现任第十三届全国政协委员，第七届海南省政协常委，海南省工商联主席，海马集团董事长。荣获“全国劳动模范”“全国五一劳动奖章”“国务院特殊津贴专家”“首届优秀中国特色社会主义事业建设者”“新世纪百千万人才工程国家级人选”等荣誉称号。

傅　军　新华联集团董事局主席。1957年10月生，湖南醴陵人，中共党员。任中国民间商会副会长、政协第十三届全国委员会委员、社会和法制委员会委员，第十届全国工商联副主席。荣获“中国十大杰出企业家”“中国十大诚信英才”“中国企业改革创新十大风云人物”“中华慈善人物和全国关爱员工优秀民营企业家”等荣誉称号。

傅光明　福建圣农发展股份有限公司董事长。1953年10月2日出生，江西省资溪县人，中共党员。任中国光彩事业促进会理事、福建省人大代表、福建省光彩事业促进会副会长、福建省工商联副会长等职。荣获“全国优秀企业家”“CCTV2007年度十大三农人物”“海峡西岸经济区建设突出贡献者”等荣誉称号。

鲁冠球　万向集团原董事局主席。1944年12月出生于浙江杭州，2017年10月逝世，中共党员。曾任中国乡镇企业协会会长，浙江省企业联合会、企业家协会会长，中共十三大、十四大代表和第九届全国人大代表。荣获“全国劳动模范”“全国五一劳动奖章”“全国思想政治工作特别奖”“改革先锋”等荣誉称号。

谢志强　广西平铝集团有限公司董事长。1971年7月出生于广东湛江市，现任广西壮族自治区工商联副主席、广西百色市政协委员、广西民企商会副会长等职务。先后被评为“广东省优秀企业家”“广西有色金属工业优秀企业家”“湛江驻外商会工作先进个人”。

雷　军　小米科技有限责任公司董事长兼执行官。1969年12月出生于湖北仙桃，高级工程师。任第十二届、十三届全国人大代表，全国工商联副主席。荣获“2012CCTV中国经济年度人物新锐奖”。

雷菊芳　甘肃奇正实业集团有限公司董事长。女，1953年生于甘肃临洮。曾任兰州工业污染治理技术研究所任所长，第十届全国人大代表，第十一届、十二届全国政协委员，全国工商联常委，曾被授予“首届全国优秀社会主义建设者”等荣誉称号，获得“国家科技进步二等奖”。

樊建川　成都建川实业集团有限公司董事长。1957年9月出生于山西省兴县，中共党员。担任四川省建川博物馆馆长、四川省人大常委，中国抗战史学会副秘书长等职务。荣获“中国光彩事业奖章”“中国文化遗产保护十大年度杰出人物称号”“四川省劳动模范”“中国

旅游产业杰出贡献奖（飞马奖）”等荣誉称号。

薛　荣　郑州圆方集团党委书记、总裁。女，1958年5月生，中共党员。当选中国共产党第十九次全国代表大会代表、中国妇女第十二次全国代表大会代表等。荣获“全国优秀党务工作者”等荣誉。

魏立华　君乐宝乳业集团总裁。1964年生，中共党员，第十三届全国人大代表，中国民间商会副会长。先后荣获“全国劳动模范”“全国群众体育先进个人”等荣誉称号。

魏建军　长城汽车股份有限公司董事长。1964年3月8日出生。河北保定人，中共党员。曾任河北省第九届、第十届人大代表及中共十八大党代表。荣获“全国劳动模范”“优秀中国特色社会主义事业建设者”及“河北省优秀民营企业家”等称号。

全国“万企帮万村”
精准扶贫行动先进民营企业

全国“万企帮万村”精准扶贫行动实施以来，广大民营企业大力弘扬为党分忧、先富帮后富精神，踊跃参与，聚焦精准扶贫、精准脱贫，涌现出一大批无私奉献、事迹突出、群众公认的带贫益贫先进典型。为表彰先进，激励和带动更多民营企业踊跃投身脱贫攻坚战，经报请中央批准，层层推荐、逐级公示、严格评审，全国工商联、国务院扶贫办决定授予北京圣火科贸有限公司等100家民营企业全国“万企帮万村”精准扶贫行动先进民营企业称号，介绍如下。

1.北京圣火科贸有限公司作为发起单位和执行单位成立了京津冀民营企业家扶贫联盟。举办帮扶对接活动，74家北京民营企业与张家口市133个贫困村签订帮扶意向书，22个帮扶项目已落地。公司以身作则，率先捐款捐物达1000多万元。

2.天津天士力控股集团有限公司采用“政府+公司+基地+合作社+贫困户农户”扶贫模式，在道地药材核心产区建设药源基地近10万亩，同时对农户进行前期培训、中期投种回收。图为甘肃宕昌县木耳乡马莲村特色农民专业合作社分红现场。

3.河北丰宁顺达矿业集团有限公司主动帮扶杨木栅子乡歪脖沟、南关乡横河子、胡麻营镇胡麻营3个贫困村，投资374万元。图为派驻车辆、机械为歪脖沟村修筑河坝和水泥路。

4.河北天山实业集团有限公司始积极承担社会责任，热心公益扶贫事业，参与希望工程、扶贫攻坚、抗震救灾、城市建设等，先后捐款捐物达数千万元。

5.山西太原康培集团有限公司建设娄烦县产业扶贫万亩油松基地，以土地流转、“公司+农户”等模式，带动当地村民发展苗木种植脱贫致富。该项目共栽苗木2912万株，每年支付土地流转费182.4万元；经过免费培训后安排541名当地农民在基地就业，年支付工资达1100余万元，参与土地流转人口年均增加收入2200余元。

7.山西中阳县益源养殖专业合作社按照“以工补农、光牧互补、种养结合”的发展思路，通过养驴基地建设，带动485户1113个贫困人口参与产业，实现连续4年每人每年享受1000元的产业收益。吸纳两镇四村扶贫资金委托经营，每年可为每个村集体增收3万~6万元。图为合作社建设养殖场。

9.内蒙古乌兰察布市瑞田现代农业有限公司自成立以来，始终以“立足三农、服务三农、精准扶贫”为己任，千方百计提升农业产业化发展水平。公司已与11个贫困村建立结对帮扶关系，投入资金71.9万元，帮扶贫困人口253人。

6.山西汾西县洪昌养殖有限责任公司实施肉鸡产业和光伏产业扶贫，直接安置汾西县建档立卡贫困人口和农村剩余劳动力800余人就业。每年从发电收益中支出400万元用于扶持全县1337户建档立卡贫困户，带动汾西县万余农户从事玉米种植、肉鸡养殖等。图为公司建设的光伏扶贫项目。

8.内蒙古蒙草生态环境（集团）股份有限公司以产业基地建设、生态修复建设、大数据及科研转化应用等产业带动方式与农牧民建立的利益联结机制。公司建立“公司+合作社（合作商）+贫困户”机制，通过育种合作扶贫、劳务合作扶贫、资产收益性扶贫等模式，直接带动建档立卡贫困户1160余人。近5年，公司通过各类公益帮扶形式捐助的金额达5868余万元。

10.辽宁凌源市晟昱菜业食品有限责任公司积极参与“万企帮万村”精准扶贫行动，计划自2016年至2020年捐资155万元，在北炉乡北炉村、何杖子村等7个建档立卡贫困村贫困户。

11.吉林全翼蛋品有限公司与东辽县县政府合资成立吉林众联农业发展有限公司，按照“政府控股、龙头企业参与、市场化运作、贫困人口分红”模式，依托年存栏720万只蛋鸡标准化养殖扶贫项目开展产业扶贫。项目一期已为贫困人口分红800万元，辐射带动专业养殖户1500余户，零散养殖户3000多户。

12.黑龙江飞鹤乳业有限公司在扶贫、医疗等社会公益方面捐赠款物累计4亿元，其中向11个贫困县（市）捐赠价值1.76亿元的医疗设备；飞鹤乳业的全产业链企业拉动齐齐哈尔食品加工业增长35%，全市100多万亩耕地增值，15万农民增收致富，为5万余人提供就业机会，飞鹤还发挥溢出效应，为上下游122家企业发放贷款18亿元。图为飞鹤乳业专属牧场扶贫工作人员指导贫困户配制犊牛饲料。

13.上海相宜本草化妆品股份有限公司在西藏建立了两个红景天种植基地，鼓励贫困农户参与种植，改善生活、巩固脱贫成果。短短几年时间，已累计在西藏种植红景天8万株，为藏族同胞改善生活贡献力量。

14.江苏亨通集团有限公司积极响应“万企帮万村”行动号召，依托亨通慈善基金会在全国老、少、边、穷地区开展精准扶贫，足迹遍及云贵川疆藏等全国19个省份，扶贫款物累计超5.5亿元。图为亨通集团赴北京空军总医院探望云南德宏州和普洱市受助免费手术的先心病儿童。

15.浙江富通集团有限公司聚焦深度贫困地区，以光彩事业为平台，积极参与“中国光彩事业怒江行”等活动，为打赢精准脱贫攻坚战贡献力量。

16.安徽省龙成生态农业有限公司采取“就业创业帮扶”扶贫举措，共帮助338户贫困户成功就业创业，平均年增收2.5万元。图为公司奖补成功就业创业贫困户每户1000元。

17.安徽六安龙翔美食王禽业有限公司采取“一个免费，二个垫资，三个带动”的“123”扶贫模式，实施双鹅(朗德鹅、皖西白鹅)产业扶贫工程。公司累计带动贫困户2200多户，贫困人口5100多人。每年为贫困户垫资1000多万元购买鹅苗、饲料，收购贫困户鹅款达5000万元以上。

18.安徽满篮鲜电子商务有限公司采取“电商+基地+贫困户”模式，利用“同城购”方式，大力推进传统养殖农产品上行。图为公司组织农产品义卖活动。

19.安徽淮南环球港商业管理有限公司积极参与援疆精准扶贫工作，专程赴新疆乌鲁木齐皮山县结对帮扶，帮助当地制订增收计划，提供致富渠道，指导店铺进场装修和开店技巧，促进馕产业发展，积极提供资金和技术支持。

20.安徽合肥市牛耕天农业科技有限公司通过电商扶贫、产业扶贫、旅游扶贫，捐资捐物、乡青计划等多种形式帮助双河村及周边村镇贫困户脱贫致富。图为公司的稻虾扶贫产业园龙虾收购点。2017—2018年，公司通过电商平台销售和引进龙虾餐饮企业直采，帮助贫困户销售小龙虾超20万斤，直接增收520万元。

21.安徽阜阳市金宏生态农业有限公司依托自身优势，利用金融扶贫、产业扶贫、产业提升、科技扶贫、财政资金变股金、就业扶贫等各种形式开展扶贫。图为公司与相关单位联合举办的扶贫技术培训班。

22.安徽华好生态养殖有限公司采取养殖托管、土地分红、安置就业等措施，先后帮扶顺河镇董滩村、扶顺河镇广庙村，共计投入资金3239.4万元，帮扶贫困人口2036人。

23.安徽浩翔农牧有限公司富企不忘富民，立足国家级贫困县利辛县，结对帮扶5个贫困村、100多个贫困户，全力开展产业扶贫、技术扶贫、小区扶贫、捐资助学等工作。

24.安徽宜善农业科技有限公司由池州市安庆商会11家会员单位共同出资成立，采取“商会+项目+村集体+农户”的模式，制定了生态种植野葫芦和富硒稻的产业扶贫方案，种植的野葫芦和富硒稻当年实现产值近60万元。此外，公司积极开展技术扶贫、就业扶贫、公益扶贫，多措并举助推打赢脱贫攻坚战。

25.安徽联邦农业科技有限公司牵头成立含山县联邦粮食产业化联合体，通过发展小河村绿色水稻种植、探索种养殖综合性开发、流转山村土地等方式，探索建立主导产业助推村户脱贫。此外，吸纳贫困户资金入股增加稳定收入，扶持就业激发内生动力，捐资助贫造福乡邻。图为公司实施的稻虾共养项目。

26.厦门恒兴集团积极参与福建省“百企帮百村”精准扶贫行动，主动与安溪西坪镇留山村和感德镇大坂村结对帮扶，取得良好扶贫成效。图为厦门恒兴集团精准扶贫小组到安溪县感德镇大坂村和西坪镇留山村开展送温暖慰问活动。

27.山东青岛昌盛日电太阳能科技股份有限公司创新“光伏+农业+扶贫”模式，通过一二三产业融合促进农业增效，发展光伏清洁能源保证农村增绿，实施“造血式”精准扶贫保证农民增收，为农村提供就业岗位，持续带动贫困户脱贫致富。

28.山东济南圣泉集团股份有限公司联合山东省扶贫开发基金会成立“圣泉帮帮忙扶贫公益基金”，并探索出“爱心之家贫贫互助”特色扶贫模式。图为贫困户为贫困老人理发。

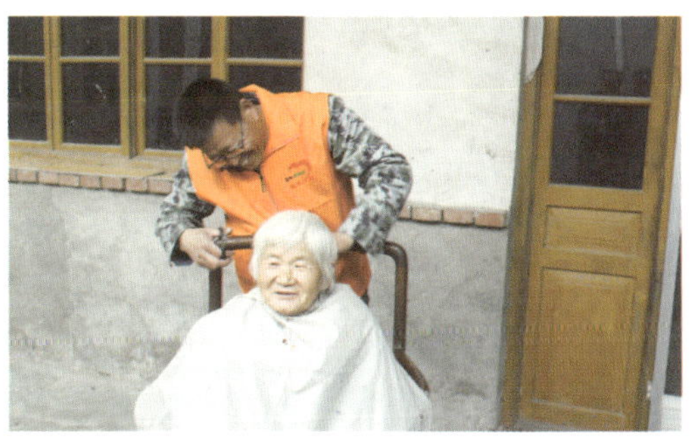

29.江西恩泉油脂有限公司采取“公司+基地+合作社+农户”模式，通过产业分红、收益分红、就业带动、支付租金等方式，带动5000余贫困人口脱贫致富。

30.江西奕方农业科技有限公司投资2.35亿元建设6169亩的果园基地和占地90亩的水果综合加工工厂，积极链接吉安“四个一”扶贫模式，提供蜜柚、脐橙、柠檬等水果种植技术并收购农户种植水果进行食品加工。公司积极参与公益事业，通过中国社会福利基金会助老助残助学。

31.江西国兴集团百丈泉食品饮料有限公司传承兴国传统特色食品，大力发展农副产品精深加工，推动农业产业化，带动1000余贫困户脱贫，户均年增收约1万元；回馈社会、爱心捐赠，捐赠金额近100万元。图为建设灰鹅养殖重点村。

32.江西广雅食品有限公司积极支持并参与当地的精准扶贫工作，通过流转土地、改善贫困村基础设施条件、开展技术培训、安置就业、入股分红等多种方式增加贫困户收入，有力推动了当地的脱贫攻坚工作。该公司共带动了1200户贫困户增收脱贫。图为公司技术人员正在向贫困户现场传授竹腔施肥技术。

33.江西萍乡市荷树坪农业开发有限公司通过“挂靠经营+保底分红”的形式，建立与贫困户的利益联结机制，为全村63户203名贫困户发放2018年养羊分红共计9.8万元。此外，公司还吸纳18名建档立卡贫困户在基地就业。

34.江西垒旺控股有限公司2011年7月投入500万元创立了“垒旺阳光”助学基金会，计划10年内每年捐赠50万元，资助当年考取大学的贫困家庭子女圆求学梦。

35.河南三阳畜牧股份有限公司坚持“千场带万户，精准助脱贫”发展战略，探索多种扶贫带贫方式。三阳畜牧已向各区域贫困户累计发放扶贫金1500余万元，直接帮扶贫困户28500余户，直接或间接带动惠及85000余人。

36.河南郑州医美健康产业集团致力于开展健康扶贫。已为全国4858个贫困村卫生室各捐赠了一套慢性病物理治疗设备，总价值1.5亿元，2020年前完成健康扶贫全国行整体目标。并把贫困户矿泉水、藜麦、铁皮石斛融入医美销售渠道，为贫困村家庭成员提供就业机会。

37.河南中蔼万家服装股份有限公司通过“中心工厂+卫星工厂+服装加工”的生产组织方式，先后在河南省13个县区、63个乡镇、220个村，建成中心基地16家，扶贫工厂220家，带动贫困人口脱贫4581个，提供工作岗位15000多个，开启了“智能化促进乡村妇女居家就业扶贫”的新模式。

38.河南新亚服装有限公司是一家现代化服装加工企业。公司按照“总部+卫星工厂”模式在县市周边农村人口密集村庄建设47个加工厂，安排就业近4500人，人均每年增收3万元，帮助农村贫困人口和留守妇女就近就业脱贫致富。

39.河南世纪香食用菌开发有限公司积极参与食用菌产业扶贫工作，承接建安区20个贫困村的20个食用菌产业扶贫基地大棚建设、技术管理和产品购销工作。先后建成标准化食用菌大棚228座、连栋温室2座。为贫困户提供就业岗位800余个，带动341户贫困户实现了稳定脱贫。

40.河南省仲景宛西制药公司采用“公司+基地+农户”的模式，先后在河南西峡县26个村建立了20万亩的山茱萸生产基地。与药农签订了长达30年的购销合同。投资近亿元分别在豫、皖、川三省建立了地黄、山药、丹皮、茯苓、泽泻等六大药材基地，采用基地化种植，标准化管理，品牌化经营，把中药生产的第一车间建在了“田间地头”，辐射带动了基地所在地的50万农民增收致富。图为宛西制药为药农发放有机肥料。

41.河南三门峡二仙坡绿色果业有限公司积极吸纳贫困农民就业，2016年以来累计带动362户农户脱贫。低价供应苗木5万余株，帮助贫困户发展优质果园600多亩。公司常年组织技术培训，向贫困户传授苹果高产优质种植技术，为当地农村脱贫致富做出了突出贡献。

42.河南好想你健康食品股份有限公司主动参与河南省“千企帮千村”精准扶贫行动，立足企业特色，走出一条产业扶贫、资本扶贫、消费扶贫、标准扶贫、数据扶贫的五张牌扶贫法，为打赢脱贫攻坚战作出应有贡献。图为公司在新疆培育的矮化枣林。

43.河南天明集团持续参与慈善公益事业，始终牢记企业社会责任、企业公民责任，把“奉献爱心、回馈社会、慈善公益、扶贫济困”作为天明的核心价值观，累计捐赠善款逾1.52亿元。图为驻马店贫困县平舆县捐赠扶贫款30万元。

44.湖北卓尔控股有限公司以湖北精准扶贫攻坚区域为方向，以2019年前建成15个卓尔美好生活馆、振兴乡村文化为先导，以2020年实现50个村、3000个贫困户、15000贫困人口脱贫为目标，投资百亿元打造系列文旅扶贫产品、实施产业扶贫、搭建电商平台，打造“一村一品”。募集教育等专项扶贫资金累计超过3000万元。

45.湖北十堰金方贸易有限公司于2015年在房县成立有机稻种植基地，带动房县10万亩水稻种植、黄酒产业发展、4000多户名农户脱贫致富。公司水稻基地合作社及种粮大户统一流转土地，扶持精准扶贫户承包管理，并以高于市场价的价格对有机稻进行定向收购。贫困户通过在合作社务工，务工年收入最高多达8000元。

46.湖北沛函建设有限公司搭建“一个子公司联系一个乡镇，一个职能部门帮扶一个贫困村，一个员工结对一个贫困户”的工作构架，全面覆盖11个乡镇22个重点贫困村，累计派出扶贫工作小组312人次，通过智力帮扶、产业帮扶、公益帮扶、结对帮扶等方式，帮扶贫困户339个，贫困人口1486人，累计投入1800万元。图为公司为贺家坪镇贫困户捐助茶叶幼苗。

47.湖北燕儿谷生态观光农业有限公司精准帮扶罗田县燕窝湾村，探索创新“七联合”“五结合”的村企联建产业扶贫模式，将一个国定贫困村建设成了美丽的3A级景区燕儿谷，休闲农业、乡村旅游和康养服务已成为当地支柱产业。

48.湖北襄阳博亚精工装备股份有限公司成立扶贫专班，定期安排党员深入扶贫点参与帮扶工作，形成了以产业扶贫为主的帮扶措施。公司先后投入300余万元用于扶贫产业开发，通过生猪养殖帮助贫困户脱贫致富。

49.湖北骆驼集团股份有限公司结对帮扶，派驻扶贫工作组帮助贫困户制订脱贫举措，帮扶物资及款项共计30多万元。扶贫工作队还开展了送文化、送就业岗位、送健康咨询、送信息资源等活动到扶贫点。图为公司完善易地扶贫安置点的基础设施建设。

50.湖北大明汽车贸易有限公司累计投入100多万元，帮助岷峪村建设100亩观光茶园、果园基地，发展种植产业；为村民发放猪仔1500余头，鸡仔、鸭仔各6000余只，发展养殖产业。另外还通过安排村民就业、电商、助学等形式帮助该村脱贫。图为公司定期为村民发放猪崽、鸡仔、鸭苗等。

51.湖南省夏生实业有限公司以精准扶贫为己任，开展就业扶贫，优先招收农村贫困家庭劳动力1700多人，国企下岗职工800人，月均工资收入4500元；定点双联对口帮扶点6个，投入扶贫资金450万元，完成产业扶贫项目15个；举办慈善培训班6期，培训建档贫困户320名；资助贫困家庭大学生670名，帮助顺利完成大学学业，为脱贫攻坚做出贡献。

52.湖南大三湘茶油股份有限公司在祁东、常宁、衡南、永州等地建设了4个高标准油茶种植示范基地，自有基地4万亩，“公司+合作社+农户”模式油茶基地36万亩，带动了4.6万户、近13万农民增收。

53.湖南湘西苗汉子集团积极投身脱贫攻坚战，以十八洞村样板，发展猕猴桃产业，在全国探索股份制产业扶贫模式和经验，带动全县11142建档立卡贫困人口脱贫致富奔小康。

55.湖南张家界康茜生态农业投资开发有限公司为张家界市农业产业化龙头企业之一。近年来，公司自筹资金3000余万元，在桑植县廖城、南滩等村组，建设以红心猕猴桃和玉竹为主的扶贫产业示范园各1000亩，覆盖1个乡镇17个村，覆盖人口4149人。

57.湖南五江轻化集团以扶贫为己任，先后支持茅塘镇光阳村，桥头河镇檀山村整修河道，开展农田水利设施建设和道路建设。安排300余名贫困人口到公司就业。图为五江集团支持的茅塘镇光阳村正在开展的农田水利建设。

54.湖南华莱生物科技有限公司与安化县政府签署《重点产业扶贫项目委托扶贫备忘录》，投入6300万元，采用委托、股份帮扶，扶持贫困户新建茶园1600亩，自建茶园400亩，建设两条黑茶产品生产线，联结带动贫困对象6000人。累计上缴税收10亿元，捐资公益6亿元。

56.湖南绿之韵集团参与了100多项公益扶贫项目，涉及赈灾济困、兴教助学疗等多个领域，累计捐赠款物近7000万元。图为绿之韵精准扶贫安化，帮助落后乡村建设道路、水电等基础建设。

58.湖南大湖水殖股份有限公司近年来投入社会扶贫、公益慈善资金1亿多元。帮扶贫困村31个，结对帮扶贫困家庭和学生750多人。图为大湖水殖公司赴精准扶贫点常德市鼎城区河口村调研产业扶贫，指导该村发展生态水产养殖业工作。

59.广东长隆集团有限公司积极参与扶贫济困等社会慈善事业和光彩事业，多年来慷慨解囊。投资300亿元在清远市建设长隆国际森林度假区项目和长隆世界珍稀野生动植物种源基地，项目建成后将直接帮扶183个村。图为公司向西藏资助1亿元人民币，支持西藏自治区开展精准扶贫、生态保护和生态旅游事业发展。

60.广西万寿谷投资集团股份有限公司发展土鸡扶贫产业，创造出了“育种+孵化+育雏+养殖+屠宰初加工+熟食（罐头深加工）+产业旅游+冷链物流+线上线下销售平台+体验销售”十位一体全产业链扶贫模式。共与1万余户农户签订发放鸡苗合同，支付劳务费用6850万元，466个扶贫车间解决社会就业超1300人，总带动脱贫9000多户，

61.广西丹泉集团实业有限公司承担南丹县实施易地扶贫“千家瑶寨·万户瑶乡”易地扶贫搬迁旅游开发项目和县城集中安置点项目，顺利完成总投资12亿元共4200多套安置房建设任务，解决21600多名贫困群众搬迁住房问题。公司全力参与南丹县全域旅游开发建设，将白酒产业与旅游产业紧密融合发展，以产业带动贫困户脱贫。图为丹泉集团“千家瑶寨·万户瑶乡”安置房。

62.广西云天实业集团有限公司充分挖掘广西“沿边”优势，全力推进“广西沿边经济带”建设，先后在崇左、百色、玉林、南宁等地区，开展产业扶贫、就业扶贫等。项目带动就业近7000多人，其中贫困人口500人。图为云天公益认购武鸣等地贫困户滞销的柑果。

63.广西裕达集团结对帮扶来宾市盘古村等多个贫困村，通过完善基础设施、进行产业帮扶、就业帮扶、危房改造等多种途径开展扶贫。集团成立来宾裕达慈善基金会，截至2018年上半年已累计捐款4000万元。图为2014年8月举行“裕达教育助学金”发放仪式。

64.广西威壮集团积极响应国家号召，参与“万企帮万村”精准扶贫行动，通过就业扶贫、产业扶贫、公益扶贫等帮扶途径，帮助玉林市云茂村、百色市坡牙村等贫困村贫困户早日脱贫致富。已累计捐赠4000多万元。

65.海南传味文昌鸡产业股份有限公司通过养殖文昌鸡、入股分红等方式帮扶贫困户脱贫，对养殖贫困户实行定价保利润回收的收益保障制度，帮助贫困户掌握养殖技术。共计帮扶贫困户2476户，惠及贫困人口7481人。

66.重庆金科地产集团股份有限公司始终坚持社会价值大于企业价值，公益投入及直接捐赠超过15亿元，向国家级贫困县投资超过300亿元，为打好精准脱贫攻坚战贡献力量。

67.重庆和信农业发展有限公司以“一租地、二让利、三无偿、四优先”的扶贫方式实施产业扶贫。公司建立青花椒科技种植示范园和18个种植专业合作社，559户贫困户参与种植青花椒，稳定种植面积6881.4亩。2018年，人均收入花椒款超过3500元，基本达到脱贫标准。

68.重庆谭妹子金彰土家香菜加工有限公司在龙沙、下路等7个乡镇（街道）24个村，建立了辣椒生产基地20000余亩，年产鲜辣椒19300余吨。带动6800余户农户（其中贫困户840户）种植辣椒，户均增收11000元。图为公司举行辣椒种植技术培训帮扶会。

69.四川铁骑力士集团先后在四川、贵州、云南、重庆4省（市）9个县（市、区）135个村镇投入资金6亿元，通过创新产业扶贫模式，以产业带动2000多户贫困户脱贫致富。

70.四川成都亿谷商贸有限责任公司采取“公司+合作社+农户+客户”的直销模式，与凉山州13个贫困村建立结对帮扶关系，与散户签订养殖芭蕉芋猪、土家禽、种植优质蔬菜等收购协议，对部分特困家庭免费发放猪崽价值达60多万元。公司生产销售芭蕉芋猪腊肉、香肠等4万斤，新鲜猪肉7万斤以上，带动2000多贫困人口脱贫。

71.四川省鹰歌葡萄酒业有限公司利用现有的葡萄原料资源，创新地研发食用葡萄酿酒技术工艺。公司到恩阳区西南村走访及收购贫困户种植的葡萄，确保葡萄种植户丰产又丰收，收购葡萄近400吨。

72.四川花好月圆农牧业有限公司采取产业扶贫、就业扶贫、公益扶贫等多种帮扶途径参与脱贫攻坚。先后投资2亿余元陆续建立3个“脱贫产业园”，通过园区吸纳贫困户就业，并给予25户结对建档立卡贫困户发展资金每户2万元。公司积极参与公益事业，为贫困村改善基础设施，开展助残助学活动。

73.四川易田电子商务有限公司依托电商平台，带领扶贫团队扎根贫困地区，一对一、点对点地对接扶贫产品，打造“滕大妈”系列产品。参与运营“联成e家”消费扶贫平台，截至2018年完成交易额2000余万元，上传扶贫产品1904个。图为公司开展“走进香格里拉藜麦基地助推消费扶贫”直播活动。

74.四川达州市黑滩煤业有限公司为万源市石窝镇番坝村，捐赠中蜂92桶，建成白茶基地1100亩，投资400万元；助力大竹县中华乡白雀村易地搬迁扶贫安置房49套；为桂花村改善基础设施。

75.四川遂宁市龙婷生态农业有限公司主动联系帮扶夏家坝村，通过捐款、捐葡萄苗并提供种植技术以及以购带销等方式帮助夏家坝村迅速发展农业，贫困群众全部脱贫。图为公司邀请专家开展葡萄种植技术培训。

76.四川米仓山茶业集团有限公司通过大力发展茶叶种植业，辐射带动旺苍县23个乡镇3.5万余户茶农、4521户贫困户持续稳定增收，10万余农村富余劳动力实现家门口就业，茶农年增收5250元以上，种植大户年收入20万元以上。

77.贵州月亮山九芗农业有限公司是省级现代农业产业化重点龙头企业，近年来在参与精准扶贫行动中实施订单农业5.52万亩，覆盖带动5000户贫困户，使1500户贫困户走向脱贫奔小康之路。图为公司在乡村兑现香禾糯订单收粮付款场景。

79.贵州中天金融集团股份有限公司在团结村成立农业公司，带领村民发展特色农业，预计5年累积带动村民增收1.6亿元。团结村自有品牌“乐耕甜”已于2018年6月营业，腊肉、香肠、蜂蜜、菜籽油等产品上市。

81.贵州六枝特区呈祥农业开发有限公司自筹资金4000余万元建设蔬菜基地、水产养殖基地等，优先吸纳贫困户就业。通过“三变+产业+扶贫”的发展模式，以股权为核心，采取“月工资保底+固定分红+收益分红”的模式，确保农户多途径增收。图为公司吸收贫困户务工。

78.贵州光秀生态食品有限责任公司采用“四方五共”工作法，大力发展板栗产业，助推望谟县脱贫攻坚。公司通过企业加农户、加合作社的方式，解决了栗农销售难问题，为180户贫困户增收分红资金7000元以上，产业惠及贫困户1507户，贫困人口5119人。图为公司技术人员下乡为农户免费提供板栗种植及管理方法的培训。

80.贵州夜郎蜂业科技有限公司积极投身普定县蜂业扶贫，通过“1名致富能手+9户贫困户×10箱蜂”的帮扶模式，使贫困蜂农练就致富好本领。公司已为全县1000户农户提供中蜂1万箱的发展支持。

82.贵州福裕众源农业发展有限公司共流转两个村343户农民土地2800亩，用于种植猕猴桃1500亩、精品蔬菜900亩、园林苗木种植基地400亩。公司以带动农民致富为己任，已实现276户农民脱贫。图为技术人员正在对猕猴桃进行人工授粉。

83.贵州省余庆县凤香苑茶业有限公司从2009年起将2426亩荒山变茶园辐射贫困户种植10000亩（下属基地），每年提供解决80000人次的当地百姓就业机会，用产业带动两个国家级贫困村脱贫和两个贫困村致富。图为采茶现场。

84.云南永仁哲林实业有限公司依托在永仁县高原晚熟芒果种植项目，通过产业联村、项目带村、智力扶村、土地流转，产业扶贫、就业扶贫等方式，多方多策促贫困户增收。

85.云南齐星建工集团自2010年开始，先后向教育、救灾、扶贫领域捐资2513万元，在蒙自、泸西、红河、屏边县捐资修建5所齐星希望小学；参加“爱心圆梦”行动，帮助700余名学生完成学业。图为集团捐资439万元在泸西旧城镇新建的第一所齐星希望小学。

86.云南省砚山县鑫理农业科技发展有限公司和砚山宏茂蔬菜种植专业合作社于2017年承担了砚山县推进财政支农资金形成资产股权量化改革试点任务，分别在者腊乡实施1000亩软籽石榴产业扶贫种植基地建设项目，在稼依镇实施100亩生态蔬菜无土栽培脱贫项目。两项目区共覆盖建档立卡贫困农户704户。2017年，公司及合作社向704户入股贫困户兑现分红281.6万元。图为科技苗圃。

87.西藏宏发集团在2016年底自筹资金1272万元建设林周县尼唯扶贫旅游公司。公司目前拥有38间商品房提供租赁，下设扶贫洗车场，同时成立一个农牧民建筑专业合作社。通过该项目，使林周县两个村共335户、1474人直接受益，其中建档立卡贫困户44户、166人。

88.西藏林芝润鑫实业有限公司积极投身扶贫事业，把增加当地就业和带动当地经济发展为责任，从环保蒸压砖生产线建设以来，直接带动当地群众就业367人，间接带动就业554人，同时年度产业精准扶贫4个乡镇700户建档立卡户，每人分红1000元。

89.陕西盘龙药业集团股份有限公司将发展大健康产业与实施中药材产业扶贫行动计划相结合，带动贫困群众7520多人；开展中药材种植技能培训80余场次；先后投入350万元资助贫困生完成学业；设立慈善基金1000万元，用于扶贫帮困、助医助学。

90.陕西秦晋矿业集团有限公司帮扶合阳县王村镇北蔡村，抓产业、调结构、建园区、促增收。以党建扶贫为引领，帮助建成大棚50座，光伏3200平方米。投资150万元新打机井一眼，帮助38户、76人就业，帮助致富增收。

91.陕西西安市宏府投资控股集团有限公司累计向社会捐款捐物达8800余万元。安置贫困户300余户，资助4500多名贫困学生。投入产业资金8480万元，带动3000余户农民，3个贫困村已实现整体脱贫。

92.陕西武功县海鎣皇嘉农业种植专业合作社通过产业、就业、公益、技能等方式参与精准扶贫，总计投入资金1451.2万元。

93.陕西恒源投资集团有限公司结对帮扶神木市中鸡镇纳林采当村，通过整村带动。该村现已初步形成规模化种养殖集群，村集体经济年增收60万元。

94.陕西世纪荣华投资控股集团在鄠邑区玉蝉镇胡家庄村实施产业扶贫，通过“土地资源变股权、帮扶资金变股金、农民变股民”的精准扶贫模式，创出了一条以葡萄生产、生态、观光为主的产业扶贫之路。图为公司给贫困户讲葡萄定枝技术。

95.陕西华琨实业有限公司优先流转贫困户土地2183亩，带动增收200余万元；2017年共吸纳1113名贫困户就业，人均增收1.16万元；优先收购贫困户菌材，带动增收2000余万元，定期对贫困户进行生产技能培训。

96.陕西白河县兴达农业综合开发公司帮扶白河县仓上镇深度贫困村天宝村，依托园区优势，与全村185户贫困户签订用工协议，先后投入3000余万元，探索出“山上建园区，山下建社区，农民变工人”的“天宝模式”。

97.甘肃兰州鑫源现代农业科技开发有限公司依靠产业带动贫困户1.5万户，带动合作社25个，帮助农民增收1000余万元，成立田间学校，共开展培训60余次，先后共培训1万多人次，使许多农民成为种养殖技术能手。2018年，公司结对帮扶深度贫困县东乡县和漳县。图为公司发展木耳种植助力漳县脱贫攻坚。

98.甘肃忠恒集团建设甘肃恒玉万头黑毛驴生态养殖及现代农业产业园项目以产业扶贫带动，牵着毛驴致富。

99.青海千紫缘农业科技博览园以“党支部+公司+园区+合作社+农户”的“5+”发展模式，带动田家寨镇28个贫困村、718户、2194名贫困人口脱贫致富。公司先后与田家寨村等13个贫困村签订了种植帮扶协议，打造“一村一品一景”特色产业种植，贫困户每亩地每年可增收3500元左右。图为田家寨村枸杞芽茶种植基地。

100.宁夏德福葡萄酒有限公司累计结对帮扶建档立卡户120户以上，且陆续解决每建档立卡户每户就业1～2人，年平均工资3万元以上，建档立卡户就业累计支出达到360万元以上。2017年公司向闽宁镇多个村社移民提供大约1200个就业岗位，有效推动闽宁及周边生态移民就业、创收。

举办庆祝改革开放40周年系列活动

【综　述】2018年是改革开放40年，民营经济是改革开放的重要成果之一，为展示社会主义市场经济发展的重要成果，弘扬民营企业家敢为人先的创新意识和锲而不舍的奋斗精神，全国工商联组织策划了多项主题活动，配合完成了多项重点宣传任务。

一、开展推荐宣传百名杰出民营企业家活动

2018年6月15日，中央统战部办公厅、全国工商联办公厅印发了《关于推荐宣传改革开放40年百名杰出民营企业家的通知》，各省、自治区、直辖市和新疆生产建设兵团党委统战部、工商联按照一般本省5名、省外15名的名额推荐报送人选名单。各地共推荐上报了244名企业家人选。经过严格审核推荐材料，对人选进行严格把关后形成了100名杰出民营企业家名单。10月24日，全国工商联召开新闻发布会，发布改革开放40年百名杰出民营企业家名单。新华社在发布会当日播发消息通稿并公布百名杰出民营企业家名单。《人民日报》《光明日报》《经济日报》等中央各报次日刊发。积极协调采访工作，配合中央电视台《新闻联播》《新闻30分》《财经信息联播》百杰主题系列报道。11月4日中央电视台《对话》栏目“杰出民营企业家致敬改革开放40年的专题节目”制作播出。组织直属媒体对百名杰出民营企业家进行重点宣传，配合人民出版社、中华工商联合出版社出版百名杰出民营企业家宣传书籍。

二、参与筹备国家庆祝改革开放40周年大型展览

全国工商联分别会同国务院国资委、国家发展改革委负责国家博物馆“伟大的变革——庆祝改革开放40周年大型展览”第五部分第一单元“蓬勃发展的中国企业”、第四部分第一单元第三组“促进非公有制经济发展”展区的筹备工作，牵头完成单元展览大纲拟定、展览脚本编制、企业参展动员、展品征集筛选等工作。华为、阿里巴巴、腾讯等44家民营企业在展览中展出。

三、协助拍摄宣传民营企业影视作品

全国工商联配合中央电视台共同制作《我们一起走过——致敬改革开放40周年》大型纪录片，提供涉及民营经济领域的案例线索、信息咨询、采访对接等支持工作，完成相关内容脚本修改、样片审核、提出意见等任务。同时下发收看通

知，组织拍摄企业员工观影感想短片，并在央视财经频道播出。协助凤凰卫视拍摄《潮涌神州——改革开放中国民营企业四十年纪事》纪录片，完成案例支持、脚本修改、企业家联系采访等工作，该纪录片已在《凤凰大视野》节目播出。

四、指导直属媒体做好重点宣传工作

制定《2018年度全国工商联新闻宣传工作计划》，发挥《中华工商时报》宣传阵地作用，指导报社推出“壮阔东方潮 奋进新时代——庆祝改革开放40年”“中国民营经济40年·40事·40人”“百名杰出民营企业家”等多个系列报道。委托《中华工商时报》和《中国工商》杂志赴深圳、温州、武汉等地采访报道改革开放40年民营经济发展成就。在全国工商联网站开设“民营经济40年”专栏，征集刊登主题系列文章。协同出版社征集企业家精神案例，出版庆祝改革开放40周年系列书籍，营造民营经济领域庆祝改革开放40周年氛围。

（刘立明）

学习宣传习近平总书记在民营企业座谈会上的重要讲话精神

2018年是民营经济发展面临较多困难的一年，不少民营企业家市场预期不稳，发展信心严重不足。11月1日习近平总书记亲自主持召开民营企业座谈会并发表重要讲话，在民营经济发展史上具有里程碑意义。会前，针对民营经济发展面临的困难和问题，全国工商联深入调查研究，密集召开座谈会，先后向中央办公厅、中财办、国家发展改革委等部门报送《民营企业所虑所思所盼》等5份报告，反映民营企业面临的突出问题，提出帮助民营企业纾困解难的意见建议。习近平总书记在重要讲话中对相关问题及建议给予了回应。会中，组织报送民营经济有关情况，推荐参会民营企业家，组织撰写发言材料。52位参会企业家中，工商联推荐43位；10位发言企业家中，工商联推荐8位。会后，专题学习、研究部署贯彻落实工作，制定学习宣传工作方案并印发工商联系统学习贯彻落实通知。以党组名义在《求是》杂志发表《做好新时代民营经济发展工作的根本遵循》署名文章，被评为《求是》杂志社少有的政府机关二类好文。组织《中华工商时报》刊发1期社论和9期评论员文章，推动系统上下形成学习宣传热潮。在首届全国工商联主席高端峰会、民营重点骨干企业主要负责人专题研讨班、全国工商联十二届二次执委会议上均把深入学习贯彻总书记重要讲话精神作为主题，进行再学习、再动员、再部署。印发《关于贯彻落实习近平总书记民营企业座谈会重要讲话精神的工作方案》，对各级工商联及所属商会贯彻工作提出具体要求。

（冯东海）

学习贯彻习近平总书记给“万企帮万村”精准扶贫行动中受表彰民营企业家的回信重要精神

【综　述】2015年10月，全国工商联、国务院扶贫办等联合启动“万企帮万村”精准扶贫行动，至今已有7万多家民营企业参与其中。2018年10月，全国工商联、国务院扶贫办等单位首次开展“万企帮万村”行动先进民营企业表彰活动，这项活动将连续开展三年，每年表彰100家企业。受到表彰的民营企业家给习近平总书记写信，汇报了参与“万企帮万村”行动的体会，表达了继续为脱贫攻坚贡献力量的决心。习近平总书记10月20日给“万企帮万村”行动中受表彰的民营企业家回信，对民营企业踊跃投身脱贫攻坚予以肯定，勉励广大民营企业家坚定发展信心，踏踏实实办好企业。

总书记回信后，工商联系统第一时间通过召开党组会议、主席办公会议专题传达学习，通过组织党组理论中心组学习、召开座谈会和个人自学等多种途径，深入学习贯彻习近平总书记回信重要精神，大家纷纷表示要倍加珍惜荣誉、倍加珍视机遇、倍加努力工作、倍加奋发有为，以实际行动和优异业绩回报总书记的深切关怀和殷切期望，推动非公有制经济工作和工商联事业再上新台阶。

企业家纷纷表示，总书记的回信字里行间透露着党和国家对鼓励、支持民营经济发展“两个毫不动摇”“三个没有变”、促进“两个健康”的坚决态度，饱含着对广大民营企业家的深切关怀和无限厚爱。我们要感党恩，听党话，跟党走；不忘初心，牢记使命，砥砺前行。

贯彻落实中央关于工商联所属商会改革的决策部署

【综　述】2018年6月25日，中共中央办公厅、国务院办公厅印发了《关于促进工商联所属商会改革和发展的实施意见》（以下简称《实施意见》），拉开了工商联所属商会改革的序幕。7月25日，中央统战部、全国工商联召开贯彻落实《实施意见》工作电视电话会议，中央统战部部长尤权同志、全国工商联主席高云龙同志分别作了重要讲话，国家发改委、民政部以及地方省委统战部、工商联的领导同志分别作了发言，贯彻落实《实施意见》工作全面启动，深入推进工商联所属商会改革发展，成为当前和今后一个时期工商联工作的重中之重。

一、全国工商联推进落实情况

《实施意见》下发后，全国工商联制定了《任务分解方案》，明确4大项45

小项任务分工，分别由机关各部门牵头负责，各部门按照方案要求，认真研究本部门思路与举措，突出工作重点，落实工作责任。一是认真开展调查研究。2018年第三季度由会领导带队，各部门同志分别参与组成8个调研组，分赴北京等10省市开展了所属商会改革发展大调研，通过政策宣讲会、座谈会、现场走访等形式，传达文件精神，听取贯彻落实的意见建议。还与民政部社会组织管理局有关同志组成联合调研组赴湖南、贵州、浙江、安徽4省，针对乡镇街道商会登记管理问题开展专题调研。二是完善制度机制。正在抓紧起草《工商联所属商会章程示范文本》《全国工商联直属商会运行规则》《全国工商联关于深入开展非公有制经济人士理想信念教育的通知》，出台了《关于加强和改进工商联会员工作的意见》《关于加强工商联社会诚信建设工作的通知》等一系列改革配套文件。探索建立法律维权援助机制，会同司法部、最高法等相关部委，落实推动商会参与社会协同治理的任务。制定党建指导员制度，向直属商会派驻党建联络员。三是加大对落实文件的指导力度。开展了全国“四好”商会认定工作，进一步提高各级工商联对商会指导、引导和服务的有效性、精准性；搭建政会、政企沟通平台，指导、引导商会向有关部门反映行业诉求；组织商会参加地方重点经贸活动，支持商会参与地方经济建设，参与各类调查研究、科技创新、金融服务实体等活动，引导会员企业贯彻新发展理念；吸纳商会参与社会责任体系建设工作，指导商会建立社会责任报告制度；引导商会与境外工商社团交流合作等。四是开展地方改革重难点任务试点。印发了《关于推动有关省份进一步做好工商联所属商会改革探索创新性任务重点推进工作的通知》，将15项改革任务选取东中西19个省份先行先试，树立改革标杆，形成示范典型。

二、各地推进落实情况

《实施意见》印发和电视电话会议召开后，各地都及时组织传达学习了文件和会议精神，积极推动任务贯彻落实。一是先后有12个省市党委主要领导针对《实施意见》落实工作作出批示，提出明确要求。9个省市统战部门就文件和会议精神向省委主要领导同志或省委常务会议做了专题汇报。20个省（区、市）工商联召开专题组织工作会议、专题推动会等专题会议，传达文件精神，部署工作任务。二是4个省市建立了由统战部牵头的商会改革和发展联席会议机制，定期组织相关部门研究商会改革发展事宜。7个省市成立工商联所属商会改革和发展工作领导小组，指导推动商会改革发展。7个省市将工商联所属商会改革发展纳入全省深化改革总体部署。三是12个省市工商联以商会改革发展存在的重点难点问题为导向，开展了专题调研，了解商会发展整体情况和问题症结，听取意见建议。5个省市工商联全面开展商会摸底工作，厘清底数，掌握商会发展实际情况。5个省市工商联组织到其他省市进行考察调研，学习所属商会建设和改革方面的经验做法。四是一些地区还能结合自身实际，勇于创新实践探索，在非公有制经济商协会归口管理、商会党建工作领导管理、创设功能性服务平台、支持商会承接政府职能转移和社会治理等方面大胆探索实践，不断探索总结出了一些好的经验做法。

（邹丹丹）

贯彻落实中央统战部印发的《全国工商联深化改革总体方案》

一是2018年2月，召开全国工商联深化改革动员会，高云龙主席和徐乐江书记亲自做动员讲话。

二是我会深入总结全国工商联及地方工商联深化改革情况，向中央改革办报送《全国工商联推进深化改革情况报告》，向中央统战部报送《关于落实全国工商联深化改革总体方案情况的报告》。

三是我会主要领导就2018年工作和2019年工作向中央书记处做了专门汇报。

（冯东海）

举办2018中国民营企业500强峰会

【综　述】2018年8月29日，2018中国民营企业500强峰会在沈阳举办。峰会以“提振发展信心　实现高质量发展”为主题，由全国工商联、辽宁省人民政府共同主办，工业和信息化部、市场监管总局、中国民生银行支持。会上，全国工商联揭晓了“2018中国民营企业500强”系列榜单，并发布《2018中国民营企业500强调研分析报告》。

全国政协副主席、全国工商联主席高云龙，辽宁省委书记、省人大常委会主任陈求发，工业和信息化部总经济师王新哲，市场监管总局党组成员、副局长马正其分别致辞。全国工商联副主席黄荣发布2018中国民营企业500强榜单和《2018中国民营企业500强调研分析报告》。中央统战部副部长，全国工商联党组书记、常务副主席徐乐江，国家发展改革委副秘书长周晓飞发表主题演讲。辽宁省委副书记、省长唐一军，辽宁省政协主席夏德仁出席峰会，全国工商联党组副书记、副主席樊友山主持峰会。

高云龙在致辞中指出，中国民营企业500强是中国民营经济蓬勃发展的集大成者，在民营企业转型升级中发挥了引领、带动和示范作用，在经济社会发展中产生了广泛影响，已经成为我国民营企业实现高质量发展的排头兵，改革开放40年来民营经济发展壮大的显著标志，世界观察中国经济发展的重要风向标。他强调，民营企业500强要率先践行新发展理念，率先在关键领域核心技术自主创新上赢得重大突破，率先在质量品牌升级、要素效率提升上实现重大进展，率先在节能降耗、集约发展上取得重大成效，率先在参与供给侧结构性改革和打赢“三大攻坚战”中做出重大贡献，弘扬优秀企业家精神，坚定发展信心，保持战略定力，努力实现更高质量、更有效率、更加公平、更可持续发展。他表示，2018中国民营企业500强峰会是全国工商联深化改革发展的重大举措，是全国工商联转变会风、提高实效的一次标志性、综合性活动。

陈求发在致辞中指出，中国民营企业500强峰会是我国规模最大、规格最高、影响力最强的民营企业盛会，也是展现民营经济发展最新成就的重要平台。全国工商联把2018年的峰会放在辽宁召开，是落实中央振兴东北战略的实际步骤，是支持辽宁振兴发展的具体措施。

徐乐江围绕民营企业加快实现高质量发展，如何做强、做优、做稳，发表主题演讲。他指出，相比2017年，2018年民营企业500强入围门槛、资产总额、纳税总额、税后净利润总额均有所提升，但与世界500强企业相比，还有较大差距。他强调，实现高质量发展，基础是做强，要强主业、强技术、强管理；实现高质量发展，关键在做优，质量要优、品牌要优、文化要优；实现高质量发展，底线要做稳，要稳定发展预期、防范化解风险、守法诚信经营。他强调，要引导广大民营企业深入贯彻落实习近平新时代中国特色社会主义思想和党的十九大精神，以推进供给侧结构性改革为主线，以提高发展质量和效益为主攻方向，以更大的决心和勇气推进改革创新，着力发展实体经济，推动企业发展再上新台阶。

黄荣揭晓了2018中国民营企业500强、2018中国民营企业制造业500强、2018中国民营企业服务业100强榜单，发布了《2018中国民营企业500强调研分析报告》。

全国工商联副主席、TCL集团创始人、董事长李东生，全国工商联副主席、武汉高德红外股份有限公司董事长黄立，中国民间商会副会长、奥盛集团有限公司董事长汤亮，中国民间商会副会长、红豆集团有限公司党委书记、董事局主席兼CEO周海江，华晨汽车集团董事长祁玉民，以及华夏新供给经济学研究院首席经济学家贾康，中国贸促会全国企业合规委员会副主席、北京新世纪跨国公司研究所所长王志乐等围绕峰会主题发表演讲。

除主论坛外，峰会设置了世界500强与中国民营企业500强圆桌会议、金融服务实体经济、精准扶贫、环境保护与污染防治、民营经济领域党建5个平行专场。峰会还围绕加快东北老工业基地振兴，举办全国工商联助推东北振兴工作会议、辽宁省辽商总会成立大会和第三届东北并购年会等活动，推动辽宁乃至整个东北地区经济发展。

全国工商联和辽宁省委、省政府有关领导同志，中央统战部、工业和信息化部、市场监管总局、全国工商联有关部门负责人，中国民营企业500强代表参加活动。

（沙 霖）

一、全国工商联首次举办世界500强与中国民营企业500强圆桌会议

2018年8月29日下午，作为2018年中国民营企业500强峰会系列活动之一的世界500强与中国民营企业500强圆桌会议在辽宁省沈阳市召开。全国政协副主席、全国工商联主席高云龙，辽宁省委副书记、省长唐一军出席会议并致辞。

会议由全国工商联、中国民生银行、北京外企人力资源服务有限公司共同主办，以“共享中国经济发展新机遇”为主题，是全国工商联贯彻落实习近平总书记对外扩大开放、发展开放型经济要求的具体行动，也是工商联的一项改革创新举措。全国工商联首次举办该圆桌会议，志在将其打造成一个引领世界500强与中国民营企业500强加强交流、寻求合作的新平台。

高云龙在致辞中指出，这次圆桌会议

图1 圆桌会议现场

图2 圆桌会议后集体合影

的召开具有很强的现实意义。今年是中国改革开放40周年，作为多边主义和经济全球化的积极践行者，中国将进一步扩大改革开放，创造更有吸引力的投资环境，在中高端消费、创新引领、绿色低碳、共享经济等领域形成新的增长点，为世界提供更广阔市场、更充足资本、更丰富产品和更多合作契机。

高云龙强调，共享中国经济发展新机遇，首先是增进共识、融入中国，更加精准地把握中国发展新机遇。中国经济正在实现从高速增长转向高质量发展的历史性变革，企业家只有更加深刻地理解这种变革，才能更好地把握中国发展新机遇；其次是开放包容、美美与共，打造利益共享的“责任共同体”。习近平总书记在年初的博鳌亚洲论坛上指出，“中国开放的大门不会关闭，只会越开越大”。希望企业家抓住机遇，继续做经济全球化和自由贸易的捍卫者；三是加强合作、互利共赢，实现各类企业的高质量发展。支持鼓励企业将自身优势与海外资源进行整合，共同开拓国际市场，实现国际化发展。全国工商联是中国最具影响力的工商界组织之一，是政府联系和服务民营经济的桥梁纽带，联系着中国数量众多的民营企业，有着覆盖全中国的组织网络，愿促成中外企业广泛开展合作。

唐一军代表中共辽宁省委、辽宁省人民政府真诚邀请来辽宁投资兴业的企业家共同分享辽宁振兴发展的巨大红利。他说，本次圆桌会议是中外企业交流合作的盛会，更是辽宁主动参与服务“一带一路”倡议、扩大国际投资合作、加快新一轮全面振兴的重要载体。当前，辽宁正在深入推进新一轮全面振兴，全省上下砥砺奋进、发奋图强，深入实施“五大区域发展战略”，加速推进“一带五基地”建设，以高水平开放推动高质量发展，以全面开放引领全面振兴。辽宁“天时地利人和”万事齐备，对每一位投资者、创业者来说，这是不可多得的“辽宁机遇”，更是企业家最理想的投资热土。我们将始终秉持合作共赢的理念，敞开开放包容的胸怀，进一步扩大与各国企业的投资合作，努力打造互利互惠互赢的“发展共同体”，建设多种形式的“创业创新百花园”，以最大的诚意当好“店小二”，坚持做到“亲商、尊商、安商”，全力提供最好的服务，创造最优的环境。

会上，美国波音副总裁福斯特·阿拉塔，美国VISA（维萨）全球商业解决方案负责人凯文·弗伦，美国甲骨文公司中国区高级客服副总裁胡迎，荷兰ING银行大中华区和蒙古国行政总裁及商业银行业务主管何亚扬，印度国家银行香港公司副总裁史瑞达，美国思科公司大中华区副总裁孟红霞，中国民生银行董事长洪崎，全国工商联副主席、TCL集团股份有限公司董事长李东生，全国工商联副主席、苏宁控股集团董事长张近东，全国工商联副主席、三一集团有限公司董事长梁稳根，华立集团股份有限公司董事局主席汪力成，特变电工股份有限公司董事长张新等12家世界500强和中国民营500强企业代表作主题发言，围绕共享中国发展新机遇、企业创新和优质服务、新经济时代的压力与挑战等话题进行了深入探讨。

全国工商联副主席黄荣主持会议，辽宁省政协主席夏德仁、副省长陈绿平出席会议，全国工商联、国家有关部委、辽宁省直有关单位相关负责同志参加会议。

（沙　霖）

二、环境保护与污染防治专场

为深入学习贯彻习近平总书记关于生态文明建设的重要论述精神，引导广大民营企业打赢打好污染防治攻坚战，2018年

图3　环境保护与污染防治专场

8月30日，由全国工商联主办、全联环境服务业商会承办的2018中国民营企业500强峰会环境保护与污染防治专场在沈阳举行。

全国工商联党组副书记、副主席樊友山在致辞中指出，2018年是中国改革开放40周年，作为改革开放的先行者和受益者，广大民营企业尤其是工业企业要积极响应党中央号召，增强推进生态文明建设的自觉性和主动性，积极参与污染防治攻坚战。他希望广大民营企业一要认真学习贯彻习近平总书记关于生态文明建设的重要论述，做美丽中国的建设者；二要主动承担环境治理主体责任，做污染防治攻坚战的践行者；三要积极关注环保产业，做生态文明建设的助推者。

中国环境科学研究院大气领域首席科学家柴发合作了“我国大气污染防治形势与展望”主旨演讲，海湾环境科技（北京）股份有限公司代表就VOCs治理进行了案例分享。在企业高峰对话环节，来自华晨宝马汽车公司、嘉晨集团营口钢铁公司、中国石油天然气股份有限公司抚顺石化分公司、北京清新环境技术公司、北京国电龙源环保工程公司和海湾环境科技（北京）公司的6家企业代表就企业在环境保护与污染防治方面的经验进行了分享交流。

（林原羽）

三、举办2018中国民营企业500强峰会金融服务实体经济专场

2018年8月29日下午，由全国工商联主办、中国民生银行承办的2018中国民营企业500强峰会——金融服务实体经济专场在沈阳成功召开。论坛旨在深入贯彻落实党的十九大和十九届二中、三中全会精神，深入探讨解决民营企业融资难融资贵问题，促进金融服务实体经济高质量发展。辽宁省副省长王大伟、全国工商联副主席王永庆、中国民生银行副行长石杰出席论坛并致辞。全国工商联党组成员鲁勇，全国工商联副主席、中国民营经济国际合作商会会长、科瑞集团有限公司董事局主席郑跃文，中国民间商会副会长、广东长隆集团有限公司董事长苏志刚，中国民间商会副会长、广州富力地产股份有限公司董事长李思廉，中国民间商会副会长、永同昌集团董事局主席张宗真，中国民间商会副会长、石家庄君乐宝乳业有限公司党委书记、总裁魏立华，中国个体劳动者协会副会长兼秘书长刘烨等出席论坛。全国工商联、辽宁省金融办、营口市人民政府等相关领导参加论坛。论坛由中国民生银行研究院院长黄剑辉主持。

王大伟指出，辽宁省委、省政府高度重视金融服务实体经济工作，出台了一系列政策措施，丰富完善金融机构体系，创新金融产品和服务，稳步扩大金融市场规模，持续优化金融环境，不断提升金融服务实体经济的能力水平。今年上半年，全省地区生产总值增长5.6%，连续18个月实现稳定增长。希望大家深入交流探讨，提出真知灼见，以高质量金融服务实体经济高质量发展，希望与会的各位企业家抓住辽宁新一轮振兴发展的有利契机，充分利用辽宁“一带五基地”、自贸试验区、沈抚新区、全面创新改革试验区和沿海港口整合等一系列有利政策，踊跃来辽投资兴业，实现合作共赢。

王永庆指出，金融是实体经济的血脉，实体经济是金融的根基。服务实体经济是金融的天职，也是防范金融风险的根本举措。近期以来，社会高度关注实体经济融资困难和金融领域非理性扩张、过度自我膨胀、自我循环等问题，潜在金融风险不可轻视。中央对此高度重视，已进行了系列工作部署。全国工商联积极向党中央、国务院反映当前民营企业面临困难和问题，积极与有关部委建立合作机制，开

展合作交流，参与研究相关政策，促进改善民营企业特别是实体经济企业融资环境。金融机构为实体经济服务，不仅要靠觉悟，更要靠办法、靠创新，根据实体经济高质量发展的规律，创新金融服务的理念、机制和方法，提升金融服务实体经济的能力和水平。

石杰指出，民生银行与民营企业同根同源同成长，始终牢记“为民而生、与民共生”的企业使命，秉持“与民营企业共成长”的发展理念，将实体经济中最活跃、金融需求最强烈但金融服务最薄弱的民营企业作为重点服务对象。20多年来，民生银行民企客户数和资产占比始终保持在50%以上。2017年，民生银行进一步明确了“民营企业的银行、科技金融的银行、综合服务的银行”三大战略，创新升级五大产品体系，着力打造场景化的交易银行、定制化的投资银行、便捷化的线上银行、个性化的私人银行与综合化的财富管理，为民营企业及企业家提供“融资+融智+融商”一站式服务；创新推出“1+3”团队化作业模式、新供应链金融模式、“科创贷”模式、中小民生工程等四大服务模式，聚焦服务民营企业。

图4　金融服务实体经济论坛现场

在论坛“打造高质量金融”和“金融服务实体经济高质量发展”两个环节，4位来自研究机构的经济金融专家和4位来自实体经济的企业家分别进行发言，并与现场参会人员、媒体围绕论坛主题展开了交流，为金融服务实体经济献计献策。国务院发展研究中心金融研究所原所长张承惠作题为《加快金融转型，更好服务实体经济》的发言，她认为金融转型要从转变发展理念、转变发展战略、转变行为方式、完善公司治理四方面入手，同时要为金融转型提供配套条件。中国并购公会创始会长王巍从金融的核心、金融风险防范等方面对“什么是好的金融”进行了论述。京东金融研究院院长孟昭莉认为科技金融已在农村金融、消费金融、供应链金融、穿透式监管、风控、手机银行、智能投顾、众筹等多领域多环节得到应用，科技解决了金融领域中的根本问题，大大改善了信息不对称的情况。中国民生银行研究院院长助理李岩玉回顾了改革开放40年以来中国民营企业的发展历程和成功经验，分析了民营企业出现融资难、融资贵问题的原因，并提出加快探索民营企业融资解决方案，分享了民生银行在服务民营企业方面的做法和经验，最后提出了打造民企融资平台的设想，让天下民企不再为融资发愁。上海汇银（集团）有限公司董事长、总裁沃伟东分析了金融与实体经济间的关系，指出了当前民营经济面临的金融困境和金融资源配置无法满足民营经济转型升级需要的原因，提出了金融服务实体经济的三点建议。复星集团党委副书记、总裁高级助理祝文魁回顾了复星集团的成长历程，分享了复星集团通过在全球控股或参股的金融机构，助力集团内部产业整合，实现金融与产业协同发展的经验。包商银行行长助理、包银消费金融公司董事长刘鑫从“修正理念”“理解变化”“调整姿势”三方面阐述了金融如何支持实体经济高质量发展。

本次论坛得到了社会各界的广泛关注，全国工商联常委企业、中国民营企业500强企业、辽宁省企业、主流媒体代表等共250余人参加，共享了一场金融界与实体经济企业之间互动交流的思想盛宴。

（徐海波）

四、民营经济领域党建专场

2018年8月29日，全国工商联举办2018中国民营企业500强峰会民营经济领域党建专场。这是全国工商联进一步助推民营经济领域党建工作的一次积极探索，是新形势下工商联践行“两个健康”主题、坚持政治建会的一次重要活动。中央统战部副部长，全国工商联党组书记、常务副主席徐乐江出席活动并讲话。辽宁省委常委、统战部部长范继英致辞。中国民间商会副会长，红豆集团有限公司党委书记、董事局主席周海江主持。

徐乐江在讲话中指出，非公有制经济的发展壮大，给党的工作开辟了新的领域，非公有制经济领域“两个覆盖”不断推进，“两个作用”不断增强，但非公有制企业党建新情况新问题多，任务仍然十分艰巨。民营企业是资本、人才大量汇集的市场主体，工商联所属商会是紧密联系非公有制经济人士的社会组织，如果党的组织缺位、党的建设缺失、党的工作不力，就会弱化甚至动摇党的执政基础。这既是民营经济领域党建工作的难解之题，也是必解之题。

徐乐江强调，助推新形势下民营经济领域党建工作，提高思想认识是前提。抓好企业党建工作，就是架起党与企业的“连心桥”、培育企业发展的“根”和“魂”，广大民营企业家要从更高层面、更深层次充分认识党建工作的重要性，把党建工作列入日程、放在心上、抓在手上，切实从思想认识上和具体行动上重视支持企业党建工作。助推新形势下民营经济领域党建工作，服务“两个健康”是关键。非公有制企业党建工作是促进非公有制经济健康发展和非公有制经济人士健康成长的重要政治保障。越是在形势复杂多变的时候，越是需要发挥党组织的政治核心和政治引领作用，更好地宣传党的路线方针政策和法律法规，引导出资人树立大局意识，坚定发展信心，引导企业守法合规、诚信经营。助推新形势下民营经济领域党建工作，突出优势特色是保障。工商联是党明确的协同参与非公有制企业党建工作的重要力量，在创新推动民营经济领域党建工作方面有独特的优势。各级工商联要以强烈的责任担当，把做好所属商会党建工作作为工商联坚持“四会”建设、建设“四好”商会的重要内容，作为促进“两个健康”的重要手段，进一步提振工作信心，增强使命感和紧迫感，以更加积极的姿态承担工作任务。

中央党校报刊社社长、学习时报社社长许宝健，中国民间商会副会长、东岳集团公司党委书记、董事长张建宏，中国民间商会副会长、奥克集团公司董事长朱建民，浙江省委统战部副部长、省工商联党组书记徐旭，京东集团党委书记、副总裁龙宝正，中国民营经济国际合作商会党委书记、常务副会长王燕国围绕当前民营经济领域党建工作的任务要求、工商联参与非公党建工作的实践、民营企业和商会开展党建工作的经验做法等作了主题演讲。

人民网副总编辑、中国共产党新闻网总编辑孙海峰主持开展互动交流，全国工商联副主席、北京叶氏企业集团有限公司董事长叶青，中国民间商会副会长、奥盛集团有限公司董事长汤亮，郑州圆方集团党委书记、总裁薛荣，91科技集团党支部书记、董事长许泽玮，浙江省温州市工商联党组书记朱荣姆等围绕企业家对党建工作的认识、党建工作推动民营企业健康发展的实际效果、工商联参与非公党建工作的体会等进行探讨。

全国工商联党组成员李兆前，辽宁省政协副主席、省工商联主席赵延庆，各省级工商联党组书记，部分500强民营企业代表，辽宁省部分民营企业和商会党组织负责人参加专场活动。人民网、中国共产党新闻网、《中华工商时报》做专题报道。

（刘　捷）

图5　民营经济领域党建专场

五、精准扶贫专场

为深入贯彻落实习近平关于扶贫工作的重要论述和党的十九大精神，引导民营企业打赢打好脱贫攻坚战，2018年8月29日，中国民营企业500强峰会精准扶贫论坛在辽宁省沈阳举办。中国民间商会副会长、兴伟集团公司董事长王伟主持，部分全国工商联常委、2018年度中国民营企业500强企业家代表、辽宁省民营企业家代表150余人出席了此次大会。

全国工商联党组成员、秘书长赵德江在致辞中强调指出，打赢精准脱贫攻坚战，是全面建成小康社会的底线任务和标志性指标，对实现第一个“百年奋斗目标”具有决定性意义。党的十八大以来，习近平总书记足迹遍布全国14个集中连片特困地区，多次召开跨省区脱贫攻坚座谈会，从提出精准扶贫、精准脱贫基本方略，到加大东西部扶贫协作和对口支援力度，到聚焦深度贫困地区攻坚克难，每一步都体现了总书记运筹帷幄、决胜千里的高超政治智慧和卓越的领导才能。

此次扶贫专场还特别设置与企业家现场对话，中国农业发展银行创新部副总经理陈广林、甘肃远达投资集团董事长刘羽桐、宝联勇久朝阳市科技有限公司党支部书记兼总经理王孝久、兴伟集团公司董事长王伟就精准扶贫相关问题与现场代表进行了互动。

（林原羽）

图6　精准扶贫专场

举办首届全国工商联主席高端峰会

【综　述】2018年11月7日下午，由全国工商联、山东省人民政府共同主办的全国工商联主席高端峰会恳谈会在山东济南召开。全国政协副主席、全国工商联主席高云龙，中央统战部副部长、全国工商联党组书记、常务副主席徐乐江，山东省委书记、省人大常委会主任刘家义出席会议并讲话。恳谈会上，梁稳根、王伟、刘永好、傅军、孙荫环、黄代放、修涞贵、王文银等8位知名民营企业家围绕山东十大产业发展、优化营商环境、加快新旧动能转换综合试验区建设等方面，先后发表了真知灼见，表达了在山东投资兴业的愿望。

11月8日上午，以“坚持改革开放　坚定发展信心”为主题的首届全国工商联主席高端峰会在济南举行。全国政协副主席、全国工商联主席高云龙出席会议并作主旨讲话。山东省委书记、省人大常委会主任刘家义出席会议并致辞。中央统战部副部长、全国工商联党组书记、常务副主席徐乐江主持会议。李书福、刘永好、张建宏、王玉锁、叶青、李河君先后作主旨演讲。会上进行了山东新旧动能转换试验区建设项目签约，现场签约项目25个，投资总额1029.8亿元，其中省外合同投资额751.6亿元。

（安　静）

举办首届中非民营经济合作高峰论坛

【综　述】首届中非民营经济合作高峰论坛于2018年9月6日在杭州举办。论坛以“深化中非民营经济合作”为主题，由全国工商联和浙江省人民政府共同主办。塞内加尔共和国总统马基·萨勒，全国政协副主席、全国工商联主席高云龙，浙江省省长袁家军出席开幕式并致辞。中央统战部副部长，全国工商联党组书记、常务副主席徐乐江主持论坛开幕式。

高云龙指出，发展经济、改善民生是中非各国人民的共同愿望，是中非合作的前进动力。民营经济是市场经济，促进中非民营经济合作需要更加自由开放的国际市场。要通过开放合作，同非洲国家和非洲企业一起深度参与全球价值链，让中非经济在不断交流融合中实现长期可持续发展，最终造福于双方各国人民。广大企业家要多为非洲朋友着想，按照真实亲诚的原则办事，坚持义利兼顾、以义为先；要走市场化法治化道路，遵守法律和各项规则，诚信友善为人，依法合规经营；要坚持国际化运营本土化发展，积极履行社会责任，构建和谐内外关系，维护自身良好形象，维护好国家荣誉。

图7　中非民营经济合作高峰论坛上高云龙主席致辞

高云龙强调，中非民营经济合作要注重发挥企业和企业家的主体作用。加强中非经贸合作，要长期坚持政府指导、企业主体、市场运作、合作共赢的原则。希望各国政府进一步发挥引导作用，不断完善政策措施，改善营商环境，为企业发展保驾护航，鼓励和支持更多的企业家投身中非经贸合作。各类商协会组织和相关机构要主动作为，深入调查研究，积极举办活动，广泛搭建平台，帮助企业解决合作中遇到的困难和问题，更好地服务和促进中非民营经济合作。他指出，建设工业园区是实现中非民营经济合作的有效形式。期待各界朋友进一步了解认识工业园区，参与和支持园区建设发展。

马基·萨勒表示，中非合作论坛举办18年以来，中非之间的相互了解和伙伴关系得以大大加强。不论是政治蓝图，还是通过实施经济和社会发展计划等方式，中非都建立了更加团结、活跃的关系纽带。中非的伙伴关系坚固如山，高效互利。中国与非洲的合作非常活跃，我们应继续并进一步加强这种活跃的合作。刚刚通过的《中非合作论坛北京峰会宣言》和《中非合作论坛——北京行动计划》，鼓励通过互利合作提升两国关系，建立更加紧密的中非命运共同体。私人投资能够提升经济活力、促进交流、增加就业、实现共同繁荣。在继续公共投资的同时，我们必须切实简化私人投资的程序。要继续完善经济合作机制，时刻不忘债务管理与监控，进行商业活动管理和环境的革新，让中国企业更加了解非洲市场，促进中非民营企业之间的合作伙伴关系，鼓励在非开展工作和建设基础设施的中国公司参与在非企业的管理，并分享所得收入。非洲正处于历史的转折点，今天的非洲是一片充满机遇的土地。让我们携手共进，进入符合各国人民共同利益的中非伙伴关系新阶段。中非民营企业将发挥更加积极的作用，建立更加强大、更具活力、更加繁荣的伙伴关系。

袁家军在致辞中说，中非民营经济合作高峰论坛是2018年中非合作论坛北京峰会的重要活动。我们将全面贯彻落实习近平主席9月3日重要讲话精神，共享机遇、

图8　中非民营经济合作高峰论坛上马基·萨勒总统致辞

共商合作、共赢发展，全面贯彻落实习近平主席提出的“八大行动”，携手打造新时代更加紧密的中非命运共同体，促进民营企业务实友好合作，推动双方经贸发展迈上更高水平。我们将按照习近平主席“积极鼓励中国企业家到非洲开拓发展”的要求，充分发挥产业优势、港口优势、“互联网+”优势、市场优势、创新优势，加强浙江与非洲在制造业、物流、商务、数字经济等领域的务实高效合作，推动民营经济合作发展迈上新台阶，携手共建“一带一路”。

全国工商联副主席王永庆出席主论坛并发布《首批中国民营企业在非境外经贸合作区清单》。浙商总会会长、阿里巴巴集团董事局主席马云，东部和南部非洲共

图9 合作项目签约仪式

同市场第五和第六任秘书长辛迪索·恩格温亚，埃塞俄比亚驻上海总领事穆勒·塔瑞肯·埃德雷，中非民间商会会长、华立集团董事局主席汪力成等在主论坛上作主旨发言。论坛期间还举行了合作项目签约仪式。

本次论坛作为中非合作论坛14个分论坛之一，旨在积极落实习近平主席提出的“一带一路”倡议，搭建中非企业间友好交流和务实合作平台，促进中非企业在更高质量更高水平上合作，实现互利共赢、共同发展，构建更加紧密的中非命运共同体。除开幕式、主论坛外，论坛还设置了“民营企业助力中非产能合作”“民营企业助力中非基础设施发展”“民营企业助力中非医疗卫生健康产业发展”三个平行论坛。来自中非政府部门、民营企业、研究机构的300余位代表参会。

开幕式前，高云龙会见了马基·萨勒一行。

（宗 君 冯秀梅）

全国工商联领导联系地方工商联和所属商会调研工作

【综　述】为贯彻落实习近平总书记关于在全党大兴调查研究之风的重要指示和中共中央办公厅《关于加强调查研究提高调查研究实效的通知》精神，2018年3月以来，由全国工商联专职会领导带队，全体企业家副主席、副会长和执委参加，分8个组走访22个省级工商联、116个市级工商联、517个县级工商联、382个工商联所属商会，以及979家民营企业和个体工商户，242位企业家执委参加调研。这是全国工商联“去四化、强三性”、全面深化改革的重要举措，是创新工作方式方法的系统工程，主要取得以下三方面工作成效。

一是加强政策宣贯，增强发展信心。各工作组通过召开215场政策宣讲会，系统宣讲了习近平新时代中国特色社会主义思想和党的十九大精神，深刻阐述了党中央发展民营经济的大政方针，详细解读了党和国家关于大力弘扬优秀企业家精神、推动企业高质量发展、构建“亲”“清”新型政商关系、实施“万企帮万村”精准扶贫行动等方面的政策措施，对各级工商联坚持“政治建会、团结立会、服务兴会、改革强会”，努力开创工商联工作新局面提出明确要求。2018年下半年以来，习近平总书记多次就民营经济发展作出重要指示，主持召开了高规格的民营企业座谈会并发表重要讲话，充分肯定了民营经济重要地位和作用，明确提出了大力支持民营企业发展壮大六方面的政策举措。各工作组通过座谈交流、政策宣讲等形式深入学习宣传习近平总书记重要讲话精神，有的还通过组内微信群等交流学习心得体会。不少工作组还利用调研地革命传统教育基地等资源，组织企业家深入开展理想信念教育，有效增强了教育的实践性。

让企业家自己学、自己讲，是政策

图10　调研工作一

图11　调研工作二

宣讲工作的最大特色。全国工商联的百余位企业家副主席、副会长和执委深入基层宣讲习近平新时代中国特色社会主义思想和党中央关于发展民营经济的各项方针政策，并结合企业发展实际谈感想体会，起到了用一批先进带动另一批人走向先进的作用，也是贯彻落实习近平总书记关于民营企业家要加强自我学习、自我教育、自我提升重要指示的具体实践。在宣讲中，企业家执委们用生动鲜活的语言和贴近企业家的事例，感染教育广大民营企业家听党话、跟党走，坚持创新引领，走高质量发展之路。大家反映，让企业家带队宣讲和座谈交流，直奔主题，很接地气，生动性和感染力都很强，是一种更直接、更生动的理想信念教育。

二是广泛联系基层，有效激发活力。各工作组通过“认门、认人、认事”，详细了解各级工商联工作开展情况，发现了许多值得借鉴推广的经验做法，以及不少长期制约工商联、所属商会和非公有制经济发展的突出问题，既问需于基层，也问计于基层。一年来各工作组走访的517家县级工商联中，有不少如云南、青海等西部地区的县级工商联是以往的“空白点”。各工作组主动与调研地地方党委政府沟通协调，帮助解决基层工商联机构不健全、人员编制少、经费保障难等具体困难，以及制约民营企业发展的突出问题。

三是落实重点任务，提升工作实效。各工作组通过联系调研，认真抓好专题重点调研、助推民营企业高质量发展和精准扶贫等重点任务的落实。各工作组在联系调研工作中，就精准扶贫和乡村振兴战略、民营企业高质量发展以及所属商会改革等重点课题深入开展调研，取得了不少调研成果。广大民营企业家还积极为地方经济发展出谋划策，对接发展思路和项目，结合当地产业需求投资兴业，在推动地方发展的同时也促进了自身企业发展。各工作组还积极发动民营企业参与精准脱贫攻坚战和乡村振兴战略，推进“万企帮万村”精准扶贫行动提质增效，有的组把民营企业在资金、管理等方面优势与贫困地区优势产业有机结合，形成持续发展的产业项目。有的组在电商扶贫、消费扶贫等方面创新工作方式，积极探索民营企业参与精准扶贫的新途径。

（薛　葵）

全国工商联机关（部门）与有关部门和机构开展密切合作

一、与全国人大财经委共同召开民营企业座谈会

2018年7月6日，全国人大财经委与全国工商联共同召开民营企业座谈会。会议由中央统战部副部长、全国工商联党组书记、常务副主席徐乐江主持，中民投、时代集团等11家企业和机构负责人参会，就上半年经济形势，中美贸易战，金融支持实体经济发展等主题与全国人大财经委主要领导进行面对面沟通交流。会上，企业围绕防范和化解金融风险、去产能、缓解融资难融资贵、新能源产业规划、中美贸易摩擦、降低企业引进高层次人才的成本、民营企业家心态等主题提出意见建议，全国人大常委会委员、财经委员会主任徐绍史就有关问题作了积极回应，鼓励参会企业坚定信心，坚定不移地走高质量发展道路，共同推动民营经济持续健康发展。

（陆　军）

二、召开民营企业和小微企业金融服务座谈会

2018年9月4日，中国人民银行与全国工商联共同召开民营企业和小微企业金融服务座谈会，深入了解小微企业生产经营、融资等情况，听取企业对融资难、融资贵问题及有关政策措施的意见建议，引导金融机构进一步加大政策落实力度，全面提高金融服务小微企业的效率和水平。全国政协副主席、全国工商联主席高云龙，中国人民银行行长、党委副书记易纲出席座谈会并作重要讲话。中央统战部副部长，全国工商联党组书记、常务副主席徐乐江主持座谈会。新华联集团、桑德集团、东方园林等29家民营企业负责人，中国工商银行、中国农业银行、中国银行等14家国内银行业金融机构负责人参会。会上中国人民银行行长易纲对企业所提问题进行了回应，会后中国工商银行等多家金融机构积极对接参会企业，就企业融资问题开展专题调研，帮助企业解决实际困难。

（葛　军）

三、全国工商联机关（部门）与有关部门和机构开展密切合作

2018年4月，国家林业和草原局、全国工商联、中国光彩会联合向各省级林业厅（局）、工商联、光彩会印发了三方2018年联合工作方案。7—12月份，三方联合开展了第七届“光彩事业国土绿化贡献奖”评选表彰活动，表彰了全国40名积极参与光彩事业国土绿化的民营企业家，并在中国光彩会五届四次理事会议上向获奖企业颁发了奖牌。11月份，三方联合在长沙举办了第14期全国民营企业家及管理干部林业培训班，来自全国的160名企业代表及管理干部参加了培训。

4月16日至22日，人力资源社会保障部、教育部、全国总工会、全国工商联联合组织全国31个省（区、市）开展了“2018年全国民营企业招聘周”活动。据统计，15.3万家民营企业参加了招聘周活

动，提供各类岗位信息382.6万条，其中适合高校毕业生就业岗位147.8万个；共有约74.4万名求职者与用人单位达成了就业意向，其中高校毕业生26.7万人，去产能企业分流职工3.6万人，农村进城务工劳动者26.5万人，建档立卡贫困人员3.1万人，就业困难人员6.8万人。

9月20日至22日，民政部、全国工商联、国务院扶贫办、广东省政府、深圳市政府和中国慈善联合会在深圳联合举办第六届中国公益慈善项目交流展示会。本届慈展会以“聚焦精准扶贫，共创美好生活”为主题，共设“精准扶贫主题展馆”和“消费扶贫产品专馆”两个展馆。消费扶贫产品专馆集中展示“万企帮万村”精准扶贫产品以及各领域参与扶贫的产品。来自22个脱贫攻坚任务重的省（区、市）的161家企业参与消费扶贫展销，现场成交额达2352万元。

12月20日，全国工商联、人力资源社会保障部、全国总工会在北京联合召开了全国就业与社会保障先进民营企业暨关爱员工实现双赢表彰大会。全国工商联副主席谢经荣代表三方讲话，人力资源社会保障部副部长张义珍宣读表彰决定，全国总工会副主席、书记处书记蔡振华主持会议。全国工商联副主席李兆前，全国总工会副主席、书记处书记焦开河出席会议。国务院就业工作部际联席会议成员单位相关负责同志、各省（区、市）工商联、人力资源社会保障厅（局）和总工会（工会）负责同志、受表彰对象共300余人参加会议。与会领导为受表彰对象颁发了荣誉证书。森特士兴集团股份有限公司等84家民营企业荣获“全国就业与社会保障先进民营企业”称号，天津伊利乳业有限公司工会等29家民营企业工会荣获“全国双爱双评先进企业工会”称号，张彦森等25位同志荣获“全国关爱员工优秀民营企业家”称号，刘永全等31位同志荣获“全国热爱企业优秀员工”称号。

（全国工商联扶贫与社会服务部）

成立全国工商联智库

根据《全国工商联深化改革总体方案》和《全国工商联五年工作规划（2018—2022）》工作部署，全国工商联智库成立大会于2018年7月2日召开。全国政协副主席、全国工商联主席高云龙出席成立大会并讲话。中央统战部副部长、全国工商联党组书记、常务副主席徐乐江主持会议。全国工商联副主席黄荣宣读了聘任全国工商联智库委员会委员的决定，高云龙为智库委员会委员颁发了聘书，钱颖一、贾康等34位专家被聘为智库委员会委员。

全国工商联智库建设方案和首批智库委员会委员名单在广泛征求中央统战部政策理论研究室、中央统战部经济局、有关地方工商联、部分民营企业家和专家学者的意见建议基础上形成，并经全国工商联主席办公会议通过，报中央统战部批准。全国工商联智库的定位是为党中央、国务院制定实施经济社会发展重大战略、重大政策服务，为促进非公有制经济健康发展和非公有制经济人士健康成长服务，为开创新时代经济领域统战工作和工商联事业新局面服务。主要任务是围绕宏观经济和民营经济发展、民营企业家队伍建设、中国特色商会组织培育和发展、经济领域统战工作和工商联工作理论实践创新等开展调查研究。

在全国工商联智库成立大会上，高云龙主席、徐乐江书记发表重要讲话，庄聪生、王志雄等6位委员代表围绕如何建设好智库和发挥好智库作用作了发言，提出了意见建议。高云龙主席指出，成立全国工商联智库是开创新时代工商联事业发展新局面的需要，是非公有制经济统战领域贯彻习近平新时代中国特色社会主义思想和党的十九大精神的具体举措；工商联作为党和政府联系非公有制经济人士的桥梁纽带、政府管理和服务非公有制经济的助手，要坚持“政治建会、团结立会、服务兴会、改革强会”，需要强大的智力支撑，要想在更高水平上履行职能发挥作用，需要加强智库建设，打造富有自身特色的“思想库”和“智囊团”。要努力发挥好全国工商联智库的职能和作用，智库委员会委员不但要发挥个人优势和特长，更要利用智库委员会平台的综合优势，形成合力，从非公有制经济的发展实践中汲取思想养分，发现重大选题，提出真知灼见。要紧紧围绕中央战略部署，牢牢抓住“两个健康”主题开展工作，研究方向和课题既要有前瞻性，又要有可操作性；既要达到党中央对我们的要求，又要满足广大民营企业对我们的期盼，为党中央国务院重大决策特别是民营经济领域决策提供管用的政策建议和咨询意见。要建立和完善运行机制，探索创新，打造品牌，做好服务协调工作。要努力形成一批高质量的研究成果，为非公有制经济发展服务，对事关民营经济发展的热点难点问题，做出快速反应，集中力量开展攻关，努力在短时间内拿出高水平研究成果，为全国工商联履行政治协商、民主监督、参政议政职能提供支撑。

徐乐江书记指出，抓好智库建设，要求高、任务重，各方都有很高期望，需要大家在今后的工作中，进一步理清思路，聚焦主题，把准方向，有序推进，形成合力。要把智库工作提升到全国工商联全局工作的高度，各部门都要开动脑筋、转变观念、创新方法，共同解决好智库建设工作中目前存在的人、财、物等问题，补齐短板，久久为功，早日把全国工商联智库建成国家一流智库。

（王树金）

全国工商联重设一批专门委员会

【综　述】为适应新时代工商联工作新要求，切实发挥专门委员会作用，延长部门工作手臂，增强工作力量，更好服务促进“两个健康”，全国工商联对专门委员会工作规则进行了修订，重新设立了七个专门委员会。分别是全国工商联组织委员会、全国工商联青年企业家委员会、全国工商联宣传教育委员会、全国工商联扶贫工作委员会、全国工商联国际合作委员会、全国工商联法律服务和劳动关系委员会、全国工商联商会与非公企业党建委员会。

图12 全国工商联国际合作委员会成立大会

一、全国工商联国际合作委员会

2018年12月12日，全国工商联国际合作委员会成立大会在京召开。中央统战部副部长，全国工商联党组书记、常务副主席徐乐江出席会议并讲话。全国工商联党组成员，副主席王永庆主持会议。徐乐江指出，成立全国工商联国际合作委员会是适应国际合作新形势、新挑战的战略安排，也是延长工商联国际合作工作手臂、壮大工作力量的重要举措，要充分认识其重要性。要明确把握国际合作委员会的职责定位，按照“小核心、大外围”理念，整合各方资源，实现政策研究、决策咨询、交流合作三大功能。要建立起务实高效的运行机制，努力把国际合作委员会建设成为智库平台、合作平台。徐乐江要求委员们把握正确方向，坚持服务“两个健康”主题；积极履职尽责，体现专委会委员的责任、使命和担当精神；抓紧健全制度，加强专委会自身建设。

会上，徐乐江为委员会主任、副主任、委员颁发聘书。全国工商联党组成员、秘书长赵德江宣读了《关于成立全国工商联国际合作委员会的决定》。决定由全国工商联副主席、科瑞集团有限公司董事局主席郑跃文担任委员会主任，由全国工商联副主席、香港恒基兆业地产集团副主席李家杰等5人担任委员会副主任。与会人员还就加强工商联系统国际合作工作、加强全国工商联国际合作委员会建设进行讨论。中央统战部非公有制经济局负责同志，各省、自治区、直辖市和新疆生产建设兵团工商联负责同志，全国工商联机关部门负责同志参加会议。

（宗 君）

二、全国工商联青年企业家委员会

本委员会的成立旨在贯彻落实习近平总书记关于“引导非公有制经济人士特别是年轻一代致富思源、富而思进，做到爱国、敬业、创新、守法、诚信、贡献”的要求，做好年轻一代非公有制经济人士的团结、引导、教育和培养工作，增强其使命感和责任感，深化对中国共产党、对中国特色社会主义的政治认同、思想认同和感情认同。主任由中国民间商会副会长、江苏省青年企业家联合会会长沈彬担任。2018年10月27日，全国工商联青年企业家委员会成立大会暨首届全国青年企业家峰会在京召开。12月15日，青年企业家委员会组织部分成员赴江苏无锡开展交流，围绕2019年工作思路进行研讨，并参加“改革再出发、聚力创辉煌”——2018扬子江企业家峰会。

重点工作：围绕研究制订2019年工作思路和要点，完善组织构成，健全制度规范，整合各地青委会、青商会资源，开展各类青年企业家喜闻乐见的活动，加强同“一带一路”沿线国家青年企业家组织的交流合作，充分发挥青委会作用，将其打造成为重要的工作平台，努力培养一批高素质的年轻一代代表人士。

（张　越）

三、全国工商联组织委员会

本委员会的成立旨在提高工商联系统的组织建设质量和水平，凝聚工商联全系统智慧，深入分析探讨组织建设的共性问题，探索把握工作规律，为工商联事业适应新时代、实现新发展提供坚强组织保证。主任由全国工商联副主席、天津市政协副主席、市工商联主席黎昌晋担任。2018年10月30日，全国工商联组织委员会在京成立。11月初，委员会研究修订《工商联组织建设工作五年规划（稿）》《工商联所属商会章程示范文本（稿）》《省级工商联评价办法（稿）》《中国工商业联合会全国代表大会代表任期制实施办法（稿）》和《关于加强和改进会员工作的指导意见（稿）》等制度文件。

重点工作：一是按照商会建设、地方工商联建设和会员队伍建设分为三个组，各有侧重开展工作研究；二是牵头开展和参与全国工商联组织的重要调研，全国“五好”县级工商联和全国“四好”商会的抽查和互查；三是定期召开组织委员会会议，就工商联组织建设的重要问题进行交流探讨。

（张　越）

四、全国工商联宣传教育委员会

为更好推动全国工商联宣传教育工作，壮大工作力量，更好服务促进“两个健康”，按照《全国工商联专门委员会工作规则》，设立全国工商联宣传教育委员会。2018年9月13日在京召开成立会议，中国民间商会副会长、红豆集团有限公司董事局主席周海江担任委员会主任，另设常务副主任2名，副主任7名，委员（不含主任、副主任）共计31人。委员会设新闻宣传、教育培训、舆情和社会信用四个工作组，围绕非公有制经济人士思想政治工作领域的理论和实际问题进行调查研究，总结经验规律，提出意见建议。委员会成立后，结合工商联重点工作任务，各小组有针对性地开展了多项活动。10月29日至11月2日，部分委员随全国工商联联系调研组赴豫开展调研，实地了解基层工商联和当地企业的发展情况。12月8日至9日，为深入贯彻落实习近平总书记11月1日在民营企业座谈会上的重要讲话精神，加强理想信念教育，提振民营企业发展信心，委员会在深圳举办民营上市公司纾困培训班，共邀请全国各地民营上市公司董事长、总裁及企业金融部门负责人120余人参加培训。同时，委员会还积极为工商联宣教工作建言献策，切实履职尽责。12月28日，委员会部分成员出席在浙江大学紫金港校区召开的全国工商联教育培训大纲编制项目专家研讨会，就工商联教育培训工作展开讨论，并提出具体意见建议。

（于　雪）

图13 全国工商联青年企业家委员会成立大会暨首届全国青年企业家峰会会议现场

图14 全国工商联青年企业家委员会合影

图15　全国工商联青年企业家委员会成立大会上授予聘书

图16　全国工商联青年企业家委员会成立大会分论坛：“代际传承、基业长青”——两代人对话

图17 全国工商联组织委员会合影

图18 全国工商联组织委员会会议现场

举办“德胜门大讲堂”

全国工商联新一届领导班子，积极顺应新时代发展趋势，注重关切广大非公有制经济人士的发展和成长诉求，加强谋划、主动作为，推出了一系列改革举措，制定了健全的落实保障机制。面向广大民营企业家的“德胜门大讲堂”，就是系列改革措施中具有鲜明特色的重要平台。总体构想是，紧扣促进“两个健康”的工作主题，一要做到“顶天立地”，全面系统地准确传递党中央方针政策，在准确研判广大民营企业家需求的基础上，提供富有针对性的、接地气的企业经营管理战略及相关知识；二要做到“五湖四海”，让来自不同规模、不同地域、不同行业的企业家在这个平台上交流学习提高，让来自不同领域的优秀企业家、专家在这个平台上传播促进“两个健康”的正能量；三要做到“集合创新”，广泛动员包括商会在内的工商联系统力量，充分发挥综合优势，突出企业家站前台、唱主角的活动主体作用和工商联当好“店小二”的联系服务角色定位。

本年度活动主要由会员部牵头，全国工商联直属商会和人才交流服务中心承办。自2018年4月份以来，共开展了8期活动，聚焦民企发展40年、乡村振兴、金融风险防范、医药健康、新能源、“一带一路”、中非合作、全年民营经济热点回顾与展望等重点话题。全联并购公会、全联农业产业商会、全联新能源商会、全国工商联医药业商会、全国工商联女企业家商会、中国民营经济国际合作商会、中非民

图19　高云龙主席、徐乐江书记等会领导和第一期活动主讲嘉宾合影留念

间商会、中国民营文化产业商会等相关商会参与承办，共有2000余位企业家、商会人员以及机关干部参加，近50位嘉宾登台主讲，高云龙主席、徐乐江书记等会领导全力支持论坛建设，经常抽出时间莅临讲堂现场，会见与会嘉宾。“德胜门大讲堂”活动也越来越多被广大民营企业家熟知和认可，逐渐成为全国工商联的品牌性活动。

（马 澄）

举办“工商联大讲堂”

为了进一步建设学习型机关，提升干部服务“两个健康”的专业精神和专业能力，2018年机关党委共举办“工商联大讲堂”10期。

第一期 如何提高公文写作能力

全国工商联党组成员、秘书长赵德江同志从公文写作需要遵循的原则、需要掌握的“套路”、需要养成的作风三个方面分享公文写作体会，强调要以把握公文特性为前提，以提高政治站位为根本，养成认真细致、求真务实、吃苦耐劳、甘居幕后的文风作风，勤学苦练、认真思考、精雕细琢，方能成文成人。

第二期 推动乡村振兴，民营企业大有可为

国家农业农村部农村经济研究中心副主任陈良彪同志围绕“八个坚持”，系统阐释习近平总书记“三农”重要思想的发展脉络、深刻内涵、精神实质，提出通过现有产业向乡村布局、对口帮扶援建乡村生产生活设施、捐助和救济贫困人口、直接参与发展乡村新产业新业态等方式，引导民营企业在乡村振兴战略中发挥更大作用。

第三期 深刻感悟和把握马克思主义真理力量

中国人民大学马克思主义学院郑吉伟同志在授课中指出，马克思主义是科学的理论，其涵盖范围广泛，体系博大精深，创造性地揭示了人类社会发展规律，是伟大的认识工具、有力的思想武器。马克思主义同中国国情、时代特征和群众需要相结合，实现了马克思主义中国化、时代化、大众化，彰显了马克思主义强大的生命力、创造力、感召力，开辟了当代中国马克思主义、21世纪马克思主义新境界。

第四期 中共党史研究中的若干重大问题

中央党校罗平汉主任围绕大革命失败的责任问题、遵义会议与毛泽东同志在党内的领导地位问题、抗战中国共两党的地位与作用问题、土地改革及土地改革运动问题、社会主义改造的评价问题、如何看待十一届三中全会前社会主义建设六个方面，分析当时历史背景，总结中国共产党长期奋斗形成的光荣传统和宝贵经验，全面、完整、系统阐述了中共党史中的重大问题。

第五期 当前中美贸易战与中美关系

中国国际问题研究院常务副院长阮宗泽教授围绕美对华政策、中美新型大国外交等方面阐述了中美双边关系发展历程，分析了中美贸易战背后的原因，解读“不冲突、不对抗、相互尊重、合作共赢”中美新型大国关系的深刻内涵，帮助工商联干部多学习了解国际关系，培养分析研究国际问题的能力，解决企业应对走出去过程中面对的困难和挑战。

第六期　系统性金融风险防范和金融稳定

中国人民银行金融稳定局副局长、经济学博士黄晓龙同志在授课中指出，金融安全是国家安全的重要组成部分，是经济平稳健康发展的重要基础。系统性金融风险是“三大攻坚战”之首，要将防止发生系统性金融风险作为金融工作的永恒主题，要把主动防范化解系统性金融风险放在更加重要的位置，科学防范，早识别、早预警、早发现、早处置。

第七期　合作共赢，携手构建更加紧密的中非命运共同体

中国政府非洲事务特别代表许镜湖大使在授课中指出，非洲国家参与“一带一路”建设的热情不断升温，中非经贸关系日益紧密，中非务实经贸合作不断开展，中国企业更多参与到中非经贸合作转型升级的过程中。

第八期　从中关村的创新与发展看改革开放40周年

女企业家商会常务副会长王小兰同志以“小”见大，从中关村30年的发展变迁，系统阐述了改革开放40年营商环境的积极变化，总结了改革开放以来民营企业成长的宝贵经验，反映了历代企业家敢为人先、爱拼才会赢的企业家精神。

第九期　坚持自主创新　驱动企业高质量发展

全国政协委员、全国工商联常委、研祥集团董事局主席兼总裁陈志列同志从自己与改革开放共成长的故事以及研祥集团的创业体会说起，强调掌握核心技术的重要性，提出民营企业要依靠持续创新把握行业的世界话语权，释放强大活力，助推民营企业高质量发展。

第十期　总体国家安全观

中共中央党校国际战略研究所教授秦治来同志，从准确领会和把握总体国家安全观、科学认识国家安全面临的形势、切实做好新时代国家安全工作入手，阐释核心要义，指出落实关键，要求时刻坚持人民安全、政治安全、国家利益至上安全的原则，审时度势、与时俱进，保持头脑清醒，不能放松警惕，自觉维护党中央权威和集中统一领导，在思想上、政治上、行动上同以习近平同志为核心的党中央保持高度一致。

（徐莎莎）

第一部分　概况

全国工商联党组2018年工作总结

【综　述】2018年，全国工商联党组在中央统战部领导下，深入学习贯彻习近平新时代中国特色社会主义思想和党的十九大精神，认真贯彻落实习近平总书记关于促进“两个健康”系列重要指示，按照党中央“政治建会、团结立会、服务兴会、改革强会”要求，坚持围绕中心、服务大局，认真履职、担当作为，充分发挥领导核心作用，带领机关圆满完成了各项工作任务。

一是抓政治建设统领。带头学习贯彻习近平新时代中国特色社会主义思想和党的十九大精神，牢固树立“四个意识”，坚定“四个自信”，坚决做到“两个维护”。全年共召开27次党组会议、党组扩大会议，组织7次党组理论中心组学习，及时学习、准确把握中央最新精神。举办2期深入学习贯彻党的十九大精神专题培训班、10期工商联大讲堂，分期全员培训机关干部、直属单位中层以上管理人员和直属商会党组织负责人。严格执行加强和维护党中央集中统一领导若干规定、加强和规范请示报告工作规定，认真学习党中央关于秦岭北麓违建别墅专项整治情况通报精神，贯彻落实新形势下党内政治生活若干准则。学习贯彻中国共产党支部工作条例，严格执行“三会一课”等制度，加强党员队伍建设，完成机关党委、机关纪委换届。成立全国工商联直属商会与非公党建工作委员会，组织直属商会党组织开展“六个一”活动，探索非公企业党建工作试点。

二是严格落实从严治党主体责任。贯彻党组工作条例，严格落实领导干部“一岗双责”，坚持党建工作和业务工作一体谋划、部署、考核。切实履行主体责任，一级抓一级、层层抓落实。推动构建党建“六强”工作机制，成立考评督导组，对50个基层党组织进行督导。自觉接受驻部纪检监察组的监督指导，党的十九大以来共核查问题线索20件，诫勉谈话1人，批评教育4人；1人严重违反组织纪律、廉洁纪律、生活纪律，被开除党籍、开除公职。

三是服务“两个健康”。深入开展理想信念教育，围绕“不忘创业初心、接力改革伟业”主题，引导民营企业家坚定发展信心、增强社会责任意识。组织专题学习习近平总书记在民营企业座谈会上的重要讲话精神，以党组名义在《求是》杂志发表《做好新时代民营经济发展工作的根本遵循》文章，组织《中华工商时报》刊发1期社论和9期评论员文章，推动系统上下形成学习宣传热潮。贯彻落实中央25

号文件精神，与中央统战部共同推荐宣传改革开放40年百名杰出民营企业家，组织民营企业参与中央电视台《改革开放四十周年》大型纪录片制作和庆祝改革开放40周年大型展览。联合召开温州创建新时代“两个健康”先行区大会。配合中央统战部举办企业家副主席、副会长专题培训班、3期执委常委培训班。举办青年企业家委员会成立大会暨首届全国青年企业家峰会，实施“新时代民营企业家培养计划”。发挥直属商会作用，面向企业家组织8期“德胜门大讲堂”。

服务促进民营经济高质量发展。参与筹备民营企业座谈会，抓好工商联系统的贯彻落实。与中国人民银行共同召开金融服务座谈会，与最高检联合召开服务保障民营经济发展座谈会。参与国务院开展的深化民营企业和小微企业金融服务督导和评估，参加国务院大督查工作。组织开展民营企业高质量发展调研，与全国政协共同开展“发展实体经济，提高供给体系质量”专题调研。组织开展民营企业参与关键领域自主创新专项调查。举办2018中国民营企业500强峰会系列活动。围绕东北振兴、中部崛起、西部大开发、长江经济带发展、京津冀协同发展等区域协调发展战略，主办和参与举办10余次经贸活动。联合主办中非民营经济合作高峰论坛，举办民营企业“走出去”培训班和“我驻外使领馆与民营企业面对面”活动。持续开展“法律三进”活动，成立全国工商联法律维权服务中心，推进商会人民调解工作，协调省级工商联推动一批企业涉法涉诉案件处置。

四是引导民营企业参与“三大攻坚战”。推动“万企帮万村”精准扶贫行动向深度贫困地区倾斜，召开扶贫先进民营企业表彰大会暨扶贫日论坛和消费扶贫现场会，组织直属商会与深度贫困县签订对口帮扶协议，推进贵州织金定点扶贫工作。召开工商联系统援藏援疆电视电话会议，开展“精准扶贫西藏行”“中国光彩事业怒江行”和“中国光彩事业南疆行”等活动。开展民营企业助推乡村振兴战略实施专题调研，组织民营企业发起参与乡村振兴战略倡议。对民营企业进入金融领域、防范化解风险情况进行调研，针对A股上市民营企业股权质押、负债和流动性等情况，提出对策建议。与有关部门沟通协调，推动解决企业债务危机，化解金融风险。与生态环境部合作，开展生态环境保护，支持民营企业发展联合调研，召开民营企业参与污染防治攻坚战暨生态环境保护座谈会。

五是大力推进深化改革。在改革组织体制方面，改革会员制，实行代表大会代表任期制。制定发挥企业家副主席、副会长和执委作用的意见，调整重设专门委员会。贯彻落实中办国办印发的《关于促进工商联所属商会改革和发展的实施意见》，认定首批500家全国“四好”商会，组织开展直属商会评价。修订全国工商联机关“三定”规定。在创新运行机制方面，制定实施新闻宣传工作计划，创新开展联系调研工作，班子成员、执委、地方工商联广泛参与，扩大了服务和教育覆盖面。在改革工作方式方面，改进重要会议活动的组织形式，改进团体提案和信息报送工作，加强对地方工商联的工作指导，推行“计评对”工作制度，加快建设“网上工商联”。在加强干部管理方面，在干部选拔提名环节实行综合评价比选，严格程序，全年选拔任用处级干部30名、局级干部15名。组织近50人次干部参加中央调训和专题研修。

尽管2018年工作取得一些进展，但仍存在一些问题。主要是对非公有制经济人士成长规律把握不深，经济服务的方式和手段不够丰富，工作的深度和广度有待拓展，工商联改革发展不平衡，干部队伍专业素养和能力有待进一步提升。

2019年，在中央统战部的领导下，全国工商联将重点抓好以下四方面工作。

一是坚持政治建会，做到“两个维护”。认真学习贯彻习近平新时代中国特色社会主义思想，特别是习近平总书记在民营企业座谈会上的重要讲话精神以及党中央关于非公有制经济领域统战工作的重大决策部署，完善党建“六强”工作机制，加强基层党组织建设，推进构建“亲”“清”新型政商关系。

二是坚持团结立会，扩大教育覆盖。深化非公有制经济人士理想信念教育，开展联系调研和谈心谈话活动，培育吸引力广、影响力强的工作品牌，配合中央统战部制订加强民营经济统战工作的文件。

三是坚持服务兴会，促进高质量发展。推动民营企业创新发展，引导民营企业积极参与国家战略和“三大攻坚战”，推动国际合作和港澳台工作，做好法律维权服务，帮助企业解决实际困难。

四是坚持改革强会，增强组织活力。继续落实全国工商联深化改革总体方案，重点推进工商联所属商会改革和发展，加快信息化建设，加大干部培养力度，进一步增强工商联凝聚力、影响力、执行力。

第二部分　工作成果

宣传教育培训

【综　述】2018年，全国工商联深入学习贯彻习近平新时代中国特色社会主义思想和党的十九大精神，结合庆祝改革开放40周年系列活动，以“不忘创业初心、接力改革伟业”为主题深入开展非公有制经济人士理想信念教育，引导广大非公有制经济人士不断增强对中国特色社会主义的信念、对党和政府的信任、对企业发展的信心、对社会的信誉。

一、加强组织领导

全国工商联党组高度重视非公有制经济人士理想信念教育。3月，全国工商联印发《关于深入开展非公有制经济人士理想信念教育的通知》，从总体要求、主要内容、工作措施等方面对扎实做好新时代非公有制经济人士理想信念教育作出整体部署，明确将理想信念教育融入促进“两个健康”各项工作，由阶段性集中活动转为常态化思想政治教育，在深化上着力、在覆盖上见效，以“不忘创业初心、接力改革伟业”为主题，以弘扬企业家精神、争做新时代典范为重点，以年轻一代非公有制经济人士为着力点，引导非公有制经济人士不断增强“四个自信”，自觉做爱国敬业、守法经营、创业创新、回报社会的表率和践行亲清新型政商关系的典范。《关于深入开展非公有制经济人士理想信念教育的通知》为各地深入开展理想信念教育提供了指导。为推广交流地方工商联和商会在宣讲党的十九大精神、开展年轻一代教育培养、开展非公党建等工作中形成的经验做法，全年编发15期《工商联信息——理想信念教育实践活动》专刊。

会领导带头深入基层，推动习近平新时代中国特色社会主义思想和党的十九大精神的学习宣传。由全国工商联专职会领导带队开展联系调研，企业家副主席、副会长任各组副组长。一年来，8个联系调研组共走访22个省级工商联、116个市级工商联、517个县级工商联、382个工商联所属商会，以及979家民营企业和个体工商户，242位企业家执委参加调研。调研期间召开215场宣讲会，百余位企业家执委、常委宣讲习近平总书记系列重要讲话精神和党的政策，约3万人次听宣讲、受教育。联系调研在宣传政策、指导工作、广泛联系、促进发展、助力脱贫攻坚等方面取得了良好成效。

为强化意识形态领导，全国工商联探索常态化舆情报告制度，逐步形成快报、月报、周报和报告（专题）的舆情信息报送体系，梳理非公有制经济领域重点舆情，进行分析研判并提出应对建议。2018

年编印《非公有制经济领域舆情报告》22期、快报16期、周报4期、月报2期。

二、积极做好非公有制经济人士教育培训

全国工商联将教育培训作为开展理想信念教育的重要手段，统筹谋划、按需培训，发挥凝聚政治共识、提高能力素质的作用。5月，印发《全国工商联2018—2022年教育培训工作规划》，从工商联教育培训的内容、对象、任务及班次安排、提高教育培训质量措施、加强组织领导等方面进行系统谋划，为做好未来5年的教育培训工作打下基础。

基本实现对全国工商联新一届领导班子和领导机构成员培训全覆盖。9月下旬，中央统战部、全国工商联共同举办全国工商联（中国民间商会）企业家副主席、副会长学习习近平新时代中国特色社会主义思想专题培训班，中央书记处书记中央统战部部长尤权与学员座谈并作重要讲话。全国工商联副主席、中国民间商会副会长，中央统战部经济局、全国工商联各部门主要负责同志共40人参加培训。6月至9月，与中央统战部共同举办3期全国工商联企业家执委、常委培训班。267位全国工商联执委、常委参加培训。通过培训，新一届全国工商联领导机构成员增强了对当前工商联工作面临新形势、新任务的理解把握，进一步强化了政治意识、坚定了发展信心、提升了履职能力。

注重创新教育引导方式。一年来，围绕乡村振兴战略、“一带一路”建设、金融安全与防范重大风险等举办8期“德胜门大讲堂”，以商会承办、企业家主讲的形式，面向商会和企业家开展习近平新时代中国特色社会主义思想和党的十九大精神学习宣传活动。依托机关“两个健康”展示交流平台，举办4期专题展示，进一步宣传党中央的大政方针和决策部署，展示优秀非公有制企业和非公有制经济人士风采。

注重加强对年轻一代民营企业家的教育培养。自9月开始，中央统战部与全国工商联合作在清华大学经管学院实施“新时代民营企业家培养计划”。“培养计划”分为“新时代知名民营企业家发展计划”和“新时代青年民营企业家成长计划”，组织96名全国知名和年轻一代民营企业家参加系统学习，采取集中教学与日常教学相结合的方式，此项培训将持续到2019年9月。

三、加强正面宣传引导

结合庆祝改革开放40周年，展示社会主义市场经济发展的重要成果，弘扬民营企业家敢为人先的创新意识和锲而不舍的奋斗精神。会同中央统战部推荐宣传改革开放40年百名杰出民营企业家。10月24日，召开新闻发布会，发布改革开放40年百名杰出民营企业家名单。新华社当天播发消息通稿并公布名单，《人民日报》《光明日报》《经济日报》等中央各报次日刊发。中央电视台《新闻联播》《新闻30分》《财经信息联播》播出百杰主题系列报道，《对话》栏目制作“杰出民营企业家致敬改革开放40年”的专题节目。会同国务院国资委、国家发展改革委参与筹备国家庆祝改革开放40周年大型展览。组织民营企业参与中央电视台《我们一起走过——致敬改革开放40周年》大型纪录片制作，协助凤凰卫视拍摄《潮涌神州——改革开放中国民营企业四十年纪事》纪录片。

指导直属媒体配合做好重点宣传。《中华工商时报》发挥宣传阵地作用，推出“壮阔东方潮　奋进新时代——庆祝改革开放40年”“中国民营经济40年·40事·40人”“百名杰出民营企业家”等多个系列报道。全国工商联网站开设“民营经济40年”专栏。中华工商联合出版社出版庆祝改革开放40周年系列书籍，营造民营经济领域庆祝改革开放40周年氛围。

加强执委企业诚信建设。以“黑名单”为突破口，先后三次对省级工商联副主席（副会长）以上企业开展技术比对，并向有关省级工商联进行通报，指导进行信用修复。在中办国办《关于工商联所属商会诚信建设要求意见》的指导下，围绕工商联所属商会及执委企业诚信建设，下发通知积极推进诚信宣传、信用标准制定、信用评价、诚信档案等工作。探索推进商会诚信建设试点，发挥重点企业诚信示范引领作用。

四、推进非公有制经济领域党建工作

一年来，全国工商联紧扣协同参与非公企业党建的定位和职责，着眼于工商联的优势、特色，扎实推进非公有制经济领域党建工作。配合中央组织部组织二局对工商联所属商会党建工作情况赴北京、山西、福建进行专题调研。与中组部联合在江苏昆山举办非公有制经济组织党组织书记培训示范班，60多名非公有制经济组织和商会组织党组织书记参加培训。确定重庆市、浙江省嘉兴市、北京市朝阳区工商联分别作为开展非公经济领域党建工作的省级、地市级、区县级三级试点，有针对性地联系指导试点工作。在2018中国民营企业500强峰会期间举办民营经济党建专场，邀请党建领域专家、企业家、工商联负责人、商会负责人等，围绕当前民营经济领域党建工作的任务要求、工商联参与非公党建工作的实践、民营企业和商会开展党建工作的经验做法等作主题演讲、开展互动交流。配合中宣部编印企业思想政治工作案例《新时代企业思想政治工作创新案例选编——民营企业篇》、编辑出版《新时代新实践：民营企业与商会组织党建工作案例选编》，指导各地总结典型经验，扩大典型影响。

（王凌燕　吴　巍）

【举办“两个健康”展示交流平台专题展览】2018年，“两个健康”展示交流平台以深入学习贯彻习近平新时代中国特色社会主义思想和党的十九大精神为主题；以庆祝改革开放40周年，宣传展示改革开放40周年的光辉历程、伟大成就和宝贵经验为主线；以宣传优秀非公有制企业，展示非公有制经济人士风采为重点。全年共举办了“一带一路生力军”打好“三大攻坚战”“民营经济迈上更加广阔的舞台”“致敬改革开放40年”4期专题展示，400多家有行业代表性的民营企业参展。

“两个健康”平台的投入使用，丰富了服务方式，延伸了工作手臂，密切了对外交往。聚焦“一带一路”、打好“三大攻坚战”等国家重大战略，充分展示了民营经济取得的重大成就和发挥的重要作用，提振了民营企业发展信心。广泛联系参展企业，涵盖了现代信息产业、现代服务业、现代农业、现代生物制药等多个领域，既有引领行业发展的创新型领军企业，也有以管理创新和商业模式创新见长的商贸物流企业，具有较强的行业代表性和广泛的社会影响力，充分展示了民营企业的风采。围绕纪念改革开放40周年，展示内容既有党中央关于非公经济发展的政策，“40年40事”标志性事件，“40年40人”代表性人物等板块；还有保护和发挥老字号企业的榜样作用，重点展示民营经济发展始终与改革开放进程紧密相连，在推动经济社会发展的重要作用和贡献等内容。

一年来，展览相继接待了中央领导，部委领导，部队领导，国外商会代表团，地方统战部、工商联系统干部，“德胜门大讲堂”莅临企业家等3500余人参观。大家表示，通过参观展览，更加深刻地理解了以习近平同志为核心的党中央关于非公有制经济发展的重要思想，必须运用辩证思维和长远眼光认识当前经济发展形势，坚定发展民营经济的信心和决心，在思想和行动上与党中央保持高度一致。

（王昭暾）

【召开提高培训工作质量研讨会】2018年1月23日，全国工商联宣教部在浙江杭州召开“工商联系统提高教育培训质量研讨会”，时任全国工商联党组成员、副主席杨启儒出席会议。10个省级工商联和2个副省级城市工商联分管培训工作的负责同志，中央统战部五局、国家行政学院、中国大连高级经理学院、浙江大学、浙江社会主义学院有关负责同志及4名企业家代表参加研讨会。

与会人员充分肯定了工商联系统教育培训工作的显著成效，交流了各地提高教学质量、增强教育培训工作实效的创新举措，同时就工商联培训工作存在的问题、如何创新非公有制经济代表人士教育培训的方式方法等问题进行了深入研讨，对全国工商联改进教育培训工作提出意见建议。

（吴　巍）

【制定下发《关于深入开展非公有制经济人士理想信念教育的通知》】2018年3月，全国工商联下发《关于深入开展非公有制经济人士理想信念教育的通知》（全联发〔2018〕8号）（以下简称《通知》）。《通知》从总体要求、主要内容、工作措施等方面，对扎实做好当前和今后一个时期非公有制经济人士理想信念教育作出部署。

《通知》要求，以习近平新时代中国特色社会主义思想和党的十九大精神为指导，以“不忘创业初心、接力改革伟业”为主题，以弘扬企业家精神、争做新时代典范为重点，以年轻一代非公有制经济人士为着力点，引导非公有制经济人士不断增强中国特色社会主义道路自信、理论自信、制度自信、文化自信，自觉做爱国敬业、守法经营、创业创新、回报社会的表率和践行“亲”“清”新型政商关系的典范。促进民营经济高质量发展，在防范化解重大风险、精准脱贫、污染防治“三大攻坚战”中发挥积极作用，做出重要贡献。

《通知》要求，把学习宣传习近平新时代中国特色社会主义思想和党的十九大精神作为各级工商联的首要政治任务，紧密结合非公有制经济人士的所思所想所盼，开展面向非公有制经济人士的学习活动和主题教育，不断提高广大非公有制经济人士的政治责任感和时代使命感，在政治立场、政治方向、政治原则、政治道路上同以习近平同志为核心的党中央保持高度一致。

《通知》要求，要深入调查研究，找准工作结合点。充分发挥工商联企业家副主席、副会长和执委、常委的榜样带动作用，老一代企业家的传承作用和年轻一代企业家生力军作用，让企业家真正走上前台、成为主角，用身边事教育身边人。发挥商会党组织政治核心作用。加大树立和宣传典型力度。结合庆祝改革开放40周年，选树一批可信、可比、可学的先进典型，引导非公有制经济人士践行社会主义核心价值观，传递正能量。充分利用主流媒体、广泛运用新媒体开展宣传报道。各地要继续发挥“摸底调查、正面引导、政企沟通、强化服务、培训互动、协调推进”等长效机制作用，确保主题教育扎实开展，取得实效。

（王凌燕）

【举办省级工商联专职副主席和副省级市工商联主席、党组书记培训班】2018年4月9日至13日，全国工商联在中央社会主义学院举办省级工商联专职副主席培训班。来自全国的66位省级工商联专职副主席和19位副省级城市工商联主席、党组书记参加培训。中央统战部副部长，全国工商联党组书记、常务副主席徐乐江出席并作关于认真学习习近平新时代中国特色社会主义思想和党的十九大精神的主题报告，党组副书记、副主席樊友山作关于商会改革的专题报告。时任副主席杨启儒参加学员讨论交流，并对培训班进行总结。

此次培训是为落实中共中央、国务院致中国工商联十二大贺词要求和十二大部署组织开展的。培训班紧扣坚持“四会”建设，深入研讨新时代工商联工作干什么、怎么干，形成了一些共识。关于“政治建会”，大家认为要强化理论武装、加强非公党建、教育引导企业家积极履行社会责任；关于“团结立会”，要注重激发和保护企业家精神、积极推动构建亲清新型政商关系、扩大工商联工作覆盖面；关于“服务兴会”，要积极协助党委政府营造非公有制经济发展良好环境、引导民营企业积极投身国家战略、推动创新驱动发展、打造法律服务平台；关于“改革强会”，要坚持问题导向，改革组织体制、改进工作方式、加强机关建设，进一步提升工商联的凝聚力、影响力、执行力。

参训学员对本次培训给予较高评价。一致表示，坚持“四会”建设是对工商联工作的整体部署，是构成新时代工商联工作格局的基本要求，将进一步加深理解，系统推进，把学习成果转化为工作动力，开拓进取，扎实工作，以优异成绩推动新时代工商联事业创新发展。

（王凌燕）

【制定《全国工商联2018—2022年教育培训工作规划》】2018年5月，印发《全国工商联2018—2022年教育培训工作规划》（以下简称《规划》），并发出通知，要求各地结合本地区实际情况参照实施。

《规划》指出，未来5年全国工商联教育培训工作要以习近平新时代中国特色社会主义思想为指导，全面贯彻落实党的十九大精神，牢牢把握“两个健康”工作主题，以政治共识教育为核心，以提升职业素养和创新发展能力为重点，坚持改革创新、精准施教，分级分类实施，基本实现非公有制经济代表人士、商会负责人、工商联干部教育培训的全覆盖。要通过政治理论教育、革命传统和优秀文化教育、形势政策教育、履职能力教育，引导非公有制经济代表人士、商会负责人和工商联干部不断增强“四个意识”、坚定“四个自信”，将坚持“政治建会、团结立会、服务兴会、改革强会”的要求贯彻到教育培训全过程，努力提高政治把握、履职尽责和创新发展的能力水平。

《规划》指出，工商联教育培训对象主要包括各级工商联企业家主席、副主席，常务委员、执行委员，民间商会企业家会长、副会长，有发展潜力的年轻一代优秀民营企业家等非公有制经济代表人士；各级工商联所属商会会长、副会长、秘书长等商会负责人和商会基层党组织负责人；各级工商联专职领导、机关干部和直属企事业单位负责人等专职干部。

《规划》强调，进一步优化教育培训资源，丰富教育培训内容，改进教育培训方式，拓宽教育培训范围，利用5年左右的时间基本建成特色鲜明、科学合理、富有实效的工商联教育培训体系。建立完善教育培训工作制度，开展需求调研，建立调训制度和教育培训工作评估制度，完善教育培训情况登记制度。创新教育培训手段，充分利用优质培训资源搭建教育培训平台，设立案例库，开展现场教学，结合网上工商联建设探索开展网络教学。建好用好师资队伍信息库，以政治观点正确为前提，以优质教学为标准，完善教育培训师资队伍信息，实行动态管理，共享师资资源。结合实际编写工商联教育培训大纲，对课程设置、教学内容等进行规范，推荐培训必读书目，开展精品课程和优秀教材推荐工作。采取定点挂牌的形式，设立教育培训实践教学基地。加强教学作风建设，引导学员理论联系实际，倡导以学交友，营造良好学习氛围。

《规划》要求，各级工商联党组要加强对教育培训工作的组织领导，纳入总体工作规划，统筹安排，整体部署，及时解决教育培训工作中的困难和问题。同时，要求各地工商联研究制定落实《规划》的实施方案。

（吴　巍）

【举办全国工商联企业家执委、常委培训班】2018年6月11日至15日、7月2日至6日、9月18日至22日，中央统战部、全国工商联在中央社会主义学院举办全国工商联企业家执委、常委培训班，267位全国工商联执委、常委参加培训。

本次培训的主题是深入学习贯彻习近平新时代中国特色社会主义思想和党的十九大精神，增强全国工商联企业家执委、常委对当前工商联工作面临新形势、新任务的理解把握，进一步提升履职能力。培训以专题讲座为主，将集中授课与现场教学、案例教学、交流研讨相结合。高云龙主席、徐乐江书记、樊友山副主席分别出席3期开班式并亲自授课。李兆前副主席出席3期培训班开班式、结业式并对培训情况进行总结。叶青、李书福、汤亮、刘永好、王文彪等企业家以案例教学的形式讲述了他们在党的政策指引下，围绕国家战略不断开拓创新、追求卓越的成长历程。中央统战部经济局局长张天昱就宗教与非公有制经济领域统战工作为学员授课。工信部、国务院参事室、中国人民大学、中国传媒大学等多位部门负责同志和专家学者就习近平新时代中国特色社会主义经济思想、当前宏观经济热点问题解析、中国制造强国建设与中国民营企业高质量发展、企业舆情危机管理等作了辅导报告；开展现场教学，到京东方集团了解智能工厂，到北京叶氏企业集团学习如何支持配合非公党建工作。围绕产权保护、科技创新、品牌建设、企业文化、中美贸易摩擦、去杠杆等议题交流研讨。

参训学员对培训给予高度评价。大家一致认为，培训举办及时、内容丰富、教学形式多样。通过学习，强化了政治意识、提升了履职能力、坚定了发展信心，收获很大。

（王凌燕）

【举办非公有制经济组织党组织书记培训示范班】2018年7月23日至27日，全国工商联会同中央组织部在江苏昆山市委党校举办非公有制经济组织党组织书记培训示范班（以下简称“示范班”）。来自全国31个省（区、市）和新疆生产建设兵团的非公有制经济组织和商会组织党组织书记，以及各省“两新”工委、组织部、工商联非公党建工作人员，第二批全国党员教育培训示范基地观摩人员共102人参加培训。

此次培训围绕学习贯彻习近平新时代中国特色社会主义思想和党的十九大精神，贯彻落实全国组织工作会议精神，着力发挥培训班的示范带动作用，推动各地各有关部门切实抓好非公有制经济组织党组织书记培训工作。坚持将业务培训和党性教育有机结合，将理论学习与现场教学有机结合的方式，采取专题辅导、现场教学、经验交流、学员讲堂、分组讨论、学员论坛等形式，开展了5场专题辅导，4次经验交流，3次现场教学，2次分组讨论，还组织了学员大讲堂、党的知识测试和学员论坛等活动。中央组织部、全国工商联、中央党校、江苏省委党校、非公党建网相关领导和教授专题讲座围绕如何进一步深化对习近平新时代中国特色社会主义思想的理解、进一步提升对加强非公有制经济领域党建工作的认识做了阐述。红豆集团党委书记周海江，重庆市工商联副主席陈智，中国民营经济国际合作商会党委书记王燕国，上海均瑶集团党委书记陈理，为大家提供了很多做好非公党建工作的创新思路、方式方法和鲜活事例。示范班还安排了党建示范点现场教学，以及“昆山之路”专题党性教育。

学员普遍反映，这次示范班内容充实、形式多样，很解渴、接地气。通过学习进一步提高了认识、增强了信心，对习近平新时代中国特色社会主义思想和党的十九大精神有深入理解，对党鼓励支持引导非公有制经济发展政策、加强非公党建相关政策有准确的把握。进一步明确了工作思路、掌握了方式方法，党建工作能力得到提升。在相互交流中，学到了先进经验，对当好基层党组织书记，做好非公党建工作有了更多的思考。大家纷纷表示，要以习近平新时代中国特色社会主义思想为指导，坚定理想信念，认真履职尽责，将各项工作落到实处，切实发挥党组织的战斗堡垒作用和党员的先锋模范作用。

《中华工商时报》、“中华工商时报”微信公众号全联通对培训情况进行报道，中央组织部官方网站“共产党员网”将全联通信息内容全文转发。

（刘　捷）

【举办全国工商联（中国民间商会）企业家副主席、副会长专题培训班】2018年9月26日至27日，中央统战部、全国工商联共同举办全国工商联（中国民间商会）企业家副主席、副会长学习习近平新时代中国特色社会主义思想专题培训班。全国工商联副主席、中国民间商会副会长，中央统战部经济局、全国工商联各部门主要负责同志共40人参加培训。

本次培训的主要任务是继续深入学习贯彻习近平新时代中国特色社会主义思想和党的十九大精神，提高对当前工商联工作面临的新形势、新任务的认识，统一思想、明确方向、凝聚力量，进一步提高履职能力，推动非公有制经济健康发展、非公有制经济人士健康成长和工商联事业不断发展。

中央书记处书记、中央统战部部长尤权与学员座谈并作重要讲话。全国政协副主席、全国工商联主席、中国民间商会会长高云龙出席开班式并讲授第一课。中央统战部副部长，全国工商联党组书记、常务副主席，中国民间商会副会长徐乐江主持开班式。

培训期间，外交部政策规划司、国务院发展研究中心有关负责同志就当前国际形势、我国经济形势与经济政策等作专题辅导报告。学员座谈会上，16位企业家副主席、副会长作了发言，介绍履职情况，畅谈工作体会，对促进非公有制经济健康发展和非公有制经济人士健康成长提出意见建议。

（吴　巍）

【《中国共产党统一战线工作条例（试行）》】为贯彻落实习近平新时代中国特色社会主义思想和党的十九大精神，发挥好工商联职能作用，加强基层党组织建设，全国工商联探索开展工商联协同参与非公党建试点工作。试点工作按照《中国共产党章程》《中国共产党统战工作条例（试行）》等有关文件要求，以工商联会员企业和所属商（协）会为重点，指导试点单位在领导体制、职能定位、组织覆盖、作用发挥、工作保障和工作创新等方面积极实践，引导广大非公有制经济人士重视、支持党建工作，持续推进所属商（协）会党建工作，努力形成可在工商联系统推广借鉴的工作经验，推进党的组织和党的工作在非公有制经济领域有效覆盖。

选定重庆市、浙江省嘉兴市、北京市朝阳区工商联作为工商联参与非公党建工作试点单位。三地工商联对试点工作高度重视，积极争取组织部门、民政部门支持，结合地区工作特点，分别制定试点工作举措。重庆市工商联印发《全联非公党建重庆市工商联试点工作方案》，并于2018年9月17日召开试点工作动员大会，针对推动工商联所属商会实现两个全覆盖目标任务，在体制机制、工作方法等方面提出一系列创新性举措。浙江省嘉兴市工商联制定印发《全联非公党建嘉兴市工商联试点工作实施方案》，实施红色堡垒、扩面提效、头雁培育、双强先锋、亮旗示范五大行动，努力打造红船旁商协会党建高地。北京市朝阳区工商联制定了《北京市朝阳区工商业联合会非公党建试点工作实施方案》，发挥朝阳区非公经济工委与工商联“两块牌子一套人马”合署办公的优势，形成“组织生活共同管、党务工作共同促、特色活动共同抓、服务品牌共同创”的区域型、开放型工作特色，探索建立可复制、可推广、可操作性强的非公党建工作模式。

（刘　捷）

【创新开展非公有制经济领域网上舆论工作】2018年，为贯彻落实全国网信工作会议和全国宣传思想工作会议精神，进一步加强网上舆论引导工作，按照全国工商联党组和会领导要求，从年初开始在非公有制经济领域开展舆情分析研判工作。自工作开展以来，宣教部不断完善工作机制，探索创新工作方法，目前舆情工作已初步走向正轨。

加强对网络舆论工作的组织领导。全国网信工作会议召开后，全国工商联党组专题学习习近平总书记重要讲话精神，研究工商联网信工作。为加强党组对网信工作的集中统一领导，由徐乐江书记担任全国工商联网信领导小组组长，三位专职副主席担任副组长，各部门、相关直属单位、直属商会主要负责人为小组成员；领导小组办公室设在全国工商联宣传教育部，负责协调落实日常工作。召开全国工商联网信领导小组会议，研究讨论民营经济领域舆情工作，对今后一段时间的网信工作进行部署。制定印发《关于加强全国工商联网络信息工作的实施办法（试行）》，统筹贯彻落实全国网信工作会议精神。

加强网络舆情工作队伍建设。为推动各地开展舆情工作，建立舆情工作反馈机制，在32个省级工商联和15个副省级工商联建立舆情报送员队伍，与部分重点民营企业建立直接工作联系，了解各地非公领域重大舆情，掌握民营企业家对于重要事件和节点的反应，引导企业家主动发声。成立全国工商联宣传教育委员会舆情工作小组，借外脑、用外力，为工商联舆情工作提供智力支撑。

探索常态化舆情监测报告制度。重

点关注网络舆论中涉及非公有制经济领域的信息，做到及时发现，实时报送。针对滴滴顺风车事件、吴小平“私营经济离场论”、刘强东事件等突发事件编写舆情快报；针对涉及非公有制经济领域的重大事件，如习近平总书记召开民营企业座谈会等及时编写专题舆情报告。截至2018年底，已完成非公有制经济领域舆情报告22期、快报16期。同时开展月报和周报的撰写工作，梳理阶段时间内非公领域的重点舆情，进行分析研判并提出应对建议。现已初步形成以月报、周报、快报及报告（专题）为主的舆情信息报送体系。

广泛开展舆情工作调研合作。为借鉴其他单位在舆情工作方面好的经验做法，联系走访共青团中央、全国总工会、中央统战部、中央宣传部、中央网信办等单位，与有关部门加强联系，初步建立起重大舆情的信息沟通渠道。先后走访调研百度、今日头条、新浪微博等互联网公司，就未来共同推进非公有制经济领域舆情合作进行交流。在2018年举办的3期全国工商联执委常委培训班上专门开设网络舆情课程，邀请中国传媒大学专家授课，指导民营企业加强舆情管理，提高舆情危机防范应对能力。

针对民营经济领域热点舆情积极发声。11月1日习近平总书记主持召开民营企业座谈会并发表重要讲话，全国工商联第一时间广泛收集民营企业家反响体会，组织力量撰写《中华工商时报》社论和9篇评论文章，全国工商联网站、《中华工商时报》开设专栏深入报道，新媒体实时转发。针对吴小平“私营经济离场论”，组织《中华工商时报》发表评论员文章《毫不动摇地坚持我国基本经济制度》，旗帜鲜明批驳吴小平错误观点，并积极协调相关媒体转载，形成正确舆论导向。

（于　雪）

理论研究和建言献策

【综　述】2018年是深入贯彻党的十九大精神的开局之年，也是全面落实中国工商业联合会十二大精神开局之年。全国工商联深入学习习近平新时代中国特色社会主义思想和党的十九大精神，认真贯彻习近平总书记关于促进“两个健康”和工商联工作的系列重要讲话精神，围绕中国工商业联合会十二大工作部署和全年工作重点，扎实开展调查研究和理论研究，积极履行政治协商、参政议政、民主监督职能，为促进经济社会发展建言献策。

一、全程参与筹备11月1日民营企业座谈会

会前，针对民营经济发展面临的困难和问题，深入调查研究，多次召开座谈会，先后向中央办公厅、中财办、国家发展改革委等部门报送《民营企业所虑所思所盼》等5份报告，反映民营企业面临的突出问题，提出帮助民营企业纾困解难的意见建议，相关报告素材在总书记讲话中被采纳。参与推荐参会民营企业家，并帮助修改、撰写企业家发言材料。会后，制定贯彻落实总书记在民营企业座谈会

上的重要讲话精神工作方案，起草理论文章。

二、深入开展调查研究和理论研究

紧紧围绕“两个健康”主题，就工商联事业发展中的重要理论问题和实践问题开展研究。

1. 组织开展系列重点调研。为贯彻落实党的十九大和中央经济工作会议精神，组织开展民营企业高质量发展重点调研。调研报告上报国务院和中央统战部，并在汪洋同志主持召开的调研协商座谈会上作专题汇报，得到领导认可。针对A股上市民营企业股权质押、负债和流动性等情况，会同万得资讯进行调研梳理并撰写报告，汪洋同志作出“言之有理、论之有据，既提问题、又出主意，是个好报告”的重要批示，刘鹤、尤权同志也对报告作出批示。对华为公司和吉利集团有关情况开展研究，形成专题报告上报中财办。参与民营企业进入金融领域情况调研并参与起草《关于促进民营资本进入金融领域健康发展的报告》。开展供应链金融工作专题调研并撰写调研报告。开展践行习近平新时代中国特色社会主义经济思想专题调研。配合中央统战部开展党委政府与民营企业、商会组织沟通协商情况调研并参与起草分组报告和《关于建立党委政府与民营企业商会组织沟通协商制度的意见》，配合中央统战部开展新时代非公有制经济领域统战工作研究并起草分组报告。

2. 创新开展万家民营企业评营商环境工作。按照我会落实25号文件精神责任分工要求，组织开展万家民营企业评营商环境工作。通过征求和研究30多位企业家、9个曾经开展或计划开展营商环境评价的地方工商联的意见，设计制定包括6项一级指标、23项二级指标、48项三级指标以及权重的营商环境评价指标体系。印发《全国工商联2018年营商环境评价实施方案》，依托全国工商联民营企业调查系统开展问卷调查，获取有效问卷20454份，数据785万个。在充分研究基础上，对指标进行逆向论证，优化评价指标体系，形成1份总报告和6份专题报告，地方总体排名和六大环境分排名。会领导充分肯定系列报告，要求继续完善，打造工作品牌。国家发展改革委专程到我会开展座谈，对该项工作给予高度赞赏。

3. 深入推进调查点工作。2018年，完成线上调查系统升级。印发调查点工作年度计划，制订调查问卷模板，开展4期民营经济运行状况调查，调查分析报告得到中办、中财办、国务院办公厅、国家发改委的重视，2018年第一期被中办信息采用。先后赴湖北、黑龙江、江苏、青海等地开展全国民营企业调查点工作培训，赴湖南、广东、重庆等省市开展调查点工作督导。依托民营企业调查系统开展全国民营企业市场预期和小微融资状况调查。

4. 积极做好智库和咨询委员会工作。制订智库建设方案，提出首批智库委员会委员名单，报请主席办公会议审议、报中央统战部批准，召开智库成立大会，同时发布研究课题，支持智库专家委员开展研究。根据主席办公会议审定的咨询委员会委员人选建议名单，征求企业家本人意见，产生初步名单，与咨询委员会其他相关事宜共同上报中央统战部。

5. 开展做好专题研究工作。开展去杠杆背景下的流动性问题研究、党建和实体经济融合发展研究、习近平总书记民营经济思想研究（福建），整理习近平总书记关于非公有制经济发展论述。加强与相关智库机构、自组织沟通协调，与经合组织中国经济政策研究室、国研·斯坦福项目办公室等机构开展座谈。整理近10年的M2、金融业增加值、宏观经济杠杆率、新增债务融资占比等数据并上报会领导。

鼓励开展前瞻性专题跟踪学习研究并撰写调查研究和理论研究文章，会同机关党委将研究成果集合编发《调研参阅》，全年共印发24期。完成4期《工商史苑》编辑印制工作。

三、积极做好参政议政工作

认真参加党中央组织召开的党外人士座谈会和全国政协各类协商活动，做好团体提案工作，推动本会参政议政工作水平不断提高。

1．高质量完成团体提案工作。对各省级工商联、副省级城市工商联、各直属商会和企业提交的团体提案初稿进行精心筛选，认真修改把关，组织专家评审，报主席办公会议审议，形成32件团体提案和7篇大会书面发言，提交全国政协十三届一次会议。其中关于促进光伏产业和金融信息服务业发展的两份提案被全国政协列为重点提案。

2．认真撰写全国政协有关会议活动文稿。起草中央领导同志参加全国政协民建、工商联界委员联组会时的讲话参考稿。起草高云龙主席在专题协商会上的发言稿。起草黄荣副主席在全国政协第七次提案座谈会上的发言稿，会后上报关于贯彻落实全国政协第七次提案工作座谈会有关情况的报告。

3．及时完成我会承办的政协提案和人大议案工作。加强与全国政协和全国人大沟通协调，做好政协提案和人大代表建议的承办分工、协调、督办、答复意见报送等组织工作。2018年我会承办全国政协提案共45件，承办全国人大代表建议共33件，全部按时办结。

4．积极参加全国政协组织的民主协商活动和专题协商会。推荐何晓勇、李青、郝远、黎昌晋、南存辉等12位工商联界别政协委员在全国政协大会、常委会、专题协商会、双周协商会等会议上代表全国工商联发言，并认真起草或修改发言稿。配合全国政协经济委员会办公室，联合举办“发展实体经济，提高供给体系质量”专题协商会，邀请专家和企业家参与调研。组织委员参与全国政协“优化营商环境，促进民营经济高质量发展”网络议政、远程协商活动，获得全国政协肯定。

（张明凡）

【举办民营企业调查系统上线暨私营企业调查工作交流培训班】2018年4月16日—18日，全国工商联在湖北武汉召开民营企业调查系统上线暨私营企业调查工作交流培训班。会议总结了民营企业调查点工作，正式上线新的民营企业调查系统，就系统使用进行专题培训，认真部署今年调查点和私营企业调查工作。全国工商联研究室副主任涂文进行培训动员。湖北省工商联主席刘顺妮出席并致辞。湖北省工商联、江苏省工商联分别以用好民营企业调查平台、精准把握经济发展动态和民营企业调查点工作的经验方法为题作了交流发言，四川省绵阳市工商联作了书面交流。会议邀请网上工商联技术团队专家和中国社科院专家分别围绕民营企业调查系统操作和私营企业问卷调查进行了专题培训，并就如何建好、用好、管好民营企业调查点以及做好私营企业问卷调查工作进行讨论。全国32家省级工商联研究室负责同志及相关工作人员，湖北省各市州工商联、省工商联所属商会有关负责同志共110余人参加培训。通过集体培训，增强相关省份做好民营企业调查工作的责任意识，提升了工作水平。

（张天龙）

【出版发行《中国民营经济发展报告No.15（2017—2018）》】《中国民营经济发展报告No.15（2017—2018）》

以习近平新时代中国特色社会主义思想为指导，深入贯彻党的十九大精神，紧紧围绕促进非公有制经济健康发展和非公有制经济人士健康成长主题，力图真实、全面反映我国民营经济在新时代的发展现状和特点，对存在的问题进行深入分析并提出对策建议。全书分为两个部分。一是专题报告。5份专题报告分别由国家市场监督管理总局、商务部、中国人民银行、国家税务总局和中国证券市场研究设计中心的有关专家执笔，对我国个体私营经济发展、民营进出口、融资、税收及上市公司的状况进行了深入分析与研究。二是区域报告。包括7份区域报告和5份省区报告，分别由省级工商联组织力量对京津冀、东北及内蒙古、中部六省、西南四省、西北地区、粤港澳大湾区、长三角等区域和福建、山东、海南、广西、西藏等省、自治区的民营经济发展状况撰写的综合报告。

（马梁耘）

【合作调研A股股权质押情况】2018年年初以来，受金融严监管和去杠杆政策“一刀切”以及中美经贸摩擦等因素叠加影响，一些高杠杆、高负债公司资金链出现紧张，不少企业信用债出现违约，上市公司大比例质押股票面临平仓压力，资本市场风险严重集聚。为此，7月全国工商联连续召开民营企业家座谈会，并组织万得资讯、中国民生银行、有关行业商会等多方深入调研，就A股上市民营企业股权质押、负债、流动性等有关情况作了初步梳理和分析，形成相关报告。调研显示，在股票质押方面，民营企业股票存在质押率高、质押规模大、质押比较集中、控股股东质押比例高、股票质押爆仓压力大等特点。在负债情况方面，上市民营企业总体资产负债率缓慢下行。在现金流方面，紧缩信用带来企业信贷资源紧缺，带动利率上行，加之民营企业在证券市场的直接融资遇冷，企业非标融资渠道全面紧缩，融资难、融资贵、融不到趋势加重。为此我们提出有效化解股票质押业务风险，尤其要防范风险处置中的风险；抓紧制定资管新规各类细则，统一监管标准，有效整合监管资源；综合进行管控，有效降低房地产企业负债和行业杠杆；高度关注重点行业、重点民营企业，多渠道补充资金，满足企业合理融资需求；加强顶层设计，增强政策协同性、稳定性，有效控制去杠杆、严监管等各项政策的节奏和力度，防止政策叠加冲击；研究企业债务违约事件后续处置机制，防止舆论炒作，共6个方面的建议。报告报送党中央国务院后得到高度重视。全国政协汪洋主席作出“言之有理、论之有据，既提问题、又出主意，是个好报告”的重要批示，国务院副总理刘鹤、中央统战部部长尤权同志也对报告作出批示，要求有关部门抓紧研究具体落实举措。随后，中国证监会和银保监会相继出台政策措施，习近平总书记在11月1日民营企业座谈会上也对帮助企业解决股权质押问题、纾解困难提出要求。可以说，报告在稳定资本市场预期、帮助化解民营企业重大金融风险方面起到了非常重要的作用。

（冯东海）

【开展民营企业季度运行调查工作】2018年，各级工商联坚持“基于调查，用数据说话”的理念，按照《全国工商联民营企业调查点管理办法（试行）》要求，推进《2018年民营企业调查工作方案》落地落细，调查点工作成效明显。一是全年开展了4次全国民营企业运行监测调查（每季度1次），形成的调查分析报告得到会领导批示、得到中办、中央统战部、中财办、国家发展改革委、国务院研究室等多个部门认可，并在上报中央信息、研究报告和实际工作中得以应用。广西等13个地区利用调查系统在本地区开展了21次自主调查，其中安徽省利用系统开展了5次自主调查，有4个省份开展了2次以上自主调查。二是抓增量扩点，入库企业量质同步提升。入库企业量为46972家，同比增长率200%。每次参与调查填报的入库企业达到25000家，同比增长率超过80%。三是完善管理体制机制，系统联动经常化。依据管理办法，有序推进建立调查点、开展调查、成果运用、经费管理、指导培训、考核通报等各项工作。四是全面拓展培训覆盖，人员素质普遍提高。举办民营企业调查系统上线培训班。湖北等10多个地区组织了本地区培训并组织周边省份相关人员代培，培训地方调查点工作人员近700人次。

（张天龙）

【开展民营企业融资状况调查工作】为深入贯彻落实习近平总书记民营企业座谈会上的重要讲话精神，解决好民营企业尤其是中小企业“融资难、融资贵”的问题，推动民营企业实现高质量发展，按照尤权部长关于加强民营企业融资状况调研的重要指示精神，2018年第4季度，全国工商联研究室利用民营企业调查系统开展民营企业融资情况专项调查，25052家民营企业参与调查，其中小微企业16671家，占比66.55%。调查问卷从惠企政策落实情况、民企融资渠道、民企融资成本三方面展开，共细化为区域财政支持、企业财政支持、产业财政支持，政策感受度、区域融资渠道、企业融资渠道、企业融资规模、融资成本、贷款利率、贷款期限、银行授信额度、银行贷款总额、银行融资附加费用、附加总成本和捆绑搭售情况15个小指标进行纵向和横向分析，形成《民营企业融资状况专项调查分析报告》。调研报告显示民营企业融资现状仍旧不乐观，企业对国务院出台的缓解融资问题政策措施受益感受度偏低，不同区域、规模、产业的企业获得政府支持的形式表现出较大差异性，民营企业融资难、融资贵问题依然突出，银行授信仍是企业主要的融资渠道。从解决政策落地“最后一公里”、加强监管、推进金融科技发展的监管性法律措施落地、推动金融机构体制改革、健全完善多层次资本市场体系等方面提出了意见建议。报告在全国工商联十二届二次执委会上发放，并报送中办、国办、中央统战部、国家发改委等有关部门。

（陈明琪）

【开展民营企业2019年市场预期调查工作】为深入了解2019年市场预期，2018年四季度，全国工商联研究室在第四次民营企业季度运行调查的同时，开展了民营企业发展预期专项调查，从国内国际市场、营业收入、原材料成本、净利润、资金需求、国内经济总体运行、企业经济效益、行业总体运行状况、企业生存压力共9个方面了解企业预期情况。此次调查共有25052家企业参与，其中，大型、中型、小型和微型企业占比分别为8.66%、24.80%、46.36%、20.19%；第一产业、第二产业、第三产业和多元化经营的企业占比分别为19.69%、41.17%、26.30%、12.85%。调研报告显示，民营企业家预计2019年经济增长稳中趋缓的态势还将延续，对明年经济形势持谨慎乐观态度。其中，营业收入、利润预期连续3个季度保持稳定，国际国内市场需求、资金需求较第三季度有明显改善，但原材料成本同时上扬，企业发展仍然面临巨大压力。

（陈明琪）

【开展第十三次全国私营企业调查】为全面了解和定量分析我国私营企业近两年来的经营状况、生存环境，预测发展趋势，更好服务“两个健康”。2018年，中央统战部、全国工商联、国家市场监督管理总局、中国社会科学院等单位，联合开展第十三次全国私营企业调查。本次调查内容共分五部分：一是企业主要出资人情况，二是企业情况，三是治理结构与社会关系，四是转型升级与社会责任，五是营商环境。调查的重点是摸清2016年以来在经济新常态背景下，我国私营企业的经营状况；了解非公有制经济人士的思想状况、能力素质和各类诉求；了解在我国经济从高速增长阶段转向高质量发展阶段过程中，私营企业的转型升级情况；了解各地的营商环境状况。截至2017年年底，全国共有私营企业2726.3万户，本次调查按万分之四比例抽样，共调查7600家私营企业，由全国工商联和国家市场监管总局共同完成。调查结束后，邀请中国社会科学院、清华大学、浙江工业大学、复旦大学等院校和科研单位33位专家，分别撰写民营经济高质量发展指标体系、民营企业的全球关联与社会保险、政治参与社会组织参与状况报告等16篇专题分析报告。

（秦宏伟）

【开展民营房地产企业风险防控摸底调研】为深入贯彻落实党的十九大和中央经济工作会议精神，防范和化解房地产领域重大金融风险，促进民营房地产企业健康发展，2018年8—9月，全国工商联委托房地产商会和城市基础设施商会开展调研。调研报告全面分析了当前民营房地产企业风险状况及其成因、防范化解风险的有效做法，发现了一批防风险典型案例，分析和查找了影响民营房地产企业健康发展的突出风险和问题，提出了引导民营房地产业持续稳定健康发展的意见建议。

（马梁耘）

【开展2018年团体提案工作】全国工商联新一届领导班子高度重视团体提案工作，坚持把提案工作纳入重要日程，切实加强组织领导，统筹谋划，统一部署，有序推进。坚持“围绕中心、服务大局，紧扣主题、聚集重点，注重调研、提高质量”的工作原则，经过深入讨论选题、广泛征集初稿、扎实调查研究、集体讨论修改、主席办公会议审议，全国工商联最终形成32件团体提案和7篇大会书面发言，提交全国政协十三届一次会议。

全国工商联2018年团体提案，着力围绕贯彻落实习近平新时代中国特色社会主义思想、党的十九大精神和中央经济工作会议精神，紧扣促进非公有制经济健康发展和非公有制经济人士健康成长的主题，在对民营经济发展难点热点问题进行深入调研的基础上，围绕贯彻落实新发展理念、推动民营经济高质量发展提出政策性建议。

一是围绕民营企业参与“三大攻坚战”提出8件提案。在防范化解重大风险方面，提出有效防控系统性金融风险和促进金融信息服务业健康发展2件提案。在污染防治方面，提出促进光伏行业健康发展、强化可再生能源电力配额制、大力发展光热发电产业、进一步强化碳市场建设、设立生态文明发展指数、进一步加大对环保产业税收扶持力度的提案等6件提案。

二是围绕民营企业参与国家战略提出4件提案。在实施乡村振兴战略方面，提出大力发展乡村旅游产业、加快推广农村土地托管经营等2件提案。在“一带一路”建设方面，提出加强中缅跨境旅游合作的提案。在实施区域协调发展战略方面，提出在中部地区开展民营经济改革示范工作的提案。

三是围绕全面深化改革提出8件提案。围绕贯彻落实党的十九大关于打造共建共治共享的社会治理格局的要求，提出进一步发挥商协会组织在创新社会治理中作用的提案。就进一步推进税制改革、设立国家级PPP存量资产标准化与流转交易平台、进一步完善企业实验室资质认定工作、规范特色小镇基础设施建设等提出7件提案。

四是围绕促进行业健康发展提出12件提案。围绕新兴产业发展提出6件提案，包括开展数据资产登记评估工作促进大数据产业健康发展，鼓励数字经济发展促进新型就业，加大对动力电池行业财税扶持力度，促进民宿健康发展，打造并购金融聚集区，鼓励支持共享出行新业态发展等。围绕传统产业优化升级提出5件提案，主要有，推动发展中国特色二手车出口贸易、修订《化妆品监督管理条例》、放开进口液化天然气限制、进一步放开中药新药审评审批、建立珠宝行业信用评价体系、支持民办高等教育发展等。

全国工商联的7篇大会书面发言，主要就围绕打赢脱贫攻坚战、践行“亲”“清”新型政商关系、全面深化改革等提出建议。包括引导民营企业参与精准扶贫、加强青年企业家培养工作、全面建立涉企政策综合推进机制、进一步鼓励民营企业参与PPP项目、规范涉企执法部门自由裁量权、大力构建“亲”“清”新型政商关系、积极引导民营企业参与“一带一路”建设等建议。

（徐海波）

【组织参加全国政协常委会、双周协商会、网络议政远程协商会等各类会议】全国政协常委会、专题协商会、双周协商会、网络议政远程协商等会议既是政协委员围绕党和国家中心任务履行职责的重要平台，也是工商联作为政协界别履职发挥积极作用的重要平台。2018年我会组织委员主要参加了5场会议。一是组织工商联界全体委员参加了政协十三届一次会议。王建沂委员作了《优化营商环境　激发民营企业家活力》口头发言。二是积极参加政协常委会第二次会议。围绕会议主题“解决深度贫困地区脱贫问题”，南存辉委员代表我会提交了《构建产业扶贫长效机制，攻克深度贫困堡垒》书面发言。三是和全国政协经济委员会联合召开“发展实体经济，提高供给体系质量”专题协商会。高云龙主席率队调研，研究室、办公厅、经济部派人参加了实地调研。会上，高主席作了重点发言。我会推荐6位企业家委员参加会议，刘强东、陈志列、袁亚非委员作了预约发言。四是积极参加政协常委会第三次会议。针对“污染防治中存在的问题和建议”主题，我会推荐污染防治工作做得较好地区的省级工商联主席许仲梓、黎昌晋作了书面发言。五是积极参加政协常委会第四次会议。针对“加强和改进政协工作，迎接人民政协成立70周年”主题，我会推荐陈放、郝远分别作了《充分发挥工商联界别优势作用进一步提高参政议政能力》《聚焦民营经济高质量发展提升工商联届别协商水平》书面发言。同时，我会组织委员参与“优化营商环境、促进民营企业高质量发展”“推进快递行业绿色发展”等一系列网络议政远程协商会。

（徐海波）

【办理全国政协提案和全国人大代表建议】全国工商联党组高度重视全国政协提案和全国人大代表建议办理工作。2018年全国政协提案和人大代表建议的办理数量有较大增长，办理质量要求进一步提高。面对新要求，全国工商联积极安排专人参加全国政协提案和全国人大代表建议交办协调会议，统筹制订承办方案，明确办理结点，制订工作流程，强化办理质量。在机关各部门的共同努力下，确保了政协提案和人大代表建议100%按时办结。全年共承办全国政协提案45件，其中，主办16件、分办3件、会办26件，另有9件意见和建议供参阅；承办人大代表建议33件，单独办理4件，分别办理2件，会同办理（主办）6件、会同办理（协办）10件、参阅办理11件。

（徐海波）

经济服务

【综　述】2018年是全面贯彻落实党的十九大精神的开局之年，也是全面贯彻落实工商联十二大决策部署的关键之年。一年来，经济部认真学习贯彻习近平新时代中国特色社会主义思想，准确把握新时代民营经济发展面临的新形势新机遇，准确把握党中央对工商联提出的坚持“四会”建设的新要求，自觉把思想统一到中央对形势的分析判断和决策部署上来，紧紧围绕“两个健康”工作主题，在推动改善民营经济发展环境、推动民营企业参与供给侧结构性改革、推动民营企业转型升级高质量发展以及防范化解风险方面，扎实推进各项经济服务工作，圆满完成全年任务，卓有成效，亮点纷呈。

一、参与筹备总书记民营企业座谈会，努力推动增强民营企业发展信心

2018年以来，针对民营经济发展面临的严重困难以及各种严重影响民营企业发展信心的思潮泛滥，我们在会领导带领下，持续高度关注，深入开展调研，密集召开民营座谈会，与研究室一起先后向中央办公厅、中央财办、国办秘书局、国家发展改革委、中央统战部报送了关于当前民营企业面临的主要问题和发展情况报告，集中反映了民营企业的所虑所思所盼，并提出帮助民营企业纾困解难、支持民营经济发展的意见建议。相关报告素材在总书记民营企业座谈会上的重要讲话和国家发展改革委在国务院常务会上的汇报中被吸纳。11月1日，习近平总书记主持召开民营企业座谈会。我会全程参与筹备组织座谈会。推荐43位民营企业家参会，组织撰写8位企业家发言材料。会后，我们撰写了学习贯彻总书记在民营企业座谈会上讲话精神的3篇评论员文章，牵头制定了《全国工商联关于贯彻落实习近平总书记在民营企业座谈会上的重要讲话精神工作方案》，并积极参与有关部委制定推动民营经济发展的政策文件。

二、积极推动改善民营经济发展环境

参与有关营造民营经济发展环境政策文件的制定与修改。2018年经济部回复中央办公厅、国务院办公厅、国家发展改革委等政策文件征求意见44件，共提出意见建议近70条，绝大部分被采纳。与国家发展改革委共同签署《推动创新创业高质量发展打造“双创”升级版的意见》（送审稿）；与国家发展改革委联合下发《关于报送拟向民间资本推介重点领域项目的通知》；与工信部共同签署《关于稳定工业民间投资有关情况的报告》等。向中央统战部转报《全国工商联新能源商会关于建议适当调整“光伏新政”文件、减轻新能源行业振荡的紧急报告》，向国家发展改革委发函反映光伏行业企业诉求并提出有关建议。开展涉企收费情况调查。受国务院推进政府职能转变和“放管服”改革协调小组办公室委托，组织开展涉企收费情况专项调查，并对进一步清理规范涉企收费工作提出对策建议。参与政策措施落实情况调研、评估与督查。参加工信部中小企业局组织开展的小微企业优惠政策情况调研，配合形成调研报告上报国务院；参加国务院贯彻落实中央决策部署情况的第五次大督查；参加国务院中小企业领导小组办公室开展的提升中小企业专业化能力和水平专题调研；参加国务院金融发展稳定委员会开展的深化民营企业和小微企业金融服务督导和评估；赴两省四市开展国务院中小企业领导小组布置的中小企业政策措施落实情况抽样评估。

三、积极推动金融服务实体经济

开展防范风险专题调研，上报调研报告。针对民营企业债务违约问题多发的情况，向中央办公厅报送《对民营企业出现的债务违约情况应引起高度重视》，信息被中办全文采纳并转报韩正副总理和刘鹤副总理。开展民营企业进入金融领域总体情况调研，形成《关于促进民间资本进入金融领域健康发展的报告》并上报中央统战部。组织开展民营企业防范化解风险专题调研，针对各地民营实体企业、民营房地产企业、民营金融机构的发展现状及风险点进行摸底。着力缓解民营企业融资难、融资贵甚至融不到资问题。向国务院促进中小企业发展工作领导小组集中反映了当前民营企业在融资方面和金融服务方面面临的主要困难和问题。与全国人大财经委等有关部门共同召开民营企业座谈会，就金融支持实体经济发展、防范化解金融风险、缓解融资难融资贵问题听取民营企业意见建议。与中国人民银行共同召开由14家银行业金融机构主要负责人、29家民营企业代表参加的金融服务民营企业座谈会。会后，中国工商银行等多家金融机构积极对接参会企业，帮助企业解决实际困难。开展为民营企业纾困解难、化解金融风险工作。针对已经引爆的金融风险，先后向国家发展改革委、工信部、国资委、人民银行、银保监会、证监会、国防科工局、北京上海江苏等地政府发函20多件，推动解决大型企业、龙头企业生产经营中的困难和问题。

四、积极推动民营企业聚焦高质量发展

开展上规模民营企业调研，举办500强峰会。开展了第20次上规模民营企业调研，完成了《2018中国民营企业500强调研分析报告》和《上规模民营企业调研报告》。2018年首次以系列活动的形式在沈阳举办了中国民营企业500强峰会，向社会发布中国民营企业500强榜单，同时举办了世界500强与中国民营企业500强圆桌会议和系列专场活动。启动温州市创建新时代“两个健康”先行区工作。与浙江省、温州市共同完成了《温州市创建新时代“两个健康”先行区总体方案》，在温州召开创建新时代“两个健康”先行区大会。指导温州市出台了《关于创建新时代“两个健康”先行区加快民营经济高质量发展的实施意见》及80条具体举措。牵头制定《全国工商联关于推进温州市新时代“两个健康”先行区创建工作方案》。联合开展“质量月活动”。与国家市场监管总局等共同签署《关于开展2018年全国“质量月”活动的通知》，联合开展质量提升行动。

五、积极推动民营企业科技创新

与科技部建立部际合作机制。与科技部签订了部际合作协议并联合下发《关

于推动民营企业创新发展的指导意见》。开展关键领域技术创新调查。开展了民营企业参与关键领域自主创新情况专项调查，形成《民营企业关键领域自主创新技术列表》，向国办报送了《全国工商联关于推动民营企业参与关键领域自主创新工作有关情况的报告》，成立了全国工商联推动民营企业参与提高我国关键领域自主创新能力建设领导小组。开展创新驱动发展科技综合服务工作。推荐9位民营企业科技创新人才参加国家科技创新创业人才评选。在我会推荐的人社部国家技能人才系列表彰活动中，1家民营企业入选“国家技能人才培育突出贡献单位”；1位民营企业职工入选“国家技能人才培育突出贡献个人”；5位民营企业职工入选“第十四届全国技术能手”，其中1位职工在第十四届高技能人才表彰大会上做了典型发言。在全国工商联网站上对我会推荐入选第三批国家“万人计划”的8位科技创业领军人才进行宣传。

六、积极引导民营企业参与区域协调发展

2018年，参与主办了8次国家级重点经贸活动，支持地方政府举办了5次活动，有力支持了区域经济发展。与湖南省人民政府共同主办了全国知名民营企业携手湖南助推中部崛起大会，签约项目75个、合同总金额1198.36亿元。召开了工商联助推东北振兴工作会议。与辽宁省人民政府共同主办民营企业助推辽宁高质量发展大会，签约项目76个，总签约额2956亿元。与山东省人民政府共同举办支持山东新旧动能转换试验区建设论坛和经贸活动，签约项目25个，总签约额1029.8亿元。此外，将第十二届中国（河南）国际投资贸易洽谈会、第十九届中国青海绿色发展投资贸易洽谈会、首届中国企业国际融资洽谈会暨民企投融资洽谈会纳入重点经贸活动予以支持；支持地方政府举办了2018年世界制造业大会和2018中国国际徽商大会、第三届全球吉商大会、第二届蒙商大会、第五届全球贵商发展大会等活动。建立经贸活动成效追踪机制，对我会主办的经贸活动定期追踪和反馈，推动项目落实。

（沙　霖）

【召开2018年全国工商联经济服务工作会】2018年1月25日，全国工商联经济服务工作会议在京召开。会议的主要任务是以习近平新时代中国特色社会主义思想为指引，深入学习贯彻党的十九大精神和中央经济工作会议精神，全面落实中国工商联十二大会议精神，坚持“两个健康”工作主题，部署全国工商联2018年经济服务工作的任务和要求。全国工商联副主席黄荣出席会议并讲话。

黄荣同志指出，要深刻认识做好工商联经济服务工作的重要性。做好经济服务工作是贯彻落实习近平新时代中国特色社会主义经济思想的必然要求，是贯彻落实党中央国务院致中国工商业联合会第十二次全国代表大会贺词的必然要求，是落实“两个健康”主题的必然要求，是服务民营企业高质量发展的必然要求。他重点从着力深化对“坚持四会”的认识、着力落实工商联十二大部署、着力推动民营企业高质量发展、着力弘扬和保护企业家精神、着力防范化解民营企业风险五个方面强调落实中央领导对工商联提出的坚持“政治建会、团结立会、服务兴会、改革强会”的要求，落实工商联十二大提出的对今后五年工商联做好经济服务工作的要求。他还就制定各省工商联经济服务工作5年规划并抓好落实、配合做好推动民营企业实现高质量发展重点调研、密切关注本省涉及民营企业产权案件进展情况、对本省防范化解民营企业风险工作进行谋划和部署等方面提出了工作要求。

经济部负责同志从营造良好发展环境增强民营企业发展信心，聚焦实体经济推进供给侧结构性改革，服务国家战略助力区域经济发展，持续推进科技创新服务企业提质增效等方面对2017年主要工作进行了总结；从以习近平新时代中国特色社会主义思想为指引并贯穿经济服务工作始终，以提振发展信心为重点持续营造良好发展环境，以质量提升为核心推动民营企业转型升级提质增效，以服务国家战略为契机助力民营企业实现更高质量发展，以提升能力为根本切实加强经济服务能力建设5个方面对2018年重点工作进行了部署。

会议还邀请国家发展改革委经济研究所有关负责同志围绕“习近平经济思想引领经济高质量发展”进行了辅导。来自全国各省、自治区、直辖市，新疆生产建设兵团和副省级城市工商联分管经济工作的负责同志，全国工商联有关直属商会秘书长，全国工商联经济部有关同志，共130余人参加了会议。

（孙　昱）

【开展民营企业进入金融领域情况专项调研】2018年1月至3月，全国工商联通过问卷调查和成立调研组实地调研等方式，开展对民营企业进入金融领域总体情况的摸底调研，了解民营金融机构发展状况及存在的问题和建议，形成《关于促进民间资本进入金融领域健康发展的报告》并上报中央统战部。

（陆　军）

【开展科技综合服务】为进一步推进民营企业创新发展，2018年2月，科技部、全国工商联签署部际合作协议，就共同支持民营企业创新发展进行工作部署。我会高云龙主席、科技部万钢部长出席签约仪式并讲话。我会徐乐江书记、黄荣副主席，科技部王志刚书记、黄卫副部长等领导出席签约仪式。协议明确两部门将共同出台《关于推动民营企业创新发展的指导意见》，建立长效机制，共同组织开展民营企业科技创新对接活动，联合调研民营企业科技创新情况，加强工作沟通和信息交流，加强对民营企业技术创新指导等。5月两部门联合印发了《关于推动民营企业创新发展的指导意见》。

针对民营企业需求，在对民营企业的优秀科技项目成果和创新创业人才进行调研的基础上，推荐9位民营企业科技创新人才参加国家科技创新创业人才评选。在人社部国家技能人才系列表彰活动中，我会推荐的1家民营企业入选“国家技能人才培育突出贡献单位”；1位民营企业职工入选“国家技能人才培育突出贡献个人”；5位民营企业职工入选“第十四届全国技术能手”，其中1位职工在第十四届高技能人才表彰大会上做了典型发言。

（周广正）

【联合举办经贸活动】2018年以来，我会以服务地方经济、助推企业发展，促进“两个健康”为主题，积极引导民营企业参与区域协调发展战略，先后开展经贸活动10余次，有力支持了区域经济发展。5月18日，我会与湖南省人民政府在长沙共同主办全国知名民营企业携手湖南助推中部崛起大会及相关活动。高云龙主席出席大会并致辞，樊友山、黄荣副主席出席大会，张近东、王传福、王文银、向文波发表演讲。350多家全国知名民营企业和协会商会代表参会，其中中国民营500强企业110家。大会共签署投资项目75个，投资总额1198.36亿元。大会期间，还举办了大健康产业发展论坛。8月29日，我会与辽宁省人民政府在沈阳联合主办民营企业助推辽宁高质量发展大会。高云龙主席出席会议并致辞，徐乐江书记出席，辽宁省委书记、省人大常委会主任陈求发致辞，辽宁省委副书记、省长唐一军作专题推介。大会共签约了76个项目，总签约额2956亿元。全国工商联、辽宁省有关领导及参加2018中国民营企业500强峰会的民营企业家共约850人参加大会。8月30日，我会在沈阳召开助推东北振兴工作会议，贯彻落实党中央国务院有关东北振兴战略要求，推进东北地区民营经济发展改革，进一步激发民间投资活力，同时跟踪了解近两年民营企业在东北三省投资项目建设落地情况。高云龙主席出席会议并讲话，徐乐江书记主持会议并讲话。参加十二届一次常委会议的全国工商联副主席、中国民间商会副会长和部分常委，中央统战部及全国工商联有关部门负责人、直属单位负责人，民营企业代表等出席会议。此外，我会将第十二届中国（河南）国际投资贸易洽谈会（4月17日，郑州）、第十九届中国·青海绿色发展投资贸易洽谈会（6月26日，西宁）、2018中国企业国际融资洽谈会暨民企投融资洽谈会（11月1日，天津）纳入重点经贸活动予以支持，积极组织民营企业和商会参与；支持地方政府举办了2018年世界制造业大会和2018中国国际徽商大会（5月25日—27日，合肥）、第三届全球吉商大会（7月26日，长春）、第二届蒙商大会（8月23日，鄂尔多斯）、第五届全球贵商发展大会（9月28日，遵义）等活动。为推动各类经贸活动取得实效，建立了经贸活动成效追踪机制，定期追踪反馈签约项目进展，推动项目落实。

（安　静）

【组织开展民营企业关键领域自主创新情况专项调研】2018年5月份，全国工商联依托省级工商联、有关直属商会开展民营企业关键领域自主创新情况专项调查，并形成《民营企业关键领域自主创新技术列表》，调查涉及9个领域、177家民营企业、315项技术。根据专项调查结果，全国工商联向国务院办公厅报送《全国工商联关于推动民营企业参与关键领域自主创新工作有关情况的报告》。

（葛　军）

【联合出台《关于推动民营企业创新发展的指导意见》】我会与科技部签订了部际合作协议，2018年5月联合下发了《关于推动民营企业创新发展的指导意见》16条，在组织开展民营企业科技创新调研，大力支持民营企业参与实施国家科技重大项目，加大对民营企业技术创新平台建设的支持力度，提升民营企业技术创新能力等方面开展合作。

【开展民营企业高质量发展专题调研】为贯彻落实党的十九大和中央经济工作会议精神，2018年上半年，全国工商联组织各省（区、市）工商联共同开展了民营企业高质量发展专题调研，5名会领导带队赴9个省（区、市）进行重点调研，召开政府部门座谈会12场，企业和商会座谈会20场，走访企业和商会103家，回收有效调查问卷6003份。调研表明，各级党委政府坚持以习近平新时代中国特色社会主义思想和党的十九大精神为指导，认真贯彻落实党中央国务院关于高质量发展的指示要求，民营企业发展的市场、政策、法治和社会环境进一步改善。调研报告总结了民营企业实现高质量发展的主要做法，分析了影响民营企业高质量发展的主要问题，提出了推动民营企业高质量发展的政策建议，梳理了民营企业高质量发展的典型案例。调研报告上报国务院和中央统战部。

（秦宏伟）

【开展温州市创建新时代“两个健康”先行区工作】在多次沟通会商的基础上，中央统战部、全国工商联、浙江省委、浙江省人民政府决定在浙江省温州市开展新时代“两个健康”先行区创建工作，通过温州市的创建工作为全国全省探索经验、作出示范。2018年6月9日，浙江省委、省人民政府向我会报送了《关于报送〈温州市创建新时代“两个健康”先行区总体方案〉的函》。中央书记处书记、中央统战部部长尤权作出重要批示，要积极支持温州市创建新时代“两个健康”先行区。8月3日，在征求有关方面意见并报请中央统战部同意后，我会向浙江省委、省人民政府发函，同意温州市开展创建新时代“两个健康”先行区工作，并就做好创建工作提出意见。10月17日—18日，温州新时代“两个健康”先行区大会召开，全国政协副主席、全国工商联主席高云龙宣布温州市启动创建新时代“两个健康”先行区。浙江省委书记、省人大常委会主任车俊，中央统战部副部长、全国工商联党组书记、常务副主席徐乐江在会上作重要讲话，浙江省副省长、市委书记陈伟俊在会上致辞。其后，为扎实推进创建工作，我会制定了先行区创建工作计划（2019—2022年）和2019年重点工作，明确了机关各部门的工作举措，全力支持温州市开展创建工作。

（陆　军）

【组织开展涉企收费情况调查】为深入贯彻党中央、国务院决策部署，推动落实清理规范涉企收费有关政策措施，全国工商联于2018年10月份受国务院推进政府职能转变和“放管服”改革协调小组办公室委托，组织开展涉企收费情况专项调查，听取企业的意见诉求，对进一步清理规范涉企收费工作提出对策建议。本次调查采取问卷调查方式，由全国工商联统一编制调查问卷，重点选择11家全国工商联直属商会和10家民营企业进行调查，调查内容主要包括政府性基金、行政事业性收费、政府定价的经营服务性收费、中介机构服务收费、公用事业单位收费、银行等金融机构收费、行业协会商会收费等，调研形成专题报告并报送国务院推进政府职能转变和“放管服”改革协调小组办公室。

（葛　军）

【共同开展民营企业和小微企业金融服务督导和缓解小微企业融资难、融资贵政策措施落实情况评估工作】2018年10月至11月，按照国务院的有关部署，我会派员会同国务院金融发展稳定委员会，共同开展民营企业和小微企业金融服务督导和缓解小微企业融资难、融资贵政策措施落实情况第三方评估工作，赴江苏、福建、广东等7个省市，对各地落实基本经济制度、民营企业和中小企业金融服务能力和水平进行实地督导评估。督查评估结束后，形成了关于深化民营和小微企业金融服务工作实地督导情况报告，李克强总理、韩正副总理做出重要批示。

（段　伟）

【开展万家民营企业评营商环境工作】为进一步推动改善民营企业发展环境，按照《贯彻落实<中共中央、国务院关于营造企业家健康成长环境弘扬优秀企业家精神更好发挥企业家作用的意见>分工方案》（中办〔2018〕4号）要求，依据工商联十二大会议工作部署，全国工商联研究室与正和岛研究院合作开展万家民营企业评营商环境工作。先后征求30多位企业家意见、召开专家座谈会、征求9个曾经开展或计划开展营商环境评价的地方工商联意见，设计形成指标体系和调查问卷。两次组织试测，并邀请多位专家对指标体系的各项指标进行打分，最终确定要素环境、政务环境、法治环境、市场环境、社会环境和创新环境等6项一级指标、23项二级指标、48项三级指标及相应权重。2018年5月底，印发《全国工商联2018年营商环境评价实施方案》，依托全国工商联民营企业调查系统、正和岛会员体系展开问卷调查，总计有21781家企业填答问卷，筛选后有效问卷20454份，纳入分析的初始数据达785万个。在充分研究修改的基础上，形成了1份总报告和6份专题报告。经主席会审定后，研究成果报送中央领导并送中央相关部委及各地方工商联内部参考。

（张天龙）

【联合开展“质量月”活动】我会与国家市场监管总局等共同签署《关于开展2018年全国“质量月”活动的通知》，开展质量提升行动，推进市场监管改革创新，有效落实企业质量主体责任。

【起草“民营企业所虑所思所盼”等5份材料】2018年，在国际国内多重因素的叠加影响下，民营经济面临较大困难，全国工商联高度关注民营企业生产运营状况，组织开展一系列调研、座谈、走访、培训等活动，共走访904家企业，座谈2376家企业，并通过全国工商联民营企业调查系统开展5次网络调查，每次参与企业都在2万家左右。在充分调研的基础上，先后向中办报送《民营企业所虑所思所盼》，向中财办报送《民营经济发展有关情况（素材稿）》，向国办秘书局报送《民营经济发展情况报告》，向国家发改委报送《当前民营经济发展情况》，向中央统战部报送《当前民营企业面临的主要问题》，充分反映民营经济面临的困难和问题，引起了中央及有关部门的高度重视。

（陆　军）

【开展民营企业参与污染防治调研】为深入了解民营企业污染防治总体情况、生态环境保护具体需求和意见建议，2018年11月28日—12月1日，我会扶贫与社会服务部和生态环境部综合司组成联合调研组，赴广东、江苏两省开展生态环境保护支持民营企业发展专题调研。调研中邀请广东省15家、江苏省14家民营企业代表召开座谈会，实地走访两家民营企业。

调研发现，当前民营企业发展形势总体稳定，合规民营企业生产效益较好，但下游企业运行成本明显上升。调研认为，目前存在环保监管执法精准不足、危险废物处置存在短板、环保审批需要调整优化等问题，提出在今后工作中要加强技术服务和指导、调整优化环评审批、增加基础设施供给、规范环境监管执法、完善环境经济政策等意见建议。

【召开民营企业参与污染防治攻坚战暨生态环境保护支持民营企业发展座谈会】2018年12月7日，全国工商联在京召开民营企业参与污染防治攻坚战暨生态环境保护支持民营企业发展座谈会。会议认真贯彻落实习近平生态文明思想和习近平总书记在民营企业座谈会上的重要讲话精神，深入了解民营企业经营发展、参与污染防治攻坚战情况，听取民营企业对生态环保工作的意见建议。全国工商联副主席谢经荣主持会议并讲话。生态环境部副部长赵英民出席会议并讲话。会上，北京、天津、河北、山西、山东、河南等6省（市）民营企业家代表就参与污染防治攻坚战的有关情况发言并对生态环保工作提出意见建议。

谢经荣指出，污染防治是一项系统性工程，一方面要监管到位，另一方面要服务到位。监管部门要奖罚结合，对那些造成污染的企业要罚，对于在环境方面做得好的企业也要给予鼓励、奖励，形成良性机制。环保政策的制定要有标准、有长期的稳定性和预见性。政府尤其是生态环境部门除了加强监管外，还应该继续推进环评审批等系列改革，在资金、技术、信息、人才等方面加大对民营企业的支持服务力度。同时，民营企业家对环保要求也要有超前性。企业不能总是被动地应付，而应主动地改善，跟上形势，达到更高的环保要求，从而实现高质量的发展。

生态环境部副部长赵英民表示，要深刻领会习近平总书记民营企业座谈会重要讲话精神，始终把支持服务民营企业发展作为生态环保工作重点。生态环境部将按照协同推进经济高质量发展和生态环境高水平保护、依法依规监管、坚决维护合法合规企业权益的要求，加大支持服务民营企业发展的政策供给，协同推进经济高质量发展和生态环境高水平保护，不断改进工作方式方法、推动优化营商环境政策落实、出台支持服务民营企业发展政策措施支持服务民营企业高质量发展。

【开展中小企业扶持政策落实情况抽样评估】2018年12月，按照国务院促进中小企业发展工作领导小组办公室统一安排，我会派员带领第5评估调研组，赴江苏省常州市和南京市、山东省济南市和德州市开展中小企业扶持政策落实情况抽样评估。评估组对照两省自查自评报告和部门政策清单，分别与4市落实中小企业扶持政策的主要政府部门进行座谈，同43家中小企业座谈交流并进行问卷调查，实地走访了6家中小企业。评估报告报国务院促进中小企业发展工作领导小组办公室。

（葛　军）

法律服务

【综　述】2018年是贯彻落实党的十九大精神和工商联十二大任务部署的开局之年。过去一年，法律部紧紧围绕促进“两个健康”工作主题，落实党建主体责任，持续深化“法律三进”活动，引导非公有制经济人士尊法、学法、守法、用法，依法治企，坚持个案维权与法律维权机制建设同步推进，大力加强商会调解工作，推动构建和谐劳动关系，同时参与做好机关年度重点调研等工作。主要包括以下几个方面内容:

一、深入开展立法协商工作，推动法律法规立改废释，助力中国特色社会主义法治体系建设

我们始终将参与立法工作、推动良法善治作为反映非公有制经济领域法律诉求，降低民营企业制度性交易成本，释放法制改革红利的重要举措。一年来，共办理民法典各分编草案、农村土地承包法、出口管制法、计量法、社会组织登记管理条例、全国经济普查条例、国家石油储备条例、失业保险条例、工资支付保障条例、企业集团建立工会组织的办法、上市公司治理准则等全国人大常委会法工委、国务院法制办以及相关部委征求我会意见的法律法规文件20余部，许多回复意见被国家立法机关采纳。协助最高人民法院民二庭筹备举办了公司担保司法解释企业界代表征求意见座谈会，联合召开了《关于审理公司为他人担保纠纷案件适用法律问题的解释》征求意见座谈会。同时切实做好全国人大建议、全国政协提案的办理工作，为促进非公有制经济持续健康发展、营造法治化营商环境提供了有力法治保障。为积极回应当下非公有制经济人士强烈诉求，协调组织召开劳动合同法修改征求意见座谈会，结合调研掌握的情况提出了劳动合同法修改意见及相关对照表并函复人社部。

二、持续开展法治宣传教育，着力引导企业守法诚信经营，防范法律风险

习近平总书记在2016年两会期间参加民建、工商联界委员联组讨论时鲜明提出了构建“亲”“清”新型政商关系，并指出守法经营是任何企业都必须遵守的一个大原则，公有制企业也好，非公有制企业也好，各类企业都要把守法诚信作为安身立命之本，依法经营、依法治企、依法维权。结合新的形势和任务要求，我们以“法律三进”活动为载体多措并举开展法治宣传教育。

4月，在中央社会主义学院举办了2018年工商联法律服务工作座谈会暨法律风险防范（产权保护）培训班，进一步引导非公有制经济人士践行“亲”“清”新型政商关系、守法诚信经营，提高产权保护意识和法律风险防范与化解能力。会同人社部失业保险司联合印发通知，开展失业保险政策和惠企政策进民企专项宣传活动，推动稳岗补贴、技能提升补贴落地落实。与中华工商时报社、《中国工商》杂志社合作开展法治宣传教育，总结依法有效保护产权的好做法、好经验、好案例，特别是侵害产权方面的典型案例，截至目前时报和杂志已分别刊发40余篇、10余篇有分量的报道，形成了良好宣传效应。张文中案宣判后，我们还积极配合宣教部和媒体对该案件进行了深度报道和解读，推动营造舆论宣传氛围。同时，在会机关开展了全屏法治宣传活动，编辑整理了宪法修正案、监察法审议通过等即时信息以及我会与司法部联合下发《关于推进商会人民调解工作的意见》等工作信息，并整理了中国历史上的法治格言系列和法制名人系列宣传材料供机关干部学习。大力指导地方工商联在“3·15”“4·26”“12·4”等重要时间节点开展专项普法宣传，努力推动非公有制经济领域法治宣传工作扩大覆盖、横向延展、纵向贯穿。

三、着眼司法体制改革和商会建设，全面推进商会调解实践

企业在生产经营活动中，践行商事纠纷商人解，自愿将纠纷提交商会，商会以中立身份主持协调化解纠纷，在经济新常态、增速下行、转型升级的大背景下，是企业迫切需要的省时省力省心的纠纷解决方式，有利于企业专心经营，也有利于工商联协同社会治理、完善商会职能、推进中国特色商会组织建设、增强工商联凝聚力影响力执行力。2007年以来，我们持续推进商会调解工作，与最高法、人社部、司法部、原国务院法制办等合作，商会调解已经成为增强企业守法诚信意识、提高法律服务能力的有效抓手，商会调解规模、组织队伍、社会影响不断扩大。2018年，在各级共同努力下，商会调解组织数量、规模不断扩大，各方面工作迈上新的台阶。我们与司法部联合印发了《关于推进商会人民调解工作的意见》，并撰写新闻通稿和答记者问，通过《法制日报》《工商时报》等集中宣传推广。会同最高人民法院研究起草了《关于发挥商会调解优势，推进非公有制经济领域多元纠纷解决机制建设的意见》，目前正征求机关部门和地方工商联的意见，力争在年内印发。与司法部在安徽合肥联合举办了商会调解示范培训班，邀请各省级工商联、商会负责调解业务的负责同志共150余人参训，进一步推动全系统的商会调解工作。协调司法部、北京市司法局，指导汽车经销商商会成立了商会人民调解委员会，发挥了示范效应。同时，我们还坚持着眼域外，积极参与“一带一路”国际商事争端解决机制建设，加强与最高人民法院国际商事法庭的联系，参加相关研讨学习和交流活动，为下一步在更广视阈内推动工商联商会调解工作打下了坚实基础。

四、以推动产权平等保护为目标，既做好个案维权又注重机制建设，不断提高法律维权效能

党的十八届三中全会提出，要坚持权利平等、机会平等、规则平等，废除对非公有制经济各种形式的不合理规定。十八届五中全会指出，要优化企业发展环境，激发企业家精神，依法保护企业家财产权和创新收益，推进产权保护法治化，依法保护各种所有制经济权益。党的十九大报告指出，经济体制改革必须以完善产权制度和要素市场化配置为重点，实现产权有效激励、要素自由流动、价格反应灵活、竞争公平有序、企业优胜劣汰。一年来，我们以深入贯彻落实中发〔2016〕28号和中发〔2017〕25号文件精神为主抓手，结合中办和国办关于中发〔2017〕25号文件分工方案的要求，不断加大依法保护产权和个案维权力度以及机制建设。

一是加强维权援助机制建设。根据全国工商联深化改革总体部署，会党组作出成立全国工商联法律维权服务中心的决定，我们于10月15日组织召开了全国工商联法律维权服务中心成立大会暨法律服务工作推进会议。高云龙主席为中心揭牌，徐乐江书记作了重要讲话，最高人民法院副院长杨万明、最高人民检察院副检察长孙谦、司法部副部长刘振宇等出席会议并讲话，国家发改委、国家市场监督管理总局等有关司局负责人和全国律协负责人出席会议。同时加强构建维权协作机制，牵头组织主要会领导拜访最高人民法院、最高人民检察院，加强日常联系交流沟通；2018年6月，在发改委牵头下同部际协调机制成员有关单位共同下发通知，要求深入做好产权保护意见落实工作，提出了六大方面的工作任务，推动实施有利于加强民营企业产权保护的各项举措；同月，还积极与国家市场监管总局（原工商总局）企业监督管理局对接，研讨建立全国统一的企业维权服务平台事宜，并建议平台应建立企业维权案件办理的流转和重大案件会商机制，将企业诉求及时转送至有关职能部门，相关部门要跟踪解决进展情况。

二是开展个案维权和维权援助。我们向国务院办公厅督查室、最高人民法院、最高人民检察院等单位分批次反映企业维权请求，得到上述部门和单位的重视和支持，有力推动了有关案件的纠正和解决。成功推动办理了一批有影响力的维权案件，工作成效和社会影响力日益提升。最高人民法院决定再审物美集团张文中等三起涉产权案件后，先后派员旁听张文中、顾雏军两案审理，组织部分企业和商会代表旁听张文中案宣判。在协调跟踪重点案件方面不断加大力度，参与我会追讨6000万执行款相关事宜，并在四川宏达、湖南华夏、亿阳集团、雨润集团、新疆尤丰涉税案等案件的处置上协调联动省级工商联共同推动案件解决，积极反映企业意见诉求，有力维护了民营企业合法权益、提振了企业发展信心。

五、发挥企业代表组织作用，推动非公有制企业劳动关系和谐稳定

一是参加国家三方工作。参与筹备了国家三方第23次会议，介绍民营企业劳动关系监测情况，分工撰写会议纪要和年度要点。参与推进集体协商项目，会同中国企联、国际劳工北京局完成企业方教材初稿，承办了参加第二批集体协商项目交流准备事宜。履行国家三方成员单位职责，组织参加中欧高层政策对话会、三方协调机制建设座谈会以及非公有制经济组织构建和谐劳动关系综治考评等事宜。

二是参与全国评选表彰工作。派员赴人社部全程参加评选表彰办公室有关工作，参与起草了全国和谐劳动关系评选表彰方案、通知。根据分工要求，研究制定了我会牵头负责的宣传组工作方案，并积极协调我会相关媒体做好宣传发动工作。赴中国企联参与材料审核工作，已初步统计拟受全国表彰民营企业共计163家，占比46.8%。

三是持续开展劳动关系监测工作。完成2017年劳动关系监测报告并根据会领导批示专报中办，在监测报告基础上形成了年度劳动关系报告，已汇总编辑为《中国民营企业劳动关系报告（2017）》交付出版，并在我会十二届二次执委会期间发布了中国民营企业劳动关系报告。为提升监测时效和质量，我们还会同中国劳社院举办了15省、2行业联络员参加的民营企业劳动关系形势分析会暨监测培训班，取得了预期成效。

四是开展劳动关系重点问题调研。围绕新业态用工等劳动关系热点问题，赴福建、浙江等地开展调研工作。会同人社部劳社院赴江苏开展劳动关系重点问题调研，为撰写民营企业劳动关系报告、研判劳动关系形势提供了有效参考。根据国家三方办的工作安排，我们还牵头赴广东、广西开展集体协商、社保入税等方面劳动关系的重点问题调研。

五是大力推进劳动争议预防调解。会同人社部继续推进第二批非公有制企业劳动争议预防调解示范工作，已完成示范验收工作。同时会同人社部举办了非公有制企业劳动争议预防调解培训班，组织各省工商联、商会有关负责同志共100余人参加，进一步提高了工商联系统开展劳动争议预防及调解工作的能力和水平。

六、树立全局观念，积极参与并做好机关年度重点工作

积极参与机关年度重点调研活动。先后组织部门干部随谢经荣副主席赴新疆南疆地区开展“中国光彩事业南疆行”前期调研；参与全国工商联第二、四、六联系调研组分赴青海、新疆、四川、安徽等地的调研活动，并参与相关调研报告起草工作。

完成分管会领导联系调研工作。2018年10月中旬至11月下旬，鲁勇副主席带领第八联系调研组分赴湖北8市、吉林延边州和全联直属水产业商会、房地产商会、新能源商会开展联系调研工作，宣讲党的十九大精神特别是习近平总书记在民营企业座谈会上重要讲话精神，就两省及三个全联直属商会中民营企业发展、商会改革发展、法律维权服务等情况开展调研，并形成情况报告。

【参与国家立法协商工作】法律部将参与立法工作、推动良法善治作为反映非公有制经济领域法律诉求，降低民营企业制度性交易成本，释放法治改革红利的重要举措。一年来，共办理民法典各分编草案、农村土地承包法、出口管制法、计量法、社会组织登记管理条例、全国经济普查条例、国家石油储备条例、失业保险条例、工资支付保障条例、企业集团建立工会组织的办法、上市公司治理准则等全国人大常委会法工委、司法部、原国务院法制办以及相关部委征求我会意见的法律法规文件20余部，许多回复意见被国家立法机关和有关部门采纳。与最高人民法院民二庭联合举办公司担保司法解释征求意见座谈会，就《关于审理公司为他人担保纠纷案件适用法律问题的解释》征求了企业界代表意见建议。同时切实做好全国人大建议、全国政协提案的办理工作，为促进非公有制经济持续健康发展、营造法治化营商环境提供了有力法治保障。为积极回应当下非公有制经济人士的诉求，协调组织召开劳动合同法修改征求意见座谈会，结合调研掌握的情况提出了劳动合同法修改意见及相关对照表并函复人社部。

（刘晓琳）

【发挥合作机制作用保持与司法机关密切联系】近年来我会与最高人民法院、最高人民检察院、司法部等部门建立了日常联系交流机制和部际合作制度，交流互访持续不断，部门联系具体务实，成功推动办理了一批有影响力的维权案件，工作成效和社会影响日益提升。我们在机制框架内，通过高层会晤、共同调研、定期交流等多种形式，形成了依法保护非公有制经济发展的合力，畅通了企业诉求反映的渠道。

2018年1月29日，全国工商联、最高人民检察院围绕贯彻落实党的十九大精神、依法保护产权和企业家合法权益、营造促进“两个健康”的良好法治环境共同召开座谈会。最高人民检察院党组书记、检察长曹建明，全国工商联主席高云龙，中央统战部副部长、全国工商联党组书记、常务副主席徐乐江参加座谈会并讲话。2018年1月31日，全国工商联、最高人民法院在京召开座谈会，研究贯彻落实党的十九大精神、依法平等保护产权和弘扬企业家精神、服务保障非公有制经济健康发展问题，最高人民法院党组书记、院长周强，全国工商联主席高云龙出席并讲话。2018年11月20日，最高人民检察院、全国工商联召开检察机关服务保障民营经济发展座谈会，介绍了近年来检察机关服务保障民营经济发展情况，听取企业家意见建议。全国工商联多次组织企业参加最高人民法院司法解释征求意见座谈会，邀请最高人民法院派员为企业进行法律授课，积极向最高人民法院和最高人民检察院反映企业法律诉求。

（张永利）

【与司法部联合印发《关于推进商会人民调解工作的意见》】为认真贯彻落实党的十九大精神，充分发挥工商联所属商会组织优势和人民调解基础性作用，预防化解非公有制经济领域矛盾纠纷，维护社会和谐稳定，2018年3月，全国工商联、司法部联合印发了《关于推进商会人民调解工作的意见》（以下简称《意见》）。

《意见》强调，要深入学习贯彻党的十九大精神，以习近平新时代中国特色社会主义思想为指导，全面贯彻落实人民调解法，加强商会人民调解组织和队伍建设，健全完善商会人民调解工作制度和工作机制，不断提高服务企业的能力和水平，为非公有制经济持续健康发展提供有力保障。通过大力推进商会人民调解工作，建立健全商会人民调解组织，发展商会人民调解员队伍，形成具有商会特色的人民调解工作机制，打造有影响的商会人民调解服务品牌，使商会人民调解成为化解非公有制经济领域矛盾纠纷、维护社会和谐稳定的重要途径。

《意见》指出，商会人民调解是人民调解工作在非公有制经济领域的延伸拓展，是工商联加强法律服务、促进非公有制经济健康发展和非公有制经济人士健康成长的实际举措。加强商会人民调解工作，是工商联和司法行政机关加强预防和化解社会矛盾机制建设的重要实践，对于推进中国特色商会建设，拓展人民调解工作领域，提升商会服务能力，促进商会调解规范化、法治化发展，为非公有制企业营造良好发展环境具有重要意义。

《意见》要求，设立商会人民调解委员会应当遵守人民调解法的各项规定，坚持以基层为主，从实际出发，分类有序推进，成熟一个发展一个，不搞“一刀切”。对矛盾纠纷多发、确有必要设立、商会组织有保障能力的，及时推动设立商会人民调解组织。尚不具备条件的，司法行政机关可根据需要指导现有人民调解委员会设立专门的人民调解商会服务窗口或吸收商会人员担任人民调解员，也可在商会设立人民调解（律师调解）工作室或联络站，及时受理并开展调解工作。商会人民调解员要注重从熟悉企业经营管理和商会运行、有行业影响和威望、具有法律政策素养、公道正派、热心人民调解工作的企业经营者、商会法律顾问、工会代表、相关领域专家及社会人士中聘任。商会人民调解委员会要建立健全人民调解员聘用、学习、培训、考评、奖惩等管理制度，加强对商会人民调解员的管理。对商会人民调解员的违法违纪行为，要按照人民调解法等有关规定处理。

《意见》要求，商会人民调解委员会要定期或不定期在会员企业进行矛盾纠纷排查，发现风险隐患及时化解。要灵活运用情、理、法相结合的方式，促成当事人达成调解协议，实现案结事了。要坚持依法调解，注重运用商事调解规则、惯例，不断增强商会人民调解的权威性和公信力。要通过开展商会人民调解工作加强法治宣传教育，引导企业依法合规经营。要加强专家库建设，根据需要邀请专家参与行业专业领域重大纠纷调解。要创新商会人民调解工作方式方法，加强商会人民调解工作信息化建设，广泛运用互联网、手机等现代信息化手段开展调解，提高工作实效。

《意见》要求，商会组织要为商会人民调解委员会开展工作提供办公场所、办公设施和必要的工作经费。各级工商联和司法行政机关要按照《财政部　司法部关于进一步加强人民调解工作经费保障的意见》要求，积极争取落实商会人民调解委员会补助经费和人民调解员补贴经费。按照《财政部　民政部　工商总局〈关于印发政府购买服务管理办法（暂行）〉的通知》要求，积极争取把商会人民调解作为社会管理性服务内容纳入政府购买服务指导性目录，提高经费保障水平。鼓励社会各界为商会人民调解工作捐赠赞助，提供场地、人员等人财物支持。有条件的商会，对律师担任商会人民调解员的，可给予适当的案件补贴。

《意见》强调，要加强商会人民调解工作组织领导，各级工商联要切实履行商会业务主管部门职责，加强对商会的指导、引导和服务，在商会人民调解组织的设立、调解员的选聘和培训、专家库的建立等方面给予支持和配合。各级司法行政机关要认真履行对商会人民调解工作的指导职责，加强设立指导、人员培训、制度建设和业务规范。要加强宣传表彰，大力宣传商会人民调解优势特点、经验成效和典型案例，宣传表彰商会人民调解工作中涌现出的先进典型，不断扩大商会人民调解工作群众认知度和社会影响力。

（刘　静）

【举办2018年工商联法律服务工作座谈会暨法律风险防范（产权保护）培训班】2018年4月17日至19日，2018年工商联法律服务工作座谈会暨法律风险防范（产权保护）培训班在北京举办。全国工商联副主席谢经荣，全国人大常委会法工委经济法室主任王瑞贺，司法部基层工作指导司司长罗厚如出席开幕式，全国工商联法律部部长白莲湘主持开幕式。

全国工商联副主席谢经荣在讲话中指出，法律服务工作要以习近平新时代中国特色社会主义思想为指导，深入学习贯彻党的十九大精神，认真落实工商联十二大要求，紧扣“两个健康”主题，积极参与立法协商，大力开展法律维权，推动构建和谐劳动关系，着力推动中发〔2016〕28号和中发〔2017〕25号文件的落实，着力加强机制创新和法律服务能力建设，不断提高法律服务针对性和实效性，推动工商联法律服务工作水平上台阶。

全国工商联法律部部长白莲湘介绍了近年来全国工商联法律部开展的重点工作，并作会议总结，全国工商联法律部副部长王洪武主持了相关培训课程。各省级工商联、副省级城市工商联分管法律工作的副主席和法律部门负责人,全国工商联直属商会负责人及全国工商联法律部全体干部，总计130余人参加培训班。

（冯笑英）

【共同举办非公有制企业劳动争议预防调解培训班】2018年6月12日至15日，为发挥商（协）会在劳动争议处理中的作用，提升预防化解劳动争议能力，人力资源社会保障部调解仲裁管理司、全国工商联法律部在江西九江共同举办了全国非公有制企业商（协）会劳动争议预防调解示范培训班，人力资源社会保障部调解仲裁管理司司长冯怡、全国工商联法律部部长白莲湘出席开班式并进行授课辅导，各省、自治区、直辖市及新疆生产建设兵团调解仲裁管理处、工商联法律部门负责同志及部分企业业务负责人，共140人参加培训。

（李　强）

【开展个案维权和维权援助】一年来，法律部以深入贯彻落实中发〔2016〕28号和中发〔2017〕25号文件精神为主抓手，结合中办和国办关于中发〔2017〕25号文件分工方案的要求，不断加大依法保护产权和个案维权力度。

向国务院办公厅督查室、最高人民法院、最高人民检察院等单位分批次反映企业维权请求，有力推动了有关案件的纠正和解决。成功推动办理了一批有影响力的维权案件，最高人民法院决定再审物美集团张文中等三起涉产权案件后，先后派员旁听张文中、顾雏军两案审理，组织部分企业和商会代表旁听张文中案宣判。加大协调跟踪重点案件的力度，在四川宏达、湖南华夏、亿阳集团、雨润集团等案件的处置上协调联动省级工商联共同推动案件解决，积极反映企业意见诉求，有力维护了民营企业合法权益、提振了企业发展信心。

（冯笑英）

【开展民营企业社会信用研究】法律部为贯彻落实全国人大立法规划精神，充分发挥工商联的组织优势和在推动民营企业社会信用建设中的作用，完善国家社会信用体系建设，以促进非公有制经济健康发展，于2017年与中国政法大学合作开展民营企业社会信用研究。

在研究过程中，双方针对有关民营企业社会信用状况的实践问题与民营企业代表、民营企业交易相对方、社会中介机构代表等进行面对面的沟通探讨，了解民营企业目前的社会信用整体状况以及民营企业社会信用实践方面存在的问题，进一步掌握市场主体和相关监管机关对社会信用的态度、看法和需求。在此基础上，深入发掘民营企业社会信用的相关材料，包括国内外学者的学术成果、国内外既有的相关法律法规和地方性机构或社会团体的相关规范性文件和自律性规定，进一步明确民营企业社会信用的内涵和外延，了解国内外民营企业社会信用的理论和实践发展状况。

通过两年的合作研究，我们从制度建设和措施规划的角度入手，进一步厘清了民营企业社会信用的内涵和外延，梳理了民营企业社会信用建设的制度需求。为推动构建更为科学完善的民营企业社会信用建设制度体系，制定了《民营企业社会信用建设实施纲要（2018—2022年稿）》，形成了《中国民营企业诚信守则（内部讨论稿）》等研究成果。

（刘晓琳）

【完成《民营企业高管犯罪分析报告》《企业涉金融犯罪分析报告》】为深入研究民营企业高管犯罪的现状与特征，分析民营企业运行中刑事风险的主要形态和刑事风险的高发环节、高发岗位与高发人群，为制定相关政策提供参考，推动企业构建刑事合规机制，更好服务“两个健康”，法律部与北京师范大学中国企业家犯罪预防研究中心共同完成了《民营企业高管犯罪分析报告》。报告由“民营企业高管犯罪概况”“民营企业高管刑事风险高发指数分析”以及“防控民营企业及高管刑事风险的对策建议”三部分组成，通过数据对比分析全面反映了当前民营企业高管犯罪的基本状况，并提出了非常有针对性的意见建议。

为研究掌握我国企业涉金融犯罪案件情况，引导企业守法诚信经营，防范和化解金融风险，打好金融风险攻坚战，为制定政策提供依据参考，法律部联合最高人民法院所属中国司法大数据研究院，就2015至2017年全国各级人民法院审结的共计30多项金融犯罪罪名、累计近百万案件和判决文书，就企业可能涉及的犯罪情况进行专项大数据提取和深入研究，形成《企业涉金融犯罪分析报告》。报告反映出企业涉金融犯罪案件量呈逐年上升趋势，案件量较高的罪名分别为非法吸收公众存款罪、集资诈骗罪和骗取贷款、票据承兑、金融票证罪，企业实际控制人不在企业内担任法定代表人、董事长、总经理等职务但涉嫌金融犯罪的比例呈现逐年增长趋势，企业金融犯罪中涉案企业以金融业和制造业为主等犯罪趋势和特点，并提出了有针对性的意见和建议。

（张永利）

【召开全国工商联法律维权服务中心成立大会暨法律服务工作推进会议】2018年10月15日上午，全国工商联召开法律维权服务中心成立大会暨法律服务工作推进会议。全国政协副主席、全国工商联主席高云龙出席会议并为全国工商联法律维权服务中心揭牌。中央统战部副部长、全国工商联党组书记、常务副主席徐乐江，最高人民法院副院长杨万明、最高人民检察院副检察长孙谦、司法部副部长刘振宇等出席会议并讲话。全国工商联副主席鲁勇主持会议。

徐乐江指出，习近平总书记关于“要为民营企业营造良好的法治环境和营商环境，依法保护民营企业权益”的重要指示和党中央的决策部署，为工商联做好凝聚共识、提振信心工作提供了强大动力，为工商联开展法律服务、依法维权工作提供了有力遵循，为工商联引导企业依法治企、守法诚信经营提供了重要指南，对促进“两个健康”具有重大意义。徐乐江要求，各级工商联及所属商会要积极参与立法协商、持续加强法制宣传、强化机制渠道建设、主动做好维权服务、推动开展商会调解、引导企业防范法律风险、推动构建和谐劳动关系，紧紧围绕营造良好的法治环境和营商环境、依法保护民营企业权益，扎实推进法律维权服务工作。徐乐江强调，各级工商联及所属商会要提升站位，努力把法律服务工作有机融入“政治建会、团结立会、服务兴会、改革强会”全过程之中，发挥好工商联的桥梁纽带和政府助手作用，加强同立法、司法、执法机关和相关部门在法律服务工作中的协调配合，构建起工商联纵向联通、会企联动的法律服务体系，不断提高专业化的服务素养和服务能力，努力为深入做好法律维权服务工作提供有力保证和重要支撑。

杨万明在讲话中指出，最高人民法院高度重视非公有制经济主体合法权益保障工作，通过出台规范性文件、建立工作机制、采取有效举措全面加强非公有制经济主体的合法权益保护。下一步，将持续深入学习领会习近平总书记的重要指示和中央有关政策文件精神，坚持“两个毫不动摇”，继续加大对非公有制经济的平等保护力度，全力支持法律维权服务中心的工作。

孙谦在讲话中介绍了检察机关在依法保护非公有制企业产权和合法权益方面所做的工作，并代表最高人民检察院对全国工商联法律维权服务中心成立表示祝贺，表示将与全国工商联等部门加强联系、密切合作，不断提高对非公有制企业和非公有制经济人士的司法保护水平，为非公有制经济的健康发展做出检察机关应有的贡献。

刘振宇在讲话中介绍了司法行政机关服务非公有制经济健康发展主要工作情况，表示司法部将立足新形势、新职能、新定位，进一步密切与工商联的联系，推进双方在更深层更广阔的领域开展合作，共同为非公有制经济健康快速发展提供专业精准的法律服务和保障。

会议采取视频方式召开。广东、安徽、贵州三省工商联和全国工商联汽车经销商商会负责人对各自单位开展法律维权服务工作的经验进行了发言交流。全国工商联副主席黄荣、秘书长赵德江，国家发展和改革委员会、国家市场监督管理总局有关司局负责人，全国律协负责人出席会议。各省、自治区、直辖市和新疆生产建设兵团工商联负责同志，全国工商联和各省级工商联机关部门负责人，各直属单位和直属商会负责同志，部分律师代表和媒体的同志分别在主会场和分会场参加会议。

（张永利）

【积极参与全会重点调研组织开展分管会领导联系调研工作】积极参与全会重点调研。陪同谢经荣副主席赴新疆南疆地区开展“中国光彩事业南疆行”前期调研，并参与相关调研报告起草工作；参加全国工商联第四联系调研组第五小组在四川宣讲调研；参与徐乐江书记第二联系调研组赴青海、新疆调研，做好相关筹备及分小组调研协调工作；参与李兆前副主席第六联系调研组赴安徽调研，并参与相关调研报告起草工作。

组织开展分管会领导联系调研工作。

2018年10月中旬至11月下旬，全国工商联副主席、党组成员鲁勇带领第八联系调研组分赴湖北8市、吉林延边州和全联直属水产业商会、房地产商会、新能源商会开展联系调研工作，宣讲党的十九大精神特别是习近平总书记在民营企业座谈会上重要讲话精神，就两省及三个全联直属商会中民营企业发展、商会改革发展、法律维权服务等情况开展调研。调研中，调研组与吉林、湖北两省工商联主席、党组书记等主要负责同志进行了专题交流，实地走访了延边、武汉、鄂州、黄冈、荆州、黄石、咸宁、孝感、随州等9家地级工商联，67家县级工商联（湖北59家、吉林延边州8家），22家商会，52家民营企业，召开政府部门座谈会11场、商会和企业座谈会17场。

（刘晓琳）

【举办推进软件正版化工作培训班】 2018年11月29日，全国工商联推进软件正版化工作培训班在京举办。各省级工商联软件正版化工作责任人，各省软件正版化工作示范企业责任人，全国工商联机关相关人员共计81人参加培训。

培训班上国家版权局负责同志介绍了当前国家推进使用正版软件工作面临的新形势新要求，通报了2018年软件正版化工作督查情况，并指出督查过程中存在的共性问题。工业和信息化部信息化和软件服务业司负责同志从软件产业现状、存在问题以及下一步工作考虑三个方面作了辅导授课。天津、江西、云南、广西等四个省级工商联，北软科技、步步高、森马、华蓝设计等四家民营企业在大会上作了交流发言。

最后，会员部副部长李树林同志从认清推进民营企业软件正版化工作的重要意义，当前推进软件正版化工作取得的新进展，推进民营企业软件正版化工作要常抓不懈、久久为功等三个方面作了总结讲话。

（王昭暾）

【全国工商联法律服务和劳动关系委员会成立暨第一次全体会议在京召开】 2018年12月25日，全国工商联法律服务和劳动关系委员会成立暨第一次全体会议在北京召开。中央统战部副部长，全国工商联党组书记、常务副主席徐乐江出席会议并讲话。全国工商联副主席鲁勇，全国工商联副主席、法律服务和劳动关系委员会主任南存辉分别主持两个阶段的会议，鲁勇副主席作总结讲话。

徐乐江指出，全国工商联新一届法律服务和劳动关系委员会的成立是继2018年10月成立法律维权服务中心并召开法律服务推进会后，全国工商联在推进法律维权服务工作中落实的又一项措施，对于我们深入贯彻习近平新时代中国特色社会主义思想，特别是习近平总书记全面依法治国新理念新思想新战略，共同谋划深入推进工商联法律服务工作具有重要作用。希望通过成立委员会，进一步延展工商联法律服务手臂，带动各界共同关注、共同支持、共同参与、共同做好民营企业法律服务工作。

徐乐江强调，要提高站位，切实增强做好法律服务和劳动关系委员会工作的责任感和使命感；要发挥优势，从大局着眼、从实处做起，大胆开拓创新，以贯彻落实习近平总书记在民营企业座谈会上重要讲话为重点，着力围绕营造良好法治环境、维护合法权益、加强法制宣传、构建和谐劳动关系等方面聚力聚智，推动民营企业法律服务工作再上新台阶。

徐乐江要求，要积极探索，创新完善机制、注重联动各方、健全工作制度，努力为委员会及各位成员履行职责提供有力有效保障。要在各位委员的推动下，广集各界之力、广聚各方资源，带动更多部门、行业和人士关心民营企业发展，共同为营造良好法治环境、促进“两个健康”、推动法治中国建设做出重要贡献。

会上，徐乐江为委员会主任、副主任、委员以及全国工商联法律维权服务中心律师团和专家库成员颁发了聘书。与会人员围绕委员会2019年度工作要点进行了讨论。来自有关司法机关、政府部门、高等院校、研究机构和工商联、商会、企业界、律师界的委员和全国工商联法律维权服务中心律师团成员代表等40余人参加了会议。

（刘登森）

扶贫与社会服务

【综　述】2018年，扶贫与社会服务部在会党组和会领导的正确领导下，深入学习贯彻习近平新时代中国特色社会主义思想和党的十九大精神，认真落实习近平总书记关于扶贫工作的重要论述精神，深入推进“万企帮万村”精准扶贫行动向深度贫困地区倾斜，统筹推进东西部扶贫协作、定点扶贫、光彩事业等工作，取得了显著的扶贫成效，传递了民营企业群体的正能量，增强了全国工商联扶贫工作的社会影响力。

一、深入推进“万企帮万村”精准扶贫行动

习近平总书记多次就民营企业开展的“万企帮万村”精准扶贫行动做出重要指示。2018年，习近平总书记两次对“万企帮万村”行动给予肯定。2018年2月12日，习近平总书记在打好精准脱贫攻坚战座谈会上发表重要讲话，对民营企业开展“万企帮万村”行动的帮扶成效予以肯定；2018年10月20日，习近平总书记亲自给“万企帮万村”行动中受表彰的民营企业家回信，鼓励他们心无旁骛创新创造、踏踏实实办好企业。“万企帮万村”精准扶贫行动已成为国家十大扶贫行动的排头兵和社会扶贫的知名品牌，在脱贫攻坚中发挥了重要作用。一是推动行动向深度贫困地区倾斜。为深入贯彻落实习近平总书记作出的“‘万企帮万村’行动要向深度贫困地区倾斜”的重要指示，2018年7月，全国“万企帮万村”行动领导小组制定《推进“万企帮万村”精准扶贫行动向深度贫困地区倾斜的落实方案（2018—2020年）》；9月，举行工商联系统对口援藏工作座谈会暨精准扶贫西藏行活动，10月举办“中国光彩事业怒江行”和“中国光彩事业南疆行”活动；10月，全国“万企帮万村”行动领导小组在甘肃省天祝县召开“万企帮万村”产业扶贫现场会;11月，在广西百色市召开第十二届全国工商联扶贫工作委员会第一次全体会议，对接产业扶贫项目，助推区域经济发展。此外，全国工商联部分直属行业商会，组织会员企业分别赴临夏州、甘南州、迪庆州等深度贫困地区开展“特色产业帮扶项目”考察对接。二是大力宣传表彰。2018年10月16日扶贫日期间，全国工商联和国务院扶贫办联合举办了表彰大会，为100家“万企帮万村”先进民营企业授予奖牌和证书，首届受到表彰的“万企帮万村”行动先进民营企业代表联名给习近平总书记写信汇报工作，总书记亲自回信勉励。在2018年全国脱贫攻坚奖评选表彰活动评选过程中，冷友斌、王伟、王均金等20位民营企业家荣获2018年“全国脱贫攻坚奖”；我会扶贫与社会服务部社会服务处荣获脱贫攻坚奖组织创新奖。三是开展消费扶贫。2018年1月10日正式启动全国“万企帮万村”消费扶贫行动；下发《关于在全国深入推进“万企帮万村”消费扶贫活动的通知》；在中国公益慈善项目交流展示会期间，设立“万企帮万村，民企在行动”专题展馆和全国“万企帮万村”消费扶贫活动专题展区，22个脱贫任务重的省（区、市）工商联组织近200家企业参与扶贫产品展销；全国工商联联合电商领域民营企业在官方网站、联成e家APP上开辟“万企帮万村”消费扶贫专区，畅通广大民营企业和各类商会通过购买“万企帮万村”扶贫产品助力脱贫攻坚的渠道；申请注册“万企帮万村”商标；指导贵州、四川等地开展“万企帮万村”消费扶贫推进会。四是做好支持服务。全国工商联、国务院扶贫办、中国光彩会和中国农业发展银行签订并联合印发《关于推荐参与“万企帮万村”精准扶贫行动的民营企业纳入政策性金融支持的通知》，指导各级行动领导小组以台账管理数据库为基础，组织推荐民营企业，供中国农业发展银行纳入项目库并提供融资服务。截至2018年9月末，925家积极参与“万企帮万村”行动的民营企业进入农发行项目库，贷款余额496亿元。五是加强基础建设。开展调查研究，联合中国农业大学开展了“‘万企帮万村’精准扶贫行动：成效、影响及经验”课题研究，形成专题评估报告；加强台账管理，继续督促指导各级行动领导小组贯彻落实“走到、补齐、纠错”的工作要求，对台账数据进行完善；举办“万企帮万村”行动论坛，交流行动最新实践理论成果，研讨提质增效新思路。六是狠抓作风建设。按照中央纪委《关于2018年至2020年开展扶贫领域腐败和作风问题专项治理的工作方案》和国务院扶贫开发领导小组《关于开展扶贫领域作风问题专项治理的通知》有关要求，全国工商联向中央纪委驻统战部纪检监察组报送了《“万企帮万村”精准扶贫行动作风建设、廉政建设风险自查情况》，并印发了《全国工商联开展扶贫领域作风问题专项治理工作实施方案》。

二、扎实开展定点扶贫工作

一是开展考察调研。2018年1月9日，谢经荣副主席赴贵州省织金县考察精准扶贫工作。3月31日至4月2日，高云龙主席率队赴织金县考察调研扶贫工作，慰问建档立卡贫困户，实地考察广东恒大集团、贵州兴伟集团捐资兴建的扶贫项目以及织金县慷骅农资集团的电商扶贫平台。7月20日，召开统一战线参与毕节试验区建设座谈会后，高云龙主席、徐乐江书记、谢经荣副主席率队赴毕节市织金县调研，并召开全国工商联贯彻总书记重要指示织金座谈会。二是强化产业扶贫。2018年11月16日，徐乐江书记率贵州省工商联、织金县赴中国石化集团，与戴厚良董事长会见，推动织金县中石化项目顺利实施，助推织金县脱贫攻坚。8月28日，由全国工商联支持的“毕节市中药材产业发展规划咨询会”在毕节召开，支持毕节市举办了“中药材育苗、种植培训班”，为毕节市发展中药材产业储蓄人才队伍。推动唯品会和依文集团在织金县开展绣娘培训和订单销售。唯品会签订1000万元蜡染刺绣订单，已完成500万元，带动绣娘1550人，其中建档立卡贫困户435人。依文集团年稳定订单超100万元，培训绣娘1126人。三是开展智力帮扶。4月12日，在织金县举办全国工商联第十六期乡镇干部培训班，80余名来自黔西南州和毕节市的乡镇干部参加培训。四是加强组织领导。2018年10月8日，召开全国工商联扶贫工作领导小组第二次全体会议，高云龙主席、徐乐江书记、樊友山副主席、谢经荣副主席、黄荣副主席、赵德江秘书长及机关各部门主要负责同志出席。会议传达学习了中央单位定点扶贫工作推进会会议精神。五是组织动员商会。2018年8月24日，举办全国工商联31家直属商会定点帮扶织金说明推介会，80多家全国工商联直属行业商会会员企业参加。11月下旬，开展织金县扶贫项目认捐活动，广泛发动企业家和干部职工参与此项活动，助力织金县扶贫事业。

三、积极推进光彩事业

一是积极组织“精准扶贫西藏行”活动。2018年9月7日，工商联系统对口援藏工作座谈会暨精准扶贫西藏行在拉萨举行，徐乐江和齐扎拉签订《全国工商联与西藏自治区人民政府战略合作框架协议》，17个对口援藏省市工商联与7市地工商联签订对口支援合作协议，举行了招商引资和精准扶贫项目签约，共签订合同项目40个，投资182.54亿元。中国民间商会副会长、长隆集团董事长苏志刚代表长隆集团向西藏自治区捐赠精准扶贫、生态保护、生态旅游资金1亿元，郑州医美集团向山南市捐赠价值596万元的慢性疾病物理治疗器械。二是积极组织“中国光彩事业怒江行”活动。2018年10月12日，“中国光彩事业怒江行”活动在云南省怒江傈僳族自治州举行，来自各地近200位民营企业家参加活动，共签约50个项目，投资总额295.4亿元。累计公益捐赠16106万元，其中现金捐赠12116万元，用于为怒江州25636户96631名贫困群众配备生活设施、建立产业帮扶基金及开展“百企帮百村”精准扶贫行动。三是积极组织“中国光彩事业南疆行”活动。2018年10月28日，由中国光彩事业促进会、新疆维吾尔自治区人民政府共同举办的“中国光彩事业南疆行”在乌鲁木齐举行，活动共签订合同项目84个，投资金额157.23亿元。

四、引导民营企业参与乡村振兴战略

一是开展专题调研。2018年4月，谢经荣副主席率调研组赴河南、浙江、江苏开展“万企帮万村”和乡村振兴战略专题调研。在会领导的高度重视下，将联系点调研与乡村振兴专题调研相结合，全国工商联分成6个调研组，先后赴11个省（区、市）开展调研，走访国家发改委、农业农村部等5个部委，完成《民营企业参与乡村振兴战略实施调研报告》，报送中央统战部。二是积极参政议政。在充分调研的基础上，高云龙主席代表我会参加由全国政协组织召开的调研协商座谈会，向汪洋主席汇报调研结论和意见建议。三是发起倡议活动。2018年6月19日，在机关举办民营企业参与乡村振兴战略倡议活动，刘永好代表34位知名民营企业家发起民营企业积极参与乡村振兴战略倡议。

五、不断深化与相关政府部门和单位的合作机制

加强与生态环境部沟通对接工作，组织引导民营企业积极参与污染防治攻坚战，联合出台《关于组织引导民营企业积极参与污染防治攻坚战的指导意见》。2018年9月20日—22日，与民政部、国务院扶贫办等单位共同主办第六届中国公益慈善项目交流展示会，慈展会以“聚焦精准扶贫，共创美好生活”为主题，展示了万企帮万村行动的最新理论和实践成

果；12月20日，与人力资源社会保障部、全国总工会共同开展全国就业与社会保障先进民营企业暨关爱员工实现双赢表彰活动。

【举行“万企帮万村”消费扶贫行动启动仪式】2018年1月10日，由全国工商联、国务院扶贫办、贵州省政府联合主办的全国“万企帮万村”消费扶贫启动仪式在贵州安顺大兴东健康产业园举行。全国工商联副主席谢经荣出席会议并讲话。

谢经荣指出，通过购买“万企帮万村”的产品，能够将贫困群众的劳动产品转化为产值，贫困群众能够得到更好的回报，从而实现稳定脱贫，是助推“万企帮万村”行动提质增效的重要方面，是构建贫困群众脱贫长效机制的重要方式，广大民营企业和社会大众都应该树立购买扶贫产品就是助力扶贫的意识。各地区各部门和广大民营企业在推进“万企帮万村”消费扶贫的过程中要聚焦精准扶贫，通过与贫困群众合作提供优质产品，搭建销售平台，创新服务体系，加强组织引导，扩大消费扶贫参与面。谢经荣强调，东西部扶贫协作机制是推动区域协调发展、协同发展、共同发展的大战略，是加强区域合作、优化产业布局、拓展对内对外开放新空间的大布局，是实现先富帮后富、最终实现共同富裕目标的大举措。消费扶贫为“万企帮万村”东西部扶贫协作开辟了一条新的路径，东西部省份之间要完善对接机制，东部要做好宣传引导，西部要做好产品组织和平台搭建，扎实推进“万企帮万村”消费扶贫取得实效，真正让贫困群众受益，为打好精准脱贫攻坚战贡献新的更大力量。

贵州省政协副主席、省工商联主席李汉宇主持会议，贵州省副省长刘远坤出席会议并讲话，中国民间商会副会长、贵州兴伟集团董事长王伟宣读了《消费扶贫倡议书》，东部省份工商联与贵州省各地市签署《东西部工商联协作支持贵州消费扶贫协议书》。全国工商联副主席、四川省工商联主席陈放，全国工商联副主席、天津市工商联主席黎昌晋，上海市政协副主席、工商联主席王志雄，以及来自北京、上海、天津、江苏、浙江、福建、广东、重庆和贵州本地的民营企业代表1800多人参加了会议。

【召开全国“万企帮万村”精准扶贫行动领导小组第七次会议】2018年1月30日，“万企帮万村”精准扶贫行动领导小组第七次会议在京召开。中央统战部副部长，全国工商联党组书记、常务副主席，中国光彩会会长徐乐江，国务院扶贫开发领导小组副组长、国务院扶贫办主任刘永富出席会议并讲话。会议由全国工商联副主席、中国光彩会副会长谢经荣主持。国务院扶贫办副主任洪天云，中国农业发展银行副行长殷久勇，中央统战部五局局长张天昱出席会议。会议通报了“万企帮万村”行动台账管理工作情况和农发行支持“万企帮万村”行动有关情况，审议了全国“万企帮万村”行动领导小组2017年工作总结、2018年工作要点、2018年宣传工作计划和先进民营企业表彰活动方案，研究了“万企帮万村”行动未来三年工作规划（2018—2020年）。行动领导小组成员余敏安、曲天军、王力涛出席会议。中央统战部、全国工商联、国务院扶贫办、中国光彩会、中国农业发展银行有关同志列席会议。

【举办2018年全国民营企业招聘周活动】2018年4月16日至22日，人力资源社会保障部、教育部、全国总工会、全国工商联联合组织全国31个省（区、市）开展了“2018年全国民营企业招聘周”活动。

2018年招聘周活动的主题是“精准服务促就业，汇聚人才助发展”，服务劳动者对象主要面对2018届高校毕业生，同时包括去产能企业分流职工、农村进城务工人员、建档立卡贫困人员；服务企业包括民营企业、中小微企业和其他各类企事业单位。各地按照统一部署，结合当地实际，深入摸排服务对象信息，广泛收集岗位信息并加大审核力度，积极开展线上线下同步招聘、小型专场招聘等形式多样的供需对接活动，提供了一系列有针对性的政策咨询、职业介绍、就业创业指导、企业用工指导、权益维护等服务。

据统计，15.3万家民营企业参加了招聘周活动，提供各类岗位信息382.6万条，其中适合高校毕业生的就业岗位147.8万个；共有约74.4万名求职者与用人单位达成了就业意向，其中高校毕业生26.7万人，去产能企业分流职工3.6万人，农村进城务工劳动者26.5万人，建档立卡贫困人员3.1万人，就业困难人员6.8万人。活动期间，累计发放政策宣传品634.1万份，提供维权及法律援助服务16.6万人次。同时，中国公共招聘网开辟招聘周活动专区，发布岗位信息2.3万余条，涉及招聘人数约13万；网站访问人数18.9万人，访问量89.9万人次。截至2018年，“全国民营企业招聘周”已连续举办14届，成为广大求职者和民营企业欢迎的公共服务品牌活动。

（崔　星）

【举办全国工商联第三期民族地区小微企业经营者培训班】2018年5月14日至18日，全国工商联在北京职工之家举办了全国工商联第三期民族地区小微企业经营者培训班。来自新疆、西藏、宁夏和青海、四川、云南、甘肃四省藏区的150名小微企业经营者参加了培训。

本期培训班共开设“我国民族政策及其实践”“国家助推小微企业政策解读”“企业家战略思维与领导力”“实体企业如何加快高质量发展”“赢在创变时代——经营思路创新”“电商营销与新零售”等11门课程，还组织学员到京东集团总部进行了现场教学。

本次培训是贯彻落实习近平新时代中国特色社会主义民族思想和习近平总书记在深度贫困地区脱贫攻坚座谈会上重要讲话精神，为民族地区小微企业经营者提供智力支持的具体举措。培训通过“大企业家教小企业家”的智力帮扶形式，提高了民族地区小微企业经营者管理素质、质量诚信意识和创新能力，为民族地区经济社会发展做出了积极贡献。培训课程紧扣时代主题，培训成效明显，学员普遍表示在培训中学到了知识、开阔了眼界、扩宽了思路，对开展好今后工作具有十分重要的指导和帮助作用。

【全国工商联扶贫工作领导小组第一次会议】2018年6月11日，全国工商联扶贫工作领导小组第一次会议在我会机关召开。高云龙主席、徐乐江书记出席并讲话。

会议通报了我会2017年定点扶贫工作试考核结果，并做出如下决定和部署：一要深入学习贯彻习近平总书记对脱贫攻坚的重要指示和李克强总理的批示，落实打赢脱贫攻坚战三年行动电视电话会议精神，进一步提升思想认识、提高政治站位，充分发挥工商联系统和民营企业优势，聚焦深度贫困地区深度贫困群众帮扶，助力党委政府攻克脱贫攻坚的最后堡垒。二要根据《关于打好精准脱贫攻坚战三年行动的指导意见》精神，修改完善《推进“万企帮万村”精准扶贫行动向深度贫困地区倾斜的落实方案（2018—2020）》，会同国务院扶贫办、中国光彩会和中国农业发展银行联合下发并抓好落实。三要注重点面结合，在推进全国“万企帮万村”精准扶贫行动提质增效的同时进一步加强改进定点扶贫工作，做到两个确保。四要紧密结合工商联扶贫工作的特点修改完善《全国工商联开展扶贫领域作风问题专项治理工作实施方案》并尽快下发，指导各级工商联按照国务院扶贫领导小组要求开展自查自纠，聚焦“四个意识”不强、责任落实不到位、工作措施不精准、工作作风不扎实等内容开展督导检查，按照要求做好整改总结逐级上报。五要机关各部门形成工作合力，扶贫与社会服务部牵头，要做好综合协调和任务分解。要将扶贫工作与会领导联系地方工商联和所属商会工作有机结合起来，促进代表人士和商会参与扶贫工作。

【召开工商联系统援藏援疆电视电话动员会】2018年6月11日，全国工商联召开工商联系统援藏援疆电视电话动员会。全国政协副主席、全国工商联主席高云龙，中央统战部副部长、全国工商联党组书记、常务副主席徐乐江出席会议并讲话。

高云龙在讲话中指出，组织民营企业参与援藏援疆，是工商联学习贯彻习近平新时代中国特色社会主义思想的重要内容，是推动工商联系统深化改革的有效探索。参与援藏援疆也是广大民营企业积极履行社会责任、加快转型升级的实践路径。高云龙强调，准确把握援藏援疆的原则，一要在当地党委政府统一部署下，充分发挥好工商联系统优势。二要聚焦精准补短板，突出优势抓产业扶贫。三要把组织引导民营企业参与援藏援疆工作与促进“两个健康”工作有机结合。

徐乐江就抓好2018年工商联系统援藏援疆工作作出具体部署。他指出，2018年工商联系统援藏援疆工作主要是开展好“精准扶贫西藏行”和“中国光彩事业南疆行”，助力西藏和新疆南疆四地州打好脱贫攻坚战，各对口支援省市重点要在扶持西藏和南疆特色产业发展，扶持当地小微企业发展，积极开展消费扶贫，积极帮助西藏新疆招商推介，进一步推进“万企帮万村”精准扶贫行动向西藏和南疆倾斜，实施一批精准扶贫公益项目，加强人才培养支持等方面抓好任务落实。

全国工商联副主席谢经荣主持会议，全国工商联秘书长赵德江出席会议。各对口援藏援疆省市工商联主席、党组书记、分管负责人，西藏自治区、新疆维吾尔自治区、新疆生产建设兵团工商联主席、党组书记、分管负责人，中央统战部光彩事业指导中心、全国工商联机关各部门及各直属商会负责人参加了会议。

【举办民营企业参与乡村振兴战略倡议活动】2018年6月19日，民营企业参与乡村振兴战略倡议活动在全国工商联机关举办。全国政协副主席、全国工商联主席高云龙出席活动并讲话。中央统战部副部长，全国工商联党组书记、常务副主席徐乐江主持活动。会上，34位知名民营企业家向全国广大民营企业家发起倡议，积极参与乡村振兴战略。

高云龙强调，民营企业参与乡村振兴要积极参与、有序参与、久久为功。一要处理好乡村振兴与脱贫攻坚的关系。广大民营企业参与乡村振兴的重点应放在推进“万企帮万村”行动提质增效上：贫困地区参与乡村振兴要助力深度贫困村脱贫，脱贫攻坚战进展顺利的地区要将脱贫攻坚与乡村振兴有机结合，已脱贫的东部地区要在配合当地党委政府落实好东西部扶贫协作和对口支援任务前提下积极参与乡村振兴。二要把握好积极作为与遵循市场规律的关系。乡村振兴是一项长期的事业。民营企业既要积极参与，又要遵循乡村发展的客观规律，发挥市场在资源配置中的决定性作用，走互惠互利、共建共赢的可持续发展之路。三要切实保护农民利益。民营企业参与乡村振兴，要弘扬“义利兼顾、以义为先”的光彩精神，不打擦边球、不踩政策红线，积极践行“亲”“清”新型政商关系，创造性地将企业发展与促进乡村振兴有机结合，努力实现双赢、共富，切实实现“两个健康”。

徐乐江强调，民营企业要全面贯彻落实党的十九大精神，以习近平新时代中国特色社会主义思想为指导，按照党中央的战略部署，切实增强责任感和使命感，全力投身乡村振兴战略，以更大的决心、更明确的目标、更有力的举措，努力在推动农业全面升级、农村全面进步、农民全面发展方面发挥更大的作用，为实现“两个一百年”奋斗目标和中华民族伟大复兴的中国梦做出新的更大贡献。

【召开全国工商联贯彻总书记重要指示织金座谈会】2018年7月19日，高云龙主席、徐乐江书记、谢经荣副主席参加完在贵州毕节召开的统一战线参与毕节试验区座谈会，第一时间赶往我会定点帮扶的织金县，宣讲习近平总书记的重要指示和汪洋主席对毕节试验区工作作出的重要批示。

7月22日，召开了全国工商联贯彻总书记重要指示织金座谈会，徐乐江书记、谢经荣副主席出席会议。会议的主要内容是传达学习习近平总书记的重要指示和统一战线参与毕节试验区座谈会精神。会议听取了织金县精准扶贫工作和织金县工商联工作的情况汇报，当地商会和企业代表、基层干部分别发言。徐乐江书记做了重要讲话。他指出要深入学习贯彻习近平总书记的重要讲话和统一战线参与毕节试验区座谈会精神，全国工商联将与织金县共同打赢脱贫攻坚战，努力把毕节试验区建设成为贯彻新发展理念的示范区。会上，中霱万家集团、西商集团与织金县签约扶贫项目，签约金额25亿元。

【举办全国工商联31家直属商会定点帮扶织金说明会】2018年8月24日，我会举办全国工商联直属商会定点帮扶织金说明推介会，谢经荣副主席出席会议并讲话。中共织金县委副书记、县长潘发勇介绍了织金县整体概况、资源禀赋、基础设施、主要产业发展等情况，推介重点扶贫项目和公益需求。

谢经荣副主席指出，此次活动是深入贯彻习近平总书记对毕节试验区工作的重要指示和汪洋同志在统一战线参与毕节试验区建设座谈会讲话精神的具体举措，也是落实高云龙主席对定点扶贫工作“两个确保”工作要求和徐乐江书记对做好定点扶贫工作指示精神的实际行动。谢经荣副主席强调，要坚决贯彻执行习近平总书记的指示精神。机关各部门要形成合力，助推织金脱贫攻坚。各直属商会要立足自身优势，主动开展帮扶。织金县要抓住此次推介契机，积极主动对接，做好跟踪服务，推进项目落实落地。会后，还举办了织金县同志与有关商会、企业恳谈会。会员部、经济部、扶贫部同志，我会直属商会及部分会员企业，织金县及县有关部门负责同志参加会议。

【召开全国“万企帮万村”精准扶贫行动领导小组第八次会议】2018年8月24日，在全国工商联机关召开全国“万企帮万村”精准扶贫行动领导小组第八次会议，徐乐江出席会议并讲话。会议研究审议了《全国“万企帮万村”精准扶贫行动先进民营企业表彰活动方案（草案）》《“万企帮万村”产业扶贫现场会方案（草案）》，听取了关于“精准扶贫西藏行”“中国光彩事业怒江行”的工作情况汇报。

【举办“精准扶贫西藏行”活动】2018年9月7日，工商联系统对口援藏工作座谈会暨精准扶贫西藏行在拉萨举行。中央统战部副部长，全国工商联党组书记、常务副主席徐乐江，西藏自治区党委书记吴英杰出席会议并作重要讲话。西藏自治区党委副书记、自治区人大常委会主任洛桑江村，区党委副书记、自治区主席齐扎拉出席会议。全国工商联副主席谢经荣主持会议。

徐乐江强调，一是确保援藏任务落实到位。按照工商联系统援藏援疆电视电话动员会要求，紧紧围绕扶持西藏特色产业、扶持当地小微企业发展、开展消费扶贫、帮助西藏开展招商推介、推进“万企帮万村”精准扶贫行动向西藏倾斜、实施一批精准扶贫公益项目、加强人才支持等7项具体任务，把落实援藏任务与精准扶贫、生态保护、固边守边等任务结合起来，促进西藏更好发展。二是确保组织领导到位。尽快建立上下衔接、协调有序、高效运转的对口援藏工作机制。三是确保支持服务到位。要抓好项目跟踪，为来藏投资的企业提供高效服务。

座谈会上，西藏自治区政协副主席、区工商联主席阿沛·晋源介绍区工商联近年来受援工作情况。北京市、上海市、广东省工商联代表作交流发言。徐乐江和齐扎拉签订《全国工商联与西藏自治区人民政府战略合作框架协议》，17个对口援藏省市工商联与7市地工商联签订对口支援合作协议，举行了招商引资和精准扶贫项目签约，共签订合同项目40个，投资182.54亿元。中国民间商会副会长、长隆集团董事长苏志刚代表长隆集团向西藏自治区捐赠精准扶贫、生态保护、生态旅游资金1亿元，郑州医美集团向山南市捐赠价值596万元的慢性疾病物理治疗器械。

西藏自治区党委常委、统战部部长旦科出席会议。17个对口援藏省市工商联主席或党组书记，四川省、河南省工商联负责同志及部分知名民营企业家；自治区各级各部门有关负责同志参加会议。

【举办第六届中国公益慈善项目交流展示会】2018年9月20日至22日，民政部、全国工商联、国务院扶贫办、广东省政府、深圳市政府和中国慈善联合会在深圳联合举办第六届中国公益慈善项目交流展示会。民政部党组书记、部长黄树贤，民政部党组成员、副部长詹成付，全国工商联副主席谢经荣，广东省委常委、深圳市委书记王伟中，人民日报社副总编辑卢新宁，广东省副省长黄宁生，深圳市委副书记、市长陈如桂，国务院扶贫办副主任欧青平，中国慈善联合会副会长兼秘书长刘福清，广东省民政厅厅长卓志强等参加慈展会启动仪式。

本届慈展会以“聚焦精准扶贫，共创美好生活”为主题，共设“精准扶贫主题展馆”和“消费扶贫产品专馆”两个展馆。精准扶贫主题展馆主要设立品牌项目成果展示专区、深度贫困地区扶贫项目推介专区，以及教育扶贫、健康扶贫、产业扶贫、科技与生态扶贫、创业就业扶贫等9个主题展区。消费扶贫产品专馆集中展示“万企帮万村”精准扶贫产品以及各领域参与扶贫的产品。共有789个机构、876个项目和312种消费产品参展。共举办1场国际公益峰会、5场分议题会议，邀请100多位国内外嘉宾围绕减贫脱贫等议题进行深入研讨；配套开展60多场路演、沙龙、信息发布和公益体验活动，26个省市参展团900多名代表观展，观展民众近17万人次。

其中，全国工商联设立“万企帮万村，民企在行动”专题展位，展示了“万企帮万村”行动推进成效和民营企业参与精准扶贫的创新做法。北京百度公益基金会、浙江吉利控股集团、中国民生银行、恒大集团、腾讯公益慈善基金会、碧桂园集团等民营企业及基金会设立专门展位，向公众展示在公益慈善、脱贫攻坚领域的具体举措，共同讲述民营企业参与扶贫的“中国故事”。全国工商联组织开展了全国“万企帮万村”消费扶贫专题展销活动。来自22个脱贫攻坚任务重的省（区、市）的161家企业参与消费扶贫展销，现场成交额达2352万元。

【召开全国工商联扶贫工作领导小组第二次全体会议】2018年10月8日，全国工商联扶贫工作领导小组第二次全体会议在我会机关十层会议室召开。高云龙主席，徐乐江书记出席并讲话。会议传达学习了中央单位定点扶贫工作推进会会议精神；听取了全国工商联定点扶贫工作情况的报告，研究了下一步定点扶贫工作重点；审议了《工商联系统组织民营企业帮扶织金县开展扶贫项目认捐活动的方案》。

会议做出如下决定和部署：一要进一步提高政治站位。要深入学习贯彻习近平总书记对毕节试验区的重要指示和汪洋主席重要讲话精神，充分认识新形势下定点扶贫工作的重大意义，提高政治站位。二要进一步明确工作重点。要立足长远、系统谋划，深入研究织金县产业现状，精准聚焦和扶持优势产业及全产业链发展，深入推进可持续精准扶贫。三要进一步做好认捐活动。要提高认识，形成工作合力，明确工作内容，广泛动员，注重总结。

【举办“中国光彩事业怒江行”活动】2018年10月12日，由中国光彩事业促进会、云南省人民政府共同举办的“中国光彩事业怒江行”活动在云南省怒江州举行。本次活动以“汇聚民企智慧力量，助力怒江精准脱贫”为主题，主要任务是深入贯彻落实党中央和习近平总书记关于脱贫攻坚一系列重要指示精神，聚焦精准扶贫、精准脱贫，发挥光彩事业作用优势，凝聚民营企业力量，助推怒江脱贫攻坚。中央统战部副部长，全国工商联党组书记、常务副主席，中国光彩会会长徐乐江，云南省委副书记李秀领出席并讲话。

徐乐江强调，要发挥民企独特优势，发挥市场在资源配置中的决定作用，推动脱贫攻坚提质增效。要聚焦深度贫困地区精准脱贫，特别是向“三区三州”倾斜，切实帮助怒江等贫困地区群众治病根、拔穷根。要注重提升帮扶效率，突出重点难点，坚持市场导向，立足实际，因地制宜，公益慈善和产业培育共同发力。要不断创新帮扶方式，积极探索消费扶贫、企企帮扶、产业帮扶基金等一系列具有较强可持续性、可复制性的民营企业帮扶模式，推动光彩事业帮扶工作迈上新的台阶。

活动期间，徐乐江和部分知名民营企业家一起赴泸水、福贡走访贫困户，实地考察易地搬迁安置点和帮扶项目。组织民营企业家观看了教育片《峡谷怒江——人人牵挂的地方》，进行“不忘创业初心、接力改革伟业”为重点的理想信念教育，并举行了产业投资项目签约和公益捐赠仪式。活动共签订项目50个，投资总额295.4亿元。累计公益捐赠16106万元，其中现金捐赠12116万元，用于为怒江州25636户

96631名贫困群众配备生活设施、建立产业帮扶基金及开展“百企帮百村”精准扶贫行动。

云南省副省长董华主持会议，全国工商联副主席、中国光彩会副会长谢经荣，中国光彩事业基金会理事长李路，中国光彩会副会长兼秘书长张天昱、中国光彩会副会长孙珩超、李占通、林印孙，中国民间商会副会长徐冠巨，万科企业股份有限公司董事会主席郁亮，云南省政协副主席、省工商联主席喻顶成，以及中央统战部、全国工商联、中国光彩会有关负责同志，云南省、怒江州有关部门负责同志，近200位民营企业家参加了活动。

【举办怒江州小微企业培训班】为深入贯彻落实习近平总书记在深度贫困地区脱贫攻坚座谈会上的重要讲话精神，支持帮助“三区三州”发展，紧扣“中国光彩事业怒江行”主题，2018年10月14日—16日，全国工商联在怒江州举办了全国工商联小微企业经营者（怒江州）培训班。来自怒江州福贡县、贡山县、兰坪县、泸水市的83位（大多为怒族、独龙族、傈僳族少数民族）小微企业经营者参加培训班。

培训共设置六个专题讲座：云南省工信委中小企业处副处长陈万春主讲“国家助推小微企业发展政策解读”；全国工商联环境商会会长、博天环境集团股份有限公司创始人、董事长，开能健康科技集团股份有限公司董事长赵笠钧主讲“创新驱动未来”；全国工商联农业产业商会副会长、云南万兴隆生物科技集团总经理唐闻兵主讲“企业法人治理结构与团队建设”；全国工商联并购公会秘书长、金融学博士后董贵昕主讲“小微企业投融资与风险控制”；北京市工商联副主席、志起未来咨询集团董事长、首农电商CEO李志起主讲“互联网思维与电商营销”；山东大学硕士生导师、政和科技股份有限公司董事长朱涛主讲“企业经营‘政’能量”。

通过本次培训，更加坚定了小微企业经营者发展壮大的信心和决心，提振了学员发展信心，助推了“中国光彩事业怒江行”。

【举办全国“万企帮万村”精准扶贫行动先进民营企业表彰大会暨扶贫日论坛】2018年10月16日，全国工商联、国务院扶贫办、中国光彩会、中国农业发展银行在京联合举办全国“万企帮万村”精准扶贫行动先进民营企业表彰大会暨扶贫日论坛，授予北京圣火科贸有限公司等100家民营企业“全国‘万企帮万村’先进民营企业”荣誉称号。全国政协副主席、全国工商联主席高云龙出席会议并讲话。中央统战部副部长，全国工商联党组书记、常务副主席，中国光彩会会长徐乐江宣读了关于表彰100家全国“万企帮万村”精准扶贫行动先进民营企业的决定。国务院扶贫办副主任夏更生出席会议并讲话。全国工商联副主席、中国光彩会副会长谢经荣主持会议。

高云龙指出，习近平总书记连续三年对“万企帮万村”精准扶贫行动予以肯定和指导。行动彰显了中国特色社会主义政治制度集中力量办大事的独特优势和魅力，突显了民营企业家感党恩、听党话、跟党走的高度政治觉悟和行动自觉；民营企业精准扶贫的模式创新丰富了中国特色扶贫开发理论，为全国脱贫攻坚在思路上提供了有益借鉴；民营企业充分发挥市场机制灵活、吸纳就业主渠道、公益基金量大面广等方面优势，激发贫困群众内生动力，阻断贫困代际传递，帮助构建了脱贫长效机制。

高云龙强调，“万企帮万村”行动要

紧紧围绕贯彻落实习近平总书记的指示要求，扎实深入推进、不断提质增效。要抓好落实、抓出成效，努力实现从量的积累到质的提升转变，不断提高产业、就业、公益扶贫的带贫益贫效应；要向深度贫困地区和特殊贫困人群倾斜，结合东西部扶贫协作和对口支援机制，帮助培育壮大贫困地区支柱产业和龙头企业，增强其带贫能力，精准选择一批公益项目，实现输血与造血相结合；要做好与乡村振兴战略的有效衔接，夯实基础、压茬推进，助力实现农业强、农村美、农民富的新目标。

会议还围绕“万企帮万村”精准扶贫行动理论与实践最新成果展开研讨。广西万寿谷投资集团股份有限公司、中天金融集团股份有限公司、西藏宏发集团分别作交流发言。中国农业大学南南农业合作学院院长、人文与发展学院教授，国务院扶贫开发领导小组专家咨询委员会委员李小云作主旨演讲，2018年国家脱贫攻坚奋进奖获得者、河南李寨村党支部书记、亿星集团有限公司名誉董事长李士强作事迹报告，中国农业发展银行创新部副总经理粟华田，黑龙江飞鹤乳业有限公司、湖北省燕儿谷生态观光农业有限公司负责人参加对话。全国工商联、国务院扶贫办、中国光彩会、中国农业发展银行有关部门负责同志参加会议。

【召开“万企帮万村”产业扶贫现场推进会】2018年10月22—23日，全国“万企帮万村”产业扶贫现场推进会在甘肃召开。中央统战部副部长，全国工商联党组书记、常务副主席，中国光彩会会长徐乐江，国务院扶贫办副主任洪天云，中国农业发展银行党委委员、执行董事、副行长林立出席并讲话。甘肃省委副书记孙伟致辞。全国工商联副主席、中国光彩会副会长谢经荣主持会议。甘肃省委常委、省委统战部部长马廷礼，甘肃省政协副主席、工商联主席郝远出席。

会议首先传达了习近平总书记给“万企帮万村”行动中受表彰的民营企业家的回信。首届全国“万企帮万村”精准扶贫行动先进民营企业代表在会上发言，汇报了学习总书记回信的感受，表示将谨记总书记嘱托，心无旁骛创新创造，踏踏实实办好企业，为打赢脱贫攻坚战、为全面建成小康社会、为实现中华民族伟大复兴的中国梦，多出一把力、多尽一份心。

徐乐江在讲话中强调，召开“万企帮万村”产业扶贫现场推进会，主要目的就是深入学习贯彻习近平总书记给“万企帮万村”行动中受表彰的民营企业家的回信，学习贯彻习近平总书记关于脱贫攻坚的系列重要论述和对“万企帮万村”的系列重要指示；未来三年“万企帮万村”行动的工作重点，就是要聚焦深度贫困地区，发挥产业扶贫优势，助力党和政府攻克脱贫攻坚的最后堡垒；各级“万企帮万村”行动领导小组在推进行动向深度贫困地区倾斜时，要根据深度贫困地区特点，明确任务分工，加强分类指导；要巩固存量、引入增量，推动企业帮扶进一步聚焦精准;要量化任务、明确责任，全系统动员、全系统参与，全国行动领导小组未来三年的工作重点将放在“三区三州”;要总结推广“万企帮万村”三年来的经验成果，引导各类企业通过提高农业科技化集约化和农民组织化程度、设立扶贫车间、开展消费扶贫、设立贫困地区产业投资基金或精准扶贫公益基金等多种方式参与行动，切实提高帮扶成效。

好想你健康食品股份有限公司、甘肃省工商联、安徽省工商联、陕西省工商联、好医生药业集团、新疆金富婕服装有限公司、四川七彩林业开发有限公司、亿利资源集团在会上作交流发言。与会代表还实地观摩了甘肃远达投资集团、天祝臣祥菌业科技公司、天祝雪峰源农产品开发有限公司、天祝天禾生物科技有限责任公司实施的“万企帮万村”精准扶贫项目。全国工商联、国务院扶贫办、中国光彩会、中国农业发展银行和各省（区、市）工商联、扶贫办、光彩会、农发行有关负责同志，部分在“万企帮万村”精准扶贫行动中表现突出的民营企业家参加会议。

【举办“中国光彩事业南疆行”活动】2018年10月28日，由中国光彩事业促进会、新疆维吾尔自治区人民政府共同举办的“中国光彩事业南疆行”在乌鲁木齐举行。本次活动的主要任务是，深入贯彻党的十九大和十九届二中、三中全会精神，贯彻落实习近平总书记关于脱贫攻坚的一系列重要讲话精神以及光彩事业、“万企帮万村”向深度贫困地区倾斜重要指示，引导广大民营企业家为实现南疆地区脱贫攻坚和长远发展贡献力量。中央统战部副部长，全国工商联党组书记，中国光彩会会长徐乐江出席并讲话，新疆维吾尔自治区党委副书记、自治区主席雪克来提·扎克尔致辞。

徐乐江要求，各对口支援南疆的省市工商联要把这次签约仪式作为一个良好的开端，以更加务实的作风、更加有力的行动，确保援疆任务落实到位，积极引导企业多渠道参与南疆的精准扶贫，努力改善南疆贫困群众生产生活条件。要聚焦精准，多渠道帮扶，为南疆脱贫攻坚和民族团结贡献积极力量。各援疆企业要将民族团结教育融入企业党的建设和文化建设全过程，为各民族相互融合和共同进步发挥积极作用。自治区各级工商联要积极发挥作用、搭建平台。

本次活动共签订合同项目84个，投资金额157.23亿元，将带动南疆四地州15.54万农牧民富余劳动力转移就业。

会议由新疆维吾尔自治区党委常委、自治区常务副主席张春林主持，全国工商联副主席、中国光彩会副会长谢经荣，自治区副主席赵青，自治区政协副主席、自治区工商联主席巨艾提·伊明，以及全国工商联、中国光彩会有关负责同志，对口支援南疆省市工商联负责同志，前方指挥部主要负责同志，自治区、南疆四地州有关部门负责同志，拟在南疆投资发展的民营企业家和新疆异地商会负责人参加了会议。

【召开第十二届中华全国工商业联合会扶贫工作委员会第一次全体会议】2018年11月21日至23日，第十二届中华全国工商业联合会扶贫工作委员会第一次全体会议在深度贫困地区百色市召开。本次会议由我会主办，全国政协副主席、全国工商联主席高云龙出席并作重要讲话。

高云龙主席在讲话中强调，习近平总书记前段时间针对社会上关于民营经济的错误言论和民营企业关切，从东北考察到南方调研，从给“万企帮万村”受表彰民营企业回信到11月1日亲自高规格主持召开民营企业座谈会，发表一系列重要讲话。我们召开本次会议，主要目的就是引导大家要深刻领会习近平总书记重要讲话的精神实质，保持定力、苦练内功，聚焦实业、做精主业，为推动我国经济高质量发展做出新贡献；要百尺竿头、更进一步，积极践行“共同富裕”伟大理想，开创“万企帮万村”精准脱贫行动新局面；要认真履职尽责，切实发挥扶贫工作委员会的示范引领作用。

会议宣读了关于成立第十二届中华全国工商业联合会扶贫工作委员会的决定。决定由全国工商联副主席、浙江吉利控股集团有限公司董事长李书福担任委员会主任，由全国工商联副主席、山东东明石化集团有限公司董事局主席李湘平，全国工商联副主席、苏宁云商集团股份有限公司董事长张近东等8位企业家担任执行主任。高云龙主席为各位委员颁发聘书。会议期间，波司登集团、上海均瑶集团、郑州医美健康产业集团、华立集团、碧桂园集团、正邦集团等12家企业和基金会向百色市捐款捐物共计3040万元。

会议由全国工商联副主席谢经荣主持会议。广西壮族自治区政协副主席、工商联主席磨长英致辞，广西壮族自治区政协副主席、百色市委书记彭晓春出席会议。来自第十二届全国工商联扶贫工作委员会全体委员和部分参与东西部扶贫协作的深圳企业代表共计80余人参加会议。

【印发《全国工商联开展扶贫领域作风问题专项治理工作实施方案》】按照中央纪委《关于2018年至2020年开展扶贫领域腐败和作风问题专项治理的工作方案》和国务院扶贫开发领导小组《关于开展扶贫领域作风问题专项治理的通知》有关要求，全国工商联认真梳理“万企帮万村”行动在作风建设、廉政建设方面的风险点，并向国务院扶贫开发领导小组报送了工商联系统开展作风问题专项治理工作方案。2018年1月，全国“万企帮万村”行动领导小组会议专题就各级行动领导小组开展作风治理工作提出要求、做出部署。2018年3月，全国工商联向中央纪委驻统战部纪检监察组报送了《“万企帮万村”精准扶贫行动作风建设、廉政建设风险自查情况》。7月，印发了《全国工商联开展扶贫领域作风问题专项治理工作实施方案》，提出了“四个意识”不强、责任落实不到位、工作措施不精准、工作作风不扎实四类20条专项治理内容。

【举办全国就业与社会保障先进民营企业暨关爱员工实现双赢表彰大会】2018年12月20日，全国工商联、人力资源社会保障部、全国总工会在北京联合召开了全国就业与社会保障先进民营企业暨关爱员工实现双赢表彰大会。会上，全国工商联副主席谢经荣代表三方讲话，人力资源社会保障部副部长张义珍宣读表彰决定，全国总工会副主席、书记处书记蔡振华主持会议。全国工商联副主席李兆前，全国总工会副主席、书记处书记焦开河出席会议。国务院就业工作部际联席会议成员单位相关负责同志、各省（区、市）工商联、人力资源社会保障厅（局）和总工会（工会）负责同志、受表彰对象，共300余人参加会议。

与会领导为受表彰对象颁发了荣誉证书。森特士兴集团股份有限公司等84家民营企业荣获“全国就业与社会保障先进民营企业”称号，天津伊利乳业有限公司工会等29家民营企业工会荣获“全国双爱双评先进企业工会”称号，张彦森等25位同志荣获“全国关爱员工优秀民营企业家”称号，刘永全等31位同志荣获“全国热爱企业优秀员工”称号。盛辉物流集团有限公司、新疆德汇实业集团有限公司、郑州宇通客车股份有限公司工会、狗不理集团股份有限公司董事长张彦森、中国干细胞集团上海生物科技有限公司研发项目经理伍婷代表受表彰对象作交流发言。

本次会议深入学习习近平总书记近期关于鼓励支持民营企业发展的系列重要讲话精神和党中央国务院关于就业工作的决策部署，突出强调民营经济在吸纳就业和构建和谐劳动关系中的重要作用，要求各级工商联、人社部门、工会组织为民营企业发展营造良好环境，进一步提高了认识、凝聚了共识，为共同推动实现更高质量和更充分就业明确了努力方向。表彰活动对民营企业做出的贡献给予肯定、进行褒扬，有利于广大民营企业特别是中小企业提振信心，勇于面对困难、迎接挑战，在实现自身健康发展的同时承担更多社会责任。

【编制出版发布《中国民营企业社会责任报告（2018）》（蓝皮书）、《中国民营企业社会责任优秀案例（2018）》】2018年编制和出版了《中国民营企业社会责任报告（2018）》（蓝皮书）和《中国民营企业社会责任优秀案例（2018）》，并由谢经荣副主席在全国工商联十二届二次执委会上进行了首次发布。

报告通过对10317家民营企业问卷调查，以及实地调研走访，对2015年至2017年间民营企业履行社会责任的总体实践做了系统梳理。通过“万企帮万村”精准扶贫迈向新高度专题篇及民营企业创新发展、参与“一带一路”建设及诚信经营、绿色发展、构建和谐劳动关系、投身光彩事业、支持公益慈善事业等7个调研篇分析了我国民营企业履行社会责任的主要特征和取得的成效，展现了民营企业的责任情怀，树立了民营企业敢于担当、服务社会的良好形象，凝聚了社会各界对民营企业承担社会责任的共识，为营造民营企业健康发展和民营企业家健康成长的环境创造了有利条件和社会氛围。

谢经荣副主席在发布报告中，从经济责任、法律责任、环境责任、公益慈善事业和助力脱贫攻坚等五个方面概括总结了民营企业履行社会责任的基本状况。蓝皮书的发布引起了社会的强烈反响，人民日报、中国网、中国新闻网、央广网、光明日报、经济日报、人民政协报、中国统一战线等中央主流媒体及《中华工商时报》、中国工商网等登载和发布了新闻通稿及相关消息。

国际及港澳台交流合作

【综　述】2018年是全国工商联深化改革的开局之年，国际合作工作在会党组正确领导下坚持围绕中心服务大局，认真学习贯彻习近平总书记关于“一带一路”建设重要指示精神，紧扣国家“一带一路”倡议，以常态化、机制化参与国家合作框架下的双多边机制性活动为载体，以规范经营和防范境外风险为切入点，以建立和完善政策研究、组织网络、项目服务三大体系为重点任务，通过加强顶层设计、平台建设和多渠道服务，不断加大改革力度、探索创新举措、拓展服务领域，为民营企业参与“一带一路”建设提供务实服务和有效保障。

在融入国家机制，推动工商联常态化、机制化参与国家合作框架下的双多边机制性活动方面，我会正式成为中国国际进口博览会成员单位和中非合作论坛中方后续行动委员会成员单位，并积极参与中非合作论坛、中国国际进口博览会、上合峰会等国家主场外交活动。一是成功举办中非民营经济合作高峰论坛。来自中国和非洲31个国家的300余名政府部门、民营企业、研究机构代表围绕“深化中非民营经济合作”主题进行了深入探讨，发布《首批中国民营企业在非境外经贸合作区清单》，签署多个项目合作协议，聚焦产能合作、基础设施发展、医疗卫生健康产业合作等中非民营经济合作重点领域、新兴领域和非洲民生重大关切领域，举办三个平行论坛。论坛推动了中非民营企业深化合作，得到了外交部等部门、非洲总统代表团及与会代表的充分认可。中非民营经济合作高峰论坛已纳入《中非合作论坛——北京行动计划（2019—2021年）》。二是积极参与中国国际进口博览会。积极发挥工商联组织优势，努力做好中国国际进口博览会相关工作。各地工商联主动对接当地商务主管部门，广泛组织民营企业通过本地区采购团渠道参与采购活动，参与全球资源配置，提高企业国际化水平。三是组织企业代表参加上合组织工商论坛。围绕“深化区域经贸合作，实现共同繁荣发展”主题与来自上合组织8个成员国的企业代表进行探讨，深化了互利合作。

在丰富平台载体，为民营企业参与“一带一路”建设提供专业服务方面，紧扣非公经济领域特色，突出企业主体地位，为民营企业参与“一带一路”建设搭建顶层设计、政策宣讲、信息咨询、培训交流、金融、经贸合作交流等专业服务平台。一是依托推进“一带一路”建设工作领导小组和国务院“走出去”部际联席会议等国家级体制机制，参与国家“一带一路”建设顶层设计工作。2018年以来向“两大”机制提交重要文件修改意见21条，推荐企业参加重要活动2次，上报工作总结及工作进展9篇，我会提出的修改意见均得到有关部委采纳认可，相关工作得到肯定。2018年8月27日，组织9家民营企业参加中央召开的“一带一路”建设工作5周年座谈会，习近平总书记做重要讲话，徐乐江书记出席会议，李书福代表民营企业家发言。二是与国家发展改革委、商务部联合举办民营企业参与“一带一路”建设培训班。针对民营企业在“走出去”和参与“一带一路”建设过程中遇到的政策、信息、融资、税收、风险等突出问题，围绕宏观政策、实务操作、案例分析、风险管理等四大版块开展培训。三是深化与贸促会、中国银行战略合作，加强银企对接、政企对接。与贸促会签订框架性战略合作协议，共同组织高层出访工作，在促进经贸合作交流、拓展商事法律服务、提供高质量金融服务、加强信息共享、调查研究与培训合作等方面深化合作。与中国银行签订战略合作协议，搭建外向型企业与中国银行的直接对接渠道。四是搭建国际经贸合作平台，促进区域一体化。与有关方面共同主办中国-亚欧博览会、中国-东盟博览会、中国西部国际博览会、丝绸之路国际博览会、中部国际产能合作大会，与新疆维吾尔自治区人民政府共同举办第六届中国-亚欧博览会“一带一路”工商论坛，组织民营企业参与中国-南亚博览会，从政策咨询、信息交流和企业间洽谈等方面为企业提供了良好的互通机会，促进区域交流与合作。召开中国-东盟企业家联合会筹备圆桌会，推动成立中国-东盟企业家联合会，联合会将架起中国-东盟企业家联系沟通、合作共赢的跨区桥梁和互助平台。

在深化务实合作，充分发挥民间外交优势方面，充分发挥民间外交优势，高质量组织高层互访活动，“引进来”与“走出去”相结合开展国内外双向经贸交流活动，畅通了国内外信息沟通渠道，不断推动中外工商界人士交流对话、互利合作，为推动国家关系发展和实现“五通”铺路架桥。一是带领民营企业、商会走进东南亚、非洲、欧洲开展国际产能合作。组织民营企业随中央领导赴印尼、日本参加中国-印尼经贸论坛和中日韩经贸对话会活动，赴菲律宾、泰国、柬埔寨考察境外工业园区，参加大湄公河次区域第六次领导人峰会，深入土耳其、埃及、阿联酋、南非、毛里求斯、挪威、芬兰、匈牙利、比利时、美国等18个国家以及中国香港、中国澳门地区的政府部门、商会、企业等开展交流合作。全年在境外共举办各类经贸对接活动81场，参与人数达1500余人，在更高层次、更大平台上展示中国民营企业形象，讲好“中国故事”。还与泰国中华总商会、柬埔寨总商会、菲华商联总会、埃及商会联合会、毛里求斯工商会、匈牙利工商会、挪威工商会、香港贸易发展局、全港各区工商联等境外商协会及相关机构签署了合作备忘录，共同引导民营企业积极融入国家发展大局，抱团“走出去”开发第三方市场。二是与外国驻华使领馆、投促机构、商会合作在境内举办或组织企业参加投资推介会、经贸交流活动。与布基纳法索、毛里求斯、墨西哥、菲律宾、英国等国家的驻华使领馆、商会及中国港澳台商会举办或组织民营企业参加各类经贸交流活动21场，参与人数达650余人。

在规范经营行为，帮助民营企业防范化解境外风险方面，与国家有关部委和律师事务所、会计师事务所、保险机构、安保公司等各类专业服务机构合作，引导民营企业积极防范金融、法律、政策等风险，增强“走出去”的风险意识及防范化解境外风险的能力。一是与国家发展改革委、商务部、人民银行、外交部、联合制定下发《民营企业境外投资经营行为规范》。文件从完善经营管理体系、依法合规诚信经营、切实履行社会责任、注重资源环境保护、加强境外风险防控等五方面规范民营企业境外投资经营行为，成为规范民营企业境外投资经营行为的政策性指导文件。二是继续举办面对面交流活动。与外交部联合举办以“守法诚信经营、境外风险防范”为主题的“我驻外使领馆与民营企业面对面”交流活动，来自澳大利亚等9个国家的23位驻外使节参加，就开展国际合作交流、“走出去”遇到的签证难、信息缺乏、风险预警等问题进行了深入交流，提高了民营企业对外投资的针对性、可靠性。

在加强调查研究，搭建国际合作研究体系方面，以提高民营企业参与“一带一路”建设政策研究精准度和操作性为目标，加强与研究机构、商会、国际组织合作，深入开展调查研究，初步搭建了国际合作研究体系框架。一是与中联部、中国科学院、中国社会科学院、国务院发展研究中心、商务部国际贸易经济合作研究院等国家高端智库建立了务实联系并达成了合作意向，初步搭建了国际合作研究体系框架。通过课题委托、课题合作等方式，与联合国开发计划署、商务部国际贸易经济合作研究院等单位合作，完成了《中国民营企业“一带一路”可持续发展报告》等初步研究成果并将择机发布。二是成立全国工商联国际合作委员会，吸纳有能力、有影响力的学者和企业家参与，立足工商联实际和广大非公有制企业开展国际合作需求，开展调查研究，提供智力支撑。三是立足职能定位，坚持问题导向，深入开展调查研究。结合联系调研工作，先后赴广东组织开展民营经济发展情况调研、赴3家直属商会开展调研等，为向上级有关部门报送专题报告提供素材和重要参考。

在以粤港澳大湾区建设为重点，推动港澳工商界积极融入国家发展大局方面，以世界旅游经济论坛、“一带一路”高峰论坛、海峡论坛等为平台，引导海峡两岸及香港、澳门的企业参与“一带一路”、粤港澳大湾区建设，推动民营企业以港澳为支点开拓国际市场。一是加强与港澳政府部门、投促机构联系。加入香港贸发局牵头成立的“一带一路”国际联盟，组织民营企业家参加香港特别行政区政府举办的“一带一路”高峰论坛，与来自55个国家及地区的政府官员、研究机构及工商界人士分享“一带一路”的新发展、新机遇，就如何充分发挥香港优势，加强在“一带一路”建设各领域合作进行深入探讨。出席由澳门特别行政区政府主办的第七届世界旅游经济论坛，与来自欧盟28个成员国在内的不同国家和地区的部长级官员、业界领袖、专家学者及工商界人士探讨中国与欧盟双边关系的新动力及聚焦粤港澳大湾区合作，并首次与世界旅游经济论坛共同举办“中国企业看粤港澳大湾区”专题讨论环节，为内地民营企业依托港澳“走出去”参与“一带一路”和粤港澳大湾区建设搭建高端平台。二是加强与港澳工商界广泛交流与合作。全年共与13个港澳各阶层商会围绕国家所需，发挥香港所长，在商会建设等方面加强交流，为推进香港融入国家发展大局，为两地工商界优势互补、共同参与“一带一路”和粤港澳大湾区建设以及青年交流搭建更多平台等方面进行务实交流对接。三是深化内地与港澳台青年间的交流合作。圆满完成台生暑期实习工作。落实合作备忘录精神，与香港理工大学举行内地民营企业家和青年学生交流座谈会，探索找准合作契合点，为香港青年创新创业创造机会。推荐青年企业家在世界旅游经济论坛配套活动中交流发言，为内地与港澳台青年加强沟通交流搭建平台。

【参加大湄公河次区域经济合作第六次领导人会议及工商峰会】2018年3月29日至4月1日，中国民间商会副会长、红豆集团董事长周海江等中国企业家代表团一行13人赴越南河内参加大湄公河次区域（以下称“GMS”）经济合作第六次领导人会议及工商峰会。会议以“发挥25年合作成效，建设可持续、一体化和繁荣的GMS”为主题。期间代表团参加了GMS工商峰会的全部议程。国务委员兼外交部部长王毅代表中国致辞。越南总理阮春福、柬埔寨首相洪森、老挝总理通伦、缅甸副总统亨利班提育、泰国总理巴育、亚洲开发银行行长中尾武彦、世界银行常务副行长兼首席财务官若阿金·莱维分别在会上发言。周海江作了题为《推进“六化建设”，实现“八方共赢”》的发言。GMS各国领导人参加了闭门会议和GMS经济合作第六次领导人会议。会议通过了共同宣言、《2018—2022河内行动计划》和《2022区域投资框架》三项成果文件，其中《2022区域投资框架》规定了未来5年间的优先项目清单，包含227个投资和技术援助项目，总金额约660亿美元。王毅就GMS发展的一系列重大问题阐述中方立场主张，并同与会各国领导人深入交换意见，取得了积极成果。王毅还在GMS经济合作第六次领导人会议上发表了题为《携手书写次区域发展合作新篇章》的讲话。越南总理阮春福，柬埔寨首相洪森、老挝总理通伦、缅甸副总统亨利班提育、泰国总理巴育、亚洲开发银行行长中尾武彦、世界银行常务副行长兼首席财务官若阿金·莱维也分别在会上发言。柬埔寨商会主席、GMS工商理事会轮值主席陈丰明向六国领导人报告了开展的有关工作，并将轮值主席国职位移交至老挝国家工商会主席苏万那冯手中。

（于明晟）

【举办第四期“我驻外使领馆与民营企业面对面”交流活动】2018年4月24

日，全国工商联与外交部在海南联合举办了第四期“我驻外使领馆与民营企业面对面”交流活动。来自驻澳大利亚悉尼总领事（大使衔）顾小杰等9个国家的23位驻外使节，海南省政府相关部门、工商联、高校及走出去企业负责人共70余人参加。全国工商联联络部部长马君和海南省政府相关负责人出席活动并讲话。活动期间，海南省相关政府部门、民营企业代表分别就开展国际合作交流、“走出去”遇到的签证难、信息缺乏、风险预警等问题与外交官进行了深入交流，外交官结合驻在国基本情况和投资优势热情为民企走出去支招。外交官一行还调研了海航集团。

（冯秀梅）

【与中国贸促会签署战略合作框架协议】2018年5月3日，全国工商联与中国贸促会签署战略合作框架协议，就推动民营企业更好参与“一带一路”建设加强两会合作。中央统战部副部长，全国工商联党组书记、常务副主席徐乐江与中国贸促会会长姜增伟在签约前进行会谈，表示双方将发挥各自优势，为民营企业持续健康发展、参与“一带一路”建设提供更好的环境、搭建更多的平台。全国工商联副主席王永庆和中国贸促会副会长张伟代表两会签署合作协议。协议明确双方将在促进经贸合作交流，拓展商事法律服务，加强信息共享、调查研究与培训合作，推动地方及商会协作，建立沟通联络机制等五个方面深入合作。中国贸促会副会长尹宗华主持签署仪式，全国工商联和中国贸促会相关部门负责同志等参加签约仪式。

（王　彤）

【访问菲律宾、泰国、柬埔寨】应菲华商联总会、泰国中华总商会和柬埔寨发展理事会的邀请，以全国政协副主席、全国工商联主席高云龙为团长的全国工商联代表团，于2018年5月23日至6月1日圆满完成对菲律宾、泰国和柬埔寨三国的访问。

在柬期间，柬埔寨首相洪森会见了高云龙一行。洪森指出，柬中两国是铁杆盟友，建立了高度的政治互信，这是深化和扩大双边经贸合作的坚实基础，也是巨大优势。习近平主席提出的“一带一路”倡议不仅服务沿线国家，也服务全世界，柬埔寨是受益于此倡议的典范。柬埔寨和平建设20年来，坚定奉行开放政策，将继续营造良好的投资兴业环境，解决中资企业在柬投资遇到的问题，鼓励和支持更多的中国企业来柬投资。

高云龙表示，中柬两国领导人之间的高度政治互信、深厚的传统友谊和对国际地区事务的高度共识是中柬全面战略合作伙伴关系发展最重要的政治保障。随着中国的发展，对柬埔寨的支持力度会越来越大。他强调，习近平主席高度重视中国民营经济发展，各级党委和政府积极弘扬优秀企业家精神，努力营造良好营商环境，促进中国民营企业高质量发展。全国工商联积极引导在柬投资中国民营企业严格遵守柬埔寨法律法规，积极促进就业，保护生态环境，热心公益事业，为柬埔寨全面发展做出更多贡献，希望柬政府给予中资企业鼎力支持。

访问期间，高云龙会见了菲律宾众议长潘塔里昂·阿尔瓦雷斯、泰国立法议会第一副主席素拉猜·梁文叻猜、菲律宾贸工部副部长鲁道夫、菲律宾财政部长多明计斯，以及各国主流商协会负责人。他们对习近平主席提出的“一带一路”倡议给予高度评价，分别表示，菲律宾全面发展战略、泰国东部经济走廊战略、柬埔寨“四角”战略要与“一带一路”倡议加强对接，开展务实、互惠、共赢合作，共建人类命运共同体。三国企业都愿意积极参与“一带一路”建设，希望与中国企业优势互补，开展全方位、多层次的交流合作。高云龙强调，三国发展形势良好，潜力巨大，前景广阔，在能源、旅游、农业、基础设施等领域优势明显，必将成为企业投资合作的新亮点，中国企业参与双边合作要注重走共赢多赢的新路子。

访问期间，高云龙主席代表全国工商联分别与菲华商联总会、泰国中华总商会和柬埔寨总商会签署了两会“一带一路”合作备忘录，分别召开了中资企业座谈会，先后调研考察了华为菲律宾公司、罗勇工业园、富通光缆、红豆集团西哈努克港经济特区、中启控股集团在西港经济投资项目等。还拜会了我驻菲律宾、泰国、柬埔寨大使馆，并得到他们的积极支持与帮助。

（冯秀梅）

【举办民营企业参与“一带一路”建设培训班】2018年6月19日至20日，由全国工商联、国家发展改革委和商务部联合举办的第二期民营企业参与“一带一路”建设培训班在北京进行。培训旨在深入学习习近平新时代中国特色社会主义思想和十九大精神，引导民营企业充分利用两种资源、两个市场加快转型升级，切实增强民营企业政策获得感，同时为各地工商联开展国际合作搭建交流平台，提高服务民营企业参与“一带一路”建设水平，推动工商联系统国际合作工作的有效开展。全国工商联党组成员、副主席王永庆出席开班式并作重要讲话。来自全国31个省级工商联和13个副省级城市工商联负责同志，及全国各地的民营企业家约200人参加了此次会议。

（于明晟）

【出席第三届“一带一路”高峰论坛并访问】应香港贸易发展局邀请，中央统战部副部长，全国工商联党组书记、常务副主席徐乐江率全国工商联代表团于2018年6月26日至30日赴香港出席第三届“一带一路”高峰论坛并进行访问。

由香港特别行政区政府及香港贸易发展局共同主办的第三届“一带一路”高峰论坛于6月28日在港举行，来自55个国家及地区的政府官员、研究机构及工商界人士5000余人出席。与会人士围绕“全方位合作”主题分享了“一带一路”的新发展、新机遇，并就如何充分发挥香港优势，加强在“一带一路”建设各领域合作进行了深入探讨。全国工商联副主席、浙江吉利控股集团董事长李书福代表全国工商联在主论坛围绕“共商合作共拓商机：探讨‘一带一路’重点项目”进行了主题发言。此外，由香港贸易发展局发起成立的“一带一路”国际联盟在论坛前举行了圆桌会议及成立仪式，全国工商联副主席、武汉高德红外股份有限公司董事长黄立代表全国工商联出席并参与交流讨论。

在港期间，徐乐江一行走访了香港潮州商会、香港中华总商会等多家主流商会，并参访了香港理工大学。各方对改革开放40年来国家和内地民营企业取得的飞速发展表示钦佩，对习近平主席提出的“一带一路”倡议和粤港澳大湾区建设等国家发展战略充满憧憬，并对近年来国家在支持香港融入国家发展大局、全面推进内地同香港互利共赢方面给予的优惠政策表示感谢。纷纷表示积极抓住“一带一路”和粤港澳大湾区建设的发展机遇，与内地民营企业优势互补、“拼船出海”，实现合作共赢。

访问期间，徐乐江书记代表全国工商联分别与香港贸易发展局和全港各区工商联签署了合作备忘录，共同承诺以此为新起点，开展务实有效的合作，为两地企业加强合作融入国家发展大局，共同参与“一带一路”和粤港澳大湾区建设，抱团“走出去”开发第三方市场，积极参与全球经济治理和构建人类命运共同体服好务。此外，代表团考察了香港科学园、TCL集团在港公司、江河创建在港公司等。徐乐江对他们依托科技创新取得的长足发展表示赞赏。他表示，香港被国家定位为国际创科中心，在基础研究方面优势明显，内地市场广阔，技术开发和产业优势突出。全国工商联将充分发挥桥梁纽带作用，融合两地优势，推动实现共同发展。

访问期间，徐乐江书记还会见了中央人民政府驻香港特别行政区办公室主任王志民，看望了全国工商联港区执常委并与他们座谈交流，就充分发挥港区执常委作用，促进全联商会改革和自身建设，推动两地工商界共同参与“一带一路”和粤港澳大湾区建设等问题进行了交流探讨。

（冯秀梅）

【举办中国–布基纳法索经贸投资推介会】2018年9月2日，由全国工商联和布基纳法索卡博雷总统代表团联合举办，中国民营经济国际合作商会和布基纳法索工商会承办的中国–布基纳法索经贸投资推介会在京举行。布基纳法索总统卡博雷出席推介会，全国工商联副主席、中国民营经济国际合作商会会长、科瑞集团董事局主席郑跃文致辞，中布政府、投促机构和工商界代表约200人出席活动。

卡博雷表示，在同习近平主席的会面中，双方一致希望能够夯实两国关系，实现互利共赢。今天的推介会，可以让中国的企业更好地了解布基纳法索的商业环境和投资机会。希望中布两国的企业通过今天的会议，彼此建立起良好而紧密的合作关系。2日上午，布基纳法索设立了中国大使馆，将全力提供各种政策信息，让双方的希望和目标变为现实。他希望中国的企业能够优先投资布基纳法索国家社会经济计划的重点领域，同时，将中国在农业、工业产品加工、基础设施建设、通信行业等领域的丰富经验带给布方，使其真正享受到投资发展带来的好处。他表示，随着中布建交，两国关系会更加牢固，相信中布之间的明天会更美好。

郑跃文表示，“一带一路”倡议提出5年来，中非全面战略合作伙伴关系的发展势头越来越好，中非友好合作大家庭的成员越来越多。今天，布基纳法索向中国敞开经贸合作的大门，双方将在机会均等、合作共赢的基础上推动经贸发展，给人民带来福祉。长期以来，全国工商联致力于搭建国际经贸交流协作平台，同世界上100多个国家和地区的400多个组织、机构、商会建立了广泛联系和友好合作。全国工商联愿意继续发挥桥梁纽带作用，深化与布基纳法索有关机构的务实合作，也希望布基纳法索继续给予中国民营企业支持和帮助，实现共同发展。

推介会上，布方工商会主席、工商与手工业部长、投资署代表，分别介绍了布基纳法索包括行政机构改革、发展私营经济、创造就业在内的“2016—2020国家社会经济计划”，布方工商会为私营经济发展所做的工作，以及布基纳法索投资环境的十大优势与重点领域投资机会。他们一致认为，目前是中布双方经贸发展的重要阶段和重要契机，布方将更加重视与中国企业的合作共赢，提供更好的政府服务，创造更好的投资环境，夯实两国的经济联系。

推介会最后的问答环节，布基纳法索各政府部门回答了10家中国企业涵盖金融、航空、新能源等领域关于投资环境、优惠政策、股权、投资风险的问题。

（冯秀梅）

【举办中国民营企业与毛里求斯代表团座谈会】2018年9月3日，由全国工商联主办，北京市工商联和毛里求斯经济发展局共同承办的中国民营企业与毛里求斯代表团座谈会在京举行。毛里求斯总理贾格纳特、全国工商联副主席王永庆出席座谈会并致辞，中国驻毛里求斯大使孙功谊出席座谈会，北京市政协副主席、北京市工商联主席燕瑛主持会议。

贾格纳特表示，习近平主席访问毛里求斯对两国积极开展互利合作具有巨大的推动作用。中国是毛里求斯最友好的合作伙伴之一。自1972年建交以来，两国友谊不断深化，毛方也一直致力于加强毛中关系和非中关系发展。同时，中国也是毛里求斯最大的贸易伙伴国和进口来源国，两国贸易投资合作规模逐年上升。在基础设施建设、金融合作以及文化交流等领域，中毛两国合作也取得了丰硕成果。感谢中方多年来在基础设施、融资等领域给予毛方的支持和帮助，助力毛经济社会转型。此次座谈会将把毛中之间的经济合作推向前所未有的高度。毛里求斯已成为极具吸引力的投资之地，是非洲最具发展潜力的国家之一。近年来，毛致力于提高商业生态系统竞争力，在人工智能、制造业、金融服务业、区块链等领域均有良好表现，已成为中非跨境投资的重要金融服务中心。希望中国民营企业更多看到毛里求斯的优势与机会，并参与到毛与周边非洲国家的合作建设中。

王永庆表示，毛里求斯有丰富的海洋和旅游资源，经济快速发展，是非洲小岛屿发展中国家的典范。特别是近年来，在贾格纳特总理“转型之旅”战略驱动下，通过创新、科技、基础设施建设、人才培训等，正推动毛里求斯逐步向高收入国家转型，成为非洲国家中竞争力最强的国家。贾格纳特此次专程出席中非合作论坛北京峰会，与中国领导人共商新时代中非合作大计，将有力促进中毛在各领域合作，更好造福两国和两国人民。他说，“一带一路”倡议提出5年来，合作成果丰硕，中国已与88个国家和国际组织签署了103份合作文件。当前，中国民营企业在非投资意愿不断增强。全国工商联愿意继续发挥桥梁纽带作用，为民营企业赴毛投资兴业搭建更多更高质量的平台。也希望中毛两国在促进两国企业在更高质量更高水平上合作，实现互利共赢、共同发展，携手为两国人民带来实实在在的利益，推动构建更加紧密的中非命运共同体。

座谈会上，91科技集团等8位企业代表就对毛投资意向作发言。毛方代表介绍了毛里求斯投资优势。双方嘉宾围绕各自感兴趣的领域及话题进一步互动交流。

毛里求斯政府有关部门、中国驻毛里求斯大使馆、全国工商联、北京市工商联有关部门人员参加座谈会。

（冯秀梅）

【出席世界华商大会第七次顾问委员会会议】2018年10月5日，世界华商大会第七次顾问委员会会议在韩国釜山举行。我会联络部调研员李圣汉和中国民营经济国际合作商会常务副会长王燕国代表我会前往出席。

此次会议由韩国中华总商会主办，我会及香港地区、新加坡、泰国、加拿大、澳大利亚、马来西亚、韩国、日本、菲律宾、印尼、缅甸的中华总商会会长及相关人员100多人参加会议。会议由新加坡中华总商会秘书长吕正扬主持，简要总结了前几届世界华商大会举办情况，对今后世界华商大会举办提出意见建议，回应了世界华商大会第六次顾问委员会会议重要提案，并简要通报了2019年第十五届世界华商大会筹备情况。

（李圣汉）

【访问土耳其、埃及、阿联酋】应土耳其工商企业家协会、埃及商会联合会和阿联酋联邦商会的邀请，全国工商联党组成员、副主席李兆前率全国工商联代表团于2018年10月11日至20日访问土耳其、埃及和阿联酋三国。

访问期间，李兆前分别会见了土耳其伊斯坦布尔省副省长伊斯梅尔·居尔特金，埃及国际合作部副部长、埃及投资和自由区总局局长阿西姆，阿联酋经济部次长阿卜杜拉·萨利赫等，就加强双边经贸合作、工业园区建设、产业对接事宜进行交流探讨。分别拜会了中国驻三国使领馆，深入了解驻在国投资政策环境和领事保护情况；调研了中国-埃及苏伊士经贸合作区、中国-阿联酋“一带一路”产能合作园区及部分企业，与中国-土耳其战略研究基金会、埃及中国文化交流协会、埃及中国贸易中心、阿联酋湖南商会、阿联酋广东商会等华人华侨商会代表进行了座谈交流；在三国分别召开了中资企业座谈会，深入了解企业的生产经营情况、融入当地社会的经验、遇到的主要问题，以及大家对中国企业“走出去”及参与“一带一路”建设的意见建议。

此次出访，也达成了一些初步成果：

一是与三国主流商会建立并重启合作关系。此访建立了与埃及商会联合会、阿联酋联邦商会、迪拜工商会联系，与埃及商会联合会共同举办了中埃工商论坛并签订合作备忘录。代表团还就全国工商联与土耳其工商企业家协会重启中土合作论坛事宜达成了初步意向。

二是与三国华侨华人商会建立了工作联系。为下一步引导服务民营企业与土耳其、埃及和阿联酋企业开展投资合作拓展信息渠道，可以充分发挥当地侨商、侨领的独特优势，帮助民营企业融入当地市场，同时鼓励和引导在外侨商带动当地企业回国发展，促进国内经济建设和提高对外开放水平。

三是达成一些初步投资意向。山西蓝海国际汽配城拟以全国工商联汽摩配商会会长单位的身份，组织汽车后市场龙头企业深度考察在阿联酋投资建设汽配城项目；晶珠藏药集团拟在土耳其开设中医馆，在国际市场提升中医药国际竞争力，也希望联合龙腾经合联盟企业在三国投资建设中国商业城和中国工业园，实现产业集聚发展；安徽六安钢铁控股集团拟利用中国与埃及产业结构和工业化水平等方面互补优势，开展钢铁产能合作与投资；北京华远卫士保安服务有限公司拟与中国-埃及苏伊士经贸合作区、中国-阿联酋“一带一路”产能合作园区加强合作，为入园企业制定精准的发展方案，提供符合所在国标准的安保服务；苏州奥林特投资有限公司拟借助埃及的棉花市场和人力、资金、交通方面的优势，在埃及设立工厂。

（王　彤）

【出席第七届世界旅游经济论坛并访问】应第七届世界旅游经济论坛组委会邀请，全国政协副主席、全国工商联主席高云龙于2018年10月22日至24日赴澳门出席世界旅游经济论坛并访问。

本届论坛以“新时代战略伙伴、新动力互利共赢”为主题，由澳门特别行政区政府社会文化司主办，文化和旅游部、全国工商联等为支持单位，全国工商联旅游业商会、世界旅游经济研究中心、联合国世界旅游组织为合作单位。全国政协副主席、全国工商联主席高云龙出席开幕式并致辞。论坛重点探讨中国与欧盟双边关系的新动力及聚焦粤港澳大湾区合作，来自欧盟28个成员国在内的不同国家和地区的部长级官员、业界领袖、专家学者1500余人出席论坛。

高云龙在开幕致辞中指出，面对世界旅游发展迈上新台阶的发展机遇和前景应抓住“三大机遇”：一是智能化科技革命带来的经济大变局的机遇。互联网、信息化时代将使人们的旅游交往更加自由便利，使国际旅游业成为世界上增长最快的产业之一。应当把握旅游业发展新趋势，改革开放、科技引领、实现互利共赢，为构建开放型世界经济格局做出贡献，为全球范围内旅游业的健康稳定发展营造良好环境。二是中国进一步深化改革和扩大开放的机遇。习近平主席在博鳌亚洲论坛上向全世界宣示了中国进一步扩大开放的重大举措，在旅游消费不断向产业化、个性化、多元化升级发展的今天，中国改革开放的不断深化必将为世界旅游业的发展带来重大利好和机遇。三是“一带一路”和粤港澳大湾区建设的机遇。中国同“一带一路”沿线国家和地区共商、共建、共享全方位合作的深入推进，将为旅游产业的发展创造巨大空间。粤港澳大湾区未来将成为更具全球竞争活力的经济区、宜居宜业宜游的优质生活圈，是澳门融入国家发展大局、高水平参与“一带一路”建设和国际经济合作的大舞台。

全国工商联首次与世界旅游经济论坛共同举办“中国企业看粤港澳大湾区”专题讨论环节，四位内地民营企业家参与就粤港澳大湾区建设对旅游经济发展带来的机遇以及如何顺势发展的讨论。

在澳期间，高云龙主席拜访了全国政协副主席、世界旅游经济论坛大会主席何厚铧；拜会了澳门中联办、澳门投资贸易促进局、澳门中华总商会、澳门山东商会，召开了全国工商联澳门执常委座谈会，深入了解了澳门建设世界旅游休闲中心、中国与葡语国家商贸服务平台、促进经济适度多元发展的成果，了解了境外异地商会发展状况，密切了与澳门工商界联系，探讨建立合作机制，共同服务两地企业，携手开发葡语系国家市场，积极参与“一带一路”和粤港澳大湾区建设。

（宗　君）

【访问南非、毛里求斯】应南非工商会和毛里求斯工商会的邀请，以全国工商联副主席王永庆同志为团长的全国工商联代表团，于2018年10月23日至31日圆满完成对南非和毛里求斯的访问。本次出访旨在落实中非合作论坛北京峰会提出的各项倡议，引导服务民营企业参与“一带一路”建设，加强与到访国政府机构和商会的交流与合作，了解到访国投资环境及境外工业园区和中资企业在海外投资的现状及困难，总结推广民营企业在海外投资的成功经验，进一步为民营企业“走出去”搭建沟通桥梁与服务平台。

访毛期间，毛里求斯总理贾格纳特会见了王永庆同志一行。双方就两国经贸发展状况及未来合作发展方向进行了深入交流。贾格纳特指出，毛里求斯社会稳定，法制健全，是非洲的金融离岸中心，总体来看投资环境良好，经贸交流十分活跃。两国即将签署自由贸易协定，相信会为双边经贸关系发展注入新的活力，同时也欢迎有更多的中国企业家能够赴毛投资兴业。王永庆表示，近年来，中国企业特别是民营企业“走出去”的势头很好，毛里求斯具有独特的区位优势，是联系非洲的门户和桥梁，双方具有巨大的合作空间和潜力，全国工商联愿意在引导和服务中国民营企业家赴毛投资方面发挥应有作用。

访问期间，王永庆同志一行还会见了毛里求斯经济发展局CEO弗兰克斯·吉尔伯特，毛里求斯工商会执行秘书长巴伦·皮雷，毛里求斯国家商业银行主席李基昌等，深入了解到访国为投资企业提供的政策扶持、金融中介服务等方面情况。与毛里求斯工商会签署合作备忘录，共同承诺将在加强经济贸易合作方面发挥各自作用，为企业交流合作搭建平台。召开了中资企业座谈会，调研考察了海信南非工业园区、晋非经贸合作区、亨通集团阿伯代尔公司、四达时代南非有限公司、华为技术毛里求斯有限公司、中国银行（毛里求斯）有限公司等，了解了有关园区企业的发展现状及扎根当地的成功经验。拜访中国驻南非和毛里求斯大使馆、中国驻开普敦和约翰内斯堡总领馆，就企业赴当地发展应如何规避风险，如何为民营企业走出去创造更加良好的环境和条件进行了深入交流和探讨。

（石　崇）

【访问芬兰、挪威、匈牙利】应芬兰国家商务促进局、挪威工商会和匈牙利工商会邀请，以全国工商联副主席樊友山同志为团长的全国工商联代表团，于2018年11月8日至17日圆满完成对芬兰、挪威和匈牙利的访问。本次出访旨在落实两国间高层互访成果；加深与到访国相关政府机构和商会组织的联系；调研民营企业参与“一带一路”建设情况，总结推广民营企业在海外投资的成功经验；推动青年企业家与到访国的交流合作。

访问期间，樊友山同志一行会见了芬兰就业与经济部副国务卿佩特里、芬兰中央商会副会长提莫、芬兰赫尔辛基市商务厅厅长玛雅丽娜、挪威工商会执行会长阿尔米德、匈牙利外交与对外经济部副国务卿伊斯特凡、匈牙利农业部副部长法卡斯、匈牙利工商会会长拉斯泽洛等，深入了解到访国营商环境、投资政策、优势产业发展、政府配套服务等方面的情况。与挪威工商会、匈牙利工商会签署合作备忘录，推动双方在“一带一路”框架下建立长期友好合作机制，发挥商会优势，为企业务实交流合作搭建平台。拜访中国驻芬兰、挪威和匈牙利大使馆，就民营企业赴当地发展应如何规避风险，如何为民营企业走出去创造更加良好的环境和条件进行了深入交流和探讨。在三国召开了中资企业座谈会，调研考察了芬兰雅威科技、华为挪威分公司、匈牙利中欧商贸物流合作园区、岐黄中医药中心、彩讯电器（欧洲）等企业和园区，总结归纳有关企业和园区结合当地特点发展的实际情况和成功经验。

全国工商联副主席、上海微创医疗器械集团董事长常兆华参加上述活动。

（郝剑东）

【出席香港中华总商会第51届会董就职典礼并访问】应香港中华总商会邀请，全国工商联党组成员、副主席王永庆同志等一行5人，于2018年11月29日至12月1日赴港出席活动并进行访问。

在港期间，王永庆同志出席了香港中华总商会第51届会董就职典礼，与香港特首林郑月娥等共同主礼。访问期间，拜会了香港中联办，与香港中华总商会、香港雇主联合会和香港华人会计师公会等工商社团进行工作座谈，调研了香港山东商会联合总会和香港湖南联谊总会等境外异地商会，广泛宣传了党的十九大精神和习近平总书记系列重要讲话精神，介绍了全国工商联服务民营经济发展的重点工作和中央赋予工商联的新任务、新使命，并鼓励香港工商界主动融入国家发展大局，抓住新的发展机遇，积极参与“一带一路”和粤港澳大湾区建设，在实现企业自身高质量发展的同时，也为两地经济发展做出更多的贡献。

（李圣汉）

【与中国银行签署战略合作协议】为加强与金融机构的务实合作，健全完善工作机制，搭建银企对接平台，2018年12月12日，在全国工商联推进境外工业园区建设大会上，全国工商联副主席王永庆和中国银行行长刘连舸代表两家单位签署战略合作协议，全国政协副主席、全国工商联主席高云龙与中国银行董事长陈四清见证签约，协议约定双方将在业务交流和培训、支持境外经贸合作区转型升级、联合开展跨境撮合对接会、帮助民营企业“走出去”等方面开展合作。

（王　彤）

【召开境外园区建设大会】2018年12月12日下午，全国工商联召开推进境外工业园区建设大会。全国政协副主席，全国工商联主席高云龙，商务部部长助理李成钢，中国银行董事长陈四清出席会议并讲话，全国工商联党组成员、副主席王永庆主持会议。中央统战部、外交部、国家发展改革委、中国贸促会有关单位负责人出席会议并讲话。西哈努克港经济特区、泰中罗勇工业园、东方工业园作为园区代表，华坚集团、上海奥威科技开发有限公司作为入园企业代表，江苏省工商联作为省级工商联代表作交流发言。高云龙在讲话中要求各级工商联、直属商会和民营企业要认真学习贯彻落实习近平总书记重要讲话精神，充分认识境外工业园区在民营企业高质量“走出去”参与“一带一路”建设中的重要意义，从服务国家战略大局出发，积极引导服务有条件、有实力、有准备的民营企业助力境外工业园区建设，有序参与“一带一路”建设；广大参与园区建设或入园发展的民营企业要坚持新发展理念，采取切实有效措施，积极推进自身的转型升级，实现高质量“走出去”。他希望各有关单位在今后能从服务国家“一带一路”倡议的高度出发，进一步支持民营企业高质量“走出去”参与“一带一路”建设，加强政策扶持力度，促进境外工业园区建设，支持民营企业扩大对沿线国家的经贸合作，特别是优先解决境外工业园区以及入园民营企业在“走出去”过程中融资难、融资贵甚至融不到资问题，逐步降低融资成本。中央统战部四局、全国工商联国际合作委员会、中国银行、境外工业园区、入园企业、全国工商联机关、各省级工商联及民营企业代表共200余人参加此次会议。

（许　聪）

【联合下发《企业境外经营合规管理指引》】2018年12月28日，全国工商联与国家发展改革委、外交部、商务部、人民银行、国资委、外管局联合制定下发《企业境外经营合规管理指引》，明确了合规的基本范畴、管理框架和管理原则。从合规管理要求、合规管理架构、合规管理制度、合规管理运行机制、合规风险识别、评估与处置、合规评审与改进、合规文化建设等几个方面提出了要求。从完善经营管理体系、依法合规诚信经营、切实履行社会责任、注重资源环境保护、加强境外风险防控等五方面规范民营企业境外投资经营行为。

（于明晟）

组织建设

【综　述】2018年工商联组织建设工作紧紧围绕全面深化改革和“四会”建设要求，以推动所属改革发展为突破口，创新工作方式方法，推动组织和工作全面有效覆盖，会员和组织发展取得积极进展。

一、推动组织和工作全面有效覆盖

一是积极推动所属商会改革取得重要突破。2018年6月25日，中共中央办公厅、国务院办公厅正式印发《关于促进工商联所属商会改革和发展的实施意见》（厅字〔2018〕30号，以下简称《实施意见》）。7月25日，中央统战部、全国工商联召开贯彻落实《实施意见》工作电视电话会议，尤权部长、高云龙主席作了重要讲话，贯彻落实《实施意见》工作全面启动。全国工商联制定印发了《实施意见》任务分解方案，组织开展部分改革重点任务推进试点工作和工商联所属商会改革发展大调研。大力推进“四好”商会建设工作，制定下发了《关于印发<全国工商联2018年“四好”商会建设工作实施方案>的通知》，组织开展“四好”商会认定工作。按照“四好”商会建设标准，进一步加强直属商会领导班子建设和规范化建设，加强对商会负责人和秘书处工作人员的培训力度。

二是着力形成工商联组织体系化建设方案。2018年10月29日至31日召开全国工商联组织工作会议，徐乐江书记作了重要讲话，总结了前一阶段工商联组织建设工作的主要成效，明确今后一个时期组织建设的思路和目标任务，提出了工商联组织体系化建设工作的工作要求。会议期间，成立了由50人组成的全国工商联组织委员会，套开了“五好”县级工商联建设经验交流会，对各地“五好”县级工商联建设工作做了交流。按照会议精神，研究制定了《工商联组织建设工作五年规划（2018—2022）》，围绕完善组织体系、优化组织构成、创新运行机制、加强队伍建设、促进发挥作用五个方面提出了具体举措。研究出台了《中国工商业联合会全国代表大会代表任期制实施办法》《关于更好发挥全国工商联企业家副主席、副会长、执委作用的若干意见（试行）》等配套文件，分别制定对省级工商联工作、直属商会和企业家副主席、副会长、执委履职情况的评价办法，创新形成以评价为抓手的工作指导机制，组织建设从点上着力、补足短板进入到体系化建设的新阶段。

三是大力推进组织建设工作的有效创新。牵头做好会领导联系地方工商联和所属商会的协调组织工作，印发《关于全国工商联领导联系地方工商联和所属商会的实施意见（试行）》，认真分析总结联系调研工作进展成效和问题，取得了“认门、认人、认事”、宣贯党的方针政策、重点课题调研、促进区域经济发展和精准扶贫等预期成效。成立全国工商联青年企业家委员会，邀请具有一定影响力和代表性的二代企业家、“大众创业、万众创新”涌现出来的青年企业家和各地青商会、青委会负责人进入专委会。举办首届全国青年企业家峰会，邀请政府官员、知名学者、企业家就“新时代青年企业家的责任与担当”主题进行演讲。围绕“民营企业发展40年”“乡村振兴”等主题共举办了8期“德胜门大讲堂”，林毅夫、南存辉、杨伟民、朱民等50余位知名专家、企业家和多位政府官员登台主讲，高云龙主席、徐乐江书记等会领导多次参会，2000余位企业、商会等各界朋友与会听讲，部分地方工商联、商会的同志专程参加。围绕“砥砺奋进的五年”“一带一路生力军”等主题举办了4期“两个健康”交流展示平台，全国政协主席汪洋同志、全国政协副主席万钢同志等1400余人观展，大力宣传了民营企业积极参与国家重大战略的优秀典型。与亚布力中国企业家论坛共同商议，建立了《全国工商联和亚布力中国企业家论坛联系工作制度》，探索与中国企业家俱乐部、正和岛等影响力较大的企业家自组织开展联系，加强交流合作。组织直属商会积极参与消费扶贫，指导商会创新服务对接工作，探索合作帮扶模式，组织开展了甘南、迪庆“特色产业帮扶项目”考察对接活动。

二、会员发展情况

截至2018年年底，全国工商联共有会员4737211个，比2017年三季度末的上期数据（因召开工商联十二大工作需要，上期统计提前至2017年三季度末）减少48434个，减少1.0%。其中，企业会员2842799个，占60.0%；团体会员63077个，占1.3%；个人会员1831335个，占38.7%（其中个体工商户1409382个，原工商业者22355个）。在全体会员中，县及县以下工商联会员2071856个，占43.7%。本期统计会员总数略有减少，主要是个人会员特别是个体工商户会员数量降幅较大所致。团体会员保持平稳发展，企业会员发展明显加快，会员结构呈现优化态势。

从企业会员发展情况看，2018年年底企业会员比上期增加144166个，增长5.3%，增速较上期增速3.6%，提高1.7个百分点，企业会员占比从上期的56.4%提升至60.0%。根据国家工商总局统计，截至2018年年底，全国共有市场主体1.1亿户，其中企业3474.2万户，比2017年三季度末增加427.1万户，增长14.0%，增速保持稳定；工商联企业会员占全国企业总数的比例为8.2%，较上期统计下降0.7个百分点。

从团体会员、个人会员发展情况看，均有不同程度减少。2018年年底团体会员比上期减少162个，减少0.3%；个人会员比上期减少192438个，减少9.5%，其中，个体工商户216766个，减少13.3%。这一数据变化主要是因为各地工商联按照会员制改革精神和商会改革发展要求，对失去代表性和工作联系的会员进行了清理，数据变动反映工作实际和阶段性进展。

从会员地域分布情况看，会员数量位居前五位的是广东（382814个）、江苏（348020个）、辽宁（304794个）、浙江（289315个）和河南（278292个）。企业会员数量位居前五位的是广东（344960个）、江苏（293763个）、浙江（238265个）、辽宁（225458个）、山东（164448个）。

下一步，要不断创新工作方式方法，加大会员发展力度。特别是市、县级工商联和所属商会要广泛吸收本区域、本领域企业入会，不以资产规模和个人财富设置入会门槛。注重吸收年轻一代非公有制经济人士，发挥工商联执委推荐联系会员、工商联会员联系更多非公有制经济人士的作用，进一步扩大会员覆盖面。要深化会员制改革，推动会员素质全面提升，会员意识全面增强，会员数量持续增长，会员作用充分发挥，形成全国、省、市、县四级工商联分级管理，重点行业有效覆盖，

大中小微企业统筹兼顾的会员结构，实现会员发展、管理、服务和作用发挥规范有序，工作机制健全完备的工商联会员工作新格局

三、工商联组织发展情况

截至2018年年底，全国共有县级以上工商联组织3416个，比2017年三季度末增加5个。其中，地级工商联组织333个，占地级行政区划总数的99.7%；县级工商联组织2839个，占县级行政区划总数的99.6%；其他188个，包括未列入国家行政区划的经济开发区、管理区、经济试验区以及新疆生产建设兵团团场工商联147个；此外，另有不列入行政区划的新疆生产建设兵团师级工商联组织14个、县级市工商联组织9个。2017年三季度末至2018年年底，由于地域区划调整合并，一些工商联组织出现了增减变化。已有28个省级行政区实现了县以上工商联组织全覆盖。全国有海南的1个地级市，海南、新疆的12个县级行政区未成立工商联。

建设覆盖面广、坚强有效、充满活力的工商联组织体系，是新时代工商联组织工作的重点，各地工商联要按照组织体系化建设水平全面提升，组织和工作覆盖面不断扩大网格化工作格局逐步形成，组织力、影响力全面提升的目标推进工商联组织建设。要按照应建尽建原则，健全工商联地方组织，强化指导联系，推动地市、县级工商联按照当地党委、政府的决策部署开展工作，同时结合全国工商联工作部署，将工作规划计划与全国工商联规划计划勾稽嵌套，形成联动协同的工作体系。

四、商会组织发展情况

截至2018年年底，各级工商联所属商会共有48916个，比2017年三季度末增加3110个，增长6.8%。其中，行业商会14726个，增加649个，增长4.7%；乡镇商会17770个，增加659个，增长3.9%；街道商会4456个，增加150个，增长3.5%；异地商会7628个，增加829个，增长12.2%；其他（含市场、园区、楼宇、村）商会4336个，增加823个，增长23.4%。各类型商会分布情况是，行业商会占商会总数的30.1%，乡镇商会占36.3%，街道商会占9.1%，异地商会占15.6%，市场商会等其他类型商会占8.9%。

与上期数据相比，绝大部分地区工商联所属商会数量都有所增加，其中，江苏、广东、湖南、陕西等地工商联所属商会数量增加相对较多，这与各地工商联贯彻落实中办、国办印发的《关于促进工商联所属商会改革和发展的实施意见》（厅字〔2018〕30号文件）精神，推动工商联所属商会改革发展，加强对所属商会的指导、引导、服务密不可分。各地要按照厅字〔2018〕30号文件精神，针对重点难点问题研究提出新思路、新举措，切实推动统战工作向商会组织有效覆盖。要落实全国工商联组织工作会议对商会建设提出的新要求，大力发展所属商会组织，担负起指导、引导、服务职责，进一步夯实工商联组织基础，实现工商联凝聚力、影响力、执行力不断提升。

（王子萱　张　越）

【推进工商联会员制改革】为贯彻落实习近平总书记关于工商联及所属商会建设的重要指示精神，全面深化工商联改革，在2018工商联十二大上，对于《中国工商业联合会章程》中有关会员制的相关内容进行了调整，并在《全国工商联深化改革总体方案》进一步提出了“全国工商联和省级工商联只发展团体会员，不再保留企业会员和个人会员”的改革任务。据此，自2018年5月开始着手研究制定会员制改革文件，推动工商联会员制改革。先后在北京、天津、河北、广东等地开展相

关调研，深入了解当前会员发展实际，根据改革要求并结合会员工作实际，起草了《关于加强和改进工商联会员工作的意见》（以下简称《意见》）。在全国工商联组织工作会议上听取意见建议并进一步完善后，又分别征求部分组织委员会委员、机关各部门和各直属商会的意见，经主席办公会议审议同意。

制定《意见》，是落实《全国工商联深化改革总体方案》的一项重要举措，在起草过程中，着重把握以下几点：一是把握改革的关键。通过改革，破除阻碍发展管理会员的体制机制壁垒，明确工商联工作是面向广大非公有制企业和非公有制经济人士，根本目的在于团结凝聚广大非公有制经济人士坚定不移听党话、跟党走，不断巩固和扩大党执政的群众基础和社会基础，为推进新时代中国特色社会主义伟大事业凝聚更广泛力量。二是注重发挥工商联组织的系统优势。面对新形势、新任务、新要求，对会员工作要有新定位、新思路、新模式，形成工商联组织横纵交织的网格化工作格局，通过规范会员发展、管理和服务，打造一支信念坚定、素质优良，结构合理、覆盖面广，联系紧密、作用突出的会员队伍。三是力求解决工商联会员发展管理的理论与实践问题。如破除会员入会门槛，避免贵族化倾向；将商会作为发展会员的主要渠道；强化工商联会员意识，有效发展管理会员，充分发挥会员作用等。

《意见》对几个关键性问题作了明确。一是要求各级工商联和商会组织做好全国和省级工商联直属企业、个人会员承接工作，并与“会员组织发展五年规划”有机结合起来，做到逐步过渡、分步实施，有序疏解、妥善安置，保证会员发展管理不断规范，覆盖面不断扩大，会员作用得以充分发挥。二是充分发挥商会作用。明确了商会会员也是工商联会员，强调以“四好”商会建设为工作抓手，加强工商联指导引导服务，大力组建商会组织，规范商会运行方式，改进商会管理服务，健全商会治理体系，增强商会吸引力、影响力、竞争力，通过商会更广泛联系会员，不断扩大会员覆盖面。

（邹丹丹）

【制定《全国工商联和亚布力中国企业家论坛联系工作制度》】亚布力中国企业家论坛成立于2001年，聚集了一批知名度高、影响力大的企业家，在助推地方经济发展、弘扬企业家精神、反映问题诉求、引导企业抱团发展等方面发挥了积极作用，是一个具有较强社会影响力的企业家自组织。为进一步加强与亚布力中国企业家论坛的联系，引导其健康发展，并探索我会联系企业家自组织的有效途径，在前期充分协商的基础上，全国工商联与亚布力企业家论坛签订了《全国工商联和亚布力中国企业家论坛联系工作制度》。

该制度包含六个方面的内容：一是互换信息资料；二是相互参加活动；三是及时通报双方重大事项，全国工商联每年的工作要点、重要会议活动安排向亚布力论坛通报，亚布力中国企业家论坛的年会、夏季高峰会等重要会议活动的主题、内容和受邀嘉宾等提前与全国工商联沟通；四是全国工商联参与协商确定亚布力中国企业家论坛名誉主席人选和轮值主席人选；五是协同开展智库建设、专业性论坛等；六是确定联系部门，全国工商联会员部和亚布力论坛秘书处分别作为双方联系工作的具体承办部门。

（马　澄）

【召开全国工商联直属商会会长联席会议】2018年7月6日，全国工商联直属商会会长联席会议在甘肃省兰州市召开。全国工商联党组副书记、副主席樊友山出席并作重要讲话，甘肃省委常委、统战部部长马廷礼出席会议并致辞。

樊友山指出，工商联所属商会作为工商联的基层组织和工作依托，肩负着特殊的政治责任和政治使命，其自身建设富有重要战略意义，事关国家战略实施、党的建设、国家社会治理体系建设及经济社会发展等方方面面。广大商会会长、秘书长要深刻认识新时期商会建设的重要意义，不辜负党中央的期望，不辜负会员企业的期盼。樊友山强调，全国工商联31家直属商会要以标杆、模范的标准认真落实“四会”要求，通过“扩面、扩量、扩容、提质”，完成好党中央赋予工商联促进“两个健康”的政治任务。一是按照政治建会要求，切实抓好政治引领。二是按照团结立会要求，营造和谐向上的氛围。通过“扩面、扩量”，团结更多企业会员，加强商会的专委会建设。三是按照服务兴会要求，创新服务方式，提高服务水平。四是按照改革强会的要求，抓好商会自身改革发展。

会上，樊友山按照中央下发的《关于打赢脱贫攻坚战三年行动的指导意见》主要精神，对直属商会积极投身脱贫攻坚战作出具体部署。全国工商联31个直属商会与甘肃省23个深度贫困县共签订40份对口帮扶脱贫攻坚协议。

（马　澄）

【举办两期西藏自治区县级工商联干部培训班】按照《全国工商联2018年“五好”县级工商联建设工作实施方案》和《关于印发全国工商联2018年会议、培训计划的通知》的有关安排，全国工商联会员部于2018年6月和8月分别在合肥市和呼和浩特市举办两期培训班，对西藏自治区县级工商联主席、党组书记进行了培训。每期培训班为期5天，两期培训班共培训西藏自治区71个县级工商联的主席、党组书记77名，实现了培训的全覆盖。换届后新任的36名县级工商联主席、书记均参加了培训。学员中县级工商联主席75名，党组书记2名；藏族干部60名，汉族干部17名；来自贫困县的干部60名。培训充分运用经验介绍、案例分析、情景座谈、学员研讨、实地考察等形式进行教学，授课和讲解人员中有党校知名教授、会员部负责同志以及全国“五好”县级工商联主席、书记，还有优秀商会和知名企业的负责人。培训内容紧扣学员们关心关注的问题，既有宏观层面对形势任务的分析介绍，又有微观层面、极具针对性和操作性的工作讲解；既讲授工商联改革和发展历程、县级工商联全局现状，又帮助学员们了解组织建设经验措施和优秀县级工商联的工作实务。同时，还特别安排信息中心的同志专门围绕网上工商联和数据库建设进行授课。

参训的学员们表示，通过培训深入了解了工商联发展和改革的历史，对工商联作用的理解更加清晰，对新时代工商联发展方向和目标更加明确，对加快推进工商联各项改革任务认识更加到位。进一步激发了基层工商联干部履职尽责的工作热情，增强了干好工商联工作的动力。

（邹丹丹）

【举办全国工商联会员组织统计工作暨省级工商联系统管理员培训班】2018年8月1日至3日，全国工商联在北京举办会员组织统计工作暨省级工商联系统管理员培训班。会议总结了近两年会员组织统计工作情况，就新版会员组织管理系统使用进行专题培训，认真部署落实“网上工商联”信息系统分级管理体系和全国工商联会员和组织发展情况数据统计工作。全国32家省级工商联会员组织统计工作的负责同志、“网上工商联”系统管理员以及31家直属商会负责同志共80余人参加培训。

全国工商联信息中心“网上工商联”技术团队，围绕工商联信息化建设工作方案，就新版会员组织管理系统的操作流程、“网上工商联”分级管理的各项设置及统计数据填报系统的软件使用等进行了培训授课，组织上机操作练习和答疑测试，并就做好会员组织统计工作进行了交流座谈。

（张　越）

【召开全国工商联组织工作会议】 2018年10月30日至31日全国工商联组织工作会议在京举行。中央统战部副部长，全国工商联党组书记、常务副主席徐乐江书记出席并作重要讲话，指出组织建设是工商联事业发展的基础保障，党的十八大以来，各级工商联组织认真贯彻落实习近平新时代中国特色社会主义思想，牢牢把握“两个健康”主题，坚持抓基层、打基础，不断丰富工作内容，着力创新方式方法，组织建设已有显著成效。今后一个时期工商联组织建设工作要以习近平新时代中国特色社会主义思想为指导，坚决贯彻新时代党的组织路线，围绕完善组织体系、优化组织构成、创新运行机制、加强队伍建设、促进发挥作用五个方面加强体系化建设，把工商联建设成为让非公有制经济人士“有认同感、有获得感、有归属感、有荣誉感、有方向感”的共同家园。

会议期间，按照《全国工商联专门委员会工作规则》成立了由50人组成的全国工商联组织委员会。会议组织了两次组织建设经验交流发言，分别介绍了地方工商联加强组织建设的具体做法和学习贯彻《关于促进工商联所属商会改革和发展的实施意见》的思路举措，以及“五好”县级工商联建设经验。全国工商联党组副书记、副主席樊友山、中央统战部非公有制经济局局长张天昱、全国工商联组织委员会全体成员和各省级工商联主要领导、分管会员组织工作的副主席、会员组织处和商会处主要负责人、1名县级工商联主要负责人，以及全国工商联机关各部门、各直属商会负责人共180余人参加会议。

（张　越）

【制定《工商联组织建设工作五年规划（2018—2022）》】 经过多年努力，工商联组织建设工作有了一定基础。工商联事业进入新时代，从点上着力、补足短板进入到推进体系化建设的新阶段。为制定工商联组织体系化建设的总体方案，进一步加强顶层设计，制定了《工商联组织建设工作五年规划（2018—2022）》（以下简称《规划》），《规划》在认真分析工商联组织建设工作面临的新形势基础上，提出要坚决贯彻新时代党的组织路线，提高政治站位，用“政治建会、团结立会、服务兴会、改革强会”统领组织建设各项工作，以加强各级工商联标准化建设和提升组织力为主线，以推进中国特色商会组织现代化、规范化建设为重点，以扩大工商联组织和工作在非公有制经济领域有效覆盖面为目标，提高工商联组织建设质量和水平，把工商联打造成“五有之家”，为新时代更好促进非公有制经济健康发展和非公有制经济人士健康成长提供坚强组织保证。《规划》明确了工商联和所属商会组织体系化建设水平全面提升，组织和工作覆盖面不断扩大,网格化工作格局逐步形成，以评价为核心的工作指导机制基本形成，工商联和所属商会组织力、影响力全面提升的目标任务，并从完善组织体系、优化组织构成、创新运行机制、加强队伍建设、促进发挥作用五个方面提出了具体举措。

（薛　葵）

【评选表彰全国工商联系统先进集体和先进工作者】为全面贯彻习近平新时代中国特色社会主义思想和党的十九大精神，大力弘扬新时代先进模范崇高精神，进一步激励各级工商联、基层组织和工商联干部不忘初心、牢记使命，锐意进取、实干担当，努力开创新时代工商联事业新局面，以优异成绩庆祝改革开放40周年，人力资源社会保障部、全国工商联决定在2018年开展全国工商联系统先进集体和先进工作者评选表彰活动。在全国评选表彰工作领导小组的领导下，推荐评选工作充分发扬民主，坚持“公开、公平、公正”的原则，严格按照自下而上、逐级审核推荐、差额评选、民主择优的方式，执行“两审三公示”制度，即实行各省（区、市）初始推荐、正式推荐两次推荐，全国评选表彰工作领导小组初审、复审两次审核程序，并分别在所在单位公示、省级范围公示和全国范围公示三级公示（每次公示期不少于5个工作日）。共评出北京市东城区工商业联合会等32个单位为“全国工商联系统先进集体”；张端树等10名同志为“全国工商联系统先进工作者”。

2018年12月26日，全国工商联十二届二次执委会议上，人力资源社会保障部副部长张义珍宣读了表彰决定，会议为先进集体和先进工作者颁发了奖牌、证书。徐乐江书记指出希望受表彰的单位和个人戒骄戒躁、再接再厉，进一步发挥好先进典型的先锋模范作用，在各自的岗位上更加奋发有为、开拓进取，全系统都要向受表彰的集体和个人学习，不断激发整个工商联系统干事创业的激情，锐意进取、求真务实，以更加饱满的工作热情和奋发有为的精神风貌，为新时代更好地促进和服务“两个健康”做出新的更大贡献。

（邹丹丹）

【出台工商联组织建设有关制度文件和评价办法】按照《全国工商联深化改革总体方案》要求，在多次调研和广泛征求意见的基础上，出台了《中国工商业联合会全国代表大会代表任期制实施办法》，明确了代表的权利和义务，以及保障代表任期制实行的工作措施，把代表作为重要工作力量。出台了《关于更好发挥全国工商联企业家副主席副会长执委作用的若干意见》，明确了企业家副主席、副会长和执委要担负的职责，让企业家站好前台、当好主角，更好发挥主体作用。

在深入调研、充分讨论基础上，分别制定对省级工商联工作、直属商会和企业家副主席、副会长、执委履职情况的评价办法，创新形成以评价为抓手的工作指导机制，发挥导向和督促作用，进一步提高工作科学性、规范性、有效性，引导各省级工商联加强“四会”建设，增强直属商会工作的主动性和积极性，有效推动企业家真正站前台、唱主角，更好发挥主体作用。

《省级工商联工作评价办法（试行）》规定，评价内容包括“政治建会、团结立会、服务兴会、改革强会”四个方面，另设创新及特色工作和获得表彰奖励两项加分项，采取省级工商联自评、部分执常委企业家评与全国工商联评相结合的方式。根据得分情况，总分数前10名的通报表扬，排在末尾的由全国工商联主要领导约谈，单项分数排在末位的省级工商联由全国工商联分管副主席约谈。评价结果以通报形式向省级工商联反馈并抄送省级党委统战部。

《全国工商联直属商会评价办法（试行）》规定，评价内容包括统筹谋划商会发展、班子建设、团结教育、服务发展和自律规范五个方面，另设工作创新和获得表彰奖励两项加分项，采取商会自评和全国工商联评相结合的方式，分为A、B、C、D四个等次。等次为A的商会有资格被推荐为全国“四好”商会，等次为D的商会将被约谈整改，连续两年评价为D的商会要对主要负责人进行调整。

《全国工商联企业家副主席副会长执委履职情况评价办法（试行）》规定，评价内容包括思想政治表现、行业发展能力、参政议政能力、社会信誉、参与度、贡献度六个方面，根据企业家副主席、副会长和执委不同职责分层设置，采取企业家自评、省级工商联评和全国工商联评相结合的方式，分为A、B、C、D四个等次。评价结果将以适当方式报告中央统战部，通报全国工商联执委和各省级工商联，抄送各省委统战部，并作为企业家提名推荐、参与评选表彰的参考依据。

（薛　葵　张　越）

机关建设

【综　述】2018年，机关继续深入学习贯彻习近平新时代中国特色社会主义思想和党的十九大精神，认真学习习近平总书记在民营企业座谈会上的讲话、习近平总书记给“万企帮万村”行动中受表彰的民营企业家的回信，坚持务求实效的工作作风，保持团结奋进的精神风貌，落实全面从严治党要求，大力加强基层党组织建设、干部队伍建设和机关作风建设，为工商联事业提供坚强的政治和组织保证。

【实行“计评对”管理】2018年2月，按照会党组要求，机关人事部制定并印发《关于加强工作计划管理改进考核的办法（试行）》，在机关各部门、信息中心和服务中心范围内试行。通过年计划、季评估、月对表，对日常工作、重点工作进行全方位的评价和督办，各部门和单位在工作部署、人员配置、任务推进等方面均取得了显著成效，有效提升了工作的计划性、系统性、全面性以及指挥管控的节奏性、团队配合的协同性、攻坚克难的创造性，促进了各项工作的推进落实。一是更加突出重点、涵盖全面。各部门单位制定的年度计划中，既突出了重点工作，又兼顾全面工作。二是更加明确分工、注重协作。根据工作任务的轻重缓急，各部门各单位均对自身工作力量进行了科学合理调配，既按照岗位职责严格分工负责，又坚持重点和中心工作团队配合。三是更加有序推进、层层落实。“计评对”年度计划明确绘制出了各部门单位各项任务落实的“时间表”和具体责任人，形成了事有专管之人、人有明确之责、责有限定之期，一级抓一级、层层抓落实的工作机制，使工作推进和任务落实更加可检验、可评估。

（夏　洁）

【全国工商联召开2018年党风廉政建设工作会议】2018年2月2日，全国工商联在机关召开2018年党风廉政建设工作会议，深入学习贯彻党的十九大精神和习近平总书记在十九届中央纪委二次全会上的重要讲话精神，认真落实党中央和中央统战部党风廉政建设的决策部署，总结2017年工作，部署2018年任务。

中央纪委驻中央统战部纪检组组长苏波传达了中央纪委二次全会精神，总结评价了全国工商联2017年党风廉政建设情况，对做好2018年纪检工作提出要求。他强调，中央纪委二次全会站在新时代高度，总结了党的十八大以来全面从严治党的重要经验，对当前和今后一个时期全面从严治党作出了战略安排，发出了重整行装再出发，把全面从严治党不断引向深入的动员令。他要求全国工商联，深入学习贯彻党的十九大和中央纪委二次全会精神，着力加强政治建设，切实把党的十九大精神和党中央决策部署落实到位；层层传导压力，加强对下属单位监督管理，推动管党治党责任全面覆盖；积极践行“亲”“清”新型政商关系，进一步巩固拓展落实中央八项规定精神成果，以钉钉子精神打好党风廉政建设持久战；深化运用监督执纪“四种形态”，全面加强纪律建设，开展扶贫领域腐败和作风问题专项治理；加强监察体制改革研究，实现对所有公职人员监察全覆盖；坚持打铁必须自身硬，打造素质过硬的纪检干部队伍。

中央统战部副部长，全国工商联党组书记、常务副主席徐乐江总结部署党风廉政建设工作。他指出，2017年全国工商联党组坚持以政治建设为统领，突出抓好主体责任落实，严肃换届纪律，推动“第一种形态”常态化，着力推进自身改革发展，把制度建设贯穿其中，党风廉政建设取得新进展新成效。他强调，站在新的历史起点上，全国工商联要认真学习贯彻党的十九大和中央纪委二次全会精神，全面准确领会从严治党相关要求，努力把学习成效转化为坚决维护习近平总书记在党中央和全党核心地位的政治自觉，转化为坚定理想信念、强化“四个意识”坚定“四个自信”、解决“总开关”问题的思想自觉，转化为指导实践、推动工作、取得实效的行动自觉。他指出，2018年全国工商联党风廉政建设工作，要全面贯彻习近平新时代中国特色社会主义思想，深入落实党的十九大和中央纪委二次全会精神，坚决维护习近平同志为核心的党中央权威和集中统一领导；进一步创新党建工作机制，推动管党治党“两个责任”落实；实践监督执纪“四种形态”，着力抓好“第一种形态”，全面加强纪律建设；积极践行“亲”“清”新型政商关系，坚决防止和克服新的形式主义、官僚主义作风；紧紧抓住重点领域和关键环节，坚决防范工作中的廉洁风险；打造忠诚干净担当的纪检队伍，为党风廉政建设和反腐败斗争提供坚强保证。

全国工商联主席高云龙出席会议，全国工商联党组副书记、副主席樊友山主持会议，会领导班子成员、党组成员出席会议。中央纪委驻中央统战部纪检组、中央统战部机关纪委有关负责人，全国工商联机关全体干部、直属单位中层以上管理人员、直属商会党组织负责人参加会议。

（任晓晋）

【制定《全国工商联党建工作规划（2018—2023）》】《全国工商联党建工作规划（2018—2023）》自2018年3月起开始制订，分为总则、推进措施和保障支撑三部分。总则明确今后5年机关党建工作的指导思想、基本原则和工作目标，按照“5+2”总体布局制订21条推进措施，从建立健全机关党建工作责任制、加强督导与考核、规范党建工作表彰激励机制、加强党务干部队伍建设和机关党委纪委自身建设、工作经费保障五个方面，为规划的实现提供保障支撑。

（王熙玲　李晓峰　徐莎莎）

【制定全国工商联五年工作规划】为认真贯彻习近平新时代中国特色社会主义思想和党的十九大精神，全面落实工商联十二大明确的各项工作任务，推进工商联事业在新时代创新发展，2018年上半年制定全国工商联五年工作规划（2018—2022）。规划共分为五个部分：第一部分，指导思想。主要是明确高举中国特色社会主义伟大旗帜，以习近平新时代中国特色社会主义思想为指导，认真学习贯彻党的十九大精神等内容，指出了工商联工作中需要坚持的一些工作指导。第二部分，主要目标。从“政治建会、团结立会、服务兴会、改革强会”四个方面，提出了今后5年工作中要达到的主要目标和有关措施要求。第三部分，工作原则。从坚持党的领导，坚持社会主义基本经济制度，坚持贯彻新发展理念，坚持服务宗旨，坚持改革创新，坚持抓基层打基础六个方面明确了工作中要坚持基本原则。第四部分，主要任务。从加强思想政治引领、强化宣传教育培训、做好经济服务工作、引导民营企业履行社会责任、加强国际交流与合作、维护民营企业合法权益、加强工商联组织建设、加强全国工商联自身建设，共八个方面对未来5年的主要任务进行了明确，细化为38条146项具体工作，并规定了负责承办的牵头部门。第五部分，保障措施。从加强组织领导、注重改革创新、形成工作合力、搞好检查督导四个方面，围绕落实规划要求从工作指导上进一步提出了有关要求。

（秦宏伟）

【推动直属商会党组织开展“六个一”活动】为纪念中国共产党成立97周年，不断增强党组织的凝聚力和战斗力，充分发挥党员的先锋模范作用，机关党委于2018年6月至12月组织各直属商会党组织开展“六个一”活动，包括召开一次工作务虚会、上一次党课、组织一次主题党日活动、制定一个规划计划、开展一次会员企业互动交流活动、申报一批战斗攻坚项目。女企业家商会党支部开展“巾帼心向党”活动，引导会员企业党员牢固树立“四个意识”；五金机电商会、科技装备业商会、农业产业商会、旅游业商会、石油业商会、民营文化产业商会、纺织服装业商会、石材业商会、并购公会等党支部发动会员企业参与精准扶贫，许多商会和民营企业在“万企帮万村”消费扶贫和销售扶贫活动中做出较大贡献；医药业商会党支部针对长春长生疫苗事件及时发声，引导会员企业诚信守法经营；家具装饰业商会、水产业商会党支部依托商会青年企业家委员会，做好年轻一代非公有制经济人士思想政治工作；法律部党支部与汽车经销商商会党支部结对共建，推动商会成立人民调解委员会，为会员企业提供法律服务；中国民营经济国际合作商会成立党委，在专委会中成立党支部，建立党建研究会；中非民间商会党支部探索建立党建工作委员会；冶金商会党支部发挥会员企业中党建先进单位的示范作用，组织经验交流，推动会员企业党的建设房地产商会党支部制定《全联房地产商会党建工作制度》，规范“三会一课”、党员党性定期分析、民主评议党员等；汽摩配商会、民间文物艺术品商会、厨具业商会、礼品业商会、美容化妆品业商会、新能源商会、烘焙业公会、环境服务业商会、民办教育出资者商会、城市基础设施商会、金银珠宝业商会、纸业商会、书业商会等党支部到红色教育基地接受革命传统教育，传承红色基因，建设积极健康的党内政治文化，形成正气充盈的良好政治生态。

（王熙玲　徐莎莎）

【构建党建“六强”工作机制】印发《全国工商联党建“六强”工作机制建设方案（试行）》，做到全国工商联全体党员人手一本，并向中组部、中央统战部、银保监会、最高法、直属商会会员企业赠阅。分两轮并分类别组织党建“六强”培训会，第一轮的培训于2018年3月完成，机关党委负责同志为机关9个党支部、8家直属单位和31家直属商会党组织以讲党课形式讲解党建“六强”工作机制。从4月下旬开始，机关党委对直属党组织开展第二轮培训，要求各直属党组织按照党建“六强”工作机制要求制订年度工作计划，将考评标准内容“无死角”体现在年度工作计划中。8月10日，召开党建“六强”考评督导动员会，成立3个督导组，对50个直属党组织进行督导。年内，3个督导组共对50个直属党组织开展两轮督导，并进行了督导反馈。

（王熙玲　李晓峰　徐莎莎）

【成立离退休党总支】根据《关于同意撤销离退休党支部成立离退休党总支的批复》（全联党复〔2018〕9号）要求，2018年10月10日，离退休党支部召开党员大会，宣布成立离退休党总支，选举产生了第一届离退休党总支和3个党支部的有关人员。

大会严格按照选举程序和选举办法，以无记名投票方式，采取直接差额选举办法，选举产生了第一届离退休党总支委员和3个党支部委员；采取等额选举办法，选举产生了第一届离退休党总支书记、副书记和3个党支部的书记。

党组成员、秘书长赵德江同志参会并讲话，他指出，离退休党总支的成立，有利于全面贯彻落实新时代党的建设总要求，以习近平新时代中国特色社会主义思想为指导，进一步规范做好离退休党员教育管理、组织引导工作，充分发挥党支部战斗堡垒作用和党员干部先锋模范作用，希望各位离退休党员同志继续为离退休党总支和各党支部建设以及工商联事业发展献计献策、发光发热。

原离退休党支部书记张尚东同志对党支部工作进行了总结。新当选的离退休党总支书记王建设同志表示，一定尽己所能牵头做好党总支工作，以习近平新时代中国特色社会主义思想为指导，按照会党组、机关党委有关要求，积极引导离退休党员发挥余热。

（夏　洁）

【全国工商联召开警示教育大会】2018年10月29日，全国工商联召开警示教育大会，学习贯彻习近平总书记有关重要批示，传达中央和国家机关、统战系统警示教育大会精神，通报全国工商联及其他综合监督单位党员领导干部违纪违法典型案件，部署推进工商联党风廉政建设和反腐败斗争。中央统战部副部长，全国工商联党组书记、常务副主席徐乐江出席会议并作重要讲话。

徐乐江同志指出，党的十八大以来，全国工商联坚决贯彻落实党中央全面从严治党决策部署，深入推进党风廉政建设和反腐败斗争，力度空前，成效明显，但全面从严治党依然任重道远。各直属党组织要提高政治站位，深入学习领会习近平总书记关于党风廉政建设的重要论述，切实把思想和行动统一到正风肃纪的新要求上来；要直面存在的问题教训，把握新形势新特点，始终绷紧党风廉政建设这根弦，坚定不移地推进全面从严治党。

徐乐江同志强调，腐败问题从来都不是单纯的经济问题，从根子上说都是政治问题。各直属党组织和广大党员必须始终把讲政治作为生命线，始终把党的政治建设摆在首位，筑牢拒腐防变的政治根基。要从违纪违法案例中受到警醒，自觉用党章党规修正言行，牢固树立“四个意识”，切实做到“两个维护”；要增强党员意识和政治担当，严格执行新形势下党内政治生活若干准则，自觉在党内政治生活中经常接受政治体检，提高政治免疫力；要加强思想道德修养，树立坚定的理想信念，时刻牢记为人民服务的宗旨，时刻保持共产党员的先进性、纯洁性，从中华民族优秀传统文化汲取营养，培养健康向上的生活情趣。

徐乐江同志要求，各直属党组织坚持严字当头，始终以最高标准履行全面从严治党责任。要明确任务分工，层层传导压力，加强日常监督管理，努力构建横向到边、纵向到底的责任体系；要以此次警示教育大会为契机，组织开展专题警示教育活动，向广大党员干部传递正风肃纪的强烈信号，坚决维护党的纪律的刚性约束力；要坚持教育在先、警示在先、预防在先，用好“第一种形态”，对苗头性、倾向性、潜在性问题早发现、早提醒、早纠正；要严肃执纪问责，始终保持违纪必究、执纪必严的高压态势，让制度“长牙”、纪律“带电”，切实维护党规党纪的严肃性和权威性。

党组副书记、副主席樊友山主持会议。副主席谢经荣、黄荣，党组成员、副主席鲁勇，党组成员、秘书长赵德江出席会议。驻部纪检监察组有关负责同志通报了党的十八大以来全国工商联及其他综合监督单位违纪违法典型案件，中央统战部机关党委、机关纪委有关同志到会指导。机关全体党员干部、直属单位中层以上管理人员、直属商会相关负责人共220余人参加。

（任晓晋）

【举办全国工商联直属商会与非公党建工作委员会成立大会暨商会和非公党建工作座谈会】为贯彻落实党的十九大精神，加强对直属商会与非公党建工作的指导，延长工作手臂，壮大工作力量，更好服务促进两个健康，按照《全国工商联专门委员会工作规则》，2018年11月27日，成立全国工商联直属商会与非公党建工作委员会，机关部门、直属商会和各级地方工商联、民营企业代表共58人担任工作委员会成员，针对如何优化党组织设置、规范党建工作运行、扩大党的工作覆盖等问题开展课题研究，挖掘推广典型，提出对策建议。成立大会期间还召开了直属商会和非公党建工作座谈会，各省（区、市）和新疆生产建设兵团工商联分管商会与非公党建工作的负责人；全国工商联机关党委委员、纪委委员；全国工商联机关各部门、各直属单位、各直属商会党组织负责人；全国工商联直属商会与非公党建工作委员会全体委员约140人参会，徐乐江书记出席并发表重要讲话，明确下一步推动工商联系统党建工作任务，定好位，履好职，健全组织体制，完善工作机制，抓出工作成效。

（王熙玲　徐莎莎）

【召开全国工商联机关第三次党员代表大会】2018年12月23—24日，全国工商联机关召开第三次党员代表大会。大会以习近平新时代中国特色社会主义思想为指导，全面贯彻党的十九大精神，回顾总结了全国工商联机关过去5年的党建工作，认真分析了面临的新形势新要求，提出了新时代机关党建工作的新思路，对今后5年的党建工作进行了全面部署，确定了未来5年的奋斗目标和工作要求，充分展现了全国工商联全体党员勇于进取、开拓创新、振兴发展的坚强决心。大会审议通过了上一届机关党委和机关纪委的工作报告。会议认为，过去的5年，是党和国家发展进程中极不平凡的5年，也是工商联事业发生深刻变革的5年。5年来，全国工商联机关党委和各直属党组织在会党组和中央统战部机关党委的领导下，以邓小平理论、“三个代表”重要思想、科学发展观和习近平新时代中国特色社会主义思想为指导，坚持以党的政治建设为统领，以坚定理想信念宗旨为根基，围绕中心、服务大局、建设队伍，全面推进党的政治建设、思想建设、组织建设、作风建设、纪律建设，将制度建设贯穿其中，深入开展反腐败斗争，着力促进“两个健康”，机关党建工作不断取得新成效，党组织的凝聚力和战斗力不断增强，党员模范带头作用进一步发挥，为全国工商联机关各项工作任务的圆满完成提供了有力的政治、组织和思想保证。会议认为，机关纪委紧紧围绕加强党的领导和党的建设，聚焦主责主业，强化监督执纪问责，推动全面从严治党不断向纵深发展，问题线索和信访举报大幅下降，“四风”问题得到有效遏制，党内政治生活气象更新，管党治党从宽松软逐步走向严紧硬，为加强党的建设、促进“两个健康”事业发展提供了有力保证。

党员代表大会和第三届机关党委第一次会议、第三届机关纪委第一次会议，分别选举产生新一届机关党委委员、机关纪委委员，以及机关党委书记、常务副书记、副书记和机关纪委书记。选举樊友山同志为全国工商联机关党委书记，郭孟谦同志为机关党委常务副书记，李冰同志为机关党委副书记、机关纪委书记，李晓兵同志为机关党委副书记，王尚康、王建设、王燕国、李春光、张新武、吴宝通、林泽炎等同志为机关党委委员，王岚、王定生、王洪武、李山海等同志为机关纪委委员。

中央统战部副部长，全国工商联党组书记、常务副主席徐乐江同志出席会议并作重要讲话。他向大会取得圆满成功、向当选的新一届机关党委委员和机关纪委委员表示热烈祝贺，并对做好新时代机关党建工作提出要求，强调要深刻认识新时代党建工作新要求，切实提高机关党建工作水平，处理好政治统领与全面推进、规范建设与分类指导、党建工作与业务工作的关系，推动工作落细落实。

（王熙玲　徐莎莎）

【在选拔任用干部提名环节进行综合评价比选】针对干部群众反映“选拔任用中个人说了算”等较为集中的问题，我们按照中央有关干部人事政策，着力改进干部选拔任用工作。党组在反复征求党外主席、副主席、各部门各单位负责人和干部群众意见基础上，决定在部分岗位干部选拔提名环节实行综合评价比选办法（以下简称“比选”）。比选时，公布每个职位和任职条件，鼓励干部报名。列明七个方面的综合素质指标要求，由全体干部、人选所在部门单位干部、职位所在部门单位干部对报名人选进行综合评价，在此基础上开展会议推荐和谈话推荐。坚持“忠诚干净担当”好干部标准，严格报名、资格审查、民主推荐、讨论决定、公示等各环节程序。严格按照考察方案进行考察，对

62名干部个人有关事项报告进行了核查、听取了纪检监察部门意见、查核了有关问题线索，对其中50名干部的档案进行了审核，对在外地挂职的干部，除了在部门考察外，还专门派出考察组分赴挂职地进行考察了解。最后由党组根据综合测评和民主推荐，结合干部特点及一贯表现择优提出人选。比选的实施扩大了选拔任用参与面，充分发扬了民主，有利于党组织和领导班子的每位同志更全面了解干部，更加精准用人。2018年，选拔任用了9名局级干部、1名三级职员、4名四级职员、1名企业领导班子成员和30名处级干部，进一步加强了干部队伍建设，调动了干部干事创业的积极性，树立了正确用人导向。

（张　茜）

“网上工商联”建设

【综　述】2018年，在会党组和网络安全和信息化领导小组的领导下，在机关各部门、有关单位的支持和配合下，信息中心转变作风、强化服务，“网上工商联”工程建设迈出实质步伐，多套业务系统投入使用，在围绕中心、服务大局中较好发挥保障支撑作用，为促进“两个健康”作出不可替代的贡献。

为进一步加强工商联网络安全与信息化工作，强化非公经济领域意识形态主阵地建设，我会对全国工商联网络安全和信息化领导小组成员进行调整：中央统战部副部长、全国工商联党组书记、常务副主席徐乐江任组长，樊友山、李兆前为副组长，各部门主要负责人、部分直属单位主要负责人、部分直属商会秘书长为成员。

为做好“网上工商联”工程项目申报工作，2018年3月，樊友山副主席带队拜访国家发改委林念修副主任，汇报“网上工商联”建设的重要性及必要性。4月，国家发改委同意将“网上工商联”项目纳入党的执政能力建设项目之中。后经与中办机要局深入沟通，修改完善顶层设计方案和可行性研究报告，中办机要局同意“网上工商联”工程项目纳入党的执政能力建设项目之中。

2018年9月7日，我会印发《全国工商联办公厅关于“网上工商联”工程建设的实施意见》（全联厅发〔2018〕27号），明确各级工商联工程建设的侧重点及现阶段工作重点目标，指导地方工商联的工程建设实施。我会与国家电子政务外网管理中心联合印发了《关于做好省、市、县级工商联接入国家电子政务外网工作的通知》，组织推进地方工商联接入国家电子政务外网。

【工作成果】

一、坚持急用先行原则，圆满完成业务保障工作

（一）多个办公系统投入使用，极大提高办公效率

一是公文管理系统。2018年7月正式投入使用，桌面端、移动端应用已在机关和直属单位普及，该系统支持与省级工商联、直属商会之间的公文收发。二是督促检查系统。2018年4月投入使用，已在机

关督办工作中发挥作用。三是内控管理系统。2018年8月投入使用，加强了预算管理、资金管控、过程控制，保障制度落实。

（二）做好业务系统的完善升级，促进工作提质增效

研发了业务管理平台框架支撑各业务系统的有效整合，实现各业务系统的统一管理与维护，降低系统研发、运维成本。实现了人、企业、团体信息的“一次录入，多次引用”。一是会员组织管理系统。该系统集成了原有执委、商会等数据库，主要支撑会员、代表大会代表、执常委、非公有制经济代表人士、商会、组织、会员统计报表等业务信息管理，支持各级工商联组织使用该系统填报、维护本级数据，查阅全国数据。2018年8月投入使用，已收录企业、人员数据30多万份。配合会员部组织全国性会员组织管理系统培训班，支持了湖南、河南、贵州、四川、山西、海南、云南、宁夏、重庆等省级工商联会员组织管理系统培训工作，累计培训1000多人次。二是信息直报系统。信息直报系统功能完整、配置灵活，还可为各级工商联建立本级信息直报系统提供支撑。2018年5月投入使用，上报信息3000多篇，我会办公厅采用150多篇，各级组织约有3900个用户使用该系统。三是民营企业调查系统。该系统主要保障会机关开展民营企业全国性专题调查，还可支持省、市级工商联对民营企业开展线上调研。2018年4月投入使用，3000多个工商联用户，4.7万多个企业用户使用该系统，支持全国性调研5次，填报问卷7.7万份，答题数量超过200万个，数据库存放单个答案数量超过1500万条，所形成的分析报告报送近20个中央部委。

（三）“网站+APP”服务体系建设，实现从无到有的突破

根据会领导“建立工作机制，有效整合力量，提高信息服务能力，以‘门户网站+APP’方式迅速扩大覆盖面”的要求，拟定了以业务应用促广覆盖的推广策略，初步形成以我会官网和微信公众号、“联成e家”APP的整体互动格局。一是网站功能向深处拓展。信息中心紧密联系机关各部门、省级工商联信息员，围绕我会中心工作，加强新闻宣传；联合执委企业，开展企业服务内容的建设。根据发展的需要，不断优化网站结构，完善门户集成平台，方便业务应用。二是“联成e家”APP作用初步彰显。该系统集成了移动办公、智慧会务、消费扶贫、舆情报送、民企云服、虚拟展馆等应用，活跃用户3000多个，平均每天超过600人次使用。联合执委企业建设消费扶贫平台，销售了2000多万元的贫困地区产品，为精准扶贫作出了贡献。另外，加强全国工商联微信公众号的信息发布工作，联合执委企业增强采编力量，丰富信息内容，扩大影响和覆盖面。

二、基础系统建设有序推进

（一）基础数据库形成框架

一年来，完成了一系列规划设计，制定了数据标准、2018年6月印发各省级工商联征求意见，并将我会已建数据库中的119万人、66万家企业、5万家机构信息导入基础数据库，从信用中国平台获取14类、1亿多条数据，从国家政务信息平台申请获得了民政部社团组织信息查询接口。着手研发数据应用门户系统，将支撑桌面端、移动端的数据应用。开展数据库整体设计，完成了“网上工商联”《数据体系总体设计方案》《数据库概念设计模型和逻辑设计模型设计》《基础数据库物理结构设计》《基础数据标准》《基础数据管理办法》，建立起“一数一源”的基础数据管理原则。开展非结构化文件管理调研分析，形成了《非结构化文件管理的

数据库概念模型和逻辑模型设计》。通过提取调研项目信息、数字指标等转化为结构化数据，初步掌握调研文件的要素特点，为下一步非结构化文件管理打下基础。开展企业履行社会责任、消费扶贫、基础数据库主题分析，建设了相关主题数据，实现了分析主题的多维度可视化展现。研制部署了基础数据管理、数据服务管理系统，正在完善数据共享交换系统和信息资源目录系统、研制主题内容管理系统。

（二）门户平台实现有效集成

研发门户集成平台，支撑统一用户管理。根据电子政务外网、互联网、机关局域网等三个网络环境的应用，建立业务系统门户支撑各级工商联、商会组织、会员企业使用我会业务系统，政务系统门户支撑我会直属商会、省级和副省级工商联使用我会办公系统，机关办公门户支撑机关、直属单位使用我会办公系统。

三、缜密做好系统的运行维护

（一）网络安全管理工作成效明显

完善制度加强管理，通过安全检查、信息系统等保评测等，完善安全防护措施；加强机关互联网入口管理、信息系统安全运维；开展技术培训，提高信息中心技术人员、省级工商联系统管理员的网络安全处置能力；积极参加国家网络与信息安全信息通报中心的安全通报工作。

（二）信息采编工作得到加强

认真做好网站内容监督管理与信息发布工作。及时发布我会相关新闻消息，指导机关各部门、省级工商联的信息发布工作， 2018年共完成了1014个栏目的维护，22个专题设计，编辑审核文档近8000篇。制作了“全国工商联学习贯彻习近平总书记民营企业家座谈会重要讲话精神”“坚定理想信念 接力改革伟业——民营经济40年”“学习贯彻习近平总书记给‘万企帮万村’行动中受表彰的民营企业家回信精神”“学习贯彻习近平总书记民营企业座谈会重要讲话精神”等大型民营经济宣传专题，以及“2018中国民营企业500强峰会”“中非民营经济合作高峰论坛”“首届全国工商联主席高端峰会”“十二届二次执委会议”等会议活动宣传专题。机关信息屏内容根据会内信息发布需要及时更新，制作了保密知识、法律知识系列宣传专题，较好地丰富了机关文化。

（三）资料收集整理形成制度

紧密联系会领导秘书、机关各部门，将会领导参加的有关会议活动资料收集、汇总、保存，每月向有关方面通报资料收集情况，促进资料收集工作的落实。一年来，承担我会会议活动摄影360场、摄像93场，保存了全部影像资料，约9万件（部）。

（四）技术保障与支持服务周到热情

认真做好账号管理工作，按照机关人事变动情况，及时更新账号、制作UKey、调整权限。为直属单位、直属商会、省级工商联开通VPN账号，利用加密通道访问，保障系统安全。制定运维管理制度，技术人员必须按规程进行系统维护。制定数据库自动备份计划，通过HVR建立Oracle数据镜像实时备份，再利用备份设备进行数据备份，确保数据安全。据初步统计，2018年，信息中心保障了信息系统、计算机网络、一卡通等系统的安全稳定运行，较好完成了计算机维修、网络调测等服务工作，完成电话号码调整500余人次，计算机维修2400余人次，学习平台共上传18个课件、总计581个学时。认真做好系统应用的技术支持工作，建立技术支持微信群，安排人员及时答疑、解决问题。支持“德胜门大讲堂”普通视频直播4次、VR视频直播1次，支持全国工商联青年企业家委员会成立大会VR视频直播。

第三部分　领导讲话

高云龙在全国工商联十二届一次常委会议上的讲话

（2018年8月30日）

这次常委会议主要任务是认真学习贯彻习近平新时代中国特色社会主义思想、党的十九大和十九届二中、三中全会精神，全面贯彻落实习近平总书记关于非公有制经济领域统战工作和工商联工作的重要论述，按照汪洋、尤权同志有关指示精神，回顾总结今年以来的主要工作，分析研判当前形势，研究部署下一步重点工作。下面，我讲三方面意见。

一、奋发有为，开局良好

今年是全面贯彻党的十九大精神的开局之年，是改革开放40周年，是决战脱贫攻坚、决胜同步小康、实施“十三五”规划至关重要的一年，也是我们落实工商联十二大任务部署、深化工商联改革的起步之年。我们坚决贯彻党中央指示要求，始终把“政治建会、团结立会、服务兴会、改革强会”作为工作统领，坚持问题导向，大兴调查研究之风，按照中共中央、国务院致工商联十二大贺词中提出的“六个始终坚持”要求，积极推进各项工作，实现了良好开局。

（一）坚持提高政治站位，加强和改进非公有制经济人士思想政治工作

工商联是中国共产党领导的政治组织、统战组织。我们牢牢把握这一定位，始终把增进政治共识作为首要任务，紧扣深入学习贯彻党的十九大精神这条工作主线，以“不忘创业初心、接力改革伟业”为主题，持续深化非公有制经济人士理想信念教育，引导他们增强“四个意识”、坚定“四个自信”，紧密团结在以习近平同志为核心的党中央周围。一是以学习贯彻习近平新时代中国特色社会主义思想为核心内容，加强非公有制经济人士教育培训和企业家自我教育。为进一步规范培训工作，编制下发五年教育培训工作规划，举办省级工商联专职副主席、企业家执委常委和法律风险防范等各级各类培训班。认真落实习近平总书记关于民营企业家要“自我学习、自我教育、自我提升”的要求，采取商会承办、企业家主讲的形式，秉持“顶天立地”“五湖四海”“集合创新”理念，先后开展5期“德胜门大讲堂”，人民网、新华网等近百家媒体报道。结合开展联系调研下基层，组织近百位企业家执委常委作报告，在广大非公有制经济人士中起到了示范引领作用。二是以年轻一代和企业家自组织为重点，扩大工商联联系服务非公有制经济人士的覆盖

面。我们筹备建立青年企业家委员会，各地普遍建立青年企业家商会组织，通过举办理想信念报告会、重走长征路等教育实践活动，引导年轻一代弘扬老一代企业家创业创新精神和听党话、跟党走的光荣传统。着眼推动形成大统战工作格局，探索推进与企业家自组织的沟通联系，进一步扩大与非公有制经济人士的联系面。三是以商会党建和非公有制企业党建为抓手，推动党的决策部署在非公有制经济领域贯彻落实。我们认真学习贯彻习近平总书记关于“坚持党对一切工作的领导”重要指示精神，大力推进非公有制经济领域党的建设工作。采取专题调研、试点先行、逐步推广的方式，指导各级工商联协同参与非公党建工作，编写下发民营企业与商会组织党建工作案例选编。贯彻落实全国组织工作会议精神，与中央组织部联合举办非公有制经济组织党组织书记培训班。加强对商会党组织的领导和管理，确保商会发展正确政治方向。目前，全国工商联直属商会已经实现党的组织和党的工作“双覆盖”。四是以纪念改革开放40周年系列活动为载体，大力弘扬优秀企业家精神。根据中发〔2017〕25号文件精神和任务分工部署，制定了贯彻落实重要举措分工方案，对主要牵头的8项任务、配合牵头的22项任务，逐项作了细化明确。制定常态化调度工作方案，通过月度专题会议、季度综合会议的形式，分析梳理情况，研究解决问题，抓好督查落实。探索开展营商环境、发展信心指数调研评估工作。与中央统战部共同开展百名杰出民营企业家推荐宣传工作，会同浙江省委、省政府支持温州创建新时代“两个健康”先行区，与人力资源社会保障部、全国总工会共同筹备全国就业与社会保障先进民营企业暨民营企业“关爱员工、实现双赢”表彰活动。参与中央电视台改革开放40周年大型纪录片制作，策划出版庆祝改革开放40周年系列图书，向中央电视台推荐优秀民营企业家案例。

（二）坚持基层导向，创新开展联系调研工作

工商联基层组织建设和工作能力，关系服务和促进“两个健康”成效，事关统战工作向商会组织有效覆盖，是一项需要常抓不懈、久久为功的工作。我们坚持面向基层、了解基层、服务基层，创新发展原来的会领导县级工商联联系点制度，在广泛讨论和征求意见基础上，制定《关于全国工商联领导联系地方工商联和所属商会的实施意见（试行）》，由会领导带队、全部企业家执委常委分7个组联系地方工商联和直属商会。截至8月底，7个联系调研组下沉到17个所联系省份，286个县级工商联和205个工商联所属商会，召开座谈会347场，宣讲会157场，194位企业家执委参加，在宣传政策、指导工作、广泛联系、促进发展、助力脱贫等方面收到初步成效。推进实施全国工商联机关干部“进企业、进商会”工作，把干部下基层、转作风纳入联系调研工作统筹考虑。

（三）坚持新发展理念，推动民营企业高质量发展

党的十九大作出我国经济已由高速增长阶段转向高质量发展阶段的重大判断。我们认真学习贯彻习近平新时代中国特色社会主义经济思想和中央经济工作会议关于高质量发展的指示要求，引导民营企业牢固树立新发展理念，着眼建设现代化经济体系，积极参与供给侧结构性改革，坚持创新驱动，加快新旧动能转换。一是组织开展民营企业高质量发展调研。组织各省（区、市）工商联共同开展民营企业高质量发展专题调研，5名会领导带队赴9个省（市）进行重点调研，调研报告上报国务院和中央统战部，在汪洋同志主持

召开的调研协商座谈会上作专题汇报。配合全国政协经济委员会共同开展“发展实体经济，提高供给体系质量”专题调研，联合举办专题协商会，全国工商联在会上作专题发言，得到汪洋同志充分肯定。二是积极参与军民融合发展工作。认真履行中央军民融合发展委员会成员单位职责，引导和服务民营企业参与军民融合发展。组织开展民营企业参与军民融合工作专题调研，调研报告上报中央军民融合发展委员会办公室。积极做好第四届军民融合展等活动的筹备工作。三是服务企业技术创新。与科技部签署合作协议，联合出台推动民营企业创新发展指导意见。与工业和信息化部共同梳理民营企业核心领域关键技术自主创新情况，上报国务院办公厅。稳步推进全国工商联科技进步奖评选、科技创新创业人才推荐、中华技能大奖和全国技术能手推荐等工作。四是引导民营企业防范化解金融风险。对民营企业进入金融领域情况进行摸底调研，以“金融安全与防范重大风险”为主题开展研讨活动。围绕A股上市民营企业股权质押、负债和流动性等情况，会同万得资讯、中国民生银行研究院等有关机构进行调研梳理，提出针对性对策建议，汪洋同志作出“言之有理、论之有据，既提问题、又出主意，是个好报告”的重要批示，刘鹤、尤权同志也对报告作出批示。重点关注大型企业、龙头企业发展中的困难和问题，在帮助解决企业经营困难、化解风险方面做了大量沟通协调工作。

（四）坚持对外合作，引导服务民营企业参与“一带一路”建设

我们认真学习贯彻习近平总书记关于“一带一路”建设重要指示精神，加强工商联国际合作工作顶层设计，做好民营企业参与“一带一路”建设引导服务工作。一是参与主场外交。积极参与上合峰会、中非合作论坛和中国国际进口博览会等国家主场外交活动，正式成为中国国际进口博览会成员单位和中非合作论坛中方后续行动委员会成员单位，筹办中非民营经济合作高峰论坛。二是搭建服务平台。加入香港贸发局牵头成立的“一带一路”国际联盟，组织民营企业家参加“一带一路”高峰论坛，引导两地企业共同参与粤港澳大湾区建设。推动成立中国-东盟企业家联合会，为民营企业参与“一带一路”建设搭建政策宣讲、信息咨询、培训交流、金融、经贸合作等专业服务平台。8月27日，中央召开推进“一带一路”建设工作5周年座谈会，习近平总书记发表重要讲话，全国工商联组织9位民营企业家参会，其中1名企业家代表在会上发言。三是规范境外投资。会同有关部门制定下发民营企业境外投资经营行为规范，引导民营企业境外合规合法经营。举办“我驻外使领馆与民营企业面对面交流活动”，引导民营企业积极防范金融、法律、政策等风险。四是加强经贸交流。组织民营企业随中央领导赴印尼、日本参加经贸对话活动，考察境外工业园区，参加大湄公河次区域第六次领导人峰会。推动境外工业园区建设标准研究，梳理首批纳入在非民营企业工业园区名单。举办50多场经贸对接活动，与10余家境外商协会签署合作备忘录，为民营企业搭建国际交流平台。

（五）坚持服务宗旨，充分发挥桥梁纽带和助手作用

我们把服务国家经济社会建设、服务民营企业发展作为工商联的重要职责，不断探索改进联系服务方式、手段和载体，想企业之所想，急企业之所急，进一步增强了服务的及时性、精准性、有效性。一是积极议政建言。学习贯彻习近平总书记关于加强和改进人民政协工作系列重要思想和参加政协联组会时的重要讲话精神，

认真履行参政议政职责。组织开展多个主题、多个层次企业调研和企业家座谈会，深入了解一线情况，在中央党外人士座谈会和全国政协双周协商、专题协商等会议上，围绕“两个健康”积极建言献策。组织各级工商联和商会提交团体提案32件，关于促进光伏产业和金融信息服务业发展的2份提案被全国政协列为重点提案，推荐12名企业家在政协会议上作书面或口头发言。加强信息报送工作，围绕经济社会发展中的重大问题、民营经济领域热点话题开展调查研究，加强舆情研判，今年以来直接向中办报送信息20余篇，《民营企业运行监测分析报告》《对中美贸易战怎么看怎么办》等10多篇专报信息被中办采用。成立全国工商联智库委员会，进一步提升议政建言质量。二是推动产权保护。以贯彻落实中发〔2016〕28号文件为抓手，不断加大依法保护产权和个案维权力度。积极推进办理企业反映的维权案件10余起，维护了民营企业合法权益，提振了企业发展信心。筹备设立全国工商联法律维权服务中心，积极参与设立全国统一的企业维权平台建设。三是拓宽与有关部门合作渠道。推进与贸促会、科技部建立新的部门合作机制，目前全国工商联已与国家25个部门机构建立了合作关系。积极参与社会信用体系建设部际联席会议相关工作，接入全国信用信息共享平台查询接口，与中央统战部共同开展党政部门与民营企业、商会沟通协商机制调研工作。四是服务地方经济建设。引导广大民营企业将自身发展融入党和国家发展全局，推动区域经济协调发展。响应党中央“坚持世界眼光、国际标准、中国特色、高点定位”建设雄安新区号召，组织企业家深入雄安新区调研考察，与雄安新区管委会联合召开座谈会。会同有关部门先后在湖南、河南、安徽、甘肃、青海、吉林等地举办多种形式的招商活动。本次会议期间，召开民营企业助推辽宁高质量发展大会、助推东北振兴工作会议、第三届东北并购年会和辽商总会成立大会，以实际行动支持辽宁和东北地区发展。

（六）坚持保障改善民生，助力打赢精准脱贫攻坚战

今年是“万企帮万村”精准扶贫行动的攻坚之年。我们认真贯彻落实习近平总书记“要抓好落实、抓出成效”重要指示精神，引导民营企业积极投身“万企帮万村”精准扶贫行动、光彩事业和其他公益慈善事业，推进“万企帮万村”精准扶贫行动行稳致远、提质增效。截至6月底参与行动的民营企业已有5.54万家，帮扶6.28万个村（其中建档立卡贫困村3.99万个）；产业投入597.52亿元，公益投入115.65亿元，安置就业54.92万人，技能培训58.31万人，带动和惠及755.97万建档立卡贫困人口。按照习近平总书记“向深度贫困地区倾斜”的指示要求，更加聚焦深度贫困地区脱贫攻坚，印发推进“万企帮万村”精准扶贫行动向深度贫困地区倾斜方案，组织召开工商联系统援藏援疆电视电话会议，印发援藏援疆任务清单。扎实做好定点扶贫工作，会领导赴贵州织金开展扶贫慰问调研活动，指导织金开展“百企帮百村”行动，举办乡镇干部培训班。积极开展产业扶贫，倡导消费扶贫理念，搭建易田电商消费平台，十几家直属商会带动200余家企业积极采购扶贫产品，实现消费额200多万元。积极引导民营企业参与乡村振兴战略，举办了民营企业参与乡村振兴战略倡议活动，赴11个省（区、市）开展民营企业助推乡村振兴战略实施专题调研，在汪洋同志主持召开的调研协商座谈会上作专题汇报。继续开展“中国民营企业社会责任年度报告”研究，数据调查、实地调研、蓝皮书编撰、企业案例

收集等各项工作稳步推进。

（七）坚持改革创新，提升工商联凝聚力、影响力、执行力

认真学习贯彻习近平总书记在中央党的群团工作会议和中央统战工作会议上的重要讲话精神，按照党中央关于深化群团组织改革的统一部署，围绕进一步增强政治性、先进性、群众性，全面加强组织、制度、能力和作风建设，大力推进组织体制、运行机制、工作方式、干部管理等方面创新，工商联组织建设水平有了新提高。一是扎实推进工商联自身改革。年初中央统战部印发《全国工商联深化改革总体方案》后，全国工商联党组立即成立改革领导小组和办公室，及时召开动员部署会，向各省级工商联转发改革方案。将改革工作细化为39项任务，分工到具体部门，跟踪抓好督导落实。开展会员制改革和实行代表任期制专题调研，制定下发全国工商联执委常委届中调整办法。研究推进重设和扩展专门委员会，重新修订工作规则，拟新设青年企业家、军民融合发展、国际合作、商会和民营企业党建等委员会。二是积极推进所属商会改革。经过多年不懈努力，今年6月中办、国办正式印发文件，从政策上解决了制约工商联所属商会发展的关键问题，是工商联事业发展中的一件大事。7月下旬，会同中央统战部联合召开全国电视电话会议，部署推进工商联所属商会改革发展工作，尤权同志作重要讲话，有关中央和国家机关负责同志参加会议，商会改革工作进入新阶段。三是创新机关工作方式。改进各类会议内容和形式，召开季度主席会议，举办中国民营企业500强峰会系列活动，围绕建设学习型机关，提升干部服务“两个健康”的专业精神和专业能力，举办“工商联大讲堂”。加强“网上工商联”建设，实行“门户+APP”互动模式，办公、调研、会员登记、信息报送等多个系统上线服务。制定实施五年工作规划，研究推出省级工商联、直属商会评价办法，加强对地方工商联的工作指导。推行“六强”党建和“计评对”工作机制，改进干部选拔任用机制，注重年轻干部选拔培养，加强机关党建工作，严格干部教育管理，激励广大干部新时代新担当新作为。

这些成绩的取得是各级工商联和各位常委大力支持和密切配合的结果。同时我们也要看到，在总体统筹、改进作风和抓落实上还存在一些不足，需要在下一步的工作中加以解决。

二、认清形势，坚定信心

今年以来，面对复杂多变的国际环境和艰巨繁重的国内改革发展任务，党中央团结带领全国各族人民，坚持以习近平新时代中国特色社会主义思想为指导，认真贯彻党的十九大和中央经济工作会议精神，坚持稳中求进工作总基调，深入贯彻落实新发展理念，经济高质量发展取得积极进展，经济运行总体平稳、稳中有进、稳中向好。上半年GDP增速6.8%，连续12个季度稳定在合理区间。产业结构不断优化，新动能显著增长，消费对经济增长的贡献率比去年同期上升14.2个百分点。市场活力不断增强，上半年全国新登记企业327万户，日均新登记市场主体1.81万户。民间投资企稳，同比增长8.4%，占固定资产投资62.1%，均高于去年同期水平。

同时，还要看到当前我国所处的内外环境正在发生深刻变化，经济发展面临的各种风险叠加，不稳定不确定因素进一步增多。首先，中美贸易摩擦成为最大的外部风险。当前，最大的不稳定不确定因素来自外部。美国把我国视为主要战略对手，将经济问题政治化，极力推行“美国优先”战略，大搞贸易霸凌主义，对我国进行贸易封锁、技术打压，造成的影响也

将是全方面多领域的。中美贸易摩擦持续升级，对我国经济社会发展的冲击影响将在下半年和明年集中显现。其次，金融市场异常波动。主要经济体宏观经济调控及其外溢效应带来很多变数，美欧等国家货币政策总体进入收紧阶段，美联储不断加息缩表，欧洲央行退出量化宽松政策，国际金融市场利率不稳，美国减税和贸易保护政策进一步促进资金回流。近期土耳其里拉、阿根廷比索等新兴市场国家货币大幅贬值，加剧了国际金融市场波动。近几个月，国内股市持续低迷不振，股票质押平仓压力加大；公开市场债券偿还集中到期，违约比例攀升；多地P2P连环爆雷，私募基金跑路；人民币汇率持续走低，贬值预期加大；各地楼市行政调控边际效用大幅衰减，稳房价面临困难。这些风险需要高度警惕。最后，地缘政治风险上升。当前，国际上并不太平。美国和欧盟与俄罗斯的紧张关系在加剧；中东局势复杂多变、日趋紧张；朝鲜半岛未来走势还存在很多变数；美国仍在不断插手台湾问题；我国周边仍有许多不稳定因素。

这些不稳定不确定因素，给我国经济社会发展带来多方面的负面影响，对民营企业发展造成较大冲击。一是影响了市场预期和企业信心。从近期调研和我们了解的情况看，企业盈利能力下降，投资意愿不强，很多企业特别是实体经济、制造业出现大面积困难，市场恐慌情绪开始积聚，在部分行业开始出现蔓延。二是加剧了融资难、融资贵、融不到资的老大难问题。在经济去杠杆、金融强监管的大背景下，上半年社会融资规模增量累计为9.1万亿元，比去年同期减少2.03万亿元，企业发债、委托贷款、信托贷款进一步收缩。中小企业普遍反映虽然银行利率不高，但是担保、保险、审计、评估、转贷等环节多、收费高，导致融资成本上升。同时随着金融监管加强，对于以往主要依赖表外融资的中小企业，遇到了银行不给贷、表外无处贷的困局。三是暴露出核心技术“卡脖子”问题。中兴事件给我们的最大教训是，企业没有核心技术在国际市场上就没有核心竞争力。目前许多制造业民营企业在车间、实验室、检测中心和研发中心使用的高端设备基本依靠进口，尤其是在核心基础零部件、关键基础材料上对外依存度高，关键技术受制于人。四是带来了各种风险交织叠加的复杂局面。今年各种风险交替出现。一些规模较大的民营企业相继出现流动性问题，甚至爆发债务危机，资本市场多只民营企业债券违约，导致民营企业整体信用收缩，加大了企业流动性压力。有些民营企业超越自身条件和能力，盲目搞多元化扩张，造成短时间内资金紧张，因债务逾期和银行纷纷抽贷使企业陷入困境。有些民营企业内部法人治理结构不完善，制度规定不健全，对外守法意识不强，内部管控不严格，出现涉法涉诉问题，给企业造成很大负面影响。

面对错综复杂的国内外经济形势，党中央国务院全面推进改革开放，推出了系列政策措施。一是大力减税降费。增值税税率普遍降低1个百分点，研发费用加计扣除等政策扩大到全部企业，降低部分政府性基金征收标准，继续实施阶段性降低社保费率措施，降低物流和网络收费。二是持续深化“放管服”改革。全面实施市场准入负面清单制度，清理规范民间投资审批流程，着力解决民营企业反映突出的部门之间协同不够、基层承接能力不足、流程复杂周期长等问题。持续推进“证照分离”改革工作，细化规范“多证合一”，推进企业登记全程电子化，大幅压缩企业开办时间，完善市场主体便捷退出机制。三是适时微调财政和货币政策。

7月底召开的中央政治局会议指出，财政政策要在扩大内需和结构调整上发挥更大作用，要把好货币供给总闸门、保持流动性合理充裕，要做好稳就业、稳金融、稳外贸、稳外资、稳投资、稳预期工作，举措更加聚焦，政策更加务实，方向更加明确。四是积极扩大内需。7月底的中央政治局会议提出，要加大基础设施领域补短板力度。今年10月前，将安排1.35万亿元地方政府专项债券用于重点领域和在建项目，基础设施投资有望企稳。国家发展改革委、工业和信息化部联合发布扩大和升级信息消费三年行动计划，预计拉动相关产业产出15万亿元，直接带动消费6万亿元。五是扩大开放力度。习近平总书记先后在博鳌亚洲论坛2018年年会、庆祝海南建省办经济特区30周年大会和上合组织青岛峰会上发表重要讲话，向世界宣示了我们国家进一步深化改革、扩大开放的坚定决心。近期，国务院在金融服务、消费市场、进出口、跨境电商、资源能源等领域大幅放宽外资市场准入，推进“一带一路”建设向纵深发展，全面对外开放新格局进一步形成。

我们要看到，我国经济稳中向好的基本态势没有改变，我国发展动力强、韧劲足、回旋余地大的长期优势会逐步显现。广大民营企业要进一步坚定发展信心，努力实现高质量发展。要坚持质量第一、效益优先，发挥机制灵活的先天优势，积极开展技术创新、产品创新、管理创新和业态模式创新，加强质量品牌建设，做好风险防控，增强核心竞争力，掌握发展主动权。各级工商联要引导非公有制经济人士认真学习领会习近平新时代中国特色社会主义经济思想，通过组织开展各类民营企业家培训，大力宣讲形势政策，深化政治理论学习。要深入开展调查研究，及时了解反映企业诉求，帮助企业解决困难，引导民营企业坚定发展信心，主动防范化解风险，积极投身国家改革发展建设事业。

三、抓住重点，务求实效

年初，工作要点已经对今年工作做了安排部署，接下来的几个月大事多、任务重，要按照党中央国务院的部署要求，做好统筹协调，突出重点难点，切实抓好落实。

一是精心组织庆祝改革开放40周年系列活动。庆祝改革开放40周年，就是要将改革进行到底。要把庆祝改革开放40周年系列活动与以“不忘创业初心、接力改革伟业”为主题的理想信念教育结合起来，着力在建立机制、搭建载体、典型示范、教育培训、党建引领等方面深化，努力实现向所属商会、企业家群体、县级工商联、企业家自组织的全面有效覆盖。落实“弘扬企业家精神，争做新时代表率”倡议，配合组织好改革开放40年民营经济发展成就展览、民营经济发展40年座谈会等活动，广泛宣传民营经济发展的历史性成就和改革开放的成功案例，营造安商、尊商、重商的良好社会氛围。

二是引导民营企业积极参与“三大攻坚战”。打赢“三大攻坚战”是要补齐发展中的三个最突出的短板,也是全面建成小康社会必须啃下的“硬骨头”。全国工商联将出台指导意见，引导民营企业参与打赢“三大攻坚战”。一是防范化解重大风险。围绕民营金控集团、民营金融机构、民营房地产企业运行状况及民营企业负债情况进行摸底排查调研，召开民营企业防范风险工作会议，引导民营企业强化风险意识，正确研判并稳妥应对潜在风险。密切关注大型民营企业资金和负债状况，通过部门联系机制等工作渠道，协调相关部门、金融机构、司法机关帮助企业解决困难，协助做好重点领域风险防范和处置工作。二是参与精准脱贫。落实中央打赢脱贫攻坚战三年行动指导意见要求，发挥各级工商联的引导和企业家执委常委的示范带动作用，以“三区三州”为重点，推进“万企帮万村”精准扶贫行动向深度贫困地区倾斜。积极引导民营企业参与乡村振兴战略，举办光彩事业“南疆行”“怒江行”和“精准扶贫西藏行”等活动，继续深入开展织金县定点帮扶。举办全国“万企帮万村”消费扶贫展销会，进一步推进和完善消费扶贫电商平台，引导直属商会及会员企业发挥表率作用。召开全国“万企帮万村”先进民营企业表彰大会，举办扶贫日论坛，发布中国民营企业社会责任报告，扩大行动社会影响，增强扶贫成效。三是助力污染防治。污染防治直接关系到人民群众对美好生活的向往和需要，也是工商联服务工作的一个薄弱环节。要引导民营企业牢固树立绿色发展理念，自觉淘汰落后产能，节能降耗减排，提高资源能源利用效率，大力发展环保生态产业和现代农业，组织民营企业参与污染防治攻坚战，投身《打赢蓝天保卫战三年行动计划》。

三是大力弘扬企业家精神。按照全国工商联贯彻落实中发〔2017〕25号文件精神重要举措分工方案和常态化调度工作方案，按期召开月度专题会议、季度综合会议，抓好8项牵头任务、22项配合任务的督导落实。配合推动出台党委政府与民营企业、商会沟通机制，充分利用参与人大立法建议、政协协商会议等议政建言平台，畅通企业合法诉求的反映反馈及问题解决渠道，做好首次营商环境评价及发布工作，推动构建“亲”“清”新型政商关系。与贯彻落实中发〔2016〕28号文件精神结合起来，把推动产权保护和维权服务工作作为重要举措，发挥全国统一的企业维权平台和全国工商联法律维权服务中心作用，加大产权保护个案维权力度。会同中央统战部及浙江省等有关部门，推进温州市创建新时代“两个健康”先行区工作。

四是继续做好联系调研工作。联系调研工作是工商联系统改进作风、发挥执委常委作用、服务基层的一项重要举措。接下来，要坚持和完善好的做法，及时研究工作中出现的情况和问题，真正让联系调研工作落下去、实起来。地方工商联既是联系调研工作的被联系者，也是该项工作的参与者，要高度重视，增强主动性、积极性。各位企业家常委都是联系调研工作的参与主体，要充分认识到新时代做好联系调研工作的重要意义，对联系调研工作始终扛起责任、保持热忱，认真参与和遵守所在联系调研组的各项安排，真正上前台、受教育、起作用。一会儿，乐江书记还将对做好联系调研工作作专门部署，大家要抓好落实。

五是加快推进所属商会改革和工商联改革。改革是新时代工商联事业发展的强大动力。要深入贯彻《关于促进工商联所属商会改革和发展的实施意见》和尤权部长讲话精神，履行好商会业务主管单位职责，开展好商会改革发展调研工作，加强上级工商联对下级工商联的考核指导，形成整体工作合力，不断推进“五好”县级工商联和“四好”商会建设。要按照《全国工商联深化改革总体方案》要求，加快推进各项制度设计，重点推动会员制改革、实行代表任期制、企业家副主席、副会长述职评议等制度出台。要加强班子建设，更好发挥执委常委作用，每位企业家执委、常委要积极参加全联层面的工作，如扶贫、调研、社情民意信息报送工作，或参政议政政治协商的提案工作，要发挥集体领导优势，不断扩大工商联影响力。要不断改进各级工商联机关工作作风，继续完善“六强”党建和“计评对”等工作机制，用规章制度管人管事，努力克服

“四风”顽疾，加强机关干部队伍建设，不断提高工作质量和水平，把工商联真正建设成为让广大非公有制经济人士“有方向感、有认同感、有归属感、有荣誉感、有获得感”的共同家园。

9月6日，我们将在杭州举办中非民营经济合作高峰论坛，这是党中央交给全国工商联的一项重大政治任务，也是工商联开展国际合作的首次“主场外交”，相关各方要通力协作，确保取得良好效果。我们还要办好首届全国工商联主席高端峰会，配合有关部门共同办好军民融合高技术装备成果展览暨高层论坛等活动。

各位常委，同志们！新时代展现新气象，呼唤新作为。让我们紧密团结在以习近平同志为核心的党中央周围，认真落实党中央决策部署，振奋精神，创新作为，以优异成绩向改革开放40周年献礼，在全面建成小康社会、实现中华民族伟大复兴中国梦的历史进程中再建新功！

徐乐江在全国工商联十二届一次常委会议上的讲话

（2018年8月30日）

同志们，全国工商联十二届一次常委会议今天就要闭幕了。这次常委会议与2018中国民营企业500强峰会系列活动结合召开，从内容、形式到组织方式都有创新探索，是落实全国工商联总体改革方案、推进深化改革的一次有益尝试。一是体现了大局意识。会议和活动紧扣提振发展信心、实现高质量发展主题，围绕“三大攻坚战”、民营经济领域党建、金融服务实体经济、东北振兴等党中央、国务院全局性决策部署进行研讨、交流，体现了工商联工作必须围绕中心、服务大局的要求。二是体现了创新意识。会议采取一系列改革创新、探索求变的做法，比如首次举办世界500强与中国民营企业500强圆桌会议，重视企业家常委作为工商联领导机构成员的主体地位和作用，请企业家上前台、当主角，做主持，当主讲。三是体现了服务意识。通过分类组织、精心服务，为企业家打破地域界限搭建对话平台，围绕共同话题交流研讨、激发灵感，帮助企业拓宽合作共赢渠道。按照国家新一轮振兴东北的战略部署，邀请部分世界500强企业代表、有投资意向的常委参加活动，举办签约仪式，助力东北新一轮振兴发展。这次只是工商联会议活动改革探索的一个开始，各方面要认真总结，梳理问题、查摆不足，在今后的工作中继续加以改进完善。

下面，我着重围绕做好联系调研工作、贯彻落实中发〔2017〕25号和厅字〔2018〕30号文件精神、防范化解企业风险，再讲几点意见。

一、持续深入做好联系调研工作

今年3月份，为贯彻落实《全国工商联深化改革总体方案》，我们研究制定了《关于全国工商联联系地方工商联和所属商会的实施意见（试行）》，正式启动联系调研工作。刚才，友山同志通报了4月份以来联系调研工作开展情况。总体看，

4个多月的联系调研带动相关工作，取得了一系列成效。

一是通过政策宣讲，结合工商联实际宣传贯彻习近平新时代中国特色社会主义思想和党的十九大精神，讲解党中央支持民营经济发展政策等，增进了理论认同，强化了工商联干部和非公有制经济人士“四个意识”，增强了“四个自信”；二是通过调查研究，各组各有侧重开展民营企业参与乡村振兴、工商联所属商会改革发展、民营企业高质量发展、精准扶贫与乡村振兴融合发展等调研，推进了重点课题研究；三是通过走访基层、开展面对面指导，达到“认门、认人、认事”的目的，详细了解地方工商联工作开展情况，发现许多值得借鉴推广的经验做法，以及长期制约工商联组织和非公有制经济发展的突出问题，推动地方工商联认真落实理想信念教育、加强基层组织建设、开展“万企帮万村”精准扶贫行动和经济服务等重点工作，促进形成工商联系统“上下一盘棋”工作格局；四是通过企业家交流，加强调研组企业家和所到地区党委政府、企业家之间的思路对接、信息对接、项目对接、产业对接，助力当地企业和地方经济发展；五是通过开展“不忘创业初心、接力改革伟业”主题教育等系列活动，不断丰富理想信念教育形式，实现“组织一次调研、多方受到教育”的良好效果。机关同志和东部的企业家，真切感受到基层同志特别是西部边疆省份的干部能吃苦、敢担当、有作为的优秀品质后，深受教育，增强了信心干劲，激发了内在动力；西部的企业家到东部南部调研后，进一步增强对改革开放的深刻认识，深受教育、备感鼓舞。

联系调研工作是把工商联建设成为广大非公有制经济人士“有方向感、有认同感、有归属感、有荣誉感、有获得感”的“家”的重要举措。作为一项创新性活动，还存在思想认识需进一步提高、企业家执委常委参与面需进一步扩大、活动安排精准度和实效性需进一步增强等问题。深入推进联系调研工作，要把促进“两个健康”、促进“四会”建设、促进地方发展贯穿始终。促进“两个健康”，就是要紧紧围绕工商联工作主题，以联系调研为载体加强团结、服务、引导、教育工作；促进“四会”建设，就是要落实党中央、国务院对工商联的工作要求，以联系调研为契机自上而下推动工商联系统做到“六个始终坚持”，在“政治建会、团结立会、服务兴会、改革强会”方面有新突破新成效；促进地方发展，就是要立足地方经济建设中心工作和实际条件，以联系调研为纽带激发优秀企业家精神、发挥企业家作用，帮助搭建民营企业与地方发展的精准对接平台，在鼓励和扩大有效民间投资、促进地方经济社会发展上有新作为新贡献。

当前，围绕落实“三个促进”目标定位，要做好三方面重点工作。一是持续深入宣传贯彻习近平新时代中国特色社会主义思想和党的十九大精神，把非公有制经济人士思想和行动统一到党的理论路线方略上来；二是围绕参政议政做好案例搜集、研究论证，提高建言献策质量；三是动员民营企业助推区域经济发展，促进国家重点发展战略、重大项目落地落实。

行百里者半九十。做好下一步联系调研工作，必须处理好以下几对关系。一是处理好“全联组织”与“地方实施”的关系。现在还不同程度存在着全联和省联之间沟通不够、准备不足、协调不力、对接不准等问题。联系调研是双向互动的过程，需要全国工商联和地方工商联同频共振。地方工商联要积极支持、认真贯彻全国工商联提出的要求，在具体内容、信息搜集、地方需求、工作举措等环节对接精准、顺利“施工”。二是处理好“要我参加”与“我要参加”的关系。目前，有的企业家执委常委片面认为联系调研工作只是专职会领导和机关干部的事，与本人和企业发展关系不大。大家一定要认识到，参与联系调研不是任务而是义务，是作为工商联领导机构成员应尽的责任！这是工商联章程明确规定的义务，也是落实党中央关于政治安排之后履行政治责任、政治担当的内在要求。企业家执委常委要真正认同、积极支持参与联系调研，切实变“要我参加”为“我要参加”。三是处理好“联系调研工作”与“推进全面工作”的关系。推进年度全面工作，联系调研既是重要内容又是重要手段和载体，需要工商联特别是带队领导“弹好钢琴”、统筹兼顾，把联系调研放在年度全面工作中通盘考虑。各组在安排调研任务时，要综合考虑调研组成员的职责分工，在调研过程中既要安排具体调研任务，又要兼顾阶段性分内工作，同步做好对所到地区的工作调研指导。要及时将联系调研中发现的好经验、焦点难点问题及其思考，以社情民意信息的方式上报。网上工商联建设已经取得阶段性成效，要善于利用技术手段通过网络远程处理完成机关日常工作。四是处理好“前期调研”与“后续跟进”的关系。联系调研工作既有时间跨度也有空间跨度，必须做到前期对接准备、开展调研和后期跟踪问效的各环节环环相扣、无缝对接。要注重做好前期人员对接、时间对接、日程衔接，保证调研如期开展。要在周密组织调研的同时抓好联系调研的“后半篇文章”，加强跟踪问效，坚持善始善终、善作善成，全流程精心衔接，保证终端效果。五是处理好“扩大覆盖面”与“突出关键点”的关系。实现全面覆盖，是我们的工作目标。要立足于扩大覆盖面，深入对接沟通，通盘考虑联系调研工作的目的需求，最大限度增加联系调研的覆盖地区。同时，要针对有重点需求、有代表性的地区企业，结合重点区域特点制定个性化联系调研方案，周密考虑联系调研过程中的各方面影响因素，有的放矢、以点带面。

二、深入推进中央25号和厅字〔2018〕30号文件精神落地落实

习近平总书记高度重视弘扬优秀企业家精神，发挥企业家示范作用，强调企业家是推进经济社会发展的“关键少数”。2017年9月8日，中共中央、国务院印发25号文件，这是新中国成立69年来，党中央首次以专门文件明确指出企业家是经济活动的重要主体，强调企业家精神的地位和价值，更好发挥企业家作用。今年6月25日，中央办公厅印发30号文件，出台工商联所属商会改革发展的指导性意见，这是中央赋予工商联开展商会工作的“尚方宝剑”。这两份文件对新时代工商联做好经济领域统战工作，加强与广大非公有制经济人士的联系服务，都具有里程碑意义。中央25号文件的相关精神是商会开展会员服务和思想引领的重要内容。商会是以企业家为主体、自我管理、自我服务的社会组织，是贯彻25号文件精神的有效平台。各级工商联要把贯彻落实25号文件和30号文件精神，作为当前和今后一个时期的重要任务摆上重要位置，为促进“两个健康”提供强大动力和组织保证。

多措并举抓好中发〔2017〕25号文件精神落实。在当前复杂的经济形势下，弘扬优秀企业家精神、发挥企业家作用显得尤为重要。党中央、国务院对贯彻落实25号文件高度重视，国家发展改革委牵头建立部级和司局级定期联系推进的工作机制，明确了跟踪督查的要求。各地工商联要对照全国工商联的分工方案制定实施细则，建立起主要领导负责的检查、督导工作机制，切实把落实文件精神，与促进“两个健康”、与深化工商联自身改革等各项任务紧密结合起来。一要把开展“不忘创业初心、接力改革伟业”学习教育与弘扬优秀企业家精神紧密结合起来，激发企业家积极性、能动性、创造性，充分发挥企业家的能动作用、创新精神。从中发〔2017〕25号文件，到7月底中央政治局会议，8月20日国务院促进中小企业发展工作领导小组第一次会议，都持续释放出习近平总书记所说的“三个没有变”的明确信息。“上下同欲者胜”。要加强对党和国家相关政策的引导解读，把广大非公有制经济人士的思想和认识，统一到中央对形势的判断上来，心同向、力同行。这样，预期才能稳，信心才能足。二要把服务帮困和思想引导结合起来。要关注民营企业在参与混合所有制改革、污染防治、去杠杆和严监管过程中，可能出现的不公平、不平等等新问题、新矛盾，跟进做好协调解决，把解难题与暖人心有机统一起来。三要把做好法律维权和保护产权结合起来，让企业家心无旁骛、后顾无忧，安心放心专心去创业创新。运用张文中、顾雏军等典型案件再审重判案例，使之成为培养企业家法治思维、合规经营、依法治企、依法维权的生动教材。用好工商联与政府有关部门、政法各部门建立的工作机制，发挥工商联法律维权服务中心作用，推进企业涉法涉诉问题的解决。

把握关键环节推进厅字〔2018〕30号文件精神落实。各级工商联要把推进商会改革发展作为当前一项重要政治责任。一要摸清“家底”。全国工商联即将开展商会改革发展调研，旨在推动厅字〔2018〕30号文件精神贯彻落实，同时对现有商会的数量质量、商会班子整体素质、服务载体和服务能力、内部管理制度和建设水平等做深入摸排。在此基础上制定更有针对性、可操作性的工作方案。各地工商联要参照即将印发的任务分解方案，深入分析当地商会发展建设现状，查找短板，确定好改革发展的“施工图”“时间表”“责任人”，抓好本地商会的改革发展工作，全面提升商会发展质量。二要把好方向。准确把握中国特色商会组织的性质定位，充分体现“三性”有机统一基本特征，坚持统战工作向商会有效覆盖的工作目标，引导会员拥护党的领导，积极践行社会主义核心价值观，自觉投身中国特色社会主义事业。三要规范发展。要做好指导、引导、服务工作，配合民政部门，依法做好工商联所属商会法人登记工作，完善法人内部治理机制，加强所属商会制度化规范化建设，指导建立规范有序的运作机制。把商会作为企业家开展自我学习、自我教育、自我提升的重要平台，通过发挥商会作用弘扬优秀企业家精神、发扬企业家作用，不断增商会活力，增强商会凝聚力影响力执行力，真正把商会建设成为能更好促进“两个健康”的基层组织和工作依托。

三、高度重视防范化解民营企业风险

今年以来，伴随世界政治经济的不确定性事件和多样性挑战更加复杂，国内在发展过程中积累的一些风险会逐渐交叉感染和集中暴露，防范化解金融风险、维护金融稳定的重要性紧迫性日益凸显。近年来，国家解除了民营企业设立金融机构的限制，支持成立民营企业控股银行，放宽民间资本成立互联网融资平台条件。无论哪种方式参与金融领域，企业家都要有法治意识、风险意识和责任意识，严格守法依规诚信经营，更好服务实体经济，避免成为风险的始作俑者。

从最近掌握情况看，民营企业特别是大型企业、房地产企业高杠杆、高负债

带来的资金风险问题比较突出。尤其是因P2P接连爆仓，殃及不少民营企业，对此，各位企业家和各级工商联都要引起高度重视。对于民营企业一直呼吁的融资难、融资贵，乃至目前出现的融不到资的问题，大家应该历史地看。前几年，在融资环境宽松的情况下，资金来源渠道多，甚至一些影子银行、地下钱庄都可放贷，很多企业通过多种民间融资渠道都可以拿到钱。实际上，这种现象本身就不是一种良性常态。这种融资现象催生了个别企业的投机心理，激进发展、非理性扩张，影响了企业创新，助推了高杠杆率，蓄积了风险泡沫。党的十九大将防范化解重大风险作为“三大攻坚战”之首，随后资管新规等系列政策相继出台，包括影子银行在内的部分金融机构通过期限错配、流动性转换、多层嵌套和高杠杆等方式套利得到遏制。随之而来民营企业融资成本上升，流动性短缺问题逐渐浮出水面。民营企业的融资难题，既有政策因素影响，也有企业自身的原因，带来阵痛是必然的。中央政治局7月31日会议强调，坚定做好去杠杆工作，把握好力度和节奏，协调好各项政策出台时机。这表明了中央去杠杆、挤泡沫的坚定决心。可以预见，资金紧张问题还可能持续一段时间。对企业来说，去杠杆“阵痛好于长痛”，大家要有足够心理准备。去杠杆既是压力，也是好事，可以倒逼企业反思发展路径，调整发展方式，聚焦实体经济，坚定信心、坚守实业，扎扎实实创立品牌，提升品质，走高质量发展道路。

对此，广大民营企业，一要加强预测预警，增强风险意识、忧患意识，抓紧开展风险自我排查，密切关注资金链安全，做好内部风险评估。二要坚持审慎合规经营，主动把杠杆降下来，避免盲目扩张，防止产生流动性枯竭，坚持稳中取胜，先保生存、再谋发展。三要做好风险处置预案。一旦面临资金风险，应及时报告，多渠道保持与相关金融机构等方面的沟通交流，妥善处置风险，避免引发更严重的信用危机。

企业的现实困难直接影响企业家的发展信心和市场预期。预期是经济生活的反映，也反作用于经济生活。资金风险往往成为压垮企业的最后一根稻草。工商联做非公有制经济领域统战工作，就是做人的工作。越是在企业生产经营困难、企业家思想活跃复杂的时候，工商联越要按照习近平总书记“两个关注、两手抓”的指示精神，在帮助企业防范化解重大风险方面有所作为。一要把防范化解企业风险摆上重要日程。各地工商联要把防范化解企业风险作为当前的一项紧迫性任务来抓，定期研究防范化解企业风险工作，关注经济金融形势变化和相关政策调整动态，分析当前企业面临风险及成因，讨论企业应对资金风险的有效举措和途径，提出配合处置企业风险的方式方法。全国工商联拟于10月召开民营企业防范风险工作会议，剖析问题，分析形势，研究对策。二要认真做好民营企业资金风险的摸底排查。全国工商联正在对民营金控集团、上市民营企业、民营房地产企业负债情况开展摸底调研。各级工商联要结合全联工作安排，及时组织力量开展调研，全面了解摸排本地民营企业运行状况、融资特别是负债情况及资金风险问题，特别是大型企业、龙头企业面临的现金流压力和潜在隐忧，做好民营企业防范金融风险形势研判。三要加强与政府职能部门、金融机构的沟通协调。一旦了解核实民营企业存在的资金风险，工商联一定要主动向当地党委政府汇报，避免出现连锁反应，造成更大社会影响。要密切与有关职能部门、金融机构的沟通联系，配合做好民营企业风险处置工作，努力将民营企业的损失降到最低程度。另外，要有效发挥各地商会作用，探索解决会员企业遇到的金融风险难题。

刚才，云龙主席强调了5项重点工作，这次会议还对助推东北振兴工作作出了部署，500强峰会及系列活动也形成了许多智力成果。各级工商联要一并抓好工作落实、成果转化。

同志们，从现在到年底仅有4个月时间，是年度工作攻坚拔寨、开花结果的时候。舞台有多大，作为就有多大。我们要更加自觉地用习近平新时代中国特色社会主义思想武装头脑、指导实践，振奋精神、埋头苦干，突出重点、统筹推进，进一步做好工商联各项改革发展工作，采取更加有力的举措服务和促进“两个健康”，团结带领广大非公有制经济人士一道，投身实现中华民族伟大复兴中国梦的伟大征程！

高云龙在全国工商联十二届二次执委会议上的工作报告

（2018年12月26日）

受常委会委托，我向中华全国工商业联合会第十二届执行委员会第二次会议作工作报告，请予审议。

一、2018年工作回顾

一年来，在以习近平同志为核心的党中央坚强领导下，各级工商联认真学习贯彻习近平新时代中国特色社会主义思想和党的十九大精神，坚持围绕中心服务大局，牢牢把握“两个健康”主题，按照党中央国务院对工商联提出的坚持“政治建会、团结立会、服务兴会、改革强会”和“六个始终坚持”要求，以改革创新、勇于担当的精神，开创了新时代工商联事业新局面。

（一）参与筹备民营企业座谈会，深入学习贯彻习近平总书记重要讲话精神

11月1日，习近平总书记主持召开了高规格的民营企业座谈会，在民营经济发展史上具有里程碑意义。会前，全国工商联针对民营经济发展面临的困难和问题，深入调查研究，密集召开座谈会，先后向中央办公厅、中财办、国家发展改革委等部门报送《民营企业所虑所思所盼》等5份报告，反映民营企业面临的突出问题，提出帮助民营企业纾困解难的意见建议。相关报告素材在总书记讲话中被采纳。会中，全国工商联在中央办公厅、中财办的领导下，全程参与筹备工作，报送民营经济有关情况，推荐参会民营企业家，组织撰写发言材料。会后，全国工商联迅速部署各级工商联和广大民营企业广泛深入学习宣传贯彻总书记重要讲话精神，组织机关干部和民营企业家学习座谈，掀起学习宣传贯彻的热潮。全国工商联制定了贯彻落实总书记重要讲话精神的工作方案，积极参与有关部委制定推动民营经济发展的政策文件。首届全国工商联主席高端峰会、民营重点骨干企业主要负责人专题研

讨班，以及这次执委会议，都把深入学习贯彻总书记在民营企业座谈会上的重要讲话精神作为主要内容，引导广大民营企业家认清形势，坚定信心，按照习近平总书记的殷殷嘱托，心无旁骛创新创造，踏踏实实办好企业。

（二）深入开展“万企帮万村”精准扶贫行动，认真学习贯彻习近平总书记回信精神

10月20日，习近平总书记亲自给“万企帮万村”精准扶贫行动中受表彰的民营企业家回信，对民营企业积极承担社会责任、踊跃投身脱贫攻坚给予充分肯定，并提出殷切希望，极大提振了民营企业发展信心。在“万企帮万村”精准扶贫行动的攻坚之年，我们认真贯彻落实总书记“要抓好落实、抓出成效”的重要指示精神。推进行动向深度贫困地区倾斜。印发《推进“万企帮万村”精准扶贫行动向深度贫困地区倾斜的落实方案》，举办“精准扶贫西藏行”“中国光彩事业怒江行”和“中国光彩事业南疆行”等活动，共签订合同项目174个，投资金额635.17亿元。积极开展商会扶贫，通过党建联动、项目投资、开展“双创”、消费拉动、公益捐赠、品牌提升等方式帮扶贫困地区，探索开展直属商会合作帮扶甘南、迪庆的“特色产业帮扶项目”考察对接活动。倡导消费扶贫理念，组织多种形式的展销会，搭建联成e家消费平台，动员直属商会组织会员企业积极采购扶贫产品。通过易田电商已销售贫困地区特色农产品达2000多万元。编制《中国民营企业社会责任优秀案例（2018）》和《中国民营企业社会责任报告（2018）》（蓝皮书）,共同召开全国就业与社会保障先进民营企业暨关爱员工实现双赢表彰大会。表彰民营企业参与脱贫攻坚先进典型。今年10月，全国工商联、国务院扶贫办联合举行全国“万企帮万村”精准扶贫行动先进民营企业表彰大会，宣传民营企业参与精准扶贫行动的典型经验和做法，引导广大民营企业家积极为精准扶贫、精准脱贫做贡献。受表彰的100名民营企业家联名给习近平总书记写信，汇报参与脱贫攻坚情况，展示了新时代民营企业家风采。认真抓好总书记回信精神贯彻落实。习近平总书记回信后，全国工商联第一时间向各级工商联发出通知，要求以多种形式认真学习宣传贯彻总书记回信精神，在全国“万企帮万村”产业扶贫现场会上进一步学习总书记回信。在广西百色市召开全国工商联扶贫工作委员会会议，对接产业扶贫项目，公益捐赠款物折合人民币3040万元。广大民营企业家纷纷表示，总书记回信是对民营企业的巨大鼓舞，一定会努力发展企业，积极投身脱贫攻坚伟大行动。

（三）开展庆祝改革开放40周年系列活动，深化非公有制经济人士理想信念教育

我们以“不忘创业初心、接力改革伟业”为主题，开展了系列活动。组织杰出民营企业家的推荐与宣传。会同中央统战部推荐宣传改革开放40年百名杰出民营企业家，发挥新闻宣传导向重要作用，组织民营企业参与中央电视台改革开放40周年大型纪录片制作和庆祝改革开放40周年大型展览等，引导广大非公有制经济人士增强“四个意识”、坚定“四个自信”。启动温州市新时代“两个健康”先行区创建工作。会同浙江省、温州市制定《温州市创建新时代“两个健康”先行区总体方案》，指导温州市出台《关于创建新时代“两个健康”先行区加快民营经济高质量发展的实施意见》，10月17日在温州召开创建新时

代“两个健康”先行区大会。举办中国民营经济发展（台州）论坛。系统总结了民营经济40年发展成就及经验，发布了《中国民营经济研究报告》，宣读了《中国民营经济发展论坛台州宣言》。加强非公有制经济人士教育培训。制定印发教育培训工作规划，举办全国工商联（中国民间商会）企业家副主席、副会长培训班、三期全国工商联企业家执委、常委培训班。围绕乡村振兴战略、“一带一路”建设、金融安全与防范重大风险等举办8期“德胜门大讲堂”。实施“新时代民营企业家培养计划”，召开全国工商联青年企业家委员会成立大会暨首届全国青年企业家峰会，着力引导年轻一代。推进非公经济领域党建工作。配合中央组织部对工商联所属商会党建工作情况进行调研。开展省、市、县三个层次的非公经济领域党建工作试点。配合中央宣传部编印《新时代企业思想政治工作创新案例选编——民营企业篇》，编辑出版《新时代新实践：民营企业与商会组织党建工作案例选编》。

（四）举办民营企业500强峰会系列活动，推进民营企业高质量发展

着眼建设现代化经济体系，引导民营企业牢固树立新发展理念，积极参与供给侧结构性改革，加快转入高质量发展轨道。举办2018中国民营企业500强峰会系列活动。在发布榜单、分析报告和举办高质量发展主论坛基础上，创新形式，举办了金融服务实体经济、精准扶贫、环境保护与污染防治、民营经济领域党建4个专场，举办了世界500强与中国民营企业500强圆桌对话会议。通过500强峰会系列活动，分享民营企业发展成功经验，弘扬企业家精神，宣传大型民营企业、龙头企业在国家经济发展中的积极贡献，社会反响强烈。开展民营企业高质量发展调研。会领导带队赴9个省（市）进行重点调研，各省（区、市）工商联积极参与，调研报告上报国务院和中央统战部，在汪洋同志主持召开的调研协商座谈会上作专题汇报。配合全国政协经济委员会共同开展“发展实体经济，提高供给体系质量”专题调研，联合举办专题协商会，专题发言得到汪洋同志充分肯定。推动民营企业参与关键领域自主创新工作，组织开展专项调查，会同工信部共同筛选形成《民营企业关键领域自主创新技术列表》，向国务院办公厅报送有关报告。开展了第13次民营企业抽样调查。帮助民营企业防范化解金融风险。对民营企业进入金融领域、防范化解风险情况进行摸底调研，针对A股上市民营企业股权质押、负债和流动性等情况，提出针对性对策建议，汪洋同志作出“言之有理、论之有据，既提问题、又出主意，是个好报告”的重要批示，刘鹤、尤权同志也对报告作出批示。《对民营企业出现的债务违约情况应引起高度重视》专报被中办采纳并转报韩正、刘鹤同志。重点关注大型企业、龙头企业发展困难和问题，在帮助企业解决经营困难、化解风险方面做了大量沟通协调工作。紧扣民营企业发展关切加强与有关部门合作。为提高金融服务民营企业和小微企业的效率和水平，与中国人民银行共同召开民营企业和小微企业金融服务座谈会，中国人民银行主要领导、中国工商银行等14家金融机构主要负责人、29家民营企业代表参加会议，社会各界给予高度评价。按照国务院部署，配合国务院金融稳定发展委员会开展了深化民营企业和小微企业金融服务的督导和评估。与中国银行签署战略合作协议，帮助民营企业“走出去”。与科技部签订了新的部际合作协议，联

合下发《关于推动民营企业创新发展的指导意见》，发挥各自优势，携手打造民营企业创新发展平台。与贸促会签署战略合作协议，在促进经贸合作交流、加强信息共享、建立沟通联络机制等方面开展合作。

（五）创新方式方法，联系调研工作取得丰硕成果

根据《全国工商联深化改革总体方案》，制定了《关于全国工商联会领导联系地方工商联和所属商会的实施意见（试行）》。会领导带头深入基层。专职会领导带队，企业家副主席、副会长编入各组任副组长，企业家执委、常委积极参与，分别联系不同地方工商联和直属商会。8个联系调研组共走访22个省级工商联、116个市级工商联、517个县级工商联、382个工商联所属商会，以及979家民营企业和个体工商户，242位企业家执委参加调研。落实总书记对民营企业家提出的“加强自我学习、自我教育、自我提升”要求。调研期间召开215场宣讲会，约3万人次听宣讲、受教育。百余位企业家执委、常委宣讲习近平总书记系列重要讲话精神和党的政策，在广大非公有制经济人士中发挥了示范带动作用。注重把联系基层与重点调研、解决实际问题相结合。走访基层，既注重开展面对面指导，详细了解地方工商联工作开展情况，达到“认门、认人、认事”的目的，又注意与民营企业参与乡村振兴、工商联所属商会改革发展、民营企业高质量发展、精准扶贫与乡村振兴融合发展等重点课题调研相结合；注意了解地方和民营企业需求，加强调研组企业家与所到地区党委政府、企业家之间的思路对接、信息对接、项目对接和产业对接，助力当地企业和地方经济发展。

（六）开展系列经贸活动，服务国家区域发展战略

引导广大民营企业融入国家发展战略，促进区域经济发展。助推东北振兴。召开助推东北振兴工作会议、助推辽宁高质量发展大会，总签约额2956亿元。助推山东新旧动能转换。在首届全国工商联主席高端峰会期间，举行民营企业助推山东新旧动能转换大会，总签约额1029.8亿元。助推中部崛起。主办全国知名民营企业携手湖南助推中部崛起大会，总签约额1198.36亿元。此外，还与有关方面共同举办2018年世界制造业大会、中国国际徽商大会、第三届全球吉商大会、第二届蒙商大会、第五届全球贵商发展大会、第十九届中国·青海绿色发展投资贸易洽谈会、中国企业国际融资洽谈会暨民企投融资洽谈会等活动。

（七）举办中非民营经济合作高峰论坛，助力国家“一带一路”建设

拓宽视野，主动协调，在更高层次上为民营企业积极稳妥“走出去”、参与“一带一路”建设提供服务。融入国家框架下的双多边机制。成功举办中非民营经济合作高峰论坛，来自中国和非洲31个国家的300余名政府部门、民营企业、研究机构代表参加，论坛已纳入《中非合作论坛——北京行动计划（2019—2021年）》。参与中非合作论坛、中国国际进口博览会、上合峰会等国家主场外交活动，成为中国国际进口博览会成员单位和中非合作论坛中方后续行动委员会成员单位。成功召开中国-东盟企业家联合会筹备会。搭建务实服务平台。组织民营企业家参加中央召开的“一带一路”建设工作5周年座谈会并发言。与10家境外商协会及相关机构签署合作备忘录，参与举办中国-东盟博览会、中国-亚欧博览会、中国西部国际博览会、丝绸之路国际博览会、

中部国际产能合作大会、中国-南亚博览会。与国家发展改革委、商务部联合举办民营企业参与“一带一路”建设培训班，与商务部联合举办民营企业对外投资合作安全培训班。引导规范境外投资经营行为。召开推进境外工业园区建设大会，与国家发展改革委等部门联合制定《民营企业境外投资经营行为规范》，促进民营企业抱团走出去。举办以“守法诚信经营、境外风险防范”为主题的“我驻外使领馆与民营企业面对面”交流活动，引导民营企业境外合规合法经营，防范金融、法律、政策等风险。

（八）成立法律维权服务中心，努力为民营企业发展营造良好法治和营商环境

按照习近平总书记“要为民营企业发展营造良好的法治环境和营商环境，依法保护民营企业权益”和“保护企业家人身和财产安全”重要指示，扎实推进法律服务工作。积极参与政策制定和立法工作。协助中央政法委、最高人民法院、司法部出台有助于营造民营企业良好法治环境的意见、标准，参与《民法典》《民办教育促进法实施条例》《失业保险条例》等法律法规及政策文件的调研论证、意见反馈。加强援助机制建设。成立全国工商联法律维权服务中心，健全全国工商联法律服务与劳动关系委员会，组建律师团，筹建知识库、案例库，积极对接国家正在筹建的企业维权服务平台，协调联动相关各方共同推动案件公平公正解决。畅通企业诉求反映渠道。进一步健全与最高人民法院、最高人民检察院、司法部等单位高层会晤、部门协商、业务联动工作机制，共同召开检察机关服务保障民营经济发展座谈会，研究解决民营企业遇到的困难和问题。引导企业练好守法经营内功。持续开展“法律三进”法治宣传活动，利用“12·4”宪法日等重要节点，广泛开展法律宣讲、法规阐释、权益维护、案例剖析、风险排查、警示教育等活动。举办法律风险防范（产权保护）培训班，持续提升企业风险防控能力。大力推进商会调解工作。与司法部联合印发《关于推进商会人民调解工作的意见》，努力发挥商会在基层一线为民营企业提供法律服务的重要作用。与最高人民法院联合制定支持商会调解指导意见。目前，商会调解社会影响力不断扩大，调解机构由2015年的450余个增加到1500余个。持续推进协调劳动关系工作。履行企业代表组织职责，引导民营企业构建和谐劳动关系，推进三方协调机制建设，参与第四次全国模范劳动关系和谐企业和工业园区评选表彰工作。会同人社部开展“失业保险惠企政策进民企”专项宣传活动，持续推进民营企业劳动关系监测。

（九）深化改革创新，开创新时代工商联事业新局面

按照党中央关于深化群团组织改革的统一部署，创新工作方式，完善工作机制，着力拓展组织和工作的覆盖面。全面启动工商联及所属商会改革。成立改革领导小组和办公室，召开动员部署会，针对突出问题细化各项改革举措。推动以中办国办名义印发《关于促进工商联所属商会改革和发展的实施意见》，从政策上解决了制约工商联所属商会发展的关键问题。中央统战部、全国工商联共同召开全国电视电话会议，部署推进工商联所属商会改革发展工作，尤权同志作重要讲话，有关部委负责同志参加会议，使商会改革工作进入新阶段。开展会员制改革和实行代表任期制专题调研，制定下发全国工商联执委常委届中调整办法。成立全国工商联智库委员会，重设

八个专门委员会。制定“四好”商会认定标准，起草企业家副主席、副会长、执委评价办法和省级工商联、直属商会评价办法。推进信息化工作，加强“网上工商联”建设，机关办公、调查研究、会员登记、信息报送等多个系统上线服务，并正向地方工商联推进延伸。积极做好参政议政工作。组织开展万家民营企业评价营商环境工作，配合开展建立健全党委、政府与企业、商会沟通协商制度专题调研，切实推动民营企业发展环境改善。认真学习贯彻习近平总书记关于加强和改进人民政协工作的重要思想，组织开展多个主题、多个层次企业调研和企业家座谈会，在中央党外人士座谈会和全国政协双周协商、专题协商等会议上，围绕“两个健康”积极建言献策。组织各级工商联和商会提交团体提案。推荐企业家在政协会议上作书面或口头发言。不断优化调查研究系统，印发了《加强和改进工商联信息工作的意见》《全国工商联办公厅关于提高工商联团体提案质量的意见》和《全国工商联办公厅关于进一步做好反映社情民意信息工作的通知》，向中办报送《工商联信息》（专报）30余篇，向全国政协报送社情民意信息70余篇。加强工商联干部队伍建设。改进干部选拔任用机制，注重年轻干部选拔培养；实施“计评对”制度，完善机关干部考核和工作督查机制；实施“六强”党建工作机制，强化党建工作与业务工作的有机融合，激励工商联干部新时代有新担当新作为。

以上成绩的取得，凝聚着各级工商联和各位执委的心血和贡献。在此，我代表全国工商联对大家的辛勤工作表示衷心感谢，并通过你们向工商联系统广大干部职工和民营企业家表示诚挚的问候！在肯定成绩的同时，也要看到我们的工作中还存在对非公有制经济人士成长规律把握不深、经济服务的方式和手段不够丰富、工作的深度和广度有待拓展、工商联改革发展不平衡、干部队伍专业素养和能力有待进一步提升等问题，需要我们在今后的工作中努力加以改进。

二、深入学习领会中央三个重要会议精神

近期，中央召开了庆祝改革开放40周年大会、中央经济工作会议和民营企业座谈会，习近平总书记发表了重要讲话。深入学习领会习近平总书记重要讲话精神和中央会议精神，是各级工商联组织、广大非公有制经济人士当前和今后一个时期的首要政治任务。

要深入学习领会习近平总书记在庆祝改革开放40周年大会上的重要讲话精神。在庆祝改革开放40周年大会上，总书记深情回顾了改革开放40年的光辉历程，深刻总结了改革开放的伟大成就和宝贵经验，明确提出了新时代继续推进改革开放的目标要求。总书记强调，要深刻把握“十个始终坚持”，指出改革开放40年来，党领导人民风雨同舟、披荆斩棘、砥砺奋进，用几十年时间走完了发达国家几百年走过的工业化历程，绘就了一幅波澜壮阔、气势恢宏的历史画卷。通过40年的努力奋斗，改变了中国的面貌、中华民族的面貌、中国人民的面貌、中国共产党的面貌；中华民族迎来了从站起来、富起来到强起来的伟大飞跃；中国特色社会主义迎来了从创立、发展到完善的伟大飞跃；中国人民迎来了从温饱不足到小康富裕的伟大飞跃。“十个始终坚持”是对40年改革开放生动实践的深刻概括和总结。正是这“十个始终坚持”，我国才创造出了惊艳世界的奇迹。总书记指出，改革开放40年积累的宝贵经验对新时代坚持和发展中国特色社会主义有着极为重要的指导意义，强调新时代继续推进改革开放，必须坚持党对一切工作的领导，不断加强和改善党的领导；必须坚持以人民为中心，不断实现人民对美好生活的向往；必须坚持马克思主义指导地位，不断推进实践基础上的理论创新；必须坚持走中国特色社会主义道路，不断坚持和发展中国特色社会主义；必须坚持完善和发展中国特色社会主义制度，不断发挥和增强我国制度优势；必须坚持以发展为第一要务，不断增强我国综合国力；必须坚持扩大开放，不断推动共建人类命运共同体；必须坚持全面从严治党，不断提高党的创造力、凝聚力、战斗力；必须坚持辩证唯物主义和历史唯物主义世界观和方法论，正确处理改革发展稳定关系。

习近平总书记在庆祝大会上的重要讲话是新时代改革开放再出发的宣言书、动员令，对于鼓舞和激励全党全国各族人民在新时代继续把改革开放推向前进，为实现“两个一百年”奋斗目标、实现中华民族伟大复兴的中国梦不懈奋斗，具有重大的现实意义和深远的历史意义。总书记在讲话中再次重申“两个毫不动摇”，受表彰的100名改革先锋中有10多名民营企业家。这对民营经济健康发展和民营企业家健康成长又是一次巨大的鼓舞。各级工商联要深刻领会总书记讲话的重大意义，切实把握精神实质，坚决抓好贯彻落实。广大非公有制经济人士要坚持“不忘创业初心、接力改革伟业”，坚决拥护中国共产党的领导，努力为将改革进行到底，不断为实现人民对美好生活的向往贡献更多的智慧和力量。

要深入学习领会中央经济工作会议精神。刚刚闭幕的中央经济工作会议，习近平总书记、李克强总理发表了重要讲话。会议全面总结了2018年经济工作取得的成绩，深刻分析了当前经济发展面临的形势，对2019年经济工作作出安排部署。会议指出，面对2018年错综复杂的国际环境和艰巨繁重的国内改革发展任务，我们坚持稳中求进工作总基调，按照高质量发展要求，有效应对外部挑战，改革开放继续深化，“三大攻坚战”开局良好，供给侧结构性改革深入推进，实现了经济持续健康发展和社会大局稳定，朝着实现全面建成小康社会目标迈出新的步伐。通过今年的实践深化了对做好新形势下经济工作的规律性认识，即必须坚持党中央集中统一领导，必须坚持从长期大势认识当前形势，必须精准把握宏观调控的度，必须及时回应社会关切，必须充分调动各方面的积极性。会议要求，要认识到我国发展仍处于并将长期处于重要战略机遇期。当前，我国发展的重要战略机遇期主要体现在加快经济结构优化升级带来的新机遇，提升科技创新能力带来的新机遇，深化改革开放带来的新机遇，加快绿色发展带来的新机遇，参与全球经济治理体系变革带来的新机遇。会议提出了明年经济工作的总体要求，强调要以习近平新时代中国特色社会主义思想为指导，统筹推进“五位一体”总体布局，协调推进“四个全面”战略布局，坚持稳中求进工作总基调，坚持新发展理念，坚持推进高质量发展，坚持以供给侧结构性改革为主线，坚持深化市场化改革、扩大高水平开放，加快建设现代化经济体系，继续打好“三大攻坚战”，进一步稳就业、稳金融、稳外贸、稳外资、稳投资、稳预期。会议强调，做好明年经济工作必须坚持“巩固、增强、提升、畅通”的八字要求，要巩固“三去一降一补”成果，要增强微观主体活力，要提升产业链水平，要畅通经济循环。会议安排部署了明年的七大任务：一是推动制造业高质量发展；二是促进形成强大国内市场；三是扎实推进乡村振兴战略；四是促进区域协调发展；五是加快经济体制改革；六是推动全方位对外开放；七是加强保障和改善民生。

各级工商联要认真学习贯彻中央经济工作会议精神，把广大非公有制经济人士的思想统一到中央的判断上来，统一到中央的决策部署上来，引导广大民营企业家进一步认清形势，坚定高质量发展信心，积极参与供给侧结构性改革，继续投身“三大攻坚战”，促进经济持续健康发展和社会大局稳定，在全面建成小康社会的关键之年再创佳绩、再立新功。

要深入学习领会习近平总书记在民营企业座谈会上的重要讲话精神。11月1日，总书记在民营企业座谈会上的重要讲话，高度评价了改革开放40年来民营经济为我国发展做出的重大贡献，充分肯定了民营经济的重要地位和作用，深入分析了当前民营经济发展遇到的困难和问题，明确提出了支持民营企业发展壮大的6个方面政策举措，对民营企业家健康成长提出明确要求。各级工商联要把学习总书记在民营企业座谈会上的重要讲话精神同学习庆祝改革开放40周年大会上的重要讲话精神、学习中央经济工作会议精神结合起来，一体安排、一并部署，确保学习取得实效。广大民营企业家要加强自我学习、自我教育、自我提升，自觉深入学习领会总书记系列重要讲话精神，深刻认识改革开放40年来中国走过的不平凡道路、取得的辉煌成就，深刻领会党中央坚定支持民营经济发展的态度不会变，坚持“两个毫不动摇”的立场不会变，支持民营经济发展壮大的力度不会减，深刻把握国际国内大势，坚定信心，抓住机遇，加快转入高质量发展轨道，在新时代努力走向更加广阔的舞台。

三、2019年工作思路和主要任务

2019年是新中国成立70周年，是决胜全面建成小康社会第一个百年奋斗目标的关键之年。全国工商联将以习近平新时代中国特色社会主义思想为指导，深入学习贯彻党的十九大精神，认真学习贯彻庆祝改革开放40周年大会和中央经济工作会议精神，着力贯彻落实习近平总书记在民营企业座谈会上的重要讲话精神，紧扣“政治建会、团结立会、服务兴会、改革强会”和“六个始终坚持”要求，引导民营企业积极参与“三大攻坚战”，努力实现高质量发展，引导民营企业家自觉做爱国敬业、守法经营、创业创新、回报社会的典范，加快推进工商联各项改革，创造一流工作机制，打造特色工作品牌，以促进“两个健康”的优异成绩，为决胜全面建成小康社会做出积极贡献。

（一）深入学习贯彻习近平总书记在民营企业座谈会上重要讲话精神，努力推动六项政策举措落地落实

把学习贯彻总书记在民营企业座谈会上的重要讲话精神作为重要政治任务，开展系统学习宣传，推动各级工商联干部和广大非公有制经济人士深刻领会讲话核心要义，准确把握内涵外延，努力做到入脑入心。制定《全国工商联关于贯彻落实习近平总书记民营企业座谈会重要讲话精神的工作方案》，围绕减轻企业税费负担、解决民营企业融资难和融资贵问题、营造公平竞争环境、完善政策执行方式、构建“亲”“清”新型政商关系、保护企业家人身和财产安全六个方面，分解形成任务清单，明确责

任部门，严格工作要求，务求抓出实效。及时跟踪了解各部门各地区落实6项政策举措情况，联动相关部门开展重点专项调研，及时反映和解决存在的困难与问题，推动各项举措落地落细。

（二）以“守法诚信经营，坚定发展信心”为重点，不断深化理想信念教育

持续加强和改进教育培训工作。通过组织民营企业深入学习贯彻习近平总书记系列重要讲话精神，特别是在民营企业座谈会上的重要讲话精神，坚定民营企业家听党话、跟党走的决心和对中国特色社会主义的信念；通过组织民营企业学习党和政府鼓励支持引导民营经济发展的政策措施，特别是近期出台的一系列促进民营经济发展、保护民营企业和民营企业家权益的政策举措，提高民营企业政策获得感，增强民营企业家对党和政府的信任，增强克服困难、实现高质量发展的信心；通过组织民营企业学法懂法用法，引导民营企业家自觉把守法诚信作为安身立命之本，坚持依法依规诚信经营，依法保护合法权益，增强民营企业家的社会信誉。持续在深化上着力，在覆盖上见效。继续完善长效机制，使理想信念教育从集中性活动向经常性工作转变；丰富活动载体，把理想信念教育融入工商联宣传教育、调查研究、经济服务、外事服务、法律服务、信息服务、社会扶贫等各项工作中；加强典型示范，有效发挥企业家的主体作用，发挥优秀典型的影响力和感召力；强化思想引导，切实提高理想信念教育的针对性和实效性；加强党建引领，大力推进所属商会和非公有制企业党建工作。继续推动活动向所属商会覆盖，指导商会开展符合自身特色的教育活动；向县级工商联覆盖，支持县级工商联结合县域特点，因地制宜、因企制宜、因人施教探索开展特色活动；向企业家自组织覆盖，加强与企业家自组织的沟通联系，做好引导服务。大力弘扬优秀企业家精神，发挥企业家作用。加强新闻宣传工作，坚持正确政治方向和舆论导向，整合工商联、商会组织、民营企业新闻平台资源，构建广覆盖、多层次、立体化的大宣传工作格局，努力为促进“两个健康”营造良好社会舆论环境。探索建立工商联系统上下联通、各部门相互协调的舆情研判、处置机制。以庆祝新中国成立70周年为契机，结合开展第五届全国非公有制经济人士优秀中国特色社会主义事业建设者评选表彰活动，组织中央和地方媒体集中宣传先进典型。结合纪念“五四运动”100周年，开展具有青年特点的教育活动，更好引导年轻一代企业家奋发有为。协同推进非公有制经济领域党建工作。协同参与非公企业党建，领导管理所属商会党建，开展全国工商联执委企业党建情况调查。举办大型民营企业党组织书记研讨班，召开新型创新企业党建工作座谈会，举办民营经济领域党建研讨活动。积极参与社会信用建设。定期在国家信用信息共享平台上对全国工商联执委企业、直属商会会长、副会长企业，省级工商联主席、副主席、副会长企业进行比对，指导帮助进入黑名单的企业进行信用修复；指导商会建立完善自律公约和信用承诺制度，探索建立会员诚信评价指标、评价办法和会员信用档案。积极参与社会诚信体系建设，实现诚信信息共享。

（三）创新服务方式，努力推动制造业高质量发展

推动民营企业创新发展做强做优。以“实施创新驱动发展战略，推动关键领域技术创新”为主题，开展民营企业核

心技术创新情况调研，支持引导民营企业加快技术创新。以落实《关于推动民营企业创新发展的指导意见》为抓手，支持引导民营企业牵头或参与国家科技重大项目，推动民营企业牵头双创示范基地建设，做好国家科学技术奖、创新创业人才、技术能手等的推荐工作。继续做好上规模民营企业调研，进一步扩大参加调研企业的覆盖面和代表性，发挥500强企业的示范引领作用。与国家市场监管总局联合组织开展“质量月”活动。召开乳制品民营企业质量品牌建设座谈会。推动改善民营企业发展环境。继续跟踪《清理拖欠民营企业中小企业账款工作方案》的落实推进情况，及时掌握和反映民营企业意见诉求。加强对实施社保征收新规、涉企税收等问题的跟踪调研，推动减轻民营企业税费负担。积极与有关部委沟通，促进经济体制改革，充分利用部际合作机制、高层协商、提案议案等有效途径，进一步推动市场准入、审批许可、经营运行、招投标等营商环境改善，组织开展中小微企业政策措施落实情况第三方评估。进一步推动落实中发〔2017〕25号文件，配合有关部门就文件落实情况开展专项督察。抓好温州新时代“两个健康”先行区创建工作，举办第二届中国（温州）新时代“两个健康”论坛。推动金融服务实体经济。适时跟踪调研《关于加强金融服务民营企业的若干意见》落实情况，共同推动有关政策举措落实；支持帮助符合条件的民营企业积极参与发展民营银行、社区银行，推动金融体系结构优化；加强与人民银行、银保监会、证监会及金融机构的合作，督促设立新的民营银行，发挥民营银行与民营金融机构作用，进一步改善小微企业融资环境。

（四）发挥民间投资关键作用，引导民营企业支持区域发展战略

激发民营企业投资活力。发挥民间投资在扩大需求、促进形成国内强大市场中的重要作用，加大制造领域投资，发展教育、养老、医疗、文化、旅游等服务业，参与人工智能、工业互联网、物联网等新型基础设施建设，加大城际交通、物流、市政基础设施等投资参与力度。组织开展系列经贸活动。举办中国民营企业500强峰会，与青海省人民政府共同主办民营企业助推青海高质量发展大会，与江西省政府共同主办助推江西跨越发展大会。精心举办第二届全国工商联主席高端峰会，继续参与举办中博会、西博会、兰洽会、青洽会、融洽会等经贸活动，重点围绕京津冀协同发展、长江经济带、东北振兴等国家战略开展招商引资活动。参与制定国务院“1+N”东北振兴行动计划，牵头制定民营企业助推东北振兴行动计划。推动民营企业参与粤港澳大湾区建设。举办海峡两岸和香港、澳门经贸合作研讨会、海峡论坛，参与世界旅游经济论坛、第四届“一带一路”高峰论坛，引导海峡两岸及香港、澳门企业加强交流合作。搭建平台，促进内地青年企业家与港澳台青年学生和年轻人沟通交流。聚焦“三区三州”抓好光彩行活动和援藏援疆工作。配合做好“临夏行”项目招商工作，落实好“援藏任务清单”“援疆任务清单”。

（五）提升调研信息工作质量，积极履行参政议政职能

做好高层政治协商。认真准备参加中央党外人士座谈会，积极参与筹备汪洋主席召开的全国政协调研协商会，及时向党中央反映民营经济领域重要问题和意见建议。改进提案和社情民意信

息工作。抓好《关于提高工商联团体提案质量的意见》和《关于进一步做好反映社情民意信息工作的通知》的贯彻落实，切实提高工商联系统撰写提案和社情民意信息工作的能力与水平，推动提案和社情民意信息工作再上新台阶。组织开展好2019年全国工商联系统优秀调研成果评选。组织工商联界别政协委员积极参政议政。认真组织我会界别政协委员参加全国政协各类议政性会议，与全国政协经济委员会共同举办好促进制造业转型升级专题协商会。推动智库建设破题。进一步健全工作制度，完善工作机制，加强与相关研究机构、企业研究院、商会和各级工商联组织的联系，整合资源，推动搭建开放性调查研究和咨询平台，形成一批高质量研究成果。推动构建“亲”“清”新型政商关系。召开“亲”“清”新型政商关系工作会议，推动建立各地党委政府与商会组织、民营企业沟通协商机制。全面启动“万家民营企业评价营商环境工作”。完善民营企业调查系统。持续开展民营经济季度运行调查，开展企业家信心指数研究。出版《中国民营经济发展报告》和《中国特色商会发展报告》。

（六）积极引导民营企业参与“一带一路”建设，努力推动全方位对外开放

推进民营企业境外工业园区建设。梳理民营境外工业园区情况，形成民营境外工业园区发展指南，积极帮助民营境外工业园区开展招商、宣传、考察等活动，引导民营企业依托园区抱团“走出去”。积极为民营企业境外工业园区争取扶持政策。开展民营企业参与“一带一路”建设综合调研。搭建国际经贸合作交流平台。举办第二届“一带一路”国际合作高峰论坛配套工商活动，组织民营企业参加2019年中国国际进口博览会，全面落实2018年中非合作论坛北京峰会四项任务，推动中非民营经济合作高峰论坛机制化发展。推动成立中国-东盟企业家联合会。打造“走出去”服务平台。组织民营企业赴“一带一路”沿线国家开展务实合作。深化“我驻外使领馆与民营企业面对面”活动，拓展“驻华使领馆外交官与民营企业面对面”活动，组织民营企业参加第十五届世界华商大会，继续与尼泊尔工商联共同举办中尼民间合作论坛。与中国银行开展战略合作，深入落实《中国银行支持民营企业二十条》，共同举办中外中小企业跨境撮合对接会。

（七）积极组织参与“三大攻坚战”，为全面建成小康社会冲刺助力

大力帮助民营企业防范化解风险。召开工商联系统防范化解民营企业风险工作会议，加大引导力度，帮助企业防范化解风险。持续关注各部委、各省市出台的助力民营企业纾困解难有关政策措施，帮助支持广大民营企业学懂用好政策。与有关监管机构、金融机构共同帮助区域内产业龙头、就业大户、战略新兴行业等重点民营企业纾困解难。努力发挥“万企帮万村”精准扶贫行动在乡村振兴中的作用。将活动向深度贫困地区倾斜，加强对参与企业的宣传、表彰和支持，召开全国现场会，举办扶贫日论坛，开展金融支持“万企帮万村”产业扶贫项目供需对接系列活动；通过完善电商平台，组织直属商会联合帮扶深度贫困地区，举办全国展销会，进一步推动消费扶贫。与民政部、国务院扶贫办等单位联合举办“聚焦精准扶贫，共创美好生活”中国公益慈善项目交流展示会。助力织金县脱贫攻坚，组织开展织金县扶贫项目认捐活动，进一步加强对企业帮扶项目的协调服务，指导织金

县光彩助农担保基金更好发挥作用，指导织金县继续开展好“百企帮百村”工作。举办第17期全国工商联乡镇干部培训班。引导民营企业打好污染防治攻坚战。与生态环境部建立联席会议机制，联合出台《关于支持服务民营企业绿色发展的意见》，共同举办全国民营企业参与污染防治攻坚战政策培训班，一起开展调研、宣传、表彰、舆情监测等活动。在污染防治重点区域，设立民营企业污染防治监测试点。继续与国家林业和草原局、中国光彩会研究探索符合新时代要求的联合工作机制，举办第15期全国民营企业及管理干部林业培训班，开展民营企业参与光彩事业国土绿化典型宣传。探索编制民营企业社会责任指南，推进省级工商联编写民营企业社会责任报告。

（八）创新开展法律服务工作，坚决保护民营企业和民营企业家合法权益

着力发挥法律维权服务中心作用。组建律师团、专家库，探索与国家监察委、公安部建立工作机制，与国家市场监管总局协同建立全国统一的企业维权服务平台，继续开展个案维权服务，着力推动甄别纠正工作，积极开展民营企业法律风险防范预警。打造商会调解品牌。深入贯彻我会与司法部联合印发的《关于推进商会人民调解工作的意见》，努力打造能斡旋、善调解、公道正派的调解员队伍。会同最高人民法院印发《关于发挥商会调解优势推进非公有制经济领域多元纠纷解决机制建设的意见》，督促各地抓好学习贯彻。进一步指导地方工商联推动商会调解工作，不断扩大商会人民调解工作覆盖面，助力社会协同治理。持续开展“法律三进”活动。依托全国工商联律师顾问团和法律专家库的智力资源、专业优势分别在东、中、西部选择有关省份举办法治巡回宣讲，进一步扩大法治宣传工作的覆盖面，引导非公有制经济人士自觉把守法诚信作为安身立命之本，坚持依法依规经营。加强劳动关系协商协调能力建设。推动完善劳动合同法，参与全国和谐劳动关系表彰活动，举办劳动关系协商协调暨商会调解能力建设培训班，加强完善劳动关系监测，引导民营企业积极吸纳就业，构建和谐劳动关系。

（九）深化工商联改革创新，持续扩大工商联组织和工作覆盖面

加快推进工商联各项改革任务。不断健全工作机制，转变工作方式，进一步修改完善联系调研制度，加强部际合作机制建设，推进会员制改革，持续发挥企业家主体作用，打造工作新品牌，推动工作创新发展。进一步巩固“一个设立、五个有”工作成果，组织开展全国“五好”县级工商联认定工作，推动县级工商联建设水平再上新台阶。大力推进商会改革发展。围绕贯彻落实《关于促进工商联所属商会改革和发展的实施意见》，会同中央统战部开展调研督查，着重推进科学确定所属商会范围、依法推动商会登记、理顺商会党建管理体制、健全商会法人治理结构、发挥商会统战职能等任务落地落实；围绕国家发展战略，在涉及国计民生的重要行业、新兴产业和新兴业态领域积极开展直属商会筹建工作；进一步修改完善直属商会评价办法和管理办法，加大直属商会秘书处职业化建设力度。持续加强干部队伍建设。落实“四会”要求，提升工商联干部学习力、组织力、约束力，加大干部培养力度，坚持正确用人导向，努力建设一支忠诚、干净、担当的高素质干部队伍，为推动“两个健康”和工商联事业发展提供坚强的政治、思想、

组织保障。深入开展警示教育，用好“四种形态”，强化党员干部纪律意识。完善“计评对”制度，加强工作督导和考核，开展品牌项目评价，推动工作落实创新，改进工作作风。加快“网上工商联”建设。加快数据中心与基础数据库建设，持续改进优化服务，加强网络安全与基础设施建设，进一步推动信息化与业务工作深度融合。

同志们，新时代要有新气象新作为。让我们更加紧密地团结在以习近平同志为核心的党中央周围，以习近平新时代中国特色社会主义思想为指导，锐意进取，扎实工作，为全面建成小康社会做出积极贡献，以优异成绩迎接中华人民共和国成立70周年！

徐乐江在全国工商联十二届二次执委会议上的讲话

（2018年12月26日）

这次执委会议，我们听取并审议了云龙主席代表常委会所作的工作报告，听取了学习贯彻中央经济工作会议精神辅导报告，通过了有关人事事项，圆满完成了各项议程。下面，我结合学习贯彻中央系列决策部署，落实“政治建会、团结立会、服务兴会、改革强会”和“六个始终坚持”要求，推进工商联各项重点工作，开创新时代工商联事业新局面，讲四点意见。

一、抓好中央决策部署的贯彻落实

近期，中央召开庆祝改革开放40周年大会和中央经济工作会议，11月1日习近平总书记主持召开了民营企业座谈会。深入学习贯彻落实三个重要会议精神，是我们当前和今后一个时期的首要政治任务。

一要在学懂上下功夫。学懂是基础，也是前提。庆祝改革开放40周年大会、中央经济工作会议、民营企业座谈会，分别围绕推动新时代改革开放、做好明年经济工作和发展壮大民营经济作出部署，提出了一系列新理念、新思想、新论断、新举措，为新时代经济社会发展指明了方向，为工商联工作提供了基本遵循。各级工商联要把学习中央决策部署纳入到非公有制经济人士理想信念教育工作中统筹考虑，加强新闻舆论宣传，精心设计好、组织好明年的各批次的政策宣讲会、专题培训班和理论研讨会。广大民营企业家要积极参加工商联组织的学习培训，统筹做好企业内部学习安排，聚焦中央决策部署，深刻领会精神实质和丰富内涵，努力掌握其中蕴含的政治意义、历史意义、现实意义、理论意义、实践意义，牢固树立“四个意识”，坚定“四个自信”，坚决做到“两个维护”。

二要在弄通上下功夫。弄通是一个融会贯通的过程。庆祝改革开放40周年大会发出了“将改革开放进行到底”的新时代最强音；中央经济工作会议强调“五个坚持”“六稳”“七项重点任务”；民营企业座谈会上，习近平总书记充分肯定了民营经济的重要地位和作用，驳斥质疑基本经济制度的错误言论，要求进一步发展壮大民营企业。这些都对促进“两个健康”具有重要指导意义。要着力提升学习力，坚持把理论与实际相贯通，在弄懂基础上，不断推进理论成果转化成新思路、新措施、新成效。要联系地、系统地、全面地学习领会，把中央决策部署与习近平新时代中国特色社会主义思想和党的十九大精神结合起来学，与党的路线方针政策结合起来学，与推动高质量发展的要求结合起来学，进而深刻认识到中央坚持改革开放基本国策、推动经济领域市场化改革的取向坚定不移，坚持建立现代化经济体系、推动制造业高质量发展的步伐坚定不移，坚持基本经济制度、坚持“两个毫不动摇”的决心坚定不移，从而更准确地把握政策举措的针对性和现实性，以实际行动推动民营经济加快转入高质量发展轨道，走向更加广阔的舞台。

三要在做实上下功夫。做实是一切学习的落脚点。学习贯彻中央决策部署，决不能空喊口号、流于形式，必须落实在具体行动中、体现到实际效果上。各级工商联要努力发挥桥梁纽带和助手作用，紧紧围绕中心、服务大局，切实促进“两个健康”。广大民营企业家要弘扬企业家精神、发挥企业家作用，保持战略定力，坚定信心，积极支持改革、踊跃投身改革、主动参与供给侧结构性改革，自觉做改革的促进派和实干家；要牢固树立并贯彻落实新发展理念，坚持创新驱动，推动产业迈向中高端，实现高质量发展；要不断增强对中国特色社会主义的信念、对党和政府的信任、对企业发展的信心、对社会的信誉，努力成为爱国敬业、守法经营、创业创新、回报社会的表率和践行“亲”“清”新型政商关系的典范。年轻一代民营企业家要致富思源、富而思进，把老一辈人艰苦奋斗、敢闯敢干、聚焦实业、做精主业的精神和听党话、跟党走的优良传统继承和发扬好，使之代代相传。

二、坚定不移促进“两个健康”

习近平总书记在11月1日民营企业座谈会上指出，非公有制经济健康发展的前提是非公有制经济人士健康成长，这是总书记继在中央统战工作会议和2016年3月4日重要讲话后，对“两个健康”内在逻辑和相互关系的再一次阐明和强调。民营企业家是市场经济的宝贵资源，更是落实中央经济工作会议精神，做好明年经济工作、实现“六稳”目标的关键少数。

一要有定力。习近平总书记多次强调，我国是一个大国，从大国到强国，实体经济发展至关重要。近年来，社会资本“脱实向虚”和企业“弃实投虚”加剧，实体经济被“抽血”。当下，许多企业家不愿意做实业，不论是对国家经济平稳发展还是对企业可持续发展，这都是极其不利的。实业立国，实业兴企。做实业、搞创业、办企业就要踏踏实实，耐得住寂寞、经得起考验、挡得住诱惑。要看到，在困难面前保持初心、在诱惑面前做出选择是很艰难的，但也是最能考验企业家定力、最需要弘扬优秀企业家精神的时候。我们很多企业都喊出做“百年老店”的口号。“百年老店”靠的是感情、传承、情怀和坚持。所以现在我们要守住初心，聚焦实业、做精主业，心无旁骛创新创造，带领企业“再出发”，再创新业绩。

二要有策略。政策就是最好的机遇。据不完全统计，习近平总书记召开民营企业座谈会并发表重要讲话后，22个省（区、市）共出台26份支持民营企业的具体政策文件，3个部委出台政策文件。26个部委、地方党政部门和大型国有金融机构负责人在“支持民营企业在行动”专栏发表意见，财政部、国家税务总局等表示正在研究出台更大力度的减税降费政策措施，国家发展改革委表示将推出第四批国企混改示范项目，工信部表示将放宽民间资本在电信、军工等领域的市场准入，最高人民检察院、最高人民法院表示将加大甄别纠正涉产权和企业家合法权益的冤错案件工作力度，中国人民银行表示将从债券、信贷、股权三个主要融资渠道发力解决企业融资难题。国务院常务会议多次专题研究解决民营企业发展问题，先后印发《国务院关于做好当前和今后一个时期促进就业工作的若干意见》《国务院办公厅关于转发国务院减轻企业负担部际联席会议清理拖欠民营企业中小企业账款工作方案的通知》。各级工商联要结合理想信念教育活动，广泛开展政策宣讲，帮助民营企业家了解政策、熟悉政策、掌握政策，扩大政策覆盖面和知晓度。民营企业家也要增强政策敏感度，主动抢抓政策机遇，用好用足政策，切实解决当前现实困难，为企业长远发展作出战略谋划，打下坚实基础。

三要有胆识。中央经济工作会议对推动制造业高质量发展提出明确要求。国际经验表明，制造业要迈向中高端，根本上靠的是核心技术的创新突破。我国民营制造业企业大多处于产业链低端，许多企业在核心基础零部件、关键基础材料、关键设备装备和软件核心算法等方面对外依存度高，“卡脖子”风险很大。今后，美欧等西方发达国家对我国在关键领域核心技术的封锁将会更加严密，我们通过海外并购、合作研发获取先进技术、推动制造业产业升级的难度将大大增加。核心技术受制于人是最大的风险。民营企业体制机制灵活，决策效率高，在推动技术变革、促进模式创新、实现技术产业化方面优势独特，应该成为而且能够成为关键领域核心技术攻关的重要力量。明年，我们将聚焦关键领域民营企业核心技术创新情况开展重点调研，发现总结先进典型，了解分析存在的共性问题，向党中央、国务院提出具体帮扶措施和政策建议。

四要有责任。习近平总书记要求民营企业家践行社会主义核心价值观。明年是为全面建成小康社会收官打下决定性基础的重要一年，中央经济工作会议强调继续打好防范化解重大风险、精准脱贫、污染防治“三大攻坚战”。这是当前全党全国的重要任务，民营企业在这一进程中既要经受严峻考验，也负有重要责任。今年以来，民营企业普遍面临资金紧张问题，目前看这种情况还没有明显缓解。民营企业家一定要增强风险意识，密切关注资金链安全，认真做好风险预判、预警、预案，稳妥处置化解风险，保持企业合理流动性。现在，距离2020年全面建成小康社会还有两年时间，接下来的脱贫工作都是难啃的“硬骨头”，我们组织开展的“万企帮万村”精准扶贫行动一定要向“三区三州”等深度贫困地区倾斜，各省级工商联要在省级党委政府领导下，抓好“千企帮千村”行动的组织和落实。广大民营企业要积极通过产业扶贫、消费扶贫、就业扶贫、智力扶贫、公益扶贫、商会协同对口扶贫等方式，帮助贫困群众精准脱贫，助力实施乡村振兴战略。污染防治攻坚战是高质量发展的必然要求。实现高质量发展，需要从根本上将过去高消耗和高排放的发展方式，转变为资源节约型、环境友好型的绿色发展方式。广大民营企业要切实落实环境治理主体责任，大力发展绿色低碳循环经济，做绿色生产、节能减排的践行者，实现社会效益与经济效益双提升。明年，全国工商联将围绕如何引导服务民营企业参与打赢“三大攻坚战”，召开专题会议，出台相关意见，提出具体举措。

五要有底线。习近平总书记要求民营企业家讲正气、走正道，做到聚精会神办企业、遵纪守法搞经营，在合法合规中提高企业竞争能力。俗话说，脚上的泡是自己走出来的。当前民营企业面临的困难，既有宏观形势变化和政策执行方式不当等原因，也有企业自身盲目扩张，以及在环保、社保、质量、安全、信用等方面存在不规范、不稳健甚至不合规不合法的问题。守法经营，这是任何企业都必须遵守的原则，也是长远发展之道。吉林长春长生公司就是一个不守法经营的典型。现在，国家信用体系建设逐渐在完善，法律和制度的笼子越扎越紧，我们千万不能抱有侥幸心理，忘却底线、迷失自我。各级工商联要结合理想信念教育活动，在维权服务、法律培训中进行法制宣传和推动信用修复，寓教育于帮扶之中，引导企业走稳健发展之路，严格管控风险，做到依法经营、依法治企、依法维权。广大民营企业家都是社会公众人物，举手投足、一言一行都对社会有很强的示范效应，要重视加强道德修养，十分珍视和维护好自身社会形象。

三、高质量抓好明年各项工作落实

云龙主席的工作报告对明年工作做了全面部署。会后，我们还将印发《全国工商联2019年工作要点》。各级工商联要结合实际，真抓实干，务求实效。

一要突出重点。云龙主席明确提出了明年全国工商联的九项重点任务。这些重点工作，体现了中央决策部署精神，符合工商联发展实际，具有鲜明的非公有制经济领域统战工作特色，具有很强的牵引效应。全国工商联的重点，也是工商联系统的重点。各级工商联都要围绕地方党委政府中心工作和全国工商联重点工作，找准企业所急、社会所需、自己所能的重点领域，精准发力，突出重点，以点带面，不断提升整体工作水平。在这里，我想特别强调一下理想信念教育工作。开展理想信念教育是统一战线工作条例明确赋予工商联的职责，也是做好非公有制经济人士工作的首要任务，抓好理想信念教育是本职，不抓是失职，抓不好是渎职。这两年理想信念教育进入常态化，加之新时代民营企业家面临许多新情况、新困惑，对更有针对性地开展好理想信念教育提出新要求。在实际工作中，有的同志认为理想信念教育是“虚功”，容易走形式主义。我们必须克服这种认识上的误区，找到非公有制经济人士的关注点，把今后一个时期的理想信念教育抓紧抓实。明年，各级工商联要认真落实今年召开的工商联系统宣传教育工作会议精神，对开展理想信念教育工作进行再部署、再落实。要以“守法诚信经营，坚定发展信心”为重点，在深化上着力、在覆盖上见效，多组织一些行之有效、企业家喜闻乐见的活动，多采取一些启发式、案例式的教学，多宣传一些好的典型，协同推进企业党建工作，及时回应民营企业家现实关切，帮助他们认清形势、廓清认识、消除疑虑、稳定预期。

二要狠抓落实。崇尚实干、狠抓落实是习近平总书记反复强调的。狠抓落实，就要善于统筹。抓好习近平总书记11月1日民营企业座谈会重要讲话精神特别是六项政策举措的贯彻落实，是明年的一项重要任务。各级工商联要按照全国工商联贯彻落实工作方案要求，收集了解各地相关政策措施出台情况，及时跟踪企业问题解决情况，及时反映企业家合理诉求，推动相关部门政策制定，促进政策落实，提高企业家政策获得感。要把推动落实六项政策举措与工商联建言献策、经济服务、宣传教育、法律服务等工作结合起来，与贯彻落实中央25号文件精神结合起来，真正在推动缓解企业融资难、企业发展环境改善、依法保护产权等方面出实招，帮助民营企业纾困解难。当前要协助抓好民营企业应收账款拖欠清理工作。狠抓落实，就要突破难点。突破难点，就要瞄准我们各领域工作的短板，集中精力打好“歼灭战”。当前，工商联系统在落实“政治建会、团结立会、服务兴会、改革强会”和“六个始终坚持”要求方面，还存在许多弱项，要逐项研究，制定有针对性的突破举措。加强党的建设是工商联政治建会的首要任务。各级工商联党组要发挥好领导核心作用，贯彻落实全联党组召开的党建工作座谈会精神，把好方向，带头攻坚克难；要针对机关、直属单位、所属商会、非公有制企业党建等方面的薄弱环节，分类推进、拿出实招、务求实效。狠抓落实，就要形成合力。没有合作，就没有合力。近年来，工商联工作之所以取得突破，一方面在于我们始终坚持系统上下一盘棋，充分发挥组织健全优势和商会平台作用，把工作落到了基层；另一方面在于我们善于借助外力、引入外脑，与相关部门和社会各界建立了广泛的联系合作。我们要继续立足依靠系统抓落实，同时也要利用好部门合作成果，积极争取党委政府领导和支持，统筹社会力量，尽可能地调动一切积极因素，形成推动工作的最大合力。

三要追求卓越。抓落实，不只是做完了，做完不等于做好，还要看效果、看影响力。追求卓越，就要树立品牌意识。经过多年积累和不断创新，全国工商联已经形成理想信念教育、“万企帮万村”精准扶贫行动、政府委托第三方评估、民企助推地方经济发展、年度重点调研、民企500强发布、基层组织建设等一系列符合中央要求、发挥自身特色、赢得地方认可、具有社会影响的工作品牌，有些已被写进有关党内法规和中央文件之中。今年，我们组织的中非民营经济合作高峰论坛、中国民营企业500强高峰论坛、全国工商联主席高端峰会、中国民营经济发展（台州）论坛等品牌会议活动，也产生了广泛的社会影响。下一步，要加强新闻宣传工作，继续更好发挥现有品牌工作的影响力和带动力，同时着力围绕万家企业评营商环境、民营企业季度运行状况调查、民营企业社会责任报告发布、温州新时代“两个健康”先行区创建、商会调解、境外工业园区建设、“网上工商联”等工作，持续打造工商联的特色品牌，努力推出更多“拳头产品”。追求卓越，就要高标准严要求。习近平总书记指出，“只有高标准才有高质量”。高标准严要求，就是要从大局着眼，向细处发力，让各环节工作落地有声，以实际成效取信于民。作为今年全国工商联深化改革的一项重要举措，联系调研取得了“认门、认人、认事”、宣贯党的方针政策、重点课题调研、促进区域经济发展和精准扶贫等预期成效。明年，必须把促进“两个健康”、促进地方发展、促进工商联自身建设贯穿始终，通过组织民营企业家实地考察、互动交流，加强团结、服务、引导、教育；通过走访基层、了解现状，帮助解决长期制约县级工商联的突出问题，推动地方工商联落实重点工作；通过搭建民营企业与地方精准对接平台，推动民营企业家和联系调研所在地区项目对接、产业对接，助力地方经济发展。引导支持民营企业参与“一带一路”建设，是近几年工商联国际合作工作的重点内容。明年4月第二届“一带一路”国际合作高峰论坛期间，全国工商联将参与主办工商活动，各省级工商联要认真做好推荐民营企业家参会、民营企业“一带一路”国家签约项目信息统计报送以及项目后续跟踪和督查落实工作。各位企业家执委要充分利用工商活动主场外交平台展示民营企业积极参与“一带一路”建设、改善当地民生、促进当地经济发展做出的贡献，展示中国企业良好形象。追求卓越，就要久久为功。万丈高楼平地起，打造品牌绝非朝夕之功。各级工商联特别是领导干部要带头谋工作、主动抓落实，自觉追求卓越、争当一流，持续发扬钉钉子精神和工匠精神，努力打造工作精品。

四、扎实推进工商联系统改革创新

工商联深化改革是党的群团改革的重要组成部分。我们要深入贯彻落实庆祝改革开放40周年大会精神，用改革的办法、创新的精神，推动全国工商联深化改革总体方案要求和所属商会改革发展意见落地落实。

一要继续深化改革。明年，我们要继续按照全国工商联深化改革责任分工方案要求，确保每一条改革措施都落实到位、见到实效。现在，各省级工商联改革也在推进之中。据统计，9家省级工商联改革方案已经下发，22家省级工商联正在起草。接下来，尚未出台改革方案的要在同级党委统战部门领导下，向省级党委政府汇报，抓紧制订方案；已经出台方案的，要加快推动改革落地，对在改革过程中出现的新情况新问题要及时报告。全国工商联也将密切关注各地改革动向，及时帮助协调解决相关问题，创造条件支持地方工商联改革。工商联所属商会改革是工商联深化改革的重点，也是实现工商联组织和工作在非公有制经济领域全面有效覆盖的关键一环。各级工商联要认真落实所属商会改革发展意见，切实开展商会清理整顿工作，认真做好考核商会主要负责人、开展商会会员思想政治工作、教育培训以及领导和管理商会党建工作。

二要继续加强组织建设。今年，我们召开全国工商联组织工作会议，对加强组织建设工作作了部署。明年关键是要抓好会议精神落实，完善以评价促提高的工作指导机制，建立健全省级工商联评价办法，企业家副主席、副会长和执委评价办法，商会评价办法等多层次评价制度，增强组织硬约束；持续推进商会组织覆盖，不断扩大商会会员企业覆盖面，加快建立工商联服务商会、商会服务会员的服务型组织体系，推动形成上下指导有力、纵横联系紧密的网格化工作格局，着力提升组织力。上级工商联既要加强对下级工商联的指导，更要注重把资源和力量向基层倾斜，为他们提供必要的支持与服务，帮助他们提升自我发展能力。各位执委都是工商联领导机构的组成人员，是加强工商联组织建设的重要力量。大家要积极履职尽责，努力在工商联工作中发挥更大作用。

三要继续改进作风。落实“四会”要求，提升凝聚力、影响力、执行力，必须不断改进作风。各级工商联要认真执行中央八项规定及其实施细则，大力改进思想作风、学风和工作作风，着力营造工商联机关风清气正的良好氛围。工商联干部要自觉加强思想政治建设，始终坚定理想信念，夯实思想政治基础；要真正把学习当成一种习惯和责任，坚持向书本学、向实践学、向基层同志学，学以致用、以用促学、学用相长，不断提升专业素养；要大兴调查研究之风，坚持深入基层、深入企业，坚决克服“四风”特别是形式主义、官僚主义，坚决防止督查、检查、考核过多过滥加重基层负担的问题。各级工商联要着眼推动构建“亲”“清”新型政商关系，畅通与民营企业家的联系渠道，更多关注小微企业和年轻一代，不断增强组织的凝聚力和吸引力。

同志们！新的一年即将到来。我们要继续深入贯彻落实习近平新时代中国特色社会主义思想和党的十九大精神，牢牢把握“两个健康”主题，埋头苦干、奋力拼搏，为决胜全面建成小康社会做出新的更大贡献，以优异成绩向新中国成立70周年献礼！

高云龙在全国工商联推进境外工业园区建设大会上的讲话

（2018年12月12日）

首先，感谢外交部、国家发展改革委、商务部、中国贸促会和中国银行等有关单位同志出席此次大会并做了针对性的发言，对于我们民营企业参与“一带一路”建设具有很好的指导意义。

全国工商联和中国银行刚才也签署了战略合作协议。中国银行11月9日刚刚出台了《中国银行支持民营企业二十条》，今天又与全国工商联签约，充分体现了中国银行支持服务民营企业是一贯的，是务实而有效的。

下面，我就深入贯彻习近平新时代中国特色社会主义思想，特别是全面落实习近平总书记在民营企业座谈会上的重要讲话以及推进“一带一路”建设工作5周年座谈会的重要讲话精神，就加快民营企业高质量“走出去”参与“一带一路”建设，推进境外工业园区转型升级讲三点意见。

一、深入学习贯彻习近平总书记重要讲话精神，提振民营企业“走出去”参与“一带一路”建设的信心

自十八大以来，习近平总书记多次在不同时期、不同场合反复强调民营经济的重要作用、重要地位，肯定民营企业在“走出去”参与“一带一路”建设中发挥的重要作用，肯定改革开放40年以来，民营企业做出的重要的贡献。11月1日，习近平总书记的重要讲话站在党和国家事业发展全局的战略高度，科学回答了当前非公有制经济领域最紧要最现实的重大理论问题和实践问题，澄清了一些对非公有制经济的错误认识，回应了广大非公有制经济人士的所思所忧所盼，是党的十九大以来中央关于非公有制经济发出的最系统、最全面、最权威的声音，对非公有制经济发展壮大意义重大、影响深远。

2017年民营企业与“一带一路”相关国家的进出口总额达到6000多亿美元，占与“一带一路”相关国家贸易总额的43%。下一阶段“一带一路”工作的重点就是要推动共建“一带一路”向高质量发展转变。习近平总书记十分重视民营企业“走出去”参与“一带一路”建设的工作。他强调随着共建“一带一路”扎实推进，我国同“一带一路”沿线国家的投资贸易合作加快推进，成为我们外部经济环境的新亮点，民营企业要拓展国际视野，增强创新能力和核心竞争力，形成更多具有全球竞争力的世界一流企业。

二、充分认识境外工业园区在民营企业参与“一带一路”建设中的重要意义

我们也要清楚看到，民营企业在走向更加广阔的世界舞台过程中遇到了不少困难和问题：从外部看，中美贸易摩擦所反映的部分国家贸易保护主义、逆全球化思潮趋势抬头明显；从内部看，支持民营企业“走出去”参与“一带一路”建设的配套政策，“绿色通道”落实还不到位；从自身看，民营企业经营合规度不够、抱团“走出去”意愿不强、国际化经验不够丰富、高质量“走出去”能力不足等情况依然存在。

加强境外工业园区建设是推动民营企业参与“一带一路”建设的重要手段和有效平台。境外工业园区不是单一的企业，而是集群式的平台。民营企业主导的境外工业园区，像刚才典型发言里提到的柬埔寨西哈努克港经济特区、泰国罗勇工业园区都是充分遵循市场规律，形成了“产业生态，联动发展；市场运行，滚动发展”的宝贵经验，实现了园区与东道国、入园企业三方的合作共赢。境外工业园在促进民营企业抱团“走出去”和上下游产业链协同“走出去”，抵御贸易保护主义和逆全球化势头，推动企业转型升级，实现高质量发展中具有重要意义：

境外工业园区是民营企业“走出去”可持续发展的重要载体。境外工业园区多是中国企业与东道国政府意愿与能力的结合，为两国经贸合作交流搭建的平台，东道国政府和企业对园区建设有较强期待，无论是资源、政策还是资金都会对园区有所倾斜。同时境外工业园区注重基础设施建设，注重优化产业链分工布局和上下游产业协同，对民营企业抱团“走出去”而言，是最适合的集聚平台，是全球布局实现可持续发展的重要载体。

境外工业园区是民营企业应对贸易壁垒的有效手段。今年上半年，全球投资总额再次下降41%，处于历史低位，全球长期贸易增速呈下降趋势，给我国经济和市场预期带来诸多不利影响。民营企业占我国出口总额的45%，一些民营出口企业必然会受到影响。其中，钢铁、铝、光伏、轮胎等产品是贸易保护主义的“受害者”。但一些境外工业园区所在的国家还享受着许多“优惠政策”，在应对部分国家和地区的贸易壁垒中有特殊优势，比如西哈努克港经济特区所在国柬埔寨目前就还享受着与美国、欧盟、日本等主要经济体的普惠制待遇，甚至是额外关税优惠的待遇。因此，“中国生产+柬埔寨制造”的境外工业园模式是民营企业应对高关税、应对贸易保护主义的有效手段。

境外工业园区是民营企业实现产业转型升级的良好平台。近年来，在轻工、纺织、建材、五金等劳动密集型或资源密集型行业中，部分民营企业面临劳动力成本高、环保压力大、市场容量饱和等瓶颈。但与东南亚、非洲等地区的同类产业相比，这些企业在技术工艺、产业经验等方面仍然具有一定的领先优势。通过向境外工业园区有序转移国内优势产能，可以置换发展空间，充分发挥相关产业技术设备优势，延长部分劳动密集型产业生命周期，逐步化解国内市场出清带来的各种不确定冲击，并为新兴产业发展腾出发展空间，实现“腾笼换鸟”。

在国家的大力支持下，许多境外工业园区，尤其是以民营企业为主导的工业园区先行先试，涌现出了一批优秀的境外工业园区和入园企业，刚刚发言的几位企业家就是其中的佼佼者。与此同时，我们也要清醒地认识到，境外工业园区也面临着东道国投资环境欠佳、资金和政策支持不足、企业海外经营人才短缺、产业定位不够明确等问题，这些问题都要结合实际，逐一细致地梳理研究，进行解决。

三、充分发挥工商联、商会及龙头民营企业在推进境外工业园区建设中的重要作用

境外工业园区建设意义重大，对于民营企业“走出去”参与“一带一路”建设具有很强的带动作用和“1+1大于2”的叠加效应。各级工商联和商会组织要认真学习贯彻落实习近平总书记重要讲话精神，从服务国家战略大局出发，积极引导服务有条件、有实力、有准备的民营企业助力境外工业园区建设，积极参与“一带一路”建设；广大参与园区建设或入园发展的民营企业要坚持新发展理念，采取切实有效措施，积极推进自身的转型升级，实现高质量“走出去”。

一方面，各级工商联和商会要努力提升引导服务能力。当前和今后一个时期，各级工商联和商会要把引导民营企业合规经营，防范化解各类风险，积极推进境外工业园区建设作为引导服务民营企业参与“一带一路”建设的工作重点，做到企业走到哪里，服务就跟到哪里；园区建到哪里，商会就要跟到哪里。要根据园区实际情况建立相应的商会，及时掌握、梳理相关问题，向工商联及时反映；要围绕本地区优势产业或者重点打造的境外工业园区制定民营企业境外工业园区指南，务实有效开展宣传推介，积极帮助民营境外工业园区和民营企业进行“点对点”招商服务，提升园区推介实效性、降低企业“走出去”盲目性；要深化与商务主管等政府部门以及银行等金融机构的沟通协作，为民营境外工业园区以及入园民营企业争取政策和资金方面的支持；要结合第二届“一带一路”国际合作高峰论坛工商活动、“一带一路”专题大调研等国际合作系统重点工作加强对民营企业境外工业园区的专项研究，总结宣传运行成功经验；有条件的商会组织要与民营企业境外工业园区开展区域对接、行业合作和优势嫁接活动，为会员企业提供项目信息、商务考察、政策咨询、产权办理、员工培训等服务，引导上下游会员企业依托园区抱团“走出去”，提高组织化程度。

另一方面，要鼓励企业探索园区发展新模式。境外工业园区投资经营牵涉面广，涉及利益群体多，对企业海外经营的综合能力提出了更高的要求。境外工业园区主导企业要进一步探索开发建设的新模式，加强与区内企业协调，通过商业地产开发、产业链建设、服务增值等多种方式，拓宽园区开发的业务领域，逐步建立成熟稳定的盈利模式，促进园区可持续发展；同时，要不断提高企业海外竞争力，加强与东道国的沟通协作力度，增强对东道国本地就业、产业带动和辐射等作用；入园发展企业要根据自身行业属性，选择投资环境、商业环境、基础设施、产业协同发展能力相匹配的工业园区进行发展；要依法合规经营、注重公益慈善、保护当地环境、树立良好信誉、重视本土化工作，重视与当地企业或者在当地有多年经营经验的成功企业合作，注重雇佣当地的人才，积极履行社会责任。

境外工业园区建设必须紧紧依靠各级党委和政府部门，依靠金融机构，形成工作合力。今天外交部、发改委、商务部、贸促会、中国银行的同志都来给予支持，感谢你们一直以来对工商联工作的支持，对民营企业发展的支持。希望大家今后进一步支持民营企业参与“一带一路”建设，加强政策扶持力度，促进境外工业园区建设，支持民营企业扩大对沿线国家的经贸合作，特别是优先解决境外工业园区以及入园民营企业在“走出去”过程中融资难、融资贵甚至融不到资问题，逐步降低融资成本。

同志们，做好境外工业园区服务工作，意义重大，责任重大。让我们全面贯彻落实习近平总书记在民营企业座谈会上的讲话精神和“一带一路”决策部署，全面提升工商联境外工业园区服务工作能力和水平，锐意进取，主动作为，以实际行动为推动“一带一路”建设和实现中华民族伟大复兴的中国梦做出新的更大贡献。

徐乐江在全国工商联直属商会与非公党建工作委员会成立大会暨党建工作座谈会上的讲话

（2018年11月27日）

我们召开全国工商联直属商会与非公党建工作委员会成立大会暨商会和非公党建工作座谈会，主要任务是深入贯彻落实习近平新时代中国特色社会主义思想和党的十九大精神，进一步贯彻落实全国组织工作会议精神，加强和改进机关和直属单位党建工作，推动商会党建工作破题、非公党建工作提效，提高党的建设质量，为促进“两个健康”提供坚强的政治、思想和组织保障。借此机会，我就工商联系统抓好党建工作讲几点意见。

一、工商联系统党建工作取得明显成效

党的十八以来，工商联系统高度重视党建工作，坚持以习近平新时代中国特色社会主义思想为指导，以党的政治建设为统领，按照“5+2”总体布局，机关、直属单位、所属商会和非公党建工作不断取得新成效，各党组织凝聚力和战斗力不断增强，党员先锋模范作用进一步发挥。

一是政治意识责任意识明显增强。各级工商联坚持和加强党的全面领导，坚决做到“两个维护”，不断增强“四个意识”，完善党的领导体制机制，把党建工作作为政治建会的首要任务，党组切实发挥领导核心作用，确保工商联在思想上、政治上、行动上同党中央保持高度一致。坚持按照新时代党的建设总要求，落实全面从严治党主体责任，机关部门、直属单位党的建设从“宽松软”走向“严紧硬”。在各级党委及其党建机构的领导下，注重把商会和非公党建工作放在心上、抓在手上，切实增强了管党治党的政治意识和责任意识。目前，所有省级工商联都把党建工作纳入年度计划，明确负责党建工作的具体部门，天津、山东、湖南、海南、宁夏、新疆等省（区、市）工商联还成立了负责商会和非公党建工作的党委（党工委）或综合党委。各级工商联所属商会能够充分认识加强党的建设工作对于促进商会和会员企业健康发展的重要作用，努力建立健全党的组织，探索开展党建工作的有效方法，加强对所属党员的教育管理，宣传贯彻党的路线方针政策，积极指导商会会员企业党建工作。

二是党的组织覆盖逐步扩大。各级工商联坚持把党的组织和党的工作覆盖作为一项基础性、经常性工作，针对所属商会和非公党建这一难点问题，积极开展集中排查摸底，掌握工作底数，建立工作台账，制定工作方案，加强分类指导，采取单独建、联合建、依托建、区域建和派人建等方式，千方百计提高党组织组建率，为加强党对商会和非公经济的领导奠定了基础。为落实习近平总书记关于在中直系统社会组织中要做到党的组织和党的工作两个全覆盖的重要批示精神，2016年6月，全国工商联成立了“两个覆盖”工作集中推进领导小组。由会党组成员带队，逐个走访、召开座谈会、开展问卷调查，到31家直属商会调研党建工作，做到商会业务运行情况、职工队伍情况、党员队伍情况、负责人情况、党组织建设情况“五个清”。在此基础上形成了专题调研报告，建立起台账，确定了分类指导、分批组建的工作方案。通过集中攻坚、上下联动、合力推进，在2017年8月，31家直属商会全部成立党组织。各级工商联也在所属商会实现“两个覆盖”上做了大量工作。据初步调查，各级工商联所属商会“两个覆盖”率已接近40%。

三是党建工作不断创新。各级工商联把改革创新作为党建工作的动力支撑，不断解放思想、转变观念，创新思路、内容和方法。为贯彻落实十九大关于新时代党的建设总要求，提高基层党的建设质量，促进“两个健康”事业发展，今年年初全国工商联党组制定并施行《全国工商联党建“六强”工作机制建设方案（试行）》，结合机关部门、直属单位、直属商会的职责任务、组织特征和工作特点，从查找问题、制定计划、明确措施、成果考核四个环节分别提出具体要求，把“与中心工作融合性强、基础建设体系性强”贯穿始终，促进党建工作与中心工作相融合，加强党员干部职工队伍建设。从对全国工商联50个直属党组织第一轮督导情况看，党建工作质量明显提升。各级工商联注重指导商会和非公经济党组织健全完善党内生活制度，丰富党建活动载体。在“四好”商会建设中，明确把党的建设作为标准，制定商会章程范本，引导商会把党的建设工作写入商会章程，为开展党建工作提供了制度保障。

同志们，在实践中，各地创造了许多好的经验做法，取得了不少成果成效。下一步，各级工商联机关、直属单位、所属商会及广大非公企业党组织要继续大胆探索实践。专委会要认真开展调研，不断总结提炼，大力推广典型。同时，我们还应该看到，与党中央要求、工商联所属商会和非公企业发展需要、会员企业和职工群众期待相比，工商联系统党建工作，特别是所属商会和非公党建还有较大差距，还有很多问题没有解决，正如习近平总书记所指出的“还没有破题”。对此，我们要有清醒的认识。

二、站在讲政治的高度充分认识加强工商联系统党建工作的重要性和紧迫性

工商联是党领导下的人民团体和商会组织，必须清醒地认识到，工商联首先是政治机关，“政治建会”是党中央对工商联的第一位的要求。机关、直属单位和所属商会必须旗帜鲜明讲政治，坚定不移加强党的全面领导，坚持不懈推进党的建设，做到带头维护习近平总书记党中央的核心、全党的核心地位，带头维护党中央权威和集中统一领导，要在深入学习贯彻习近平新时代中国特色社会主义思想上作表率，在始终同党中央保持高度一致上作表率，在坚决贯彻落实党中央决策部署上作表率。推动新时代中国特色社会主义伟大事业，必须最大限度调动非公有制经济人士的积极性、主动性、创造性。11月1日，习近平总书记在民营企业座谈会上强调指出民营经济“是我们党长期执政、团结带领全国人民实现‘两个一百年’奋斗目标和中华民族伟大复兴中国梦的重要力量”。非公有制经济是党的经济工作和群众工作的重要阵地，是党的基层组织建设的重要领域。我们一定要站在政治的、战略的高度，准确把握中央要求，切实增强做好党建工作的自觉性和主动性。

（一）加强工商联系统党建工作，是全面落实习近平新时代中国特色社会主义思想和党的十九大精神的重要举措

党的十九大对新时代党的建设作出全面部署，明确指出“党政军民学，东西南北中，党是领导一切的”。始终坚持和加强党的全面领导，是习近平新时代中国特色社会主义思想的重要内容，是党的十九大的鲜明指向，是贯通十九大报告始终的精髓要义。以全面性、彻底性要求坚持和加强党的领导，是中国共产党在新时代发展中国特色社会主义、推进我国社会主义现代化建设、完成中华民族伟大复兴历史使命的必要前提和可靠保障。坚持和加强党的全面领导，基础在全面，重点在管好，就是要管全党、治全党，面向所有的党组织和党员，覆盖党的建设各领域、各方面。不能有“盲区”，不能有“空白”，不能留“死角”。习近平总书记强调，越是情况复杂、基础薄弱的地方，越要健全党的组织、做好党的工作，防止“木桶效应”。总体上看，机关部门、直属单位、所属商会和非公经济组织不同类型党组织各有特点，党建工作质量和水平参差不齐。机关部门和直属单位党建工作相对较好，但仍然存在党建工作与中心工作融合不深、工作方式方法单一、学习力不强、党组织活力不足等问题。相较而言，目前商会和非公经济组织党建工作还是一块短板，特别是商会党建工作还没有破题，存在着不少亟待探索和解决的问题，主要表现在所属商会概念不清，有的地方没有全面掌握商会情况，该纳入管理的没有纳入，该服务的没有跟进；有的地方只管商会业务，不管商会党建；有的商会党员数量少或没有党员、党组织还没有建立，有的商会党组织覆盖面窄、党的工作基础薄弱，有的商会党建工作的标准化规范化不够、党组织发挥作用不大，有的商会党员教育管理监督的方式还比较单一、在职工群众中的凝聚力影响力不够强，等等。加强工商联系统党建工作，就是要落实习近平总书记关于全面从严治党的重要论述和党的十九大精神，破解这些难题、补齐党建短板，推动党的工作全面进步。当前要把深入学习贯彻习近平总书记11月1日重要讲话精神作为首要政治任务，引导民营企业家正确认识当前所面临的困难和问题是发展中的困难、前进中的问题、成长中的烦恼，一定能在发展中得到解决，坚定发展信心，不断提振逆势而上的“精气神”，把党的政治优势、组织优势、群众工作优势转化为推动民营企业发展的创新优势、竞争优势，确保中央关于经济工作的决策部署在非公有制经济领域得到有效贯彻落实。

（二）加强工商联系统党建工作，是巩固党执政的社会基础和群众基础的重要举措

不断增强党的阶级基础、扩大党的群众基础，始终是事关我们党兴衰成败的一个重大问题。不扩大党执政的社会基础和群众基础，党组织强大的凝聚力何以体现。改革开放40年来，社会经济成分、组织形式、思想观念、就业方式、利益关系和分配方式日益多样化。如何最广泛、最充分地调动一切积极因素，不断为实现中华民族伟大复兴的中国梦增添新的力量，是摆在我们面前的一个重要问题。40年来，我国民营经济从小到大、从弱到强，不断发展壮大，贡献了50%以上的税收、60%以上的国内生产总值、70%以上的技术创新成果、80%以上的城镇劳动就业、90%以上的企业数量，在促进社会主义市场经济发展、政府职能转变、农村富余劳动力转移、国际市场开拓等方面发挥了重要作用。商会和非公经济组织已经成为职工群众集聚的“洼地”、各类人才的“富

矿”，这些职工群众和各类人才都是中国特色社会主义事业的建设者和社会主义现代化建设的主力军。要不断加强工商联系统机关、直属单位和所属商会党组织建设，带动非公经济组织党建强起来，这样才能把包括新的社会阶层人员和民营企业职工群众等在内的一切力量，更好地团结在党的周围，凝聚在新时代中国特色社会主义的伟大旗帜下，我们党才能有更加坚实的阶级基础、更为广泛的群众基础和不可动摇的执政基础，才具有战胜一切艰难险阻的巨大力量。

（三）加强工商联系统党建工作，是推进国家治理体系和治理能力现代化的重要举措

党的十八届三中全会把完善和发展中国特色社会主义制度，推进国家治理体系和治理能力现代化确立为全面深化改革的总目标。党的十九大进一步指出要“打造共建共治共享的社会治理格局”，提出从2020年到2035年，基本实现国家治理体系和治理能力现代化，从2035年到本世纪中叶实现国家治理体系和治理能力现代化的目标。人民是历史的创造者，是决定党和国家前途命运的根本力量，推进国家治理体系和治理能力现代化必须坚持人民主体地位，发挥人民主体作用。截至今年三季度末，我国民营企业数量有3037.4万家，个体工商户7054.6万户，吸纳从业人员已经达到3.6亿。把如此庞大的非公有制经济人士和从业者队伍，团结凝聚在党的周围，激发他们的智慧和力量，服务国家治理体系和治理能力现代化，必须坚持和加强党的全面领导，必须加强工商联系统特别是4.5万多个工商联所属商（协）会党建工作，统领好470多万会员，承担起党和政府交给的任务，努力在化解各种矛盾、调解多种关系、规范行业行为、参与“三大攻坚战”中，为推动国家治理体系和治理能力现代化建设做出积极贡献。

（四）加强工商联系统党建工作，是落实“四会”建设要求促进“两个健康”的重要举措。

新时代党和国家对工商联工作提出了新的更高要求，不断发展的非公有制经济对工商联工作提出了新的期待，我们肩负的任务更加繁重、更具挑战性。工商联系统3411个县级以上工商联组织、2万名专职干部必须围绕中心服务大局，紧扣“两个健康”主题，坚持政治建会，牢牢把握工商联事业发展的正确方向；坚持团结立会，引导非公有制经济人士听党话、跟党走；坚持服务兴会，促进民营经济高质量发展；坚持改革强会，不断提升工商联的凝聚力、影响力和执行力。所属商会是工商联促进“两个健康”的重要手臂，在组织社会力量、促进人才交流、服务企业发展、维护市场秩序、加强行业自律、协同参与社会治理、化解社会矛盾等方面发挥了不可替代的作用。今年7月，中央办公厅、国务院办公厅印发了《关于促进工商联所属商会改革和发展的实施意见》，要求推动党的组织和党的工作向工商联所属商会全覆盖，这是中央明确交给工商联的政治任务。各级工商联要进一步增强责任感、使命感、紧迫感，把做好机关、直属单位和所属商会党建工作作为工商联落实“四会”建设、创建“四好”商会的重要内容，作为促进“两个健康”的重要手段。坚持以党建促服务，真正发挥好桥梁纽带助手作用，努力把工商联打造成让广大非公有制经济人士“有认同感、有获得感、有归属感、有荣誉感、有方向感”的家园。

三、加大力度创新推进新时代工商联系统党建工作

习近平总书记指出，“中国特色社会主义进入新时代，我们党一定要有新气

象新作为，关键是党的建设新的伟大工程要开创新局面”。新时代工商联系统党建工作总的思路是，深入学习贯彻习近平新时代中国特色社会主义思想和党的十九大精神，认真落实全国组织工作会议精神和中国共产党支部工作条例，坚持全面从严治党，加强党的组织和党的工作覆盖，以分类推进各类党组织定好位、履好职为主线，以全面提高党组织和党员学习力、组织力、约束力为重点，以落实党建“六强”工作机制为抓手，进一步健全组织体系，完善工作机制，促进党建工作与中心工作有效融合，抓出工作成效，彰显党建作用，为新时代工商联“两个健康”事业提供坚强的政治、思想和组织保障。

一要定好位。由于机关部门、直属单位、所属商会和非公经济组织在组织性质、职能作用、发展状况、人员素质等方面存在很大差异甚至是千差万别，各类党组织要按照新时代党的建设总要求的统一部署，结合自身特点和实际，进一步明确功能定位，找准不同类型党组织党建工作的“定盘星”，履行好自己的职责。

机关部门党支部要发挥战斗堡垒作用，做到讲政治、建队伍、抓落实。要按照习近平总书记对推进中央和国家机关党的政治建设提出的“一个带头、三个表率、一个模范”要求，带头做到“两个维护”，深入学习贯彻习近平新时代中国特色社会主义思想，始终同党中央保持高度一致，严守党的政治纪律和政治规矩，严肃党内政治生活，坚决贯彻落实党中央各项决策部署，建设让党中央放心、让人民群众满意的模范机关。围绕服务中心、建设队伍开展工作，发挥对党员的教育、管理、监督作用，努力实现党支部更加有力、党员更加有为、党建更加有效，在党的基层组织建设中走在前作表率，推动本部门完成任务、改进工作。直属单位党组织要发挥领导作用，做到把方向、管大局、保落实。要保证监督党和国家方针政策的贯彻执行，保证监督改革发展正确方向，对重大问题进行讨论和作出决定。注重培养干部职工队伍专业能力、专业精神，强化市场意识、竞争意识，树立敢担当善作为、团结协作、遵守纪律的优良作风，推动事业创新发展。所属商会党组织要发挥政治领导作用，做到把方向、议大事、促落实。督促会员企业开展理想信念教育实践活动，引导和监督商会依法执业、诚信从业，教育引导职工群众增强政治认同，引导和支持商会有序参与社会治理、提供公共服务、承担社会责任，以党建带会建。非公经济组织的党组织要发挥政治引领作用，做到守方向、聚人心、促发展。开展理想信念教育实践活动，增强“四信”，紧紧围绕企业生产经营，宣传贯彻党的路线方针政策，引导和监督企业严格遵守国家法律法规，团结凝聚职工群众，依法维护各方合法权益，建设企业先进文化，促进企业健康发展。

习近平总书记在全国组织工作会议上指出社会组织党建工作没有真正破题。工商联所属商会党建是工商联系统党建的薄弱环节，也是难点所在，在这里我想特别强调一下工商联所属商会党组织如何把方向、议大事、促落实。所谓把方向，就是要加强政治引导，坚决做到“两个维护”，引导商会组织自觉在思想上、政治上、行动上同以习近平同志为核心的党中央保持高度一致，确保商会的正确政治方向。要加强思想引领，结合商会实际和行业特点，组织会员企业开展理想信念教育实践活动，通过各种形式，深入学习宣传习近平总书记在民营企业座谈会上的重要讲话精神，不断增强非公有制经济人士对中国特色社会主义的信念、对党和政府的信任、对企业发展的信心和对社会的信誉。要坚持抓党建与抓会建的有机统一，把党建工作融入商会建设各项工作之中，保证党的方针政策和重大部署得到贯彻执行，保证服务会员企业发展的措施不偏离方向。要组织会员企业认真学习、坚决落实中央和上级党组织的决策部署，做到令行禁止。所谓议大事，就是要在商会工作中，推进中央重大战略决策部署、重大工作在本行业本商会的落实，推动商会正确履行统战责任、经济责任、社会责任。要积极参与商会发展目标、工作思路、工作措施的制订，对商会重大事项前置研究，并向会长会、理事会提出工作建议。建立健全民主议事、科学议事的体制机制，促进发扬民主与有效集中相结合，坚决克服个人说了算或少数人说了算、坚决克服为少数人和少数企业谋利益的现象。要广泛听取会员企业的意见和呼声，深入开展调查研究，了解行业和企业的困难问题，积极提交提案议案，及时反映社情民意。要大力推进会务公开，对事关商会发展的重大事项和涉及会员企业利益的重大问题要采取多种方式广泛听取意见建议。所谓促落实，就是要发挥组织群众、动员群众、教育群众的作用，把中央精神和上级党组织的部署不折不扣落到实处。要大力宣传商会的工作思路和工作措施，引导会员企业统一思想认识、增强发展共识，增强商会的凝聚力，把广大会员企业的智慧和力量凝聚到商会改革发展上来，形成工作合力，推动工作落实。要发挥好党组织的战斗堡垒作用和党员的先锋模范作用，探索开展具有商会特色的创建活动，加强党员的教育管理监督，增强党员意识，自觉遵纪守法，引导党员立足岗位，创先争优。要推动商会人才队伍建设，加大对秘书处工作人员的培养培训力度。推动商会智库建设，为商会科学决策提供人才支撑和智力保障。要结合商会特点，深入推进理想信念教育实践活动，引导非公有制经济人士坚决听党话、坚定跟党走。要把先进党组织创建与“四好”商会建设有机结合起来，相互促进，共同发展。

二要履好职。党的基层组织是加强党建的关键，基层组织强则党建强。各类党组织都要按照新时代党的建设总要求，落实好“5+2”的总体布局。“全面推进党的政治建设、思想建设、组织建设、作风建设，把制度建设贯穿其中，深入推进反腐败斗争”，这是党的十九大对党的建设总体布局的一个重大理论和实践创新。将长期沿用的“思想政治建设”区分为政治建设和思想建设，凸显了政治建设在党的各项建设中的统领和首要地位。对这一点许多同志还理解不深不透，既存在把政治建设当作一个筐，使之泛化的倾向，又存在以思想建设、理论学习代替政治建设，使之弱化的问题。推进党的政治建设主要是要坚决做到“两个维护”，这是党的政治建设的首要任务，是最大的政治、最大的大局；要严守党的政治纪律和政治规矩，引导党员严格遵守党章、贯彻党章、维护党章，坚决防止“七个有之”，切实做到“五个必须”；要严肃党内政治生活，从严肃党的组织生活抓起，严格执行“三会一课”、民主生活会和组织生活会、谈心谈话、民主评议党员、请示报告等制度，切实增强党内政治生活的政治性、时代性、原则性、战斗性；要不折不扣贯彻落实中央决策部署，自觉同党的基本理论、基本路线、基本方略对标对表，同以习近平同志为核心的党中央重大决策部署对标对表，及时校准偏差，确保党中央政令畅通、令行禁止。党的政治建设抓好了，对党的思想建设、组织建设、作风建设、纪律建设就可以起到纲举目张的作用。具体来讲，就是思想建设要突出习近平新时代中国特色社会主义思想的理论武装，坚定党员干部职工的政治信仰；组织建设要强化基层党组织的政治功能，健全组织体系，严把党员发展质量关；作风建设要紧扣民心这个最大的政治，夯实党的政治根基；纪律建设要突出政治纪律和政治规矩，确保党员干部职工政治上忠诚可靠；制度建设要突出建立完善坚持和加强党的全面领导的制度机制，明确健全制度约束的政治取向；反腐败工作要突出查处政治问题和经济问题相互交织的腐败案件，消除各种政治隐患。

各级工商联机关部门、直属单位、所属商会和非公经济组织的党组织中绝大多数是党支部。前段时间中央颁布了《中国共产党支部工作条例（试行）》，为新时代党支部建设提供了基本遵循。条例明确，党支部是党的基础组织，是党组织开展工作的基本单元，是党在社会基层组织中的战斗堡垒，是党的全部工作和战斗力的基础，担负直接教育党员、管理党员、监督党员和组织群众、宣传群众、凝聚群众、服务群众的职责。当前，机关部门党支部要着力解决党建工作与业务工作“两张皮”问题，解决形式主义、官僚主义的老问题、新表现，重点围绕提升学习力、改进工作作风下功夫，推动党员干部不断将政治理论学习成果转化为推动工作任务完成的正确思维与思路、措施与办法，从而进一步推动党建工作与中心工作的融合。直属单位党组织要着力解决重业务轻党建、单位经营管理不规范、服务能力和水平不高等问题，重点围绕健全制度、完善制度、执行制度下功夫，探索建立党组织参与单位重大事项决策制度，通过制度建设促进单位规范经营管理，不断提升事业发展能力和水平。直属商会党组织要着力解决党员少、党内政治生活不规范、党组织软弱涣散、作用发挥不明显等问题，重点围绕健全组织、规范运作、发挥作用下功夫，激发党组织活力，确保党组织有效运转，服务、推动商会和会员发展。

三要健全组织体制。在明确职责定位之后，要进一步优化党组织的体系建设，突出政治功能，健全基层组织，优化组织设置，理顺工作关系。

党组织书记是抓好基层党建的关键。机关部门和直属单位原则上要坚持党政一肩挑。部门单位要由党员主要负责人担任党组织书记，承担第一责任人责任；部门单位领导班子成员和党组织班子成员履行一岗双责；注重把业务骨干培养发展为党员，把优秀党员放在关键岗位上承担重要工作。在推进部门单位改革时，要确保党的组织和党的工作及时覆盖，凡是有正式党员3人以上的都要同步成立党组织。要根据管理权限和业务职能，科学设置组织体系。

目前，各地工商联所属商会党组织隶属关系比较复杂。有的地方工商联成立了社会组织行业党委，对所属商会党组织进行领导，对上归口组织部门非公党工委和社会组织党工委领导。有的地方工商联所属商会的党组织关系没有隶属工商联，有属地管理的，有隶属组织部、民政局等部门的。有的工商联和商会实施了脱钩，工商联不再作为商会的业务主管单位，改变了工商联与所属商会的隶属关系，尽管目前正在纠正，但工商联党组难以对原所属商会党建工作进行领导和管理。有的商会在脱钩之后，又重新以团体会员身份加入工商联，有的以非公有制经济为主的商会不隶属工商联管理，工商联对这些商会党建承担哪些职责，又成了一个新的问题。根据贯彻落实《关于促进工商联所属商会改革和发展的实施意见》电视电话会议精神，工商联所属商会就是指以非公有制企业和非公有制经济人士为主体的商会组织，因此，对能够重新纳入工商联管理的原所属商会，要尽快实施有效管理，一时不能纳入的，也要协调有关部门，尽快明确其管理部门。在所属商会组建党组织时，要将会长、监事会、理事会、专委会、秘书处等班子成员以及会员企业主要负责人中的党员吸纳进来，按照符合条件能够成立党委、党总支的，要成立商会党委、党总支；要逐步探索推行由党员会长、常务副会长担任商会党组织第一书记，党员秘书长、副秘书长担任第二书记，主持商会党组织日常工作。一时不能成立商会党委或党总支的，商会要探索建立党建工作委员会，将会长、监事会、理事会、专委会、秘书处等班子成员以及会员企业主要负责人中的党员吸纳进来，由党员会长、常务副会长任党建工作委员会主任，由党员秘书长、副秘书长任副主任；在秘书处成立党支部，将商会秘书处及商会内设机构秘书处的党员吸纳进来，负责商会党建的日常工作。要通过商会换届人事安排、商会工作人员招聘、培养业务骨干入党等方式，提高商会会长、常务副会长、秘书长、副秘书长的党员覆盖率。各级工商联要主动作为，把所属商会党组织建立起来、把工作覆盖到位。当然，这其中，会有很多个性的、复杂的具体情况，需要具体问题具体分析。在推动商会党建过程中，对暂时不具备建立商会党组织的，可由商会秘书处党支部代行商会党组织职能，支部书记人选可参照商会党组织书记设置的原则予以调整完善。同时，要结合联系调研工作机制，由机关部门向对口商会派出党建联络员，承担商会党组织组织员职责，并探索履行统战工作联络员的职责。总之，无论遇到多么复杂的情况，都要想尽办法、大胆尝试把政治责任担起来。商会党组织对商会重大决策要加强研究，提出建议意见。商会和党组织年度工作计划要共同研究，统筹谋划，相互匹配、形成合力。商会党组织的活动安排要与商会和秘书处的日常工作相互融合，商会年度例会和重大活动，一般要安排党建工作内容。商会年度工作绩效考核要坚持业务工作与党建工作同考同评、同奖同惩。目前，非公经济组织的党组织基本上是属地管理，但商会党组织也要肩负起指导服务会员企业党建工作的职责。要经常深入会员企业开展互动交流，了解会员企业党的建设、生产经营状况，及时反映企业需求诉求，充分发挥商会桥梁纽带作用。

四要完善工作机制。贯彻落实习近平新时代中国特色社会主义思想和新时代党的建设总要求，需要永不脱离实际，深深扎根于党员干部职工，立足当前正在做的工作，认真回答采用什么样的体制机制才能将工商联系统新时代党建工作抓实抓好。今年年初，全国工商联以愿景牵引、问题导向、底线思维的科学方法为逻辑起点，引入精细化管理理念，构建党建“六强”工作机制。

愿景牵引就是将工作计划导向性强、查摆问题针对性强、工作措施有效性强、与中心工作融合性强、基础建设体系性强、工作成果可考核性强设定为全国工商联新时代党建成果目标。强调工作计划的导向性，是要着力引导党建工作规划计划具有鲜明的政治导向和实践指向，坚决贯彻落实党中央的路线方针政策和指示精神，贯彻落实上级党组织和会党组的各项部署要求。强调查摆问题的针对性，是要着力引导党组织能够从深刻领会中央精神、摸清摸透现实情况、准确把握工作规律中发现问题。强调工作措施的有效性，是要着力引导党组织围绕目标、针对问题，出实招、硬招，狠抓落实执行，狠抓能力提升，以扎实有效的行动推动既定目标的实现和各种问题的解决。强调与中心工作的融合性，是要着力引导党组织的组织力和发挥政治功能作用，党组织要紧紧围绕工商联“两个健康”主题、年度重点工作任务来谋划和推进党建工作，积极搭建党建工作融入中心工作的载体和平台。强调基础建设的体系性，是要着力引导党组织重视抓基层、打基础，全面部署和统筹推进政治建设、思想建设、组织建设、作风建设、纪律建设，把制度建设贯穿其中，深入推进反腐败斗争，不断增强党组织的政治领导力、思想引领力、群众组织力、社会号召力。强调工作成果的可考核性，是要着力引导党组织各项工作都要务求成效，通过全面从严治党，在融入中心、服务大局、解决问题上有所突破，分层分级、细化指标，做到考核标准全覆盖，考核实施全过程。由此构成的党建“六强”机制，更加注重系统性，工作机制由党建目标以及实现目标的考评标准、评分办法组成，是对落实“5+2”党的建设总体布局的系统设计和制度规范；更加注重量化，细化量化工作评价标准，将定性评价转换为量化考评结果，通过多层次、多角度、不同权重的考核，努力做到客观公正评价；更加注重实效，力求评价结果客观反映真实状况，从而使党组织感知真实效果、明了缺陷与不足，产生激励先进、鞭策后进的效果；更加注重持续性，通过运行状况找出自身存在的薄弱环节，制定措施，对标整改，实现党建工作机制建设的持续改进。

问题导向，就是要找准实现目标愿景的“桥”和“船”，排查实施过程中的沟沟坎坎，强化原因意识，摸清摸透现实情况、准确把握工作规律，拿出针对问题难题的措施办法。党建工作与业务工作“两张皮”是当前党建工作的最大痛点。两者要深度融合发展，需要找到连接点，找准着力点。核心在于人（党员）的思维方式和行为方式的转变和优化。始终将党建工作与中心工作同谋划、同部署，始终把党员干部职工作为连接党建工作与中心工作的核心，不断推动党员干部职工将“六强”要求转化为思维习惯和行为习惯。对机关干部考核和选拔任用、对直属单位和商会考核评价时，将“六强”党建考核确定的等次作为系数值，直接决定对干部和部门单位的考评结果。树立明确的指挥棒，形成不抓党建、抓不好党建、党建工作不能促进业务工作就是失职的鲜明导向。用正面描述、负面否决，为党员干部职工思想行为划出高线和底线，促进党员干部职工查摆自身在思想作风、行为习惯中存在的问题和不足，不断优化思维与行为方式，内化于心、外化于行，从而为工商联事业发展提供坚强政治保证。党组织和党员查摆问题时常常出现大而化之、没有针对性，闪烁其词、不敢直面矛盾，没有抓住突出问题、与组织掌握情况差距较大等情况。要帮助党组织和党员干部职工树立真找问题、找真问题，真找原因、找真原因的意识。只有把问题找出来，才能有针对性地制定改进的措施办法，有效地解决问题。

底线思维，就是对党组织实施情况开展常态化督促检查，及时评估反馈成果成效、问题不足，不断修正目标、调整措施。在全国工商联党组领导下，党建“六强”办公室负责计划部署、动员培训、日常推进、年度考评等工作。成立督导组，定期通过听取汇报、列席会议、查阅资料、走访调研、观摩交流等方式，重点督促检查党组织是否召开务虚会认真查找梳理问题，是否针对问题拿出措施办法并制定任期规划和年度工作计划，是否将措施办法落实为具体工作项目并根据形势变化及时调整，是否促进党员干部职工队伍转变作风、提高能力素质，是否在推动重点工作、开展创新工作中取得实效，不断强化党员、党小组、党支部、党总支、党委以“六强”为行动指南、行动标准，根据对照检查结果，及时推广好的经验做法，向党组织反馈问题不足，督促其即知即改、立行立改，形成工作闭环。

各级工商联要结合实际，参考全国工商联党建“六强”工作机制，建立健全结合业务推进党建的工作机制，制定党建工作考核办法，严格认真考核考评，促进各类党组织在查摆问题、工作措施、工作计划、与中心工作融合、基础建设以及工作成果方面真正强起来。

五要抓出成效。工商联系统各类党组织要不断推动党组织和党员提升学习力、组织力、约束力，促进思维方式和行为方式的转变，以优化的行为和良好的作风，进一步提高工作质量和效益，在新时代中展现新气象、新作为。

提升学习力，实现“三个转化”。学习力的核心是“三个转化”，就是要通过理论学习、思想武装，促进党员转变思维方式，把学习成果转化为新的思维和思路，转化为新的措施和办法，转化为新的行动和成效。要引导党员原原本本、反反复复深入学习贯彻习近平新时代中国特色社会主义思想和党的十九大精神，深刻领会其科学内涵和思想精髓，在学思践悟中形成新的认识，迸发新的工作思路。要坚持目标导向、问题导向，把学习与思想实际、工作实际结合起来，紧紧围绕工作目标任务，认真查摆问题，深挖问题根源，谋实招出硬招，对症下药，拿出有针对性、有效可行的措施和办法，真正连贯理论与实践之间的通道，发挥理论指导实践的作用。有了好的思路、好的措施就要付诸行动，要以逢山开路、遇水架桥的精神勇于攻坚克难，力戒形式主义，务求实效。要把着眼长远与抓好当前结合起来，善于抓住主要矛盾、矛盾的主要方面，善于从纷纭复杂的情况中理出头绪，抓住具体问题，一个一个地解决，一件一件地落实。

提升组织力，凝聚智慧和力量。提升组织力，其基本指向是把党员组织起来、把群众团结起来，使全体党员干部职工能够围绕一个既定目标众志成城、万众一心地努力奋斗。对于工商联系统各类党组织来说，就是要发挥党组织战斗堡垒作用和党员先锋模范作用，寓统战于服务之中，推动工商联深化改革和所属商会改革。要倡导忠诚老实、公道正派、实事求是、清正廉洁的价值观，发展积极健康的党内政治文化，引导党员加强党性修养，在潜移默化中淬炼精神、砥砺品格、陶冶情操，形成团结协作、奋发有为的文化氛围。

提升约束力，从严管党治党。约束力是保证党组织和党员沿着正确道路、面向正确方向不断前进的规范和要求。这里面包含两个方面的内容，一个方面就是大家通常理解的对不守纪律、不知进退、违法乱纪的约束，还有一方面大家往往没有引起重视，那就是对不履职、不作为、不敢担当的约束。当前，民营企业发展中遇到许多困难和问题，正如总书记讲的，是国际、国内许多因素碰头的结果，也有民营企业自身的原因。我们作为工商联的干部，中央交给我们的任务就是桥梁纽带，就是做好经济领域的统战工作。这个时候，我们不去积极作为、勇于担当，就会失去存在的价值，辜负中央和民营企业家的期望。因此，我们既要守底线、知进退，更要敢担当、善作为。树立不担当就是失职的理念，把中央关于促进非公经济发展的部署和要求落到实处，把服务“两个健康”的工作做到最好。工商联系统各类党组织都要以坚定决心、顽强意志推进全面从严治党向纵深发展，持之以恒推进作风建设、纪律建设，树牢规矩意识和纪律意识。立足实用、管用、能用，强化制度体系建设，不断扎紧扎实制度笼子，加强对掌握人权、事权、财权关键岗位的监督，严防廉政风险。坚持以案释法，用身边事教育身边人，使党员知敬畏守底线。要不断完善考核评价和选拔任用机制，大力选拔敢于负责、勇于担当、善于作为、实绩突出的干部职工。在推动构建“亲”“清”新型政商关系中，旗帜鲜明地为敢于担当的党员撑腰鼓劲，把关心关爱干部职工的各项措施落到实处。

总之，虽然机关部门、直属单位、所属商会和非公经济组织党建工作各有特色，但都要通过提升学习力、组织力、约束力，不断优化党员干部职工的思维方式和行为方式，通过党员干部职工连接起党建工作与中心工作之间的纽带，提高工作质量和效益，推动中心工作提质增效。

同志们，加强党的建设是一项重大政治任务。各级统战部和工商联党组要充分认识工商联系统各类党组织党建工作的极端重要性，必须把这项工作作为重大政治任务摆在重要位置。统战部要定期研究如何推动各类党组织党建工作，工商联党组书记是抓党建的第一责任人，分管机关党委的党组成员、副主席是直接责任人。各级工商联要针对不同类型党组织的特点，深入调查研究，明确责任部门，加强工作指导，切实履行全面从严治党主体责任和监督责任，共同努力推动新时代“两个健康”事业实现新发展。

徐乐江在全国工商联组织工作会议上的讲话

（2018年10月30日）

组织建设是工商联事业发展的基础保障，是我们工作不断从胜利走向胜利的不竭力量。党的十八大以来，各级工商联组织认真贯彻落实习近平新时代中国特色社会主义思想，牢牢把握“两个健康”主题，坚持抓基层、打基础，不断丰富工商联组织建设工作内容，着力创新方式方法，解决了不少长期想解决而没有解决的难题，工商联组织建设工作呈现了新面貌，服务和促进“两个健康”的能力水平有了明显提升。

一是县级工商联建设取得阶段性成果。为改变工商联县级组织软弱涣散造成的“高位截瘫”状况，我们围绕中央16号文件的全面贯彻落实，上下齐心协力打了一场加强县级工商联建设的攻坚战，推动全国93.5%的县级工商联实现了“一个设立、五个有”。为指导县级工商联建设进一步提升，从2013年开始，我们在全国部署了“五好”县级工商联建设工作，各级工商联在规范工作部署、细化建设标准、开展抽查互查、推动教育培训、发挥典型作用等方面不断加强探索创新，“五好”县级工商联建设已成为党委政府大力支持、各级工商联高度重视、县级工商联积极参与的品牌项目，全国“五好”县级工商联达到县级工商联总数的39%，超过了预定目标。

二是商会改革发展取得重要突破。各级工商联认真贯彻落实党中央要求，切实加强对所属商会指导、引导和服务，广泛开展“四好”商会建设，推进所属商会评价工作，商会在政治引导、经济服务、诉求反映、权益维护、诚信自律、协同参与社会治理等方面作用发挥日益显著。特别是在中央领导同志关心支持下，今年6月中共中央办公厅、国务院办公厅印发了《关于促进工商联所属商会改革和发展的实施意见》（厅字〔2018〕30号，以下简称《实施意见》），通过明确工商联所属商会改革和发展的总体要求、目标任务、实施举措，回答了长期以来困扰各级工商联的一系列重大理论和实践问题，为我们加强和改进所属商会建设提供了根本遵循。

三是非公有制经济代表人士队伍建设取得新进步。多年来，各级工商联建立健全联系服务机制，密切同民营企业家的联系，注重发现吸纳有代表性的企业家入会，运用多种形式加强教育培训，提高他们的政治素质和能力水平。认真贯彻落实习近平总书记关于年轻一代企业家工作的重要指示精神，把年轻一代作为代表人士队伍建设的新着力点，加强引导教育，推动他们学习交流、锻炼成长。坚持“三强一好”选人用人标准，一批影响力大、代表性强、知名度高的非公有制经济代表人士进入各级工商联领导班子和领导机构，工商联的影响力、凝聚力和执行力显著增强。

四是深化工商联组织建设改革取得积极进展。为贯彻落实习近平总书记关于群团改革工作的重要指示精神，全国工商联围绕强“三性”、去“四化”陆续出台了一系列改革措施，已取得初步效果。我们坚持问题导向，大力推动体制机制和工作方式改革创新，以提高履职能力和优化结构为目标加强执委会、常委会建设，以会员制改革和实行代表任期制为重点努力扩大组织和工作有效覆盖面，以评价为抓手建立健全工作指导机制，以广泛联系调研为牵引进一步密切与地方工商联和所属商会的联系。这些改革举措有些已经开始实施并取得阶段性成效，有的已经形成制度文件稿，将在本次会议上进行讨论。

总之，经过各级工商联组织多年的艰苦努力，组织建设已有显著成效，为新时代工商联组织建设工作打下良好发展基础。但我们也要清醒地看到，与党中央要求相比，与促进“两个健康”的任务相比，与新时代工商联事业发展需要相比，我们的组织建设工作还有一些不相适应的地方，还有许多工作要做，还有很多方面要改革创新。下面，我就新时代工商联系统组织建设工作谈三点意见。

一、充分认识新时代工商联组织建设工作的重要性和紧迫性

党的十九大是在全面建成小康社会决胜阶段、中国特色社会主义进入新时代的关键时期召开的一次十分重要的大会，作出了中国特色社会主义进入新时代的重大判断。党的十九大首次将“促进非公有制经济健康发展和非公有制经济人士健康成长”写入党代会报告，对新时代工商联工作提出新的更高要求。壁立千仞，础石为基。组织基础的坚实，自身建设的加强，是新时代工商联适应新挑战、实现新目标、完成新任务的基础保障。各级工商联一定要胸怀大局、把握大势、着眼大事，从学习贯彻落实习近平新时代中国特色社会主义思想的高度，从我国社会主要矛盾发生重大变化，非公有制经济进入了转型升级、提质增效关键时期出发，从新时代服务和促进“两个健康”的新任务、新要求，来把握工商联组织工作的新定位、新作用，充分认识新时代加强工商联组织建设工作的重要性和紧迫性。

（一）加强和改进工商联组织建设工作，是学习贯彻落实习近平总书记关于发展民营经济重要指示精神的需要

支持民营企业发展是习近平新时代中国特色社会主义经济思想的重要内容。习近平总书记多次在不同时期、不同场合反复强调民营经济的重要作用、重要地位，一再阐明我国基本经济制度,提出为民营经济发展创造良好发展环境。9月27日，习近平总书记考察民营企业忠旺集团时再次重申“两个毫不动摇”，为民营企业发展营造良好的法治环境和营商环境。10月20日，习近平总书记在给“万企帮万村”行动中受表彰的民营企业家回信中，明确指出民营经济的历史贡献不可磨灭，民营经济的地位作用不容置疑，任何否定、弱化民营经济的言论和做法都是错误的。在前几天广东调研时习近平总书记又强调，党中央一直重视和支持非公有制经济发展，这一点没有改变、也不会改变。各级党委、政府要贯彻落实党中央关于支持民营企业的政策措施，在政策、融资、营商环境等方面帮助解决实际困难。工商联要推动广大非公有制经济人士认真学习贯彻习近平新时代中国特色社会主义思想，特别是学习贯彻好关于发展民营经济的重要指示精神，必须进一步加强组织建设工作，全面提升工商联组织的政治领导力、组织覆盖力、群众凝聚力、社会号召力和发展推动力，以不断增强的组织力推动把习近平总书记重要指示精神落到实处。

（二）加强和改进工商联组织建设工作，是完成好新时代促进“两个健康”工作任务的需要

随着中国特色社会主义进入新时代，非公有制经济发展呈现出一系列新的阶段性特征，进入了转型升级、提质增效的关键时期。特别是去年以来，我国所处的内外环境正在发生深刻变化，经济发展面临的各种风险叠加，不稳定、不确定因素进一步增多。中美贸易摩擦加剧，国际金融市场异常波动，地缘政治风险上升，使得外部风险加大。近几个月，国内股市持续低迷不振，股票质押平仓压力加大；公开市场债券偿还集中到期，违约比例攀升；多地P2P连环爆雷，私募基金跑路；人民币汇率持续走低，贬值预期加大；在防范化解金融风险过程中，有的金融机构对民营企业惜贷、抽贷、断贷，造成部分企业资金流动性困难。民营企业特别是中小企业融资难、融资贵、劳动力成本高企等老大难问题依然突出，环保压力加大等新问题集中显现，不少民营企业遇到的困难有所加剧。随着各地以商事制度改革为主线加强“放管服”改革，深入推进“大众创业、万众创新”，民营企业数量每年以20%以上的速度迅速增长。截至今年8月底，全国实有私营企业3000.2万户，个体工商户6962.5万户，非公有制经济人士队伍快速壮大。他们的来源和教育背景更加多样，思想活动的独立性、选择性、多元性、差异性明显增强，今年年初，社会上出现了一些否定我国基本经济制度和社会主义市场经济体制的错误思潮和奇葩论调，给一些民营企业家带来心理冲击甚至思想动荡。新时代促进非公有制经济健康发展和非公有制经济人士健康成长的任务更加繁重。工商联作为统一战线的重要组织，联系着广大非公有制企业和非公有制经济人士，如何以建设覆盖面广、坚强有效、充满活力的工商联组织体系，完成好党中央交给工商联的促进“两个健康”工作任务，不断加强党对非公有制经济领域的领导，巩固党执政的群众基础和社会基

础，是摆在各级工商联组织面前的一项迫切任务。

（三）加强和改进工商联组织建设工作，是新时代工商联事业长远发展的需要

新时代党和国家对工商联工作提出了新的要求、赋予了新的职责，不断发展的非公有制经济对工商联工作提出了新的期待，工商联肩负的任务更加繁重、更具挑战性，对工商联组织建设工作提出了更高的要求。目前，工商联组织建设工作还存在一定差距，组织体系需要进一步完善，上一级工商联对下一级工商联指导服务需要进一步加强，工商联与广大非公有制经济人士联系面需要进一步拓宽，各地工商联组织建设水平不平衡，部分工商联力量严重不足，工商联所属商会建设水平有待提高，网格化工作格局尚未形成等，制约着工商联组织建设工作水平进一步提升。从外部看，近年来，各种企业家自组织和综合性地域商会越来越活跃，影响力不断提升，对一些民营企业家的吸引力逐渐增强。如何推动工商联组织的自身改革，进一步创新组织体制，完善运行机制，改进工作方式，不断增强工商联的影响力、凝聚力和执行力，为工商联事业的长远发展打下坚实基础，提供强有力的组织保障，是我们必须破解的重大现实课题。

二、准确把握新时代工商联组织建设工作的总体思路和要求

新时代工商联组织建设工作的总体思路是：以习近平新时代中国特色社会主义思想为指导，坚决贯彻新时代党的组织路线，提高政治站位，用“政治建会、团结立会、服务兴会、改革强会”统领组织建设各项工作，以加强各级工商联标准化建设和提升组织力为主线，以推进中国特色商会组织现代化、规范化建设为重点，以扩大工商联组织和工作在非公有制经济领域有效覆盖面为目标，健全组织体系，壮大会员队伍，完善运行机制，抓好代表人物，切实发挥职能作用，不断深化改革，激发组织活力，提高工商联组织建设质量和水平，把工商联打造成“五有之家”，为新时代更好促进非公有制经济健康发展和非公有制经济人士健康成长提供坚强组织保证。

（一）完善体系结构，打造网格化工作格局

一个组织的体系架构，总是随着时代的发展、形势的变化、工作的需要而不断健全和完善。全国组织工作会议将组织体系建设作为新时代组织工作的重点，面对新形势新任务，工商联组织工作必须将完善体系架构摆上重要议事日程，着力建设一个体系健全、结构合理、运行高效的组织体系，形成网格化工作格局。

要按照应建尽建原则，健全工商联全国组织、地方组织和基层组织。为进一步理顺县级工商联对所属商会的管理体制，明确将县级工商联作为地方组织。按照这一原则，工商联组织体系包括：全国组织，地方组织，基层组织。其中，按国家行政区划设置全国组织和地方组织，全国工商联为全国组织，省、市、县级工商联为地方组织，各级工商联所属商会为基层组织。工商联的组织原则是民主集中制。各级工商联都要设立党组，发挥领导核心作用，接受本级党委统战部门的领导；工商联所属商会都要成立党的组织，接受同级工商联的领导和管理。对于工商联所属商会，按照《实施意见》规定，主要是指以非公有制企业和非公有制经济人士为主体，由工商联作为业务主管单位，依照《社会团体登记管理条例》和《中国工商业联合会章程》制定章程并开展活动的社会组织。对那些目前不是由工商联作为业务主管单位，但原来曾经由工商联作为业务主管单位的商会，或者由工商联发起成

立但尚未登记的商会，应纳入工商联所属商会范围。

要强化指导联系，推动形成网格化工作格局。全国工商联和地方工商联组织为“纲”，工商联所属商会组织为“目”，纲目相结形成网格化工作格局。上一级工商联要对下一级工商联加强指导。全国工商联作为全国组织，要围绕中心、服务大局，完成党中央、国务院交给工商联的工作任务，谋全局、出思路、定方向，统筹安排部署工商联重点工作，对地方工商联进行指导。省、市、县级工商联作为地方组织，要按照当地党委、政府的决策部署开展工作，同时结合全国工商联的工作部署，将自己的规划计划与全国工商联的规划计划勾稽嵌套起来。商会作为基层组织，要在同级工商联的领导下，接受工商联的指导、引导和服务，落实工商联的重点工作以及同级党委政府的决策部署和安排，同时关注上一级同行业的商会工作，以团体会员身份加入同行业上一级商会。通过多点发力、汇聚合力，最终形成上下指导有力、纵横联系紧密的网格化工作格局，实现工商联组织和工作在非公有制经济领域的全面有效覆盖。

（二）明确组织构成，壮大会员队伍

会员是工商联组织构成的主体。要扩大会员覆盖面、充分发挥会员作用、强化会员意识，就必须深化会员制改革，形成以商会为会员发展主渠道的新模式。

全国工商联和省级工商联要大力发展团体会员，密切同有代表性的非公有制经济人士的联系。根据《中国工商业联合会章程》和《全国工商联深化改革总体方案》，全国工商联和省级工商联不再保留直属企业会员和个人会员，只发展包括直属商会和其他工商社团在内的团体会员。全国工商联要积极推动组建若干涉及国计民生、服务国家战略的直属商会，注重吸纳区域性综合商会作为团体会员，加强同有影响力的社会自组织的联系。省级工商联要在具备条件的当地支柱产业、民营经济主导产业、新兴产业和新兴业态领域，积极组建行业、异地和专业服务类商会，大力发展直属商会；要注重吸纳那些非公有制企业会员较多、有一定影响力的协会商会，作为团体会员。全国工商联和省级工商联在发展团体会员的同时，要通过成立知名企业专委会或区域性企业家商会，加强同龙头企业和代表性强的民营企业家的联系。其中，全国工商联要重点联系世界500强中的民营企业和中国民营企业500强，有民族品牌、世界品牌的民营企业，有全国知名度、代表性的个体工商户等；省级工商联要重点联系本地区有知名品牌和知名度的企业以及个体工商户。

市、县级工商联要在继续做好企业会员和个人会员发展的同时，将发展商会作为扩大会员覆盖面的着力点。一方面，将当地有代表性、有影响力的民营企业和企业家以及个体工商户吸纳到工商联，密切同他们的联系，做好会员服务。另一方面，在当地支柱产业、民营企业相对集中的区域，大力加强行业商会、乡镇商会、街道商会、园区商会、市场商会等商会组织建设，做到民营经济发展到哪里，商会就要建到哪里。

工商联所属商会要大力发展会员，成为工商联会员发展的主渠道。各级工商联直属商会作为工商联基层组织，要广泛吸纳本区域、本领域的非公有制企业和个体工商户成为会员，不以企业资产规模和个人财富等设置入会门槛，壮大会员队伍，优化会员结构，强化商会会员也是工商联会员的意识。

（三）把准职责定位，创新运行机制

职责定位，就是应该干什么，是工商联工作的主要内容；运行机制，就是应该怎么干，是确保各级工商联履职尽责的制度保障。只有明确各级工商联组织的职责定位，通过管理、指导、联系、服务等工作制度和机制的建立健全，才能确保各级组织尽职尽责，推动工商联工作取得显著成效。

1. 明确职责定位。工商联的主要职责是围绕中心、服务大局，以促进“两个健康”为主题，坚持“政治建会、团结立会、服务兴会、改革强会”，切实发挥在非公有制经济人士思想政治工作中的引导作用、在非公有制经济人士参与国家政治生活和社会事务中的重要作用、在政府管理和服务非公有制经济中的助手作用、在行业协会商会改革发展中的促进作用、在构建和谐劳动关系中的积极作用。

全国工商联和地方工商联组织要着重做好四个方面的工作：一是加强非公有制经济人士思想政治工作。以理想信念教育为重点，引导非公有制经济人士听党话、跟党走，坚定不移走中国特色社会主义道路，根据形势变化突出活动重点，丰富活动内容，改进方式方法，引导非公有制经济人士增强“四信”，坚定“四个意识”；切实发挥参政议政、民主监督职能，充分听取、如实反映非公有制企业和非公有制经济人士的利益诉求，提出有质量、有针对性的意见建议；按照各级党委的统一安排和部署，积极参与非公有制企业党建工作，领导和管理商会党建，加强党在非公有制经济领域的领导。二是大力发展商会。深入贯彻落实《实施意见》精神，推进商会改革发展，将商会建设成为工商联发展会员、服务会员、培养和发现非公有制经济代表人士的主阵地。围绕国家重大发展战略，在重点行业领域、新兴产业和新兴业态领域积极组建商会，不断扩大组织覆盖面；开展“四好”商会建设，加强对所属商会的指导、引导和服务，发挥商会作用，通过商会扩大工作覆盖面。三是积极搭建平台。发挥桥梁纽带和政府助手作用，建立政企沟通平台，推动构建“亲”“清”新型政商关系；建立银企对接平台，帮助企业缓解融资难、融资贵问题；建立科企对接、产学研合作平台，打造“双创”平台，引导民营企业创业创新，高质量发展；搭建信息、法律、人才、对外交流等其他工具性服务平台，帮助企业解决实际困难和问题，提供精准服务。四是改革组织体制和工作方式。要围绕提高工商联组织运行的系统性、科学性、专业性、高效性，进一步改进组织体制和工作方式，在实践中不断探索创新、总结经验，使工商联工作运行更加顺畅、联系更加紧密、作用发挥更加充分。

工商联所属商会要按照《实施意见》要求，有效承担政治引导、经济服务、诉求反映、权益维护、诚信自律、协同参与社会治理任务，突出政治引导功能，重点做好经济服务工作，积极引导会员企业履行社会责任。一要强化政治引导。在会员中深入开展理想信念教育，学习宣传贯彻党的理论路线方略，注重对年轻一代的教育培养；加强商会党建工作，落实全面从严治党主体责任，支持会员企业加强党建，以党建促会建，切实发挥战斗堡垒作用；开展舆情监测，对突发事件和问题，及时向有关方面反映并积极应对，加强正确舆论引导。二要为会员提供精准服务。开展政策研究，帮助会员及时了解、准确把握国家的发展规划、产业政策，对市场走势、产业发展方向进行研判，引导会员主动适应和践行新发展理念，参与供给侧结构性改革，用好、用足各类扶持政策；通过搭建技术创新服务载体，组建产业技术联盟，主动参与行业标准制定，引导企业开展技术、产品、管理、商业模式等创新，助推企业转型升级、高质量发展；打造工具性服务平台，为会员提供信息、政策、融资、技术、法律、人才、对外交流等方面的专业服务；建立法律援助机制和商会调解机制，维护会员合法权益；加强调查研究，了解企业诉求，通过参与工商联提案、第三方评估，政府部门政策咨询会等，积极建言献策，推动民营经济发展环境不断优化。三要引导会员守法诚信、回报社会。深入开展普法宣传，推动会员依法经营、依法治企、依法维权，积极践行“亲”“清”新型政商关系；制定自律公约，建立信用承诺制度，主动参与社会诚信体系建设；引导会员积极构建和谐劳动关系，注重安全生产、提升质量、保护环境；组织会员积极参与光彩事业、公益慈善事业和“万企帮万村”精准扶贫行动，自觉履行先富带后富、促进共同富裕的社会责任。在工作中，要注重将教育引导寓于经济服务之中，二者紧密联系，相辅相成、相互促进。

2．确定工作目标。目标是工作的先导，是前行的动力。对于工商联组织建设工作未来5年发展，我们明确提出，到2022年，工商联和所属商会组织体系日趋完善，形成网格化工作格局，组织和工作覆盖面逐步提升，以评价为抓手的工作指导机制基本健全，工商联和所属商会组织力全面增强，各级工商联直属商会覆盖本级行政区域50%～80%民营企业集中的行业和新兴产业领域，各个工商联所属商会会员覆盖本级本领域50%～80%的民营企业，全国“五好”县级工商联达到县级工商联总数的60%以上，认定的全国“四好”商会达到工商联所属商会总数的10%以上。

3．加强支持服务。各级工商联要着力打造服务型组织，建立工商联服务商会、商会服务会员的工作模式。各级工商联要为所属商会搭台，拓展商会服务会员的渠道；要为商会活动站台，支持商会活动的开展；商会要搭建服务载体和平台，组织会员参与工商联活动，根据会员需求提供有效服务。上级工商联在加强对下级工商联指导的同时，更要注重加强对他们的支持与服务，特别是要继续通过开展“五好”县级工商联建设，加强对基础薄弱县级工商联的扶持力度，帮助他们切实解决实际问题困难。

4．建立科学评价体系。要形成评价促提高的工作指导机制。全国工商联发挥先导、先行作用，制定企业家副主席、副会长和常委、执委评价办法，充分发挥企业家主体作用；制定省级工商联评价办法，通过评价发挥导向作用和督促作用，规范引领工商联工作不断提升科学化水平。地方工商联要结合实际，建立对本级企业家副主席、副会长、常委、执委和下一级工商联的评价机制。各级工商联要结合“四好”商会建设，对本级直属商会会长、监事长和秘书长等进行履职考核，对商会开展评价工作，提高指导、引导、服务商会的有效性。

（四）严把质量标准，优化队伍结构

习近平总书记在党的十九大报告中提出“培养担当民族复兴大任的时代新人”。工商联要以培养时代新人为己任，以抓“关键人物”履职尽责、提升能力为重点，推动人员队伍素质整体提升，为新时代工商联组织建设提供有力人才保障。

对于全国及地方工商联组织，一要抓好领导班子建设，选好配强工商联专职领导干部，将那些政治坚定、能力素质好、想干事、能干事的干部选拔进工商联；严把选人用人关，将那些符合“三强一好”标准，对工商联工作有热心度、对党和政府交给工商联的任务有贡献度的非公有制经济代表人士，安排进工商联担任领导职务。二要着力建设一支政治坚定、数量充足、结构合理、素质优良的非公有制经济代表人士队伍，完善联系服务机制，发挥典型示范带动作用，弘扬优秀企业家精神；特别注重对年轻一代非公有制经济代表人士队伍建设，有计划、有步骤地加强对年轻一代的发现培养，形成代表人士队伍的梯次结构。全国工商联刚成立了青年企业家委员会，地方工商联也要加强青年企业家组织建设，使之成为年轻一代非公有制经济人士学习交流、锻炼成长的平台。

对于工商联所属商会，重点是要选好会长、副会长、监事长和秘书长。要坚持企业家办会，推选那些符合“三强一好”标准，热爱商会工作和工商联工作，在业内有影响力、能发挥带动作用、具有良好社会形象的非公有制经济代表人士担任会长、副会长；要推选忠实勤勉、清正廉洁、坚持原则的同志担任监事长或监事，切实对商会重大事项进行监督；要选举或聘任熟悉统战工作和经济工作，具有良好沟通能力和较强执行力的人员担任商会秘书长。

（五）注重作用发挥，打造“五有之家”

加强工商联组织工作的最终目标，是围绕促进“两个健康”的时代需要，把工商联建设成为让广大非公有制经济人士“有方向感、有获得感、有归属感、有荣誉感、有认同感”的共同家园。各级工商联组织工作做得好不好、职能作用是否充分发挥，关键就看是否把自己建设成为被党和政府、被社会、被非公有制经济人士普遍认可的“五有之家”。

要围绕工作目标，制定科学合理的规划和计划。全国工商联要统筹谋划工商联各项重点工作，加强调查研究，制定事关工商联事业发展全局的组织发展、专项工作等五年发展规划，明确目标任务和责任主体；根据规划制定年度工作计划，明确当年重点工作，指导地方工商联和所属商会围绕规划和计划开展工作。地方工商联组织要逐级根据上一级工商联制定的发展规划，结合本地实际，制定符合自身实际的规划、计划，扎实有序推进各项任务的完成。工商联所属商会也要制定商会发展规划，明确商会建设目标和任务，结合工商联年度工作要点制定年度工作计划。通过逐级制定规划，逐年制定计划，对完成情况进行评估，及时调整跟进，确保各项任务落地落实，如期完成。

要打造品牌工程，提高服务效果和影响力。目前，工商联组织的影响力、凝聚力显著提升，一些活动已经成为工商联和商会的“名片”。如，全国工商联开展的非公有制经济人士理想信念教育实践活动，组织的各种民营企业地方行，每年的中国民营企业500强发布，每两年的全国科技进步奖评选和私营企业抽样调查，“万企帮万村”精准扶贫行动，“五好”县级工商联建设和“四好”商会建设等等，在党委政府、社会和民营企业家中都有很大影响。一些地方工商联和商会，每年也都组织开展了大量富有特色的活动，在当地乃至全国甚至世界都有一定影响。各级工商联组织要紧随国际国内经济形势变化，紧跟非公有制经济发展需要，紧贴非公有制经济人士迫切需求，赋予传统活动以新的时代内涵，不断创造新的服务载体和平台，着力打造有影响力的工商联专属品牌工程，提升工商联的吸引力、凝聚力，扩大工商联的影响力。

要以党委和政府、社会、民营企业和民营企业家是否有获得感为根本依据，评判工作效果。要注重围绕中心服务大局，看是否紧扣党委政府中心工作、紧扣促进“两个健康”主题，让党委政府交给工商联工作放心；要注重社会效应，看是否能引导会员守法诚信经营、履行社会责任，注重产品安全、环境保护、劳动关系和谐，让社会对工商联会员企业提供的产品和服务安心；要注重服务的针对性，看是否真正符合非公有制企业和非公有制经济人士的需求，能够帮他们排忧解难、获得更好发展，让企业家感到舒心。

建设“五有之家”，必须不断加强工商联机关干部队伍和商会秘书处队伍建设。要按照新时代“好干部”标准，着力建设一支忠诚、干净、担当的高素质机关干部队伍。要加强工作人员配备，想办法着力解决工作人员不足的问题。要注重干部的选拔培养教育，党组要切实发挥领导和把关作用，选拔信念坚定、为民服务、勤政务实、敢于担当、清正廉洁的好干部，优化干部成长路径，将有能力的干部安排在重点岗位；以提升干部能力素质为重点，着力提高政治把握能力、调查研究能力、群众工作能力、落实推进能力，增强干部素质培养的系统性、持续性、针对性；教育引导干部加强党性、政德修养，严守纪律规矩。工商联所属商会要着力打造一支熟悉工商联工作、职业化的秘书处工作人员队伍，加大培训力度，特别是时事政策、统战理论、调查研究、社会组织管理等方面知识的培训，提高秘书处工作人员的能力素质和专业化水平。

三、以改革创新精神大力推进新时代工商联组织建设工作

习近平总书记在中央统战工作会议、中央党的群团工作会议和2016年3月4日重要讲话中，都对工商联如何适应形势任务发展需要、加强自身建设提出明确要求，这为我们做好工商联组织建设工作提供了根本遵循。在工商联十二大上，中共中央、国务院又对工商联提出了坚持“政治建会、团结立会、服务兴会、改革强会”的明确要求。做好新时代工商联组织工作，既要保持战略定力，坚持好经验；又要勇于开拓创新，找到新办法，不断推动工商联组织建设工作迈上新台阶。

（一）加强组织领导

习近平总书记指出，党的力量来自组织。党的全面领导、党的全部工作要靠党的坚强组织体系去实现。要贯彻落实好习近平总书记关于促进“两个健康”和工商联工作的重要指示精神，落实好党中央、国务院的工作要求，推动工商联系统做到“六个始终坚持”，必须依靠健全有效的工商联组织体系和强大的工商联组织力，必须以更大的决心、更有力的举措推动工商联组织建设工作全面进步、全面过硬。

一要提高重视程度。各级党委统战部和工商联党组要充分认识工商联组织工作的极端重要性，把工商联组织工作摆在重要位置。统战部要定期研究工商联组织工作，加强对工商联组织建设的指导。工商联党组书记是工商联组织建设工作的第一责任人，分管组织工作的副主席是直接责任人，各级工商联要就组织工作的重大问题深入开展调查研究，每年至少召开一次关于组织建设的工作会议，加强工作研究和部署。要加强组织部门建设，配齐配强组织部门干部，加大教育培训力度，提高他们的专业知识、专业能力和专业素质。

二要加强督查指导。认真贯彻落实习近平总书记关于克服形式主义、官僚主义的重要指示要求，坚决防止以会议贯彻会议、以文件落实文件的现象，努力把组织建设各项任务落到实处。要进一步加强分类指导。在遵循统一要求的基础上，结合本地区、本单位实际，突出区分层次，坚持精准施策，创造性地完成好各项工作任务，扎实推动各项工作落地落细落实，确保工作的高质量。要加强督促检查，推动工商联组织建设工作任务全面落实。在督查中既要看“做没做”“有没有”，更要看“好不好”“优不优”，确保工作质量。要及时发现和研究解决工作中出现的普遍性、倾向性问题，对组织建设不重视、工作不得力的，要提出批评，要求限期改进，确保完成好各项目标任务。

（二）创新方式方法

加强新时代工商联组织建设，光有干劲和愿望还不够，更需要以新方法解决新问题、以新视野谋求新发展、以新思路取得新成效，通过不断创新方式方法，充分激发工商联的组织活力。

一要加强企业家主体作用发挥。发挥好企业家主体作用，是工商联深化改革的重要内容。今年3月以来，由专职会领导带队，将全国工商联企业家执委分组，深入到地方工商联和所属商会开展联系调研工作，并由企业家执委向基层民营企业家开展政策宣讲，已取得了不少工作成效，为更好发挥企业家主体作用作了有益尝试。希望各级工商联也能探索建立有效方式，让企业家站前台、当主角，有效激发他们的荣誉感、使命感。一些地方已经建立企业家副主席轮值、执委分组活动等工作机制，也要在今后的工作中不断总结完善。

二要强化载体建设。要持续深化“五好”县级工商联和“四好”商会建设，根据形势变化需要，不断丰富建设内容，夯实工商联基层基础。要积极搭建宣传优秀民营企业成就和展示优秀民营企业家风采的平台，树立民营企业家的良好形象，弘扬优秀企业家精神。

三要推进“网上工商联”建设。各级工商联要统筹建设网站、微信公众号、APP等，丰富工商联信息化服务手段。全国工商联已经建立会员组织管理系统，包含了工商联组织数据库、商会数据库以及全国性非公有制经济代表人士人物库，年轻一代非公有制经济代表人士人物库，直属商会会长、副会长和秘书长人物库，各地工商联要做好信息填报和及时更新工作，实现共建共享、分级管理和使用。

（三）形成工作合力

加强工商联组织建设工作，既要各部门、各单位明确责任、确定任务，也要主动作为、形成合力，凝聚整个工商联系统的力量和智慧，激活组织活力，提升工商联组织工作质量和水平。

一要确保制度衔接。这次会议我们要对五年组织建设工作规划等制度文件进行讨论，这些都是全国工商联着眼组织建设目标任务提出的改革举措，希望大家结合实际提出宝贵意见。对于这些组织建设方面的改革文件，各地工商联要据以制定制度文件或实施方案，确保上下协同抓好改革措施的落地落实。

二要强化交流合作。工商联正在形成纵横交错、不同层面的工作网络。全国工商联今后要进一步密切与地方工商联和所属商会的联系，充分调动地方工商联和所属商会的积极性，共同开展工作。推动不同地域、不同层级工商联和所属商会加强交流合作，研讨组织建设重点工作，提出解决问题的办法。抓紧建立不同地区、不同层级工商联、所属商会之间的互动机制，在实践中推动工商联组织工作不断创新。

三要发挥好组织委员会作用。刚才，新一届全国工商联组织委员会已经成立，我代表全国工商联向各位主任、副主任和委员表示祝贺。希望大家积极履职尽责，把各自的经验和问题带上来，把全国工商联的要求和任务传下去，作为工商联组织建设工作的信息源，发挥好增强工作力量、凝聚系统智慧、提升组织建设工作水平的应有作用。

同志们，使命重在担当，实干铸就辉煌。工商联组织建设是事关“两个健康”

的基础性工程，要求很高、任务很重。让我们以更加饱满的工作热情，奋发有为的精神风貌，开拓创新、锐意进取，全面提高服务和促进“两个健康”的能力和水平，努力开创工商联组织建设工作新局面。

徐乐江在工商联系统宣传教育工作会议上的讲话

（2018年9月14日）

这次工商联系统宣传教育工作会议的主要任务，是深入贯彻落实习近平新时代中国特色社会主义思想和党的十九大精神，认真学习贯彻全国宣传思想工作会议精神，研究部署当前和今后一个时期工商联系统宣传教育工作。

这是工商联十二大以后，第一次就宣传教育工作召开这样的专门会议。我担任全国工商联党组书记后一直在思考，工商联是统一战线组织，主要做统战工作，实际上就是做人的工作。工商联职能与任务的第一条，就是“加强和改进非公有制经济人士思想政治工作”。这是一项极其重要的工作，影响着工商联所联系群体的思想方向，体现了工商联组织的价值所在；同时，这也是一项具有难度的工作，要把做人的工作做到位、做出实效并不容易。8月下旬，全国宣传思想工作会议在京召开。9月10日，中央又召开全国教育大会。习近平总书记在两次会议上都作了重要讲话。讲话站在新时代党和国家事业发展全局的高度，深刻总结了党的十八大以来党的宣传思想和教育工作的历史性成就和历史性变革，深刻阐述了新形势下党的宣传思想和教育工作的历史方位和使命任务，深刻回答了一系列方向性、根本性、全局性、战略性重大问题，对做好新形势下党的宣传思想和教育工作作出重大部署，为加强和改进非公有制经济领域宣传教育工作提供了根本遵循。我们一定要认真学习、深刻领会，全面抓好贯彻落实。

工商联从成立那天起，就一直高度重视宣传教育工作，最大限度地把广大非公有制经济人士团结凝聚在党的周围，引导他们树立中国特色社会主义共同理想，坚定走中国特色社会主义道路的信心和决心，按照爱国、敬业、创新、守法、诚信、贡献的要求，争做合格的中国特色社会主义事业建设者。2013年以来，中央统战部、全国工商联在全国非公有制经济人士中开展以“增强对中国特色社会主义的信念、对党和政府的信任、对企业发展的信心、对社会的信誉”为主要内容的理想信念教育实践活动，取得了较好的效果。特别是工商联十二大以来，我们坚持正确的政治方向和舆论导向，坚持围绕中心服务大局，积极适应国内外、会内外不断发展变化的新形势，坚持“政治建会”方向，致力于促进“两个健康”，在坚定非公有制经济人士理想信念、建设适应新时代要求的非公有制经济人士队伍、巩固和扩大爱国统一战线、进一步提升工商联的凝聚力影响力执行力等方面，做了很多积极、有效的工作，也积累了很多宝贵的经验。这些经验和做法，是做好新时代工商联宣传教育工作的宝贵财富。我们要认真总结，不断丰富和发展。

但同时，也要清醒地认识到，当前工商联的宣传教育工作现状与党中央的要求相比，与新时代工商联的使命相比，与促进“两个健康”的任务相比，还有很大的差距，工作中还存在许多薄弱环节，还有一些结没有解、有一些题没有破。借这个机会，结合这些问题，我就如何进一步学习领会总书记重要讲话精神，围绕“为什么要高度重视宣传教育工作，工商联的宣传教育工作做什么，怎么做工商联的宣传教育工作”，讲三点意见。

一、为什么要高度重视宣传教育工作

宣传教育工作担负着统一思想、振奋精神、凝聚人心、汇聚力量的重大任务，一定要胸怀大局、把握大势、着眼大事，从国内、国际两个大局中来认识和把握宣传教育工作的新问题、新挑战，从非公有制经济发展阶段和“两个健康”主题出发来认识和把握宣传教育工作的新任务、新要求，从工商联改革发展实际来认识和把握宣传教育工作的新定位、新作用，进一步增强做好工商联宣传教育工作的责任感和使命感。

（一）加强和改进工商联宣传教育工作，是适应改革发展新形势和社会环境新变化的迫切需要

国际形势的大变局给宣传教育和新闻舆论工作带来新挑战、新考验。随着世界多极化和经济全球化的深入发展，世界力量体系出现新一轮的分化、整合。一些新兴大国在国际舞台上竞相显露头角。中国日益走近世界舞台的中心，发挥着越来越重要的作用。与此相伴随的是中国与外部世界的利益摩擦，舆论交锋也日益突出。从国内看，各种社会矛盾和问题相互叠加、集中呈现，人们思想活动的独立性、选择性、多元性、差异性明显增强，这虽然是社会进步的必然，但同时也会带来一些由利益问题引发的社会问题、民生问题、突发事件和群体性事件增多，带来人们情绪的波动和思想的困惑，化解矛盾、理顺情绪、解决好思想认识的任务比较艰巨。从民营经济的发展看，在改革开放40年的历程中，民营经济从小到大、由弱变强，已经成为稳定经济的重要基础、国家税收的重要来源、技术创新的重要主体、金融发展的重要依托、经济持续健康发展的重要力量，在经济社会发展中起到了举足轻重的作用。广大非公有制经济人士在致力于民营经济发展的同时，也在政治生活和社会事务中发挥着越来越重要的作用。如何做好新形势下的宣传教育工作，团结带领广大非公有制经济人士听党话、跟党走，进一步巩固和发展新时代最广泛的爱国统一战线，凝聚实现中华民族伟大复兴中国梦的磅礴力量，是摆在工商联面前的一项迫切的任务。

（二）加强宣传教育工作，是促进“两个健康”的迫切需要

中国特色社会主义进入新时代，我国社会主要矛盾发生了重大变化。非公有制经济的发展也呈现出一系列新的阶段性特征，进入了转型升级、提质增效的关键时期。特别是去年以来，我国所处的内外环境正在发生深刻变化，经济发展面临的各种风险叠加，不稳定、不确定因素进一步增多。中美贸易摩擦加剧，国际金融市场异常波动，地缘政治风险上升，使得外部风险加大。近几个月，国内股市持续低迷不振，股票质押平仓压力加大；公开市场债券偿还集中到期，违约比例攀升；多地P2P连环爆雷，私募基金跑路；人民币汇率持续走低，贬值预期加大。民营企业特别是中小企业融资难、融资贵、劳动力成本高企等老大难问题依然突出，环保压

力加大等新问题集中显现。众多非公有制企业，不仅是中小企业，甚至很多大企业都出现了思想困惑，产生了悲观情绪，动摇了发展信心。一些民营企业家在“亲”“清”新型政商关系构建的过程中还不能适应，老办法不管用、新办法不会用，碰到问题不知道找谁解决。个别民营企业家自我膨胀，在企业的发展中迷失了自我，发表一些错误的观点，做了一些违法违规的事，不但影响企业自身发展，也影响了非公有制经济人士的整体形象，甚至对社会风气产生了极其不利的影响。这一方面要求我们的宣传教育工作要跟上，把非公有制经济人士遇到的难处、面临的困惑摸清、摸透，在“把准脉”的基础上，有什么问题解决什么问题，有针对性帮助非公有制经济人士深刻理解中央的大政方针和决策部署，正确把握宏观经济形势，吃透悟深国家各项政策，特别是支持非公经济发展的政策措施，提振信心，应对挑战，抓住机遇，进一步坚定听党话、跟党走的决心，进一步增强“四个自信”。今年年初，人民大学教授周新城发表的一篇题为《共产党可以把自己的理论概括为一句话：消灭私有制》的文章，鼓吹“国进民退”搅起了一场论战。前两天，一个自称“资深金融人士”的吴小平在网上发表言论：中国私营经济已完成协助公有经济发展的任务，应逐渐离场，也引起了一场不小的舆论风暴。对这些否定我国基本经济制度和社会主义市场经济体制的错误思潮和奇葩论调，《人民日报》《经济日报》等中央主流媒体以及我们的《中华工商时报》等都及时给予了批驳和正面引导，但难免给民营企业家带来心理冲击甚至思想动荡。以后类似问题，都需要我们以高度的政治敏锐性，在舆论上加以引导，在政策上加强宣传，在理论上进行批驳。实践证明，越是新情况、新矛盾大量产生的时候，越能显示出宣传教育工作解疑释惑、鼓舞人心、形成共识、凝聚力量的有效作用，彰显出宣传教育工作的强大力量。另一方面，要求我们的团结服务要跟上，用实际行动把政治建会的要求落到实处，不能只喊喊口号、悬在空中。要积极向政府有关部门反映情况，建言献策，协助各级政府采取多种政策和扶持手段，帮助非公有制企业解决融资困难，改善发展环境，确保整个国民经济平稳较快发展。可以说，加强新形势下工商联宣传教育工作，既是创造良好营商环境，促进非公有制经济健康发展的迫切需要，也是营造非公有制经济人士良好成长环境，促进广大非公有制经济人士健康成长的迫切需要。

（三）加强宣传教育工作，是履行工商联职责任务、推进工商联政治建会、改革创新的迫切需要

习近平总书记在中央统战工作会议、中央党的群团工作会议和2016年3月4日重要讲话中，都对工商联如何适应形势任务发展需要、做好改革工作、加强自身建设提出明确要求。工商联十二大上，中共中央国务院又对工商联提出了坚持“政治建会、团结立会、服务兴会、改革强会”的明确要求。有“为”才有“位”。工商联是党领导的人民团体和商会组织，统战性、经济性、民间性有机统一是工商联的基本特征。统战性决定了工商联的政治方向、政治地位和政治功能，要求我们坚持政治建会，通过教育引导、扎实服务，把非公有制经济人士团结在党的周围，为建设社会主义现代化强国，实现中华民族伟大复兴的中国梦而努力奋斗，这是工商联各项改革发展工作必须始终围绕的中心。今年年初，全国工商联启动了深化自身改革工作，陆续出台了一系列改革措施，也收到了初步的效果。要看到，改革不会一

蹴而就，思想政治工作也不会一劳永逸。特别是新常态下，非公有制经济人士思想日益多元多样多变，加之以企业家为主体的社会组织快速发展、现代信息技术的广泛运用，工商联开展非公有制经济领域统战工作的任务更加艰巨繁重。工商联要不断推进改革，努力提升工商联凝聚力、影响力、执行力，就要不断加强和改进新形势下的宣传教育工作。

二、工商联的宣传教育工作做什么

习近平总书记在全国宣传思想工作会议上强调，中国特色社会主义进入新时代，必须把统一思想、凝聚力量作为宣传思想工作的中心环节，着眼强信心、聚民心、暖人心、筑同心，自觉承担起举旗帜、聚民心、育新人、兴文化、展形象的使命任务，促进全体人民在理想信念、价值理念、道德观念上紧紧团结在一起，为服务党和国家事业全局做出更大贡献。总书记的重要讲话，深刻阐明了宣传教育工作的责任所系、担当所在。当前和今后一段时期，工商联宣传教育工作要进一步明确目标任务和工作重点，着重做好以下几个方面：

（一）举旗帜、讲理论

这是宣传教育战线必须担负起的战略任务。做好这一工作是我们宣传教育的基本功。成立97年，执政69年，带领亿万人民走过40年改革开放宏伟征程的中国共产党，从成立之初，就牢牢掌握了两大法宝。一是“枪杆子”，党指挥枪，从古田会议开始，毫不动摇。二是“笔杆子”，党管思想，始终如一，毛泽东、邓小平都曾亲手为《人民日报》写过消息、改过社论。历史和实践反复证明，一个政权的瓦解往往是从思想领域开始的。思想防线破了，其他防线就难守住。正如习近平总书记所说，党的十八大以来，宣传教育领域最具标志性的成果，就是从根本上扭转了意识形态领域一度出现的被动局面，使我国意识形态领域形势发生了全局性、根本性的转变。当前，我国意识形态领域总体保持向上向好态势，但也要看到，思想文化相互激荡、价值观念多元多样，建设具有强大凝聚力和引领力的社会主义意识形态任务依然艰巨。现在一些错误思潮和观点时有出现，有的甚至把我们的成就说成是学习西方制度模式的结果，有意把我们的发展与社会制度和意识形态的作用割裂开来，企图搞乱思想、搞乱人心，否定中国特色社会主义这面旗帜。全国宣传思想工作会议、全国教育大会把举旗帜作为宣传教育战线使命的首要任务，就是要坚定不移地高举中国特色社会主义的旗帜，坚持不懈用习近平新时代中国特色社会主义思想武装全党、教育人民、推动工作。今天的工商联系统宣传教育工作会议，也是落实中央精神的重要举措。一要把牢重点。开展面向工商联干部和广大非公有制经济人士的学习活动和主题教育。要用习近平新时代中国特色社会主义思想武装头脑，深入学习领会十九大提出的一系列重要思想、重要观点、重大判断、重大举措，根据企业家的思想实际和困惑，有针对性地组织学习，使大家把十九大精神转化为思想武器和最大共识，在政治立场、政治方向、政治原则、政治道路上同以习近平同志为核心的党中央保持高度一致，自觉做到“两个坚决维护”，增强“四个意识”，坚定“四个自信”，使之成为思想自觉和行动自觉。二要灵活多样。要紧密结合非公有制经济领域的实际，引导企业家把他们对党的方针政策的理解，比如“两个毫不动摇”“三个没有变”等，用他们的语言讲出来，用企业的发展、企业的经历讲出来，做到接地气、易接受，切忌讲大道理。今年我们开展联系调研工作，在各地宣讲十九大精神和非公有制经济政策时，基本上都是企业家站前台当主角，不照本宣科，而是结合自己企业讲经历、谈体会、悟道理，企业家们感到有很大收获。

（二）聚民心、增认同

民心是最大的政治。宣传教育工作是做凝心聚力工作的。做好新形势下党的宣传教育工作，重在聚民心，把全党全国人民士气鼓舞起来、精神振奋起来，朝着党中央确定的宏伟目标团结一心向前进。把非公有制经济人士的士气鼓舞起来，一个重要的方法就是宣传典型，以身边事教育身边人，这也是我们发挥非公有制经济人士主体作用，促进引导教育与自我教育相结合，加强和改进思想政治工作的成功经验。一要选好典型。民营企业家群体里面的典型人物十分丰富，工商联要去发掘提炼、宣传推广。选典型要自下而上地进行，层层挖掘、层层推荐、层层把关，确保选出来的典型得到公认；要分门别类地进行，既树立积极转型升级、自觉履行社会责任的大中型企业典型，也树立坚定信心、迎难而上、勇于创新的小微企业典型，让不同领域、不同类型的非公有制经济人士都学有榜样、争有方向、赶有目标。二要讲好典型故事。讲故事比讲道理有效。企业家的故事很多，讲故事也要有技巧，有方法，有策略，重点是引导企业家讲企业家的故事。企业家自己讲自己的事情，容易引起共鸣。今年适逢改革开放40周年，很多企业家都在网络等各种媒体平台上讲自己的故事。李书福自述的“吉利集团的底层密码”、郭广昌讲的“我与复星走到今天的6个‘为什么’”、刘永好讲的“40年来改革开放一代企业家的进步、成长、烦恼和我们奋斗的目标”，等等，非常多，也非常接地气。全国工商联开展的联系调研工作中，很多企业家以自己的经历讲对党的十九大精神的理解，讲得非常生动、深入。三要关注效果。典型宣传不是讲讲了事，在讲典型的过程中，讲故事的人和听故事的人要有互动，听众是怎么看、怎么做的，效果如何，要靠我们去调研、去评估，再根据效果进行调整。

（三）强四信、育新人

习近平总书记强调指出，培养什么人，是教育的首要问题。宣传教育工作是做人的工作的，要把培养担当民族复兴大任的时代新人作为重要职责。我国是中国共产党领导的社会主义国家，这就决定了作为统战组织的工商联，必须把培养中国特色社会主义建设者和接班人作为根本任务，这也是工商联宣传教育工作的方向目标。“育新人”重中之重是要以坚定的理想信念筑牢精神之基，坚定对马克思主义的信仰，对社会主义和共产主义的信念，对中国特色社会主义道路、理论、制度、文化的自信。非公有制经济人士队伍构成复杂。对工商联来说，“育新人”的重中之重就是继续以理想信念教育为总抓手，引导广大非公有制经济人士坚定“四信”，这就是非公有制经济领域统战工作的“立德树人”。在这里，我想特别强调一下，随着理想信念教育从集中性活动向经常性工作转变，一些地方没那么重视了，理想信念教育在工商联全局工作中的重要地位被淡化了，一些地方还存在理想信念教育虚化、弱化、形式化的问题。必须要明确，工商联是为社会主义服务的政治力量，政治性是工商联的第一属性。理想信念教育的主要内容是增强“四信”，团结凝聚广大非公有制经济人士投身中国特色社会主义事业，这也是非公有制经济领域统战工作的首要目标。尽管理想信念教育每个阶段都有每个阶段的外延内涵，但理想信念教育的地位作用没有变、主题主体和主要内容没有变，仍然要把理想信念教育作为新形势下工商联各项工作的统领，围绕“在深化上着力、在覆盖上见效”下功夫。一要深化思想认识。抓认识就是抓问题，认识跟不上，工作就上不去。当前关于理想信念教育的认识误区突出表现在职责意识淡化。深化中国特色社会主义理想信念教育是《中国共产党统一战线工作条例（试行）》明确交给工商联的非公有制经济人士思想政治工作的首要任务，是工商联十二大明确的政治建会的主要手段，是工商联的职责。职责意味着组织使命、责无旁贷，要求非抓不可，不抓理想信念教育就是工商联最大的失职；职责意味着不是一时一地的短期活动或者工作项目，而是需要坚持“长”“常”；职责意味着做好理想信念教育不是宣传教育部门或者某一个部门的个别任务，而是工商联从上到下，从领导班子到部门到个人，都需要参与，需要共同抓、协力抓。二要融入各项工作。“四信”内容丰富，涵盖面广，不同地区、不同行业、不同类型企业的非公有制经济人士情况各有不同，思想问题也不尽相同。有的可能信念模糊，有的可能信任不够，有的可能信心不足，有的可能信誉缺失，这些具体化的问题必须要通过我们的各项工作加以解决。工商联各职能部门在做理想信念教育上有分工是对的，但不能分家。不分家才能保持工作的系统性，才能形成工作合力、才能出成果。各职能部门都要把理想信念教育融入本职工作，都从“四信”出发谋划自己的工作思路，哪个方面的“信”出现偏差就把哪个方面作为重点，在每一项工作上找到一个点、确定一个具体的工作内容，把理想信念教育做在日常、做到岗位，绝不能笼而统之、大而化之。我们推动民营企业高质量发展、开展“万企帮万村”精准扶贫，包括9月初联合央行组织四大行等相关金融机构参加的民营企业和小微企业金融服务座谈会等，都是理想信念教育的实际行动。三要发挥商会作用。今年6月底，中办、国办印发了《关于促进工商联所属商会改革和发展的实施意见》，这是党中央关于工商联所属商会改革发展出台的第一个文件，是习近平新时代中国特色社会主义思想关于商会工作精神的集中体现。特别是实施意见把思想政治引导作为完善商会职能的首要任务，明确要求商会要组织开展非公有制经济人士理想信念教育实践活动。商会是非公有制经济人士较为集中的基层组织。抓思想政治工作特别是理想信念教育实践活动，关键看商会有没有行动、能不能充分发挥作用。商会体现统战性，必须以理想信念教育为统领，引导商会会员增强“四信”，做合格的中国特色社会主义事业建设者。要鼓励和指导商会结合自身实际，探索创新行之有效的方式方法，积极发挥会员的主体作用，使理想信念教育实践活动取得实效。四要突出年轻一代。近几年，民营企业逐渐进入代际传承阶段，第一批随改革开放成长起来的民营企业家越来越多面临交班重任，一批在大众创业、万众创新中涌现出来的年轻企业家不断崭露头角。年轻一代是新形势下统战工作新的着力点。他们大多数具有爱国创新精神，许多人长期在国外接受教育，价值观多元，有的对世情、国情、党情不了解或一知半解，有的还存在模糊认识。如何做年轻一代的思想政治工作是一个新的课题，怎么服务、教育、引导好他们，使他们为实现“两个一百年”奋斗目标发挥正能量，是我们肩负的重任，这也是下一步深化理想信念教育必须关注的重点群体。要善于把握年轻一代的个性特点和成长规律，坚持“一把钥匙开一把锁”，注重贴近他们的思想实际和企业发展实践，开展有针对性的教育引导，积极帮助他们解决创业创新中的问题和困难，努力回应他们的成长需求。

（四）兴文化、促发展

习近平总书记强调，要坚持中国特色社会主义文化发展道路，发展社会主义先进文化，激发全民族文化创新创造活力。企业文化是企业思维方式和行为方式的总和，通过长期潜移默化的作用塑造企业的存在方式和员工的行为方式。先进的企业文化关系到企业的生存和发展，有助于增强企业的凝聚力和创造力，直接影响企业的经营理念和发展思路，是企业核心竞争力的重要体现，也是社会主义先进文化的重要组成部分。

非公有制经济发展已经走过了40个年头。随着经营管理者自身素质的不断提高，现在已有越来越多的非公有制企业更加重视企业文化建设，基本上大中型企业都形成了自己的企业文化，有做得非常好的。但还有一些企业家忙于赚钱发展企业，存在企业文化缺乏个性和员工认同基础的问题，甚至有些企业把企业文化简单理解为企业文体娱乐活动。做好企业文化创新就是企业要将自己的企业文化从注重形式向注重内容转变，从缺乏个性向突出特色转变，从“老板文化”向员工认同转变，把企业文化和企业可持续发展、不断提高竞争力结合起来，在以人为本、开拓进取、诚信守法、共建共享等经营理念上提高企业文化内涵层次，最终形成全体员工认同、富有企业个性、增强企业凝聚力和竞争力的企业文化。

非公有制经济人士思想政治工作的一个新的工作内容，就是广泛和深入挖掘非公有制企业文化中符合社会主义核心价值体系的精神财富，引导非公有制经济人士大力发展和创新具有时代价值的企业文化，在继承民族优秀文化传统、大力弘扬革命文化的同时，广泛吸收外来优秀文化成果，进一步使企业文化更具鲜明的个性和员工认同基础，更加符合社会主义核心价值体系的总体要求，成为促进“两个健康”的重要力量。这方面，我们周围的素材很多，比如“万企帮万村”精准扶贫行动等就有很感人的事迹，关键是要深入挖掘。同时，对企业文化中不符合社会主义核心价值观的要素，也要及时关注、引导、纠正。

加强企业文化建设，一个很重要的途径就是积极做好党建工作，以党建引领企业文化。这也是开展宣传教育工作的重要任务和抓手。党的十八大以来，以习近平同志为核心的党中央高度重视非公有制企业和社会组织党的建设工作，提出了一系列加强非公有制经济领域党建工作的重大观点、重要举措。在各级党委的领导和组织部门的指导下，非公有制经济领域“两个覆盖”不断推进，“两个作用”不断增强。但同时也要看到，目前非公有制经济领域党建仍然是党建工作的一个薄弱环节，新情况新问题多，任务仍然十分艰巨。

工商联是党中央明确的协同参与非公有制企业党建工作的重要力量。不久前，中办、国办联合下发《关于促进工商联所属商会改革和发展的实施意见》，明确工商联领导和管理所属商会党建工作，推动实现“党的组织和工作全覆盖”。这是中央明确交给工商联的重大任务，是工商联责无旁贷的政治使命。目前，各级工商联所属商会离“两个全覆盖”的目标还有较大差距。各地要尽快行动起来，先把本省范围内的情况摸清楚，到底所属商会党组织组建、作用发挥情况怎么样，存在哪些困难和问题，针对这些问题，拿出几条切实有效的举措，全力把“两个全覆盖”的工作推下去，充分发挥党组织的作用，把党的理论和路线方针政策融入企业价值观塑造和企业管理中去，打造先进企业文化。

（五）打硬仗、树形象

引导非公有制经济人士自觉参与国家战略，是非公有制经济人士思想政治工作的重要内容，是工商联宣传教育工作的重要方面。当前和今后一段时间，工商联引导企业自觉参与国家战略的重要方面就是组织广大民营企业参与打赢“三大攻坚战”。这是要补齐发展中的三个最突出的短板,是全面建成小康社会必须啃下的“硬骨头”，也是广大民营企业躲不开、绕不过、必须打好的一场硬仗。在这些攻坚战中，有人会出局、有人会瘦身，但这是大局，是规律，这些风雨也能让企业更健康地成长。我们要更加关心所服务的群体，引导他们提高对市场经济规律的深刻认识、对党的方针政策的深刻认识。今年上半年，全国工商联围绕民营金控集团、民营金融机构、民营房地产企业运行状况及民营企业负债情况进行摸底排查调研，召开民营企业防范风险工作会议，引导民营企业强化风险意识；密切关注大型民营企业股权质押、现金流和负债状况，通过部门联系机制等工作渠道，协调相关部门、金融机构、司法机关帮助企业解决困难，协助做好重点领域风险防范和处置工作。同时，积极引导民营企业参与乡村振兴战略，筹备举办光彩事业“南疆行”“怒江行”和“精准扶贫西藏行”等活动，举办全国“万企帮万村”消费扶贫展销会，召开全国“万企帮万村”先进民营企业表彰大会等，充分彰显了企业家的社会责任和家国情怀，也给一些企业带来了商机。在十二届一次常委会期间，我们还专门组织了民营企业参与污染防治、精准扶贫专场。对污染防治监管政策执行中带来的“一刀切”“没缓冲”等问题，这两年民营企业反映比较集中。要看到，污染防治和环境保护是中国经济进入高质量发展阶段的必然，是践行新发展理念必须要坚持的发展方向，也是对民营企业绿色发展、可持续发展的内在要求。但在政策传导、落实过程中，有确应整改的企业，也有被误伤的企业。我们既要引导大家正视现实、树立信心，也要积极建言献策，搭建政企沟通桥梁，推动政策更加科学、避免“一刀切”；还要注重发挥商会作用，维护企业合法权益，引导企业、行业健康发展。各地也要在这方面多探索、多努力。市场经济是法治经济、信用经济，守法诚信经营是任何企业都必须遵守的一个基本原则。工商联还要引导企业把守法诚信作为安身立命之本和“护身符”，依法经营、依法治企、依法维权，为社会提供高质量的良心产品和服务，以自己的诚信与守法经营赢得良好的市场信誉。近期一个非常迫切的任务是上下联动推进诚信体系建设，前段有几个省级工商联的副主席、副会长企业上了失信被执行人黑名单。我们的“四信”教育落到实处，就要从这些抓起。各级工商联、机关相关部门都要动起来，每一级都管好自己的执委、常委和副主席、副会长，从建立信用档案，记录失信行为，一直到信用修复、失信惩戒等每个阶段都要有具体的责任人，一起把工商联系统的诚信体系建起来。

三、怎么做工商联的宣传教育工作

在全国宣传思想工作会议上，习近平总书记在科学判断宣传思想工作所处的新阶段、面临的新形势、面对的新任务基础上，对提高宣传思想工作能力和水平提出明确要求，就是要坚持正确政治方向，在基础性、战略性工作上下功夫，在关键处、要害处下功夫，在工作质量和水平上下功夫，推动宣传思想工作不断强起来。工商联的宣传教育工作也进入了一个守正创新的阶段，既要保持战略定力，坚持好经验，又要勇于开拓创新，找到新办法，不断提高思想政治工作质量和水平。

（一）做好新形势下宣传教育工作，既要关注思想困惑，又要解决实际问题

习近平总书记强调，做非公有制经济人士工作，既要关注他们的思想，也要关注他们的困难，要求我们一手抓鼓励支持，一手抓教育引导。“两个关注”“两手抓”要求我们既要见物又要见人，把教育引导寓于鼓励支持的具体服务中，用鼓励支持的实际行动强化教育引导实效，避免“两张皮”。我们服务的群体是企业家，信息误判、决策失误，产生的不良后果都是具体的。只关注思想困惑，不解决实际问题，宣传教育工作始终是苍白的，就会成为空话。对于非公有制经济人士来说，最大的困难、最大的实际是什么？就是企业发展。当前有三个实际问题比较突出。一是产权保护问题。有恒产者有恒心。如果企业家总是担心产权受侵害，哪有心思去高质量发展。习近平总书记说了，一个案例胜过一沓文件，要甄别纠正一批社会反映强烈的产权纠纷案件。在多方努力下，最高人民法院已经依法再审三起重大涉产权案件，张文中被改判无罪。全国工商联一直密切关注，积极推进办理企业反映的10余起维权案件，维护了民营企业合法权益，提振了企业发展信心。同时积极参与设立全国统一的企业维权平台建设，推进设立全国工商联维权中心。各地也在这方面做了大量工作。维权体系的建立不是一朝一夕的事，全国工商联在总体编制十分紧张的情况下，专门对维权中心的人员配备给予加强，就是要把这件事做起来。下一步，既要发挥全国工商联的力量，也要发挥地方、商会和社会的力量。二是减税降费问题。这两年关于企业的负担问题各方面讨论比较多，“死亡税率”等说法比较热。应该说，从上届政府到现在，李克强总理对此一直紧盯不放。据统计，2012年以来国务院及中央相关部门发布有关小微企业政策55个，其中2/3以上是鼓励、扶持、促进小微企业发展以及对小微企业给予税收、收费等减免优惠的。为促进民间投资健康发展，国务院还部署开展了促进民间投资政策落实专项督查和第三方评估，推动了中小企业蓬勃发展。当前，企业家政策获得感有一定提升，但制造业仍面临成本高企等突出困难。今年3月、4月、5月，国务院几次召开常务会议，分别对降低制造业增值税税率和提高小规模纳税人年销售额标准、清理规范涉企收费、降低实体企业物流成本等进行部署。针对近段时间社会各界普遍关注的社保费征缴改由税务机关问题，9月6日，国务院常务会议再次强调，在社保征收机构改革到位前，各地要一律保持现有征收政策不变，同时抓紧研究适当降低社保费率，确保总体上不增加企业负担，以激发市场活力，引导社会预期向好。支持政策出台之密、措施之实、范围之广是以往不曾有过的。这都说明，中央对支持民营经济发展、推动惠企政策落实是动真来硬的，降成本、稳投资、促增长的决心是坚定不移的。中央出台这么多政策，关键是要落实下去，尤其要避免政策执行过程中的“一刀切”，否则就是违背了客观规律，民营企业也受不住这样的简单粗暴折腾，一旦出现大规模倒闭情形，对发展和稳定的影响将是巨大的。在经济高质量发展的关口，我们要从企业最困难的问题、最迫切的需要出发，把服务企业的工作做好、做准。三是营商环境、政商关系问题。营商环境可以说是这两年方方面面关注热度很高的问题之一，企业家对营商环境的呼声可以说是史无前例的高。

从“投资不过山海关”的抱怨，到亚布力毛振华雪地陈情，到皇明集团黄鸣网上实名举报市委书记等，企业家的心酸、委屈、反映和呼吁屡屡见诸媒体。中央也高度关注，习近平总书记强调要建立“亲”“清”新型政商关系，改善投资和市场环境，营造稳定公平透明、可预期的营商环境。今年国务院常务会议开年第一次会议就研究营商环境问题，李克强总理强调营商环境“重点是衡量企业家的感受，市场主体的感受”。6月初，李克强总理在湖南调研时提出，所谓“领导重视”就是领导服务，“领导关心”就是帮企业省心，不让人为因素干扰企业正常发展，就是要创造最优的营商环境。地方打造良好营商环境的积极性空前高涨。无论是江苏的“不见面审批”、浙江的“最多跑一次”，上海当好服务企业的“店小二”，还是天津提出的“产业第一、企业家老大”，都充分体现了地方的努力。全国工商联今年也探索开展了全国范围内的营商环境评价，目的只有一个，创造让企业家放心投资、安心经营、专心创业的营商环境。

（二）做好宣传教育工作，必须用好网络这个重要工具，守住互联网这个重要阵地

习近平总书记强调，我们必须科学认识网络传播规律，提高用网治网水平，使互联网这个最大变量变成事业发展的最大增量。宣传教育工作是做人的工作，人在哪儿重点就应该在哪。现在是智能互联网、大数据时代，很多人特别是年轻人大部分信息都是从网上获取的，这个阵地我们不去占领，别人就会占领。我们服务的群体，特别是很多新兴企业，不仅创造物质财富，还大量生产影响广大人民群众的“精神产品”，满足人民对美好生活的需求。我们有义务、有责任用好互联网这个工具，把好“精神产品”的质量关口，守住互联网这个阵地。一方面，我们要看到，当今世界，互联网已深度融入社会、经济、民生、文化等各个领域，既推进经济社会发展进步，也解构规则、颠覆秩序、重塑业态，互联网已经成为意识形态斗争、应对处置社会舆情的“最大变量”，既给维护国家安全和社会稳定带来了巨大的风险挑战，也给非公有制经济领域宣传舆论工作带来了空前的挑战。互联网特别是近年来“两微一端”的迅猛发展给媒体格局和舆论生态带来深刻的影响。比如过去媒体格局比较单一，现在是立体多层次的；过去舆论生态比较单调，现在是复杂多变的；过去受众接受信息的环境和心理相对简单，现在则是可选择海量信息、注意力极易转移。最近这两个月，长生生物、链家、滴滴、京东等非公有制经济领域的舆论热点、信任危机，一波未平一波又起，都是在网上发酵的。另一方面，也要清醒认识到，正是因为这个“最大变量”，要求我们必须增强互联网阵地意识，不断提高对互联网规律的把握能力、对网络舆论的引导能力、对信息化发展的驾驭能力，把互联网运用变为促进“两个健康”的“最大增量”。在这里，我想强调一下工商联系统网络新媒体建设。这几年，各级工商联高度重视网络新媒体建设，全国工商联也开通了公众号，《中华工商时报》也有全联通等公众号，省级工商联很多也开通了公众号，在运用新媒体做好宣传方面迈出了步伐。但要看到，与很多党政部门相比，与活跃的社会媒体相比，工商联宣传教育工作方面新媒体的运用能力总体偏弱。很多新兴的平台没有占领，引流量、带热点还不够，工商联在社会公众中的存在感还不强。事实上，非公有制经济领域是媒体宣传的“富矿”，企业的故事、企业家的故事，

是人们欲知未知的话题，关键是看这个“富矿”怎么挖、怎么用。各级工商联机关、干部，都要熟练掌握新媒体的工作原则和方法，围绕各级党委政府工作部署、工商联工作和非公有制经济领域的动态、典型、经验，更好地利用网络媒体尤其是网站、微信公众号等新媒体手段，善于发掘和利用非公有制经济领域资源优势、抓住和深耕社会热点题材，善于发现和聚拢一批正能量创作高手，增强工商联新媒体“引关圈粉”的意识和能力，最大限度地拓展工商联新媒体的覆盖面和辐射力。同时，也要善于发现一些苗头性问题，旗帜鲜明坚持真理，立场坚定批驳谬误，坚持立破并举、敢于亮剑，让意识形态工作激浊扬清、正本清源。

（三）做好新形势下宣传教育工作，必须既强调引导教育，更注重自我教育

自我教育是统一战线的优良传统。习近平总书记强调指出，民营企业家要“自我学习、自我教育、自我提升”。对非公有制经济人士既要加强正面的教育引导，也要积极倡导发挥自我教育的能量，通过开展自我教育，解决自身存在的问题。强调自我教育，就是要发挥非公有制经济人士的主体作用，发挥非公有制经济人士的自我认识、自我约束和自我激励作用，以企业家教育企业家。工商联作为以非公有制经济人士为主要成员和主要服务对象的组织，充分体现非公有制经济人士的主体地位、发挥他们的主体作用，是今年工商联改革的重要方面，这本身也是民营企业家自我教育的重要途径。今年我们推进建立咨询工作制度，充分发挥有社会影响力的民营企业家在建言献策方面的作用；成立宣传教育委员会等专委会，请企业家担任委员会主任、副主任、委员，将秘书处设立在主任委员所在企业，目的就是创新工商联工作方式，推进工商联改革发展。我们还改进各类会议、调研、培训、活动的内容和形式，让非公有制经济人士站前台、当主角；发挥非公有制经济人士中党代表、人大代表、政协委员的作用，邀请他们共同调研、列席执委会议和常委会议。就是要通过这些改革，让非公有制经济人士真正感觉到工商联是大家的“家”，是我们的“共同家园”，要当好这个“家”的主人，充分发挥每一个人的积极性、主动性和创造性，为工商联事业添砖加瓦。这些都是发挥非公有制经济人士主体作用的具体形式。

（四）做好宣传教育工作，必须既着力提升自身素质，也注重运用社会力量

宣传教育工作是政治性、政策性、专业性都很强的工作，既需要懂大势、懂政策，也需要懂企业、懂专业，工作难度更大，要求更高。宣传教育工作要强起来，宣教干部队伍要先强起来，把能力素质、工作水平提升上来，把队伍的积极性调动起来，相关的工作机制要先建起来。中央统战部、全国工商联正在探索建立非公有制经济人士谈心谈话制度，各省工商联也要在这方面建章立制，对一些处在舆论热点上的企业，领导班子要及时关注、主动提醒，不仅仅是批评，更要帮助。要努力打造一支政治过硬、本领高强、求实创新、能打胜仗的宣传教育工作队伍，这支队伍既包括各级统战部的经济统战部门、工商联的宣传教育部门的专职干部，也包括工商联全体干部，还包括非公有制经济代表人士特别是各级优秀中国特色社会主义事业建设者、人大代表、政协委员、工商联执委常委、各类商会负责人。宣教工作者自身要加强学习、深入实践，不断掌握新知识、熟悉新领域、开拓新视野，不断增强脚力、眼力、脑力、笔力，提高服务水平、提升工作能力。同时，也要看到，做好宣传教育工作的大文章，仅凭工

商联机关有限的力量难以完成，最主要的还是出主意、搭平台，广泛调动一切可以调动的力量。要与有关部门积极配合，在具备条件的行业商会和非公有制企业中建立党团组织。通过建立健全机构、明确人员，强化非公有制经济人士思想政治工作队伍的骨干力量。要充分发挥全国工商联宣传教育委员会的作用，整合统战部非公经济局、工商联各工作部门的职能，吸纳党政有关部门、社会有关方面和非公有制经济领域在思想政治工作、企业文化、管理创新等方面有研究、有建树的人员参与，形成非公有制经济人士思想政治工作队伍的社会力量。通过广泛团结，加强交流，建立和完善具有开展政策研究、进行政企沟通、加强企业党建、推动企业文化建设、提高管理水平等功能的工作平台，吸纳广大非公有制经济代表人士自觉参与，扩大非公有制经济人士思想政治工作队伍的基础力量。

（五）做好新形势下宣传教育工作，必须既强调发挥主观能动性，更注重落实责任

习近平总书记指出，抓好宣传思想工作，仅靠宣传思想部门是不够的，必须全党动手，树立大宣传的工作理念，动员各条战线、各个部门一起来做。宣传教育工作也是工商联全系统的大事，从来都不是宣传部门一家之事。做好新形势下的宣传教育工作，必须着眼全局，增强大局意识，完善制度机制，形成工作合力。一是加强领导。做好宣传教育工作，就是党组书记和分管宣教工作副主席的第一要务。各级工商联党组要深刻认识宣传教育工作的极端重要性，坚持党管宣传教育，强化政治意识，把握正确的政治方向，切实担负起政治责任和领导责任，把宣传教育工作摆在全局工作的重要位置，加强对重大宣传教育问题的统筹指导，谋全局、把方向、强队伍，从人力、物力、财力等各方面为宣传教育工作提供强有力的保障，特别是要配齐配强宣教部门干部。二是共同发力。要树立“大宣教”理念，坚持“一盘棋”思想。宣传教育不是仅仅体现在宣教部的工作中，机关各部门都要从不同角度贯彻政治建会的要求，所开展的工作都要履行宣传教育的职责使命。宣教部作为具体协调负责的部门，要进一步发挥主观能动性，按照党组要求精心组织好重点工作、重大活动；机关部门要结合实际、分工负责，一项一项抓落实，共同构建党组牵头负责、各部门齐抓共管、全系统齐心协力的“大宣教”格局，推动宣传教育工作同调查研究、组织建设、经济服务、社会服务、法律服务、对外合作等机关各部门工作深度融合，形成协同呼应、共同发力的良好态势。三是压实责任。抓好宣传教育工作，没有局外人、没有旁观者、没有过路客。各级工商联都有宣传教育之责，各项工作都有宣传教育任务，每名工商联干部都是“新闻发言人”。要进一步健全责任考核机制，把有没有做好宣传教育工作作为考核部门是否坚守职责、干部是否履职尽责的重要方面，细化任务、强化考核、压实责任。

加强和改进工商联宣传教育工作，是一项长期、艰巨、复杂的重要政治任务，有许多实践问题需要探索，有许多理论课题需要破解。这次宣教工作会议，只是开个头。希望大家统一思想、深化认识，进一步增强历史责任感、时代使命感，脚踏实地、埋头苦干，推动新形势下宣教工作再上新台阶，团结广大非公有制经济人士为决胜全面建成小康社会、夺取新时代中国特色社会主义伟大胜利、实现中华民族伟大复兴的宏伟目标做出新的更大贡献！

徐乐江在非公有制经济领域统战工作研讨班上的讲话

（2018年2月1日）

岁末年初之际，我们在这里举办非公有制经济领域统战工作研讨班，深入学习贯彻习近平新时代中国特色社会主义思想和党的十九大精神,重点是深入研讨习近平新时代中国特色社会主义经济思想，按照中央经济工作会议和全国统战部长会议的部署要求，研究谋划新时代非公有制经济领域统战工作。这次研讨班把各地统战部分管经济领域工作的负责同志和经济处处长一并请来，是为了进一步统一思想认识，加大工作统筹推进力度。

2017年是经济领域统战工作不平凡的一年。我们紧紧围绕迎接、宣传、贯彻党的十九大这条主线，开展了扎实有效的工作。圆满完成全国和省级工商联换届，为新时代工商联事业发展奠定了组织基础。成功举办全国年轻一代民营企业家理想信念报告会，年轻一代教育培养工作迈出坚实步伐。谋划工商联及其所属商会改革发展，制定相关政策文件。深入开展光彩事业，“万企帮万村”精准扶贫行动扎实推进。促进改善营商环境，提振民营企业家发展信心。组织实施重大课题研究，民营企业自媒体联盟、降低民营企业制度性交易成本等报告得到中央领导同志充分肯定。这些成绩的取得，是大家共同努力的结果。与此同时，各地开展了大量富有特色的实践探索，涌现出许多先进典型。比如，天津开展“喜迎十九大、重走长征路”主题实践活动，上海创建民营经济运行监测及预测平台，湖南开展非公有制经济领域特别优秀人才高级职称评审，广西首创“互联网+非公经济服务平台”，宁波依托人才一号工程加强“创二代”培养，以上五项实践创新成果得到部里表彰，各地要好好学习借鉴。

回顾去年的工作，可以说是亮点纷呈、成果丰硕；展望今年的形势，我们面临许多机遇和挑战，需要付出艰苦的努力。下面，围绕学习贯彻党的十九大精神这个核心任务和工作主线，我谈三个方面意见，与大家交流。

一、准确把握习近平新时代中国特色社会主义经济思想的新论断新要求

党的十八大以来，我们党形成了以新发展理念为主要内容的习近平新时代中国特色社会主义经济思想。习近平新时代中国特色社会主义经济思想，以及习近平关于统一战线工作的新理念、新思想、新战略，对于经济领域统战工作有着最直接、最现实的指导意义，提供了根本遵循和行动指南。

在年初的全国统战部长会议上，汪洋同志强调，以问题导向谋划统战工作，非公有制经济领域要深入研究构建新型政商关系、引导有序政治参与、提振发展信心等重大课题。尤权部长提出，要加强对新时代统一战线工作的调查研究，找准目标定位，明确重点任务，完善思路举措和方式方法。按照中央领导同志的要求，我们今年要系统研究新时代经济领域统战工作的特点和规律，推动理论政策创新和体制机制创新，促进工作格局提升和布局优化，当前需要着力研究以下四个方面重大问题。

（一）着眼建设现代化经济体系，引导民营企业实现高质量发展

十九大报告指出，我国经济已由高速增长阶段转向高质量发展阶段，要贯彻新发展理念，建设现代化经济体系。今年1月30日，中共中央政治局就建设现代化经济体系进行了第三次集体学习，习近平总书记在主持学习时系统阐述了建设现代化经济体系的重大意义和科学内涵，强调建设现代化经济体系是我国发展的战略目标，也是转变经济发展方式、优化经济结构、转换经济增长动力的迫切要求；强调要一体建设创新引领、协同发展的产业体系，统一开放、竞争有序的市场体系，体现效率、促进公平的收入分配体系，彰显优势、协调联动的城乡区域发展体系，资源节约、环境友好的绿色发展体系，多元平衡、安全高效的全面开放体系，以及充分发挥市场作用、更好发挥政府作用的经济体制。

我体会，建设现代化经济体系，核心就是要推动高质量发展。民营企业是建设现代化经济体系的重要力量。我们必须采取行之有效的措施，引导民营企业家把思想和行动统一到中央精神上来，凝聚到建设现代化经济体系的目标上来，对标到实现高质量发展的要求上来。

一方面，要引导和推动民营企业参与供给侧结构性改革，重点在“破”“立”“降”上下功夫。“破”就是“大力破除无效供给”。我在工信部工作期间，抓的一项重点工作就是查处“地条钢”，不扫除“地条钢”，高端钢材就没市场。假冒伪劣、侵权盗版盛行，必然导致市场逆淘汰，劣币驱逐良币。过去，我们片面强调高速度，低质量、不规范、粗放式发展在所难免，确实也有一部分民营企业是野蛮生长的受益者。现在形势不一样了，传统的发展方式已经不可持续。要坚持用市场化、法治化手段推动钢铁、煤炭、煤电行业化解过剩产能，还要严格执行质量、环保、能耗、安全等法规标准。当前，许多民营企业还处于产业链下游，低端产能占比大。破除无效供给对一些企业来讲，无异于“割肉”，甚至要“断腕”。“立”就是“大力培育新动能”，这不是敲锣打鼓、轻轻松松就能够实现的。和国际经合组织国家相比，我国基础设施、房地产的投资，相当于它们的2~3倍，而在公共服务、创新驱动、产业转型升级等方面的投入还有相当的差距。高质量发展的办法不是在办公室里想出来的，从GDP优先到聚焦高质量发展，需要企业去探索，也需要各级统战部、工商联的帮助和支持。“降”就是“降低实体经济成本”。目前，实体经济发展状况有了一定改善，但制造业仍面临成本高企等突出困难。随着美国推行税改，我国民营企业家对降税的期望值还比较高。减税是必要的，但不能只把眼睛盯在这一点上。李克强总理在中央经济工作会议上明确说了，我国的减税已走在世界前列，企业所得税税率名义上是25%，但高新技术企业、西部地区鼓励类企业按15%执行，小微企业按10%征收，实际税负并不高。相对于税负而言，企业对各种形形色色的收费负担反映更大。中央提出，从长远出发，降低制度性成本，继续清理规范涉企收费，研究降低制造业增值税税率。统战部门要开拓思路、多出招数，推动有关部门降低制度性交易成本以及物流、用能、用地等成

本，让民营企业减负前行、轻装上阵。企业自身也要苦练内功、内部挖潜、开源节流。

另一方面，要进一步激发和弘扬企业家精神。实现高质量发展，微观主体在于企业，关键少数在企业家。让企业家心无旁骛、专心致志把企业做强做大，离不开良好的法治环境和社会氛围，如果总是担心产权受侵害，哪有心思去高质量发展。还有一些企业因为经营理念落后、创新能力不足、营商环境不佳等原因，看不清发展方向，找不到转型路标，投资意愿和能力有所减退。在这种情况下，激发企业家精神就显得尤为重要。前年和去年，党中央、国务院先后发布加强产权保护和激发企业家精神两个重大文件，为民营企业解除了后顾之忧，吃下了定心丸。大政方针已定，关键是抓好落实。习近平总书记说了，一个案例胜过一打文件，要甄别纠正一批社会反映强烈的产权纠纷案件。人民法院已经决定依法再审三起重大涉产权案件。全国工商联一直密切关注案件进展情况，向有关民营企业家和知情人士了解情况，并主动与司法机关进行了沟通。各地要察实情、出实招，认真排查本地涉及民营企业产权纠纷的重大案件，争取党委、政府重视支持，协调沟通司法机关，办好几个社会影响大的典型案例，让企业家看到实实在在的成效，取信于民才能凝聚民心民力。

（二）着眼实现国家治理体系和治理能力现代化，大力推进经济领域统战工作的体制机制创新

建设现代化经济体系，必须建立与之相适应的现代化制度体系。十八大以来，我们党把完善中国特色社会主义制度、推进国家治理体系和治理能力现代化，确立为全面深化改革的总目标，成为习近平新时代中国特色社会主义思想特别是经济思想的一个重要内容。改革开放40年来，民营经济在税收、GDP、科技创新、社会就业等主要经济指标中占比已经全面过半，在新业态新模式中更是占据主导地位；民营企业家队伍日益壮大，来源构成、思想观念、组织形式日趋多样，促进“两个健康”成为重大经济问题和重大政治问题。所有这些，都需要我们从实现国家治理体系和治理能力现代化的高度，深入思考和推进经济领域统战工作的体制机制创新。

一是围绕坚持和完善基本经济制度，努力探索新的平台载体和有效实现形式。基本经济制度是中国特色社会主义制度体系的重要组成部分，是解放和发展社会生产力的重要制度保障。十八届三中全会第一次把混合所有制经济确立为基本经济制度的重要实现形式，这是一个重大的理论和实践创新。近年来，各级统战部、工商联主动加强与发改、国资等部门的密切协作，努力搭建民企、国企沟通合作的平台，推动形成国有经济和民营经济融合发展、共同发展的运行机制，有力地促进了混合所有制改革，形成了“国民共进”的格局，极大地促进了国民经济的健康发展。目前，我们已经进行了三个批次的混改试点，有50家中央和地方国有企业纳入范围。像腾讯、百度、阿里、京东等大型互联网公司和金融企业、产业基金等参与中国联通的混改，就取得了比较好的效果。同时也要看到，作为中国特色社会主义制度的重要支柱和社会主义市场经济体制的根基，基本经济制度还有很大的完善和提升空间。在我国制度体系中，人民代表大会制度作为根本政治制度，党领导的多党合作和政治协商制度、民族区域自治制度以及基层群众自治制度作为基本政治制度，目前已经形成了比较完备的实现形式和机制载体。与之相比较，基本经济制度的有效实现形式还处于探索和起步阶

段。经济领域统战工作要在中央的统一部署下，立足自身特点，发挥优势作用，努力推动形成更加有效的平台支撑和制度载体。

二是围绕正确处理政府、市场、社会关系，加快建立完善中国特色社会主义商会制度。十九大报告提出，要正确处理政府与市场的关系，使市场在资源配置中起决定性作用，更好发挥政府作用。近年来，东部沿海和中部地区民间投资增长逐步恢复，除了政府指导有力外，主要靠市场发挥内生性作用，而东北、西北地区民间投资不够活跃，主要原因就是体制机制不活，民营经济不发达，过于依赖政府这只手。对于政府和社会关系，习近平总书记反复强调，要坚持党的领导与社会组织依法自治相统一，该放给市场和社会的权一定要放足、放到位，该政府管的事一定要管好、管到位，推进社会组织明确权责、依法自治，充分激发社会组织活力，实现政府治理与社会自治良性互动。如果说政府是“看得见的手”，市场是“看不见的手”，那么作为社会组织的各种商协会恰恰是连接政府和市场、增进政企沟通、构建“亲”“清”政商关系的“美丽的第三只手”。我国的各种商协会组织尽管有了很大发展，但总体上发育还比较滞后，作用发挥还不够充分，依然是市场经济体制和社会治理体系中一个突出的短板和弱项。习近平总书记指出，群团组织是国家治理体系这个复杂系统中的子系统，必须把群团组织建设得更加充满活力、更加坚强有力，使之成为推进国家治理体系和治理能力现代化的重要力量。工商联作为重要的群团组织和民间商会，落实好习近平总书记这一重要指示精神，一个重要方向就是要在积极培育和发展中国特色商会组织中发挥主体作用。我们必须把这个问题摆到经济领域统战工作的突出位置，搞好顶层设计，加快建立完善中国特色社会主义商会制度。

三是围绕构建新型政商关系，加快党政和商会、企业的沟通协商制度建设。十九大在部署统战工作时，明确提出了构建“亲”“清”新型政商关系这一重要任务，中央经济工作会议在阐述支持民营企业发展时，再次强调了这一问题。构建新型政商关系是一项系统工程，从统战工作的职能特点看，最有效的实现途径就是推动建立党委、政府和商会、企业的沟通协商制度。建立这样一个制度，有利于畅通领导干部和民营企业家互相沟通交流的渠道，促进政商交往的阳光化、规范化，推动构建新型政商关系；有利于拓展和完善社会主义协商民主，协助党委政府更有效地发挥民间商会组织的作用，更有效地问政、问计、问需于企，增强经济决策的科学性有效性。十八大以来，中央领导同志多次召开民营企业家座谈会，在社会上特别是在民营企业家中产生了热烈反响，对于中央了解民营企业诉求和政策建议，促进民营经济健康发展，统一思想、凝聚共识、争取人心，产生了良好效果。一些地方积极推进政企沟通协商制度化、规范化建设，对开展经济领域协商民主进行了有益探索，如浙江、重庆、河南等地邀请民营企业家参加省委经济工作会议，湖南等地建立党委统战部与工商联企业家副主席谈心制度，山东聊城市委、市政府建立星期六企业工作日制度，江苏泰州建立党政主要领导与企业家座谈会制度等。下一步，我们要通过制定出台政策性文件，构建党委、政府和商会、企业沟通协商制度的基本框架和运行载体，在推动构建新型政商关系上迈出实质性步伐。

（三）着眼社会基本矛盾的深刻变化，引导民营企业家树立新财富观

十九大报告提出，新时代我国社会主

要矛盾是人民日益增长的美好生活需要和不平衡不充分的发展之间的矛盾，必须坚持以人民为中心的发展思想，不断促进人的全面发展，实现全体人民的共同富裕。十九大报告在阐述基本经济制度的同时，加上了“和分配制度”这五个字，有着深刻的用意，说明既要放手让一切劳动、知识、技术、管理、资本的活力竞相迸发，又要善于协调、均衡、有序，着手解决不平衡不充分发展的矛盾；既要让一切创造社会财富的源泉充分涌流，又要能够不断促进共同繁荣、共同富裕。中央经济工作会议也提出，从分配看，应该实现投资有回报、企业有利润、员工有收入、政府有税收，并且充分反映各自按市场评价的贡献。统战部、工商联要教育引导非公有制经济人士树立新财富观，进一步思考财富从哪里来、用到哪里去，把先富帮后富作为不可推卸的责任，做建设美好生活的生力军，塑造富不忘贫、富而有德、富而有爱、富而有责的良好形象。

一是引导他们担当产业报国、实业强国的使命。近几年来，受多重因素影响，少部分非公有制经济人士发展信心不足，创新创业精神有所衰减，或是偏离实体经济这个根基，缺乏创造财富的动力。要以“不忘创业初心、接力改革伟业”为主题，深化非公有制经济人士理想信念教育，引导他们致富思源、富而思进，自觉以国家富强、民族复兴为己任，把个人梦融入中华民族伟大复兴的中国梦，把企业梦融入建设社会主义现代化强国的伟大事业，为我国从富起来到强起来做出新的贡献。要引导他们把自身企业发展好，守法经营、依法纳税，始终成为保障就业、涵养税源、创造财富的重要渠道。要注重对年轻一代非公有制经济人士的教育培养，引导他们继承发扬老一代企业家的创业精神和听党话、跟党走的光荣传统。二是为非公有制经济人士履行社会责任搭好平台。认真宣传贯彻《慈善法》，引导非公有制经济人士通过“光彩行”“万企帮万村”等平台，提升自身素质和思想境界，接受实践锻炼，增强责任意识，更好地体现财富来之于社会、用之于社会。举办光彩行活动要加强系统规划，选择活动地域、安排活动频次不能拍脑袋、随意化，活动结束、项目签约不能满足于走走过场、热热闹闹，更重要的是跟踪督促资金项目的落实。中国光彩会五届三次理事会确定了光彩事业产业化、平台化、品牌化的发展方向，提出把基金会打造成民营企业参与公益慈善的服务平台、供需对接平台、促进共享发展的协调平台，要坚持“三化”方向、建好“三个平台”，提供订制化监管服务，吸引更多的企业投身到光彩事业之中。三是引导企业创新治理模式。引导家族企业建立现代企业制度，形成相对开放的股权结构、管理结构和治理模式。推动民营企业采取员工持股、股权激励、创业扶持等方式，实现产权有效激励，使劳动、知识、技术、管理和资本等各种生产要素得到合理回报。大型企业、龙头企业要主动带动帮扶小微企业发展，延伸产业链条，促进资源共享，提供创业服务。

（四）着眼实现经济领域统战工作的有效覆盖，坚持分层分类开展非公有制经济人士思想政治工作

近些年来，非公有制经济人士队伍不断发展壮大，并呈现加速分化趋势。从资产规模看，既有量大面广的中小企业出资人和个体工商户，又有每年营收额超千亿、富可敌国敌省的少数“民企大佬”，还出现了一批有实力的“企投家”。从来源结构看，有改革开放之初从乡镇企业发展而来的，有1992年前后从体制内下海的，有新世纪初期依靠知识和技术自主创

业的，还有近期涌现的青年创业者和民企二代接班人，不少人具有海外留学和工作背景。非公有制经济人士队伍结构日益复杂多样，其出身背景、经济实力、知识层次和思想境界都不可等量齐观，工作方针和政策措施也不应该一把尺子量到底。同时，还需要进一步拓展经济领域统战工作的覆盖面。有些在社会上有实力、有影响、有个性的民营企业家游离于我们的工作视野之外，有些自发成立了企业家的自组织，说明我们的工作还存在盲点和短板。

做好非公有制经济人士思想政治工作，要坚持分层分类的思路，拓展组织架构和工作体系。一是巩固传统阵地，确保工商联与所属商会组织联系和工作联系不能割断，落实指导、引导和服务职能。二是开辟新渠道，对一些重点的民营企业家自组织，要尽早了解基本情况，打通联系管道，引导吸收他们参与统战工作。各省、市也要按照属地原则，做好有关工作。三是搭建新载体。请行业领军人物出面，在汽车制造、新经济、智能驾驶等领域组建全国性商会，打造若干个符合国家产业发展方向、有影响起作用的商会组织，使之成为开展统战工作的帮手助手。各省也要依托工商联，结合本地实际，新建一批新型商会组织。四是制定联系名单，对国内一流、国际知名的民营企业家，没有在工商联、光彩会作安排的，统战部、工商联应提出联谊交友名单，党委、政府主要负责人可以经常听取这些知名民营企业家的意见，提升工作层次，促进凝心聚力。

二、扎实做好2018年各项工作

2018年是贯彻落实十九大精神的开局之年，是改革开放40周年，也是新一届工商联工作的起步之年。我们要以习近平新时代中国特色社会主义思想为指导，紧扣学习贯彻十九大精神这条主线，按照中央经济工作会议、全国统战部长会议的部署，把握落实年、改革年、培训年的定位，谋划推进新时代经济领域统战工作理论政策和机制创新，全面加强代表人士队伍建设，推动各项工作迈上新台阶。重点抓好以下五个方面工作。

（一）办好一项重要活动

今年，中央将隆重纪念改革开放40周年。民营经济是在党的改革开放政策指引下发展起来的，是在我们党领导下开辟出来的一条道路。民营企业家是改革开放的最大受益者、直接参与者和坚定支持者，是与改革开放高度关联的社会群体。可以说，改革开放造就了民营经济，民营经济促进了中国发展。要着眼深化理想信念教育，以“不忘创业初心、接力改革伟业”为主题，举办民营经济领域纪念改革开放40周年系列活动。这项工作今年两会之后就要启动，五局和全联有关部门要成立专门工作班子，具体落实推进。

一是表彰活动。中央将对40年来在各条战线上为改革开放和现代化建设做出突出贡献的先进人物进行表彰，并把民营企业家作为表彰的重要对象。我们将协助中央做好优秀民营企业家评选工作，同时争取开展第五届全国优秀中国特色社会主义事业建设者表彰活动，激励广大民营企业家在新时代更好担当建设者使命。

二是宣传活动。配合中央主流媒体对受到表彰的优秀企业家和建设者进行集中宣传，举办纪念改革开放40周年优秀民营企业家报告会和民营经济发展成就展，大力宣传和充分展示民营经济、民营企业家的贡献，为新时代民营经济更好发展营造良好社会氛围。

三是研讨活动。举办民营经济与改革开放专家研讨会、民营企业家座谈会，总结经验，探索规律，立足更好促进“两个健康”，探寻改革再出发的路径。各地要在党委统一领导和部署下，精心策划办好纪念活动，深圳、武汉、温州等改革先行先试地区更要把活动办出特色和影响。

（二）研究制定三个政策文件

改革开放40年来，无论是民营经济和民营企业家队伍的面貌，还是经济领域统战工作面临的形势和环境，都发生了历史性的变化。除了关于工商联工作的两个政策文件外，中央层面还没有出台过专门指导经济领域统战工作的政策性文件。十八大以来，习近平总书记围绕民营经济发展和民营企业家队伍成长，提出了许多新的时代课题。制定出台有关文件，进一步完善工作政策，不但十分必要，而且条件渐趋成熟。

按照部里的部署，今年要把新时代非公有制经济领域统战工作作为重点调研课题，着手起草《关于加强新时代非公有制经济领域统战工作的意见》。起草好这个文件，需要研究很多新情况新问题特别是一些深层次理论问题，工作量大、涉及面宽、周期较长。这项工作既要抓紧做，又要讲质量，如果今年条件不成熟，就明年出台。总之，进度要服从质量。各地也要做好准备工作，配合中央统战部共同完成这项艰巨任务。

今年的重中之重是起草制定《建立党委、政府与民营企业、商会组织沟通协商制度的意见》。制定这个文件已纳入今年中央发文计划和中央统战工作领导小组工作要点，年内争取由党中央、国务院印发。全国两会之后，五局和全联研究室、会员部要组成若干个专门的调研组，深入各地开展实地调研，认真总结实践经验，研究确定沟通协商制度的内容、形式、程序和组织方式，为开展民营经济领域民主协商、坚持和完善基本经济制度、构建“亲”“清”新型政商关系提供有力保障。各地从现在开始，就要做好调研前期准备工作，把你们的工作亮点和创新点总结提炼出来，把你们最希望解决的难点和痛点反映上来。调研组两会后到各地，希望大家组织精干力量，积极参与课题研究，为制定文件献计出力。这项工作已经准备了两三年，今年年底前必须完成。

今年还要研究出台《关于进一步做好非公有制经济代表人士担任省级工商联主席试点工作的意见》，主要目的是进一步完善试点工作有关政策，规范有关制度，指导企业家主席更好地履职尽责、发挥作用。

（三）推进落实三项改革

近两年来，按照中央关于群团组织改革的部署，适应民营经济发展的新形势，为进一步夯实经济领域统战工作的组织基础，我们就工商联及其所属商会、光彩事业改革创新问题进行了深入研究，基本完成了顶层设计。今年，要加大力度推动落实改革举措。

一是推进工商联自身改革。把中央提出的“改革强会”这篇大文章做好，把中央致工商联十二大贺词中“六个始终坚持”的要求落到实处，不断增强工商联凝聚力、影响力、执行力。全国工商联深化改革总体方案已经中央统战部部务会审议通过。下一步，全国工商联党组将成立改革领导小组，扎实推进落实各项改革任务。各地也要积极跟进，把改革任务提上工作日程。

二是工商联所属商会改革。主要任务是完善商会职能作用，健全商会内部治理，创新商会监管和扶持政策，落实工商联对商会的指导、引导和服务职责，积极培育和发展中国特色商会组织，更好发挥商会在党的统战工作和经济工作中的重要作用。目前，我们已完成《关于促进工商联所属商会改革和发展的实施意见》起草工作，争取尽快印发，指导和推动各地和各部门重视抓好这项改革。各级统战部要在党委统一领导和政府指导支持下，切实发挥统筹协调作用，推动形成党政相关部门各司其职、密切协作的工作机制，共同研究解决有关重大问题，做好政策解读和舆论引导工作，有序推进工商联所属商会改革发展。各级工商联要着手成立专门工作机构，抓好商会改革发展举措的具体实施。

三是推动光彩事业改革创新。改革的基本方向，是要实现光彩事业的产业化、平台化、品牌化发展，推动光彩事业基金会构建“蜂巢式”架构、实现平台化运作。中央统战部已明确了有关改革措施，作出了相关部署，各地要切实抓落地落实。目前，有的省份还没有建立光彩会，有的经济发达省份只有一半的地市成立了光彩会，或是把光彩事业混同于民政系统的慈善工作，有些民营经济发达的地区还没有建光彩会，说明我们的思想认识和工作还没有到位。

（四）助力打赢“三大攻坚战”

习近平总书记强调，必须打好防范化解重大风险、精准脱贫、污染防治“三大攻坚战”，这一关过不去，全面建成小康社会就失去了前提条件。民营企业家在这一进程中既负有重要责任，也具有独特优势。未来三年，动员和引导民营企业助力打赢“三大攻坚战”，是统一战线服务决胜全面建成小康社会必须突出抓好和坚决完成的重大任务。在全国统战部长会议上，尤权同志对这项任务作出了具体部署，过几天我们还将举办民营企业家专题座谈会，专门就助力打赢“三大攻坚战”，听取企业家意见建议。

一是助力打赢防范化解重大风险攻坚战。在中国经济面临的各类风险中，金融风险尤为突出。在这方面，我们过去关注比较多的是民营实体企业资金链风险等问题。现在看，随着民营金融机构数量不断增加、实力不断增强，如何引导其依法依规、健康有序发展，已经成为摆在我们面前的一个新的重要课题。据了解，民营资本实际控制的银行、保险、信托、证券、基金、期货、财务公司、金融租赁等金融机构已达200家，2016年年末资产规模共计近26万亿元，约占全国金融业总规模的10%。有些民营资本实际控制的金融机构不仅是金融风险的参与者，个别人甚至就是制造者或搅局者。下一步，各级统战部、工商联要配合有关部门加强金融风险防控，加大工作力度。首先是摸清底数，加强引导。重点摸清民营金融机构、涉金融民企发展情况，建立经常性联系机制，拿出需要重点联系的企业和人员名单，通过走访调研、约谈、座谈等形式加强教育引导。其次，要及早发现风险隐患，配合做好化解工作。及时发现涉及民营企业的金融风险隐患，掌握真实情况，协助监管部门和企业提前做好化解工作，并积极参与处置好突发事件。再次，有条件的地方要适时成立金融业商会组织。我们拟在民营金融业领域组建成立全国性行业商会，开展教育引导、加强行业自律、强化风险防范。

二是助力打赢精准脱贫攻坚战。未来3年，全国还有约3000万人需要脱贫，而且要保证现行标准下的脱贫质量，实现高质量脱贫，任务更为艰巨，困难不可低估。今年，中央将制定出台坚决打好精准脱贫攻坚战三年行动指导意见，中央统战部、全国工商联也在考虑制定三年行动计划，对民企助力打赢脱贫攻坚战进行再动员再部署。要继续深入推进“万企帮万村”精准扶贫行动，推动帮扶资源向深度贫困地区倾斜，主动融入和对接乡村振兴战略的实施，探索、总结和推广新的有效帮扶方式，推进行动提质增效。要继续推动东西部扶贫协作，进一步加强东西部地区工商联之间、光彩会之间的沟通，实现密切互动和有效协作，促进东部地区有实力、有条件、有意愿的民营企业参与跨区域扶贫，促进东西部产业合作、优势互补，提升扶贫协作内涵和质量。要改进和提升光彩行活动，今年要组织开展“中国光彩事业怒江行”，抓好“南疆行”签约项目资金的督促落实。

三是助力打赢污染防治攻坚战。按照中央部署，要打好污染防治攻坚战，使主要污染物排放总量大幅减少，生态环境质量总体改善。过去很长时间里，民营企业特别是中小企业采取粗放型增长方式，高排放、高污染现象比较突出。对于促进解决这方面问题，我们过去重视不够，力度不大。下一步，要采取务实举措和坚决行动，积极配合环保等部门，为打赢污染防治攻坚战做出实实在在的贡献。对民企污染大户进行重点排查，坚决支持关停那些经改造仍然难以达标的污染企业，积极帮助那些可以改造达标的企业引进先进节能环保技术和设备，尽快按期达标。推动民营企业加快调整产业和能源结构，加快淘汰落后产能，从源头上减少和防治污染。同时，要十分注重发挥民营环保商会组织的作用，壮大防治污染的社会力量。引导民营企业加大绿色环保产业投资，扶持从事节能环保技术开发的专业化龙头企业发展，及时发现和大力宣传践行绿色发展理念、开发先进治污技术的典型企业，支持符合条件的民营企业特别是专业治污企业以第三方治理模式，参与治污设施建设和运营。目前，中央统战部、环保部、全国工商联正研究推动构建民营企业绿色供应链，指导企业建立覆盖设计、采购、生产、包装、物流、营销、回收全生命周期的管理体系，组织评选示范企业，从多方面政策上对示范企业实施联合激励，引导广大民营企业履行好环保责任。希望各地也积极谋划做好这项工作。

（五）切实抓好四类骨干的培训

各级工商联已完成了换届，全国人大、全国政协换届也即将完成，对作出政治安排的非公有制经济代表人士进行培训，提高队伍综合素质，对促进“两个健康”具有重要意义。这方面的任务十分繁重。按照中办即将下发的落实中央25号文件分工方案，我们将研究制定民营企业家教育培训五年规划，突出抓好四类骨干队伍的教育培训。对民营重点骨干企业主要负责人，继续在大连高级经理学院举办专题研讨班。对工商联、光彩会组织中的骨干企业家，要办好全国工商联企业家常委培训班、省级工商联企业家副主席、副会长培训班、省市工商联企业家主席培训班、光彩事业重点企业家专题培训班。对党员民营企业家，要举办以理想信念教育和党性修养为主要内容的培训班。对年轻一代民营企业家，举办学习贯彻十九大精神专题培训班、代表人士培训班等。

三、切实加强干部队伍建设

去年年底，习近平总书记在中央政治局民主生活会上发表重要讲话，对党的高级干部提出了信念、政治、责任、能力、作风“五个过硬”的要求。全国统战部长会议上，汪洋同志强调，统战干部既要政治过硬，又要本领高强，要加强政治建设、理论建设和队伍建设；尤权同志从坚定党性立场、学好用好党的政策、深入细致调查研究、提高做党外人士工作真本领四个方面深入阐述了干部队伍建设问题。所有这些重要论述，都需要在经济领域统战工作干部队伍建设中切实贯彻落实。

（一）把政治建设放在首位

促进“两个健康”，既是重大经济问题，也是重大政治问题。我们要落实全面从严治党要求，切实用习近平新时代中国特色社会主义思想武装头脑，扎实开展“不忘初心、牢记使命”主题教育活动，牢固树立“四个意识”，坚定“四个自信”，不断增强政治把握能力。

加强政治建设，关键不在说而在做，最基本的是坚决执行党中央的各项方针政策。非公有制经济统战工作中，增进共识、服务企业、安排人事、联谊交友都要讲政策。掌握和落实政策，重点在于研究吃透中央关于非公有制经济发展、非公有制经济人士政治安排和工商联工作的各项政策，善于运用政策推进工作，并注意根据企业感受、社会反映、实践效果提出政策建议。

加强政治建设，很重要的是严守政治纪律和政治规矩。要特别注意防止和克服执行方针政策不认真、不坚决、打折扣等问题。凡属涉及经济领域统战工作的重要改革事项、重要政策问题、重要人事安排，各地都必须按规定向上级党委统战部请示报告、征求意见，然后方可走下一步程序。最近个别地方在统战部副部长、工商联党组书记调整中，又出现了不严格执行工作程序的问题，希望今后引以为戒。各级统战部要切实履行好领导工商联党组和指导工商联工作的职责，加强工商联领导班子建设，各级工商联要严格执行向党委统战部请示报告制度，切实发挥党组领导核心作用，严格落实民主集中制，搞好合作共事，充分发挥党外领导干部作用。

（二）大兴调查研究之风

去年12月15日，习近平总书记对中宣部《寻乌扶贫调研报告》作出大段批示，要求全党大兴调查研究之风，领导干部带头调研、经常调研，力戒形式主义、官僚主义，坚决反对走马观花、浅尝辄止。经济领域统战干部要积极响应号召，切实提高调研水平和质量。

从实际工作看，调查研究是制约我们工作提高层次的突出短板，不少地方写的调研报告普遍存在不深不实的问题，有的拿工作总结“改头换面”充当调研报告，有的干脆以换届工作太忙为理由，根本没有开展课题研究。今后，每年无论如何也要静下心来、忙里抽闲，拿出一两篇非公有制经济领域高质量的报告，各地统战部分管的负责同志要真正把调查研究管起来、组织好、实施好。要以上率下，坚持走进基层、走进企业、走进商会，了解真实情况和第一手素材，发现突出问题和主要矛盾，提出务实有效的对策建议。要尊重和发挥基层首创精神，从基层干部和群众中汲取智慧，总结推广基层的创造性探索和典型经验，帮助基层解决困难和问题。调研中既要搞一些座谈研讨、抽样调查、问卷调查，又要搞些蹲点调研、个案调查、案例分析、个别访谈。

我们这个领域需要研究的问题非常之多，这几年快速发展的民营金融机构、民营投资集团、互联网金融、共享经济平台这些新形态，都与我们的工作密切相关，也与防范化解重大风险密切相关，统战部应该关注和研究。再比如，各省市工商联新安排的企业家副主席，他们的企业发展态势怎么样，存在哪些风险隐患，能不能持续稳定经营，我们也要深入调研，多找一些同行企业家、行业主管部门了解情况，帮助查找分析问题，提前预防风险，避免出现企业家刚刚安排上来没多久，企业就面临倒下去的情况。

（三）提升专业素养

专业素养不是简单的专业对口，而是专业知识、专业能力、专业作风、专业精神的统一。既要当好领导干部，也要成为业务专家。做经济领域统战工作的干部，尤其要懂经济、懂企业、懂经营管理，增强推动高质量发展和建设现代化经济体系的本领，成为行家里手。很多同志反映，对金融业、互联网、数字经济等领域还不太熟悉，缺乏必要的基础知识。要虚心诚心地向民营企业家学习请教，否则就会自己闹笑话，让企业家看笑话。要结合工作实际，突出针对性，加大干部实践锻炼和培训教育力度，培养专业能力、专业精神，补充知识盲区和能力短板。更加注重对国内外经济形势的分析和预判，完善决策机制，提高科学决策能力，确保制定的各项政策措施符合客观规律。要用好外脑，借力专业化研究机构（如经济类智库、财经媒体等）和民营企业智库，深化新时代促进“两个健康”理论政策研究，提高工作的专业化、科学化、精细化水平。

（四）持之以恒正风肃纪

要带头认真贯彻中央八项规定精神及其实施细则，带头抓好本部门本领域的作风建设，带头反对特权思想和特权现象，坚持把纪律和规矩挺在前面，用好监督执纪“四种形态”，持之以恒反“四风”、转作风，对各种突出问题勇于一抓到底，对各类不正之风敢于较真碰硬。要认真贯彻落实《全国工商联践行“亲”“清”新型政商关系的实施意见（试行）》，严格加强干部监督管理。

第四部分　调研报告

关于工商联协同参与非公有制企业和商（协）会党建工作调研报告

为深入贯彻落实《中国共产党统一战线工作条例（试行）》关于工商联参与非公党建工作的规定，切实加强和改进非公党建工作，全国工商联组成4个调研组，于2017年9—10月赴河北、江西、广东、内蒙古、重庆、云南、新疆等7个省（区、市）和新疆生产建设兵团进行调研。通过座谈、实地走访等方式，对工商联协同参与非公有制企业和所属商会党建工作的经验做法以及工作中存在的困难和问题做了深入了解。请全国32个省级工商联提供本地非公党建工作情况，并与中组部、中央统战部有关部门就发挥工商联在非公党建工作中的作用等问题进行沟通。

一、工商联参与非公党建工作情况

根据中央关于非公党建工作的决策部署，各地形成党委统一领导，组织部门牵头抓总，非公党建工作机构具体负责，有关部门协调配合的领导体制。在省级层面，除北京、上海由市委社会工委负责非公党建工作外，其他地区均依托党委组织部门成立非公有制经济组织和社会组织党工委，工商局、民政厅、工商联、财政厅、教育厅、司法厅等相关部门结合各自职能，协助配合做好非公党建工作，包括企业在内的基层党组织实行属地化管理。

各级工商联按照同级党委要求，在非公有制经济组织和社会组织党建工作机构，即党工委框架下，结合工作职能，配合做好非公党建工作，积极推动党的组织和党的工作向非公经济领域覆盖，各地参与方式不尽相同。

一是作为党工委成员单位协同参与。有四种情况：工商联仅为党工委成员单位的有北京、陕西、宁夏等地区；工商联党组领导在党工委任职的有辽宁、湖北、广西、山西、青海、浙江、西藏、贵州、安徽等地区；参加工作联席会议的有吉林省工商联；上海市工商联则是与市社会工作党委、市合作交流工作党委等部门建立沟通协调机制，协同做好工商联所属商会党建工作。

工商联领导在党工委中的任职情况分为两种：一是兼任党工委副书记。其中，贵州、浙江、安徽、西藏、广西等地是工商联党组书记兼任；新疆、湖北、山西等地由工商联党组副书记或分管副主席兼任。二是兼任党工委一般成员。青海省工商联党组书记兼任党工委委员，辽宁省工商联党组书记兼任非公有制经济组织和社会组织工作委员会领导小组成员。

省级工商联在参与党建工作中，作为成员单位有党组领导在党工委任领导职务的地区工商联参与度较高，作用发挥较好。仅作为一般成员或仅参加联席会议的作用发挥较弱。

二是设立非公党委开展工作。经省级组织部门或非公有制经济组织和社会组织党工委批准，多地在工商联设立非公党委，主要负责会员企业和商（协）会党建工作。天津市工商联设立会员企业党委，河北省工商联设有非公有制经济商（协）会党委，重庆市工商联设立社会组织综合党委，广东、江西省工商联设立非公有制经济组织党委，江苏省工商联设立总商会党委，福建省工商联设立社会组织行业党委，云南省工商联设立非公企业党委，湖南省工商联设立商会协会党委，四川省工商联设立直属商协会联合党委。调研发现，在工商联设立非公党组织，负责指导管理会员企业及所属商（协）会党建工作的模式，可以充分利用工商联系统紧密联系非公有制企业和非公有制经济人士的组织优势和职能优势，有效开展非公党建工作。

三是内设专门工作机构。主要依托机关党委、人事部或会员处设立工作机构。内蒙古自治区工商联设立非公企业党建办公室，负责全区规模以上（从业人员50人以上）非公企业和各类商协会党建工作。海南省工商联民营企业组织工作处负责省工商联直属会员企业党组织的日常工作。新疆维吾尔自治区工商联保留早先成立的党建工作部，继续指导推动非公党建工作。

二、经验做法

各地工商联积极探索、主动作为，在协同推进非公党建工作中发挥重要作用。

1．制定参与非公党建工作制度。一是明确工商联在参与非公党建工作中的职责定位，细化工作措施。重庆市工商联出台《加强直属商协会党的建设工作的意见》等一系列制度文件，对归口管理的66家市工商联直属商协会、32家在重庆市直接登记注册的异地商会，以及11家与原主管单位脱钩的以非公有制企业为主的异地商会的党建工作进行规范指导。河北省工商联制定了《河北省非公有制经济商（协）会党委工作制度（试行）》和《河北省非公有制经济商（协）会基层党组织工作制度（试行）》，对管辖的45个省级经济类商（协）会的党建工作提出具体指导。天津市工商联除负责会员企业党建工作外，还负责部分脱钩商会的党建工作。二是积极开展非公党建调查摸底工作，建立工作台账。新疆各级工商联配合当地党委组织部门抓好“扩面提质增效”专项行动，进行“地毯式”摸查，开展非公企业党组织基础建设年活动。河北省工商联以商协会为单位建立工作台账，逐人填写《党员名册》，重点了解“流动”党员、“口袋”党员、“挂名”党员、“隐形”党员及其他管理不规范党员的情况。

2．指导所属商会党组织将党的建设与商会建设有机结合。重庆市工商联建立了党建工作协作组机制，将109个商协会分成5个组，由专人负责联系，加大对直属商协会党建工作的督查指导力度。新疆维吾尔自治区工商联建立商会党支部档案，督促商会健全党建工作资料，指导商会成立网上党支部，制定《商会网络安全运行责任书》，规范商会网站发布内容。内蒙古、重庆、广东等地工商联通过单独组建、联合组建、挂靠、选派党建指导员，加强对所属商会党建工作的指导，促进党的组织和党的工作覆盖，实现党的建设与商会建设共促双赢。提升商会党组织影响力。新疆鞋业商会加强流动党员管理，严格开展党员身份认定，确保党建工作质量。重庆四川商会党委在非党员会长、副会长、秘书长中评选“党建之友”，邀请他们参加学习教育活动，不断拓展党建工作覆盖面。引导商会积极承担社会职责。新疆园林商会积极响应党委号召，成立南疆分会及党支部，抓好基层党建工作，服务南疆地区稳定发展。重庆市酒类流通商会党支部注重加强承接政府部分转移职能的能力建设，形成了商会发展和协助政府管理的长效机制。其他很多地区工商联指导商会党组织参与公益事业，开展扶贫济困、义务劳动、走访慰问等各类活动。提高商会服务水平。云南电动车商会坚持把企业发展的难点作为党组织发挥作用的重点，围绕“地域文化差异、同行同盟矛盾、产业政策滞后”等焦点问题与企业经营管理者交流沟通，帮助会员企业解决困难。河北省石油业商会把开展党支部活动贯穿于帮助会员企业解决实际困难之中，协助会员解决各类纠纷30多起，挽回经济损失近千万元。

3．引导会员企业将党建工作融入经营管理。内蒙古自治区工商联自2014年起，每年举办一期“全区非公党建工作者创新研修班”，对各盟市两新组织党工委专职干部和工商联党建干部进行培训。广东省工商联坚持举办各类党务干部培训班，开展政工专业资格认定。云南省工商联每年组织所属企业（商会）党组织书记学习培训。在工商联积极引导下，企业党组织在促进企业发展中发挥了重要作用，参与企业重大决策。深圳万泽集团党委与董事会签订《定则共建责任书》，授权党委参与董事会决议、参与公司生产经营管理、负责企业文化建设，明确党委在优秀员工评选、高管晋升中的话语权。河北翼辰实业集团实行公司党组织、董事会、工会组织“联审合议”制度。新疆兴居房地产有限公司董事长主动担任公司党支部书记，充分发挥党支部在公司决策中的重要作用，推进企业生产经营。云南大山饮品有限公司作为一家外商独资企业，成立“工资专项集体合同执行监督委员会”，由党组织书记担任委员会主任，发挥基层党组织在稳定职工队伍、构建和谐劳动关系等方面的引领作用，该公司总经理叶空说：“公司党组织在公司发展过程中信得过、靠得住、离不开。”重庆秋田齿轮有限公司用“党建工作看板”亮明党员身份，组建党员现场巡查组、党员攻关组等活动小组，以党员的先锋模范作用推动公司的生产经营和管理进步。创新基层组织建设模式。江西煌上煌集团把支部建在生产链上，实现党组织由上游覆盖拓展到下游覆盖。华为公司党委在国外55个分支机构均设立道德遵从委员会，在当地开展党建工作，引导驻外党员和员工尊重地方文化习俗，主动融入所在国家或地区。

4．教育引导非公有制企业出资人重视支持党建。新疆各级工商联强化非公有制企业出资人教育管理，把是否支持党建工作作为推荐各级工商联执常委、商会会长及有关政治安排人选的重要依据。兵团工商联多次组织非公有制企业党员出资人赴中国社会主义学院、井冈山干部学院进行专题培训，引导非公有制企业党员出资人坚定理想信念，增强做好企业党建的责任感、使命感和紧迫感。

5．发挥先进典型的示范带动作用。内蒙古自治区工商联树立蒙草公司等一批非公有制企业党建工作先进典型，与《实践》杂志社合作，开展专题宣传。云南省工商联借助网络媒体，对云南电动车商会等社会组织党建示范点和玉溪环腾溶剂厂等基层党建示范点进行广泛宣传，吸引全国同行学习交流。新疆昌吉州工商联充分发挥特变电工、环疆投资股份有限公司、麦趣尔集团等州级党建示范点的示范带动作用，推动非公有制企业党建创新。

三、主要问题

总体上讲，工商联参与非公党建工作起步较晚，在实际工作中，还存在不少困难和问题，主要是：

1．工商联系统参与协同非公党建机制不够顺畅。一方面，工商联系统内部缺乏参与非公党建工作的顶层设计。全国层面没有建立专门工作机构，未能形成纵向统一、协调有效的参与模式，不少基层工商联反映，做非公党建工作缺乏指导，底气不足。另一方面，部分地方工商联也缺乏全局工作思路和措施，机构设置不健全，相关处室之间出现任务重叠，协调配合不够，没有形成工作合力。

2．非公党建工作与履行职能任务结合不紧。抓非公党建没能与履行工商联非公经济人士思想政治引导、商会业务主管单位等工作职能紧密结合，有的脱离职能开展党建工作，不仅影响了工作效果，还在一定程度上增加了工作负担，出现力不从心等问题，个别地区甚至有畏难情绪。

3．工商联所属商会党务工作者队伍不强。商协会大多通过兼职或外聘党建工作人员，多为退休机关干部或改制企业人员，工作能力和水平不一。开展党建活动也多是学学文件、读读报，缺乏吸引力，不能充分调动起企业党员的积极性，与企业发展联系不紧，存在“两张皮”现象。

存在上述问题的主要原因是，协同开展非公党建工作对工商联系统而言是一项新课题，各地仍在探索实践，对自身的职责定位把握得不好，工作着力点研究得不够，职责与手段结合不紧，工商联自身的职能优势没有充分发挥出来。

四、几点考虑

参与非公有制企业党建工作，支持和配合做好所属会员企业、商会党组织建设工作，是党中央赋予工商联的重要政治任务。工商联必须结合工作职责，发挥自身优势，把参与非公党建工作作为工商联贯彻落实党的十九大精神的重要举措，具体考虑以下措施。

1．明确职责任务。根据统战工作条例，结合各地经验，主要抓好三项工作。一是教育引导非公有制企业党员出资人主动承担起推进民营企业和商会党建工作的义务，发挥模范带头作用，引导更多民营企业出资人重视支持党建工作，并将其作为评选优秀和政治安排的一项重要条件。二是重点抓好工商联所属商会党建工作，指导商会党组织依照党章党规管理党员，开展活动，培训商会党务工作者。三是支持所属会员企业党组织党建工作，配合做好行业性、区域性党组织组建工作。

2．规范工作机制。为更好履行工商联参与非公党建工作职责，在全国工商联宣教部设立专职机构，在党组领导下，积极开展非公党建工作调查研究，指导各地工商联参与非公党建工作，并负责与中组部、中央统战部有关部门的工作联系。建议省、市两级工商联经省委同意，设立非公党委和相应工作机构，在当地非公有制经济组织和社会组织党工委领导下，履行工商联参与非公党建工作职责。

3．加强工作落实。将参与做好非公党建纳入各级工商联重要议事日程，支持各地创新方式方法。近期突出做好五项工作。一是通过新闻媒体宣传一批非公有制企业、商会及企业出资人重视支持党建工作的先进典型，总结推广党建工作经验，形成良好的示范带动效应。二是按照中组部要求，会同中组部党员教育和干部测评中心一起办好非公有制经济组织党组织书记培训示范班。三是建立工商联所属商会党建工作台账，推动党的组织和党的工作覆盖。力争在2018年把省、市两级工商联所属商会党建工作台账建立起来。四是选取一到两个省级工商联开展非公党建工作试点，创新工作思路、改进工作方法，总结成功经验、推广有效做法。五是组织召开工商联参与非公党建工作座谈会，请中央组织部、中央统战部有关部门负责同志出席指导，对工商联参与非公党建的内容、方式等进行研究部署，交流工作经验，提出工作要求。

（刘　捷）

2018中国民营企业500强调研分析报告

2017年，经济社会发展主要目标任务全面完成并好于预期。国内生产总值增长6.9%，居民收入增长7.3%，增速均比上年有所加快；城镇新增就业1351万人，失业率为多年来最低；工业增速回升，企业利润增长21%；财政收入增长7.4%，扭转了增速放缓态势；进出口增长14.2%，实际使用外资1363亿美元，创历史新高。经济发展呈现出增长与质量、结构、效益相得益彰的良好局面；改革开放深入推进，重要领域和关键环节改革取得突破性进展，供给侧结构性改革初见成效；对外开放推出新举措，“一带一路”建设进展快速，一批重大工程和国际产能合作项目落地；新兴产业蓬勃兴起，传统产业加快转型升级；大众创业、万众创新广泛开展，全年新登记企业增长24.5%。

一、民营企业500强整体规模稳步增长

2017年，民营企业500强入围门槛为156.84亿元，较2016年增加了36.32亿元（见图1）；增速为30.14%，较2016年增速提升了11.69个百分点（见表1）。

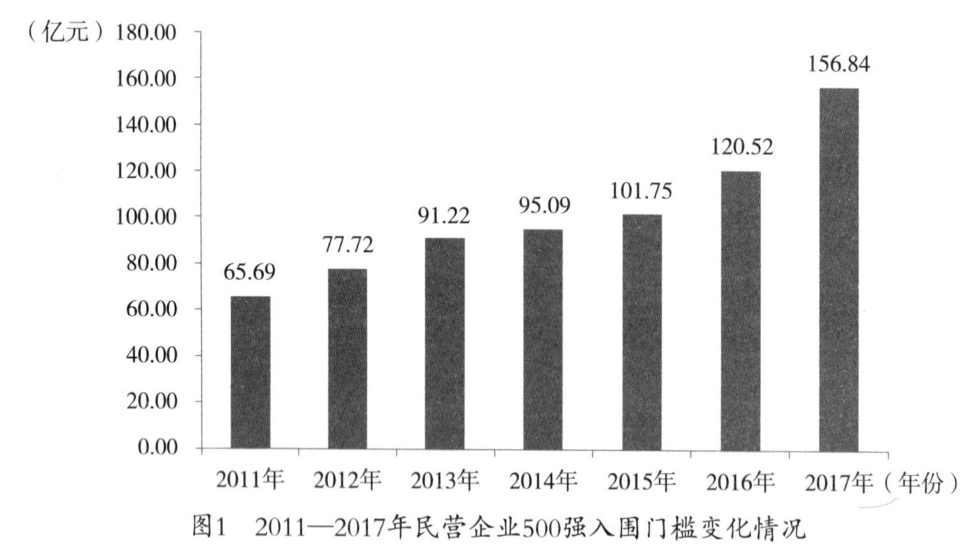

图1　2011—2017年民营企业500强入围门槛变化情况

表1　2016—2017年民营企业500强收入情况

项目指标		2017年	2016年	增长率
入围门槛（亿元）		156.84	120.52	30.14%
营业收入（亿元）	总额	244793.82	193616.14	26.43%
	户均	489.59	387.23	

2017年，民营企业500强的营业收入总额为244793.82亿元，户均489.59亿元（见图2）。有42家企业营业收入总额超过1000亿元；91家企业营业收入总额在500亿元至1000亿元之间；367家企业的营业收入总额在100亿元至500亿元之间。华为投资控股有限公司营业收入蝉联榜首，为6036.21亿元（见表2）。

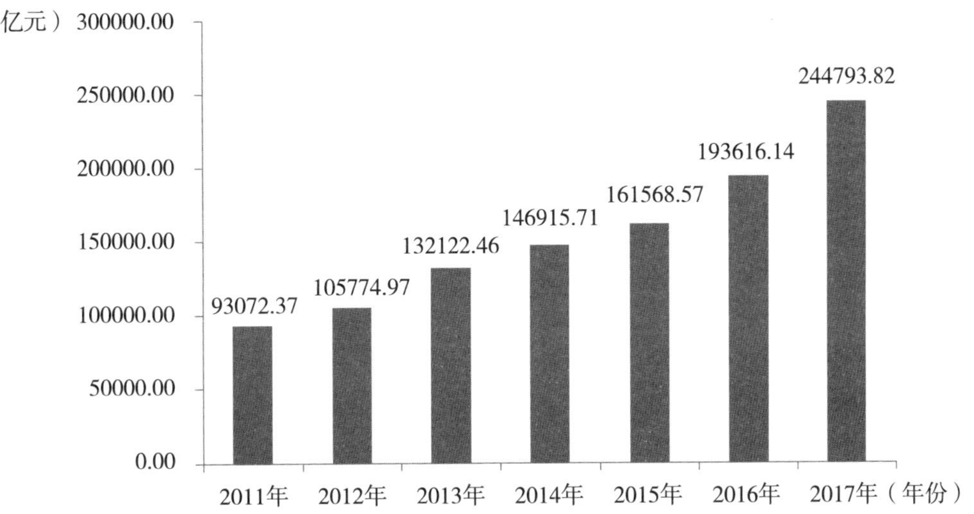

图2　2011—2017年民营企业500强营业收入变化情况

表2　2017年民营企业500强营业收入前20家

2017年排名	2016年排名	企业名称	所属行业	省、自治区、直辖市	2017年营业收入总额（亿元）	2016年营业收入总额（亿元）
1	1	华为投资控股有限公司	计算机、通信和其他电子设备制造业	广东省	6036.21	5215.74
2	2	苏宁控股集团	零售业	江苏省	5578.75	4129.51
3	5	正威国际集团有限公司	有色金属冶炼和压延加工业	广东省	4917.99	3300.19
4	8	京东集团	互联网和相关服务	北京市	3623.32	2601.22
5	3	山东魏桥创业集团有限公司	有色金属冶炼和压延加工业	山东省	3595.78	3731.83
6	6	联想控股股份有限公司	计算机、通信和其他电子设备制造业	北京市	3162.63	3069.53
7	12	恒大集团有限公司	房地产业	广东省	3110.22	2114.44
8	—	国美控股集团有限公司	零售业	北京市	3093.50	2698.34
9	10	恒力集团有限公司	化学原料和化学制品制造业	江苏省	3079.41	2516.48
10	—	大商集团有限公司	零售业	辽宁省	2808.05	2352.52
11	13	浙江吉利控股集团有限公司	汽车制造业	浙江省	2782.65	2087.99
12	11	万科企业股份有限公司	房地产业	广东省	2428.97	2404.77
13	15	美的集团股份有限公司	电气机械和器材制造业	广东省	2419.19	1598.42
14	17	碧桂园控股有限公司	房地产业	广东省	2269.00	1530.87

续表

2017年排名	2016年排名	企业名称	所属行业	省、自治区、直辖市	2017年营业收入总额（亿元）	2016年营业收入总额（亿元）
15	16	雪松控股集团有限公司	商务服务业	广东省	2210.84	1570.19
16	14	江苏沙钢集团有限公司	黑色金属冶炼和压延加工业	江苏省	2200.10	1983.40
17	9	大连万达集团股份有限公司	综合	辽宁省	2018.56	1892.21
18	—	信发集团有限公司	有色金属冶炼和压延加工业	山东省	2008.31	1980.00
19	19	新疆广汇实业投资（集团）有限责任公司	零售业	新疆维吾尔自治区	1764.40	1456.17
20	—	阳光龙净集团有限公司	其他金融业	福建省	1730.55	1571.61

2017年民营企业500强的企业资产总额为281932.21亿元，户均563.86亿元。固定资产总额为38684.70亿元，户均77.37亿元。净资产为85763.06亿元，户均171.53亿元（见表3）。

表3　2016—2017年民营企业500强资产情况

项目指标		2017年	2016年	增长率
资产总额（亿元）	总额	281932.21	233926.22	20.52%
	户均	563.86	467.85	
固定资产（亿元）	总额	38684.70	36458.95	6.10%
	户均	77.37	72.92	
净资产（亿元）	总额	85763.06	75101.84	14.20%
	户均	171.53	150.20	

民营企业500强资产规模继续扩大。2017年资产总额突破1000亿元的有61家企业；资产总额在100亿元至1000亿元之间的有338家；资产总额在50亿元至100亿元之间的有72家（见表4），其中恒大集团有限公司、万科企业股份有限公司、碧桂园控股有限公司以及大连万达集团股份有限公司4家企业资产总额超过万亿元。恒大集团有限公司以17617.52亿元的规模位居资产总额榜首（见表5）。

表4　2016—2017年民营企业500强资产总额结构

资产总额标准（亿元）	2017年企业数量（家）	2016年企业数量（家）
≥1000	61	50
100～1000（不含1000）	338	318
50～100（不含100）	72	78
＜50	29	54

表5　2017年民营企业500强资产总额前20家

2017年排名	2016年排名	500强排名	企业名称	所属行业	省、自治区、直辖市	2017年资产总额（亿元）	2016年资产总额（亿元）
1	1	7	恒大集团有限公司	房地产业	广东省	17617.52	13508.68
2	4	12	万科企业股份有限公司	房地产业	广东省	11653.47	8306.74
3	6	14	碧桂园控股有限公司	房地产业	广东省	10496.69	5915.72
4	3	17	大连万达集团股份有限公司	综合	辽宁省	10005.26	10611.93
5	5	21	泰康保险集团股份有限公司	保险业	北京市	7128.54	6294.31
6	8	251	包商银行股份有限公司	货币金融服务	内蒙古自治区	5393.51	4183.37
7	—	49	复星国际有限公司	综合	上海市	5337.88	4867.79
8	7	1	华为投资控股有限公司	计算机、通信和其他电子设备制造业	广东省	5052.25	4436.34
9	12	97	华夏幸福基业股份有限公司	房地产业	河北省	3758.65	2499.03
10	—	74	龙湖集团控股有限公司	房地产业	重庆市	3627.64	2248.30
11	10	6	联想控股股份有限公司	计算机、通信和其他电子设备制造业	北京市	3350.74	3222.59
12	11	2	苏宁控股集团有限公司	零售业	江苏省	3306.88	2752.34
13	14	98	广州富力地产股份有限公司	房地产业	广东省	2981.09	2264.11
14	—	20	阳光龙净集团有限公司	其他金融业	福建省	2945.17	1683.95
15	13	45	阳光保险集团股份有限公司	保险业	广东省	2801.01	2463.48
16	17	11	浙江吉利控股集团有限公司	汽车制造业	浙江省	2764.06	2067.41
17	20	52	百度公司	互联网和相关服务	北京市	2517.28	1819.97
18	25	13	美的集团股份有限公司	电气机械和器材制造业	广东省	2481.07	1706.01
19	15	19	新疆广汇实业投资（集团）有限责任公司	零售业	新疆维吾尔自治区	2456.81	2220.84
20	—	84	融信（福建）投资集团有限公司	房地产业	福建省	2406.54	1336.97

二、民营企业500强质量效益稳步提高

2017年民营企业500强的利润水平继续回升。民营企业500强税后净利润为11321.01亿元，较上一年增长35.50%，比2016年增加15.74个百分点（见表6）。

表6　2016—2017年民营企业500强盈利情况

项目指标		2017年	2016年	增长率
税后净利润（亿元）	总额	11321.01	8354.95	35.50%
	户均	22.64	16.71	
销售净利率		4.62%	4.32%	7.17%
资产净利率		4.02%	3.57%	6.51%
净资产收益率		14.33%	12.40%	15.57%

2017年民营企业500强亏损面小幅增加。共有9家企业发生亏损，比2016年增加2家，增长了28.57%；亏损总额大幅增长，亏损总额达到471.46亿元，比2016年增加411.67亿元，增长了688.53%。亏损企业分别属于互联网和相关服务业、批发业、综合、农副食品加工业和房地产业5个行业（见表7）。扣除处于综合行业的小米通讯技术有限公司会计政策导致的亏损①，2017年民营企业500强虽然亏损面有所增加，但亏损行业数量和亏损总额比上年有所收窄（见表7）。

表7　2017年民营企业500强亏损行业

行业名称	2017年亏损企业数量（家）	2017年入围企业数量（家）	2017年亏损企业平均亏损额（亿元）
互联网和相关服务	4	8	-21.49
批发业	2	26	-0.31
综合	1	41	-438.89
农副食品加工业	1	14	-0.51
房地产	1	36	-10.26

从经营效率看，民营企业500强的人均营业收入、人均利润、总资产周转率均有提高。2017年，民营企业500强人均营业收入为257.45万元；人均利润为16.06万元；总资产周转率为94.91%（见表8、图3）。

表8　2016—2017年民营企业500强运营情况

项目指标	2017年	2016年	增长幅度
总资产周转率（%）	94.91	91.73	3.47%
人均营业收入（万元/人）	257.45	217.99	18.10%

① 综合行业的小米通讯技术有限公司因可转换可赎回优先股公允价值上升记录于账面亏损。

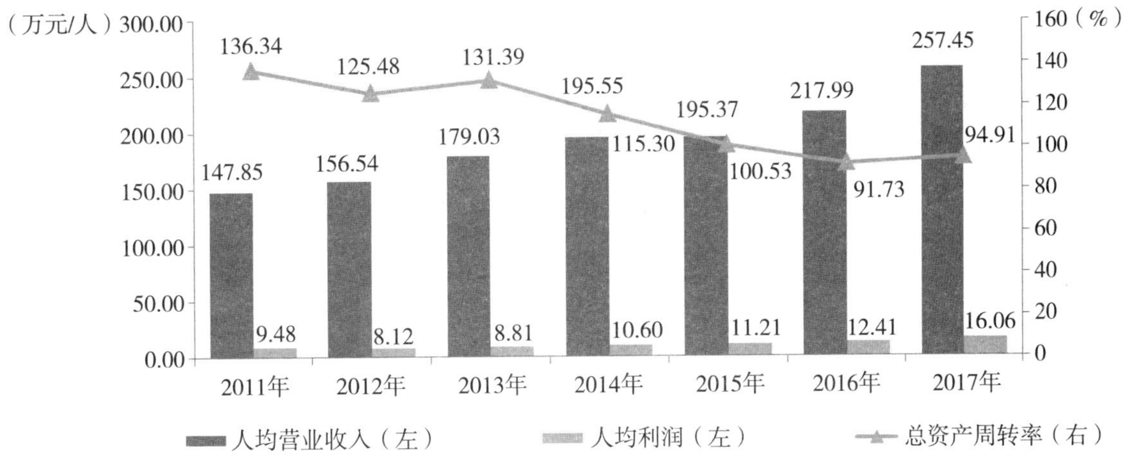

图3 2011—2017年民营企业500强经营效率情况

三、民营企业500强社会贡献继续加大

从纳税总额看，民营企业500强纳税总额保持平稳较快增长态势，占全国税收的比重继续增加。2017年，民营企业500强纳税总额达到10254.10亿元，比上一年增长了28.24%，占全国税收的比重为7.6%，比上一年提高了1.47个百分点（见表9、图4）。

表9 2016—2017年民营企业500强税收情况

项目指标		2017年	2016年	增长率
纳税（亿元）	总额	10254.10	7995.75	28.24%
	户均	20.51	15.99	

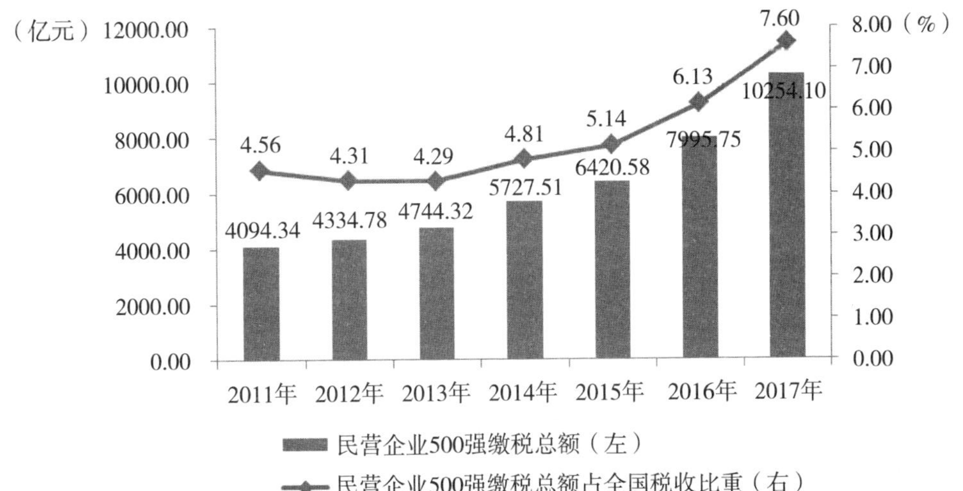

图4 2011—2017年民营企业500强纳税情况

注：全国税收数据来源于国家统计局网站统计公报。

从纳税总额结构分布看，纳税1亿元以上的民营企业500强数量为468家，占比93.60%。2017年有128家民营企业500强纳税总额在20亿元及以上，比2016年增加43家，增加了50.59%，占民营企业500强的25.60%。纳税总额排名第一的是华为投资控股有限公司，为710亿元（见表10、表11）。

表10　2016—2017年民营企业500强纳税总额结构分布

纳税总额	2017年		2016年	
	企业数量（家）	占500强比例	企业数量（家）	占500强比例
20亿元以上	128	25.60%	85	17.00%
10亿～20亿元	108	21.60%	107	21.40%
1亿～10亿元	232	46.40%	274	54.80%
1亿元以下	32	6.40%	34	6.80%

表11　2017年民营企业500强纳税前20家

2017年排名	2016年排名	500强排名	企业名称	所属行业	省、自治区、直辖市	2017年缴税总额（亿元）	2016年纳税总额（亿元）
1	1	1	华为投资控股有限公司	计算机、通信和其他电子设备制造业	广东省	710.00	676.00
2	2	12	万科企业股份有限公司	房地产业	广东省	565.62	426.14
3	3	7	恒大集团有限公司	房地产业	广东省	420.00	334.00
4	6	14	碧桂园控股有限公司	房地产业	广东省	347.00	193.80
5	5	11	浙江吉利控股集团有限公司	汽车制造业	浙江省	343.54	268.33
6	4	17	大连万达集团股份有限公司	综合	辽宁省	315.50	317.50
7	7	13	美的集团股份有限公司	电气机械和器材制造业	广东省	149.80	122.20
8	12	74	龙湖集团控股有限公司	房地产业	重庆市	122.04	83.92
9	8	97	华夏幸福基业股份有限公司	房地产业	河北省	110.12	88.05
10	—	125	雅居乐地产置业有限公司	房地产业	广东省	104.28	83.17
11	16	2	苏宁控股集团有限公司	零售业	江苏省	96.93	50.67
12	11	5	山东魏桥创业集团有限公司	有色金属冶炼和压延加工业	山东省	96.41	80.72
13	19	52	百度公司	互联网和相关服务	北京市	88.37	47.75
14	17	46	正荣集团有限公司	房地产业	福建省	86.42	50.40
15	23	28	新城控股集团股份有限公司	房地产业	江苏省	83.76	45.13
16	—	17	信发集团有限公司	有色金属冶炼和压延加工业	山东省	81.50	55.00
17	13	98	广州富力地产股份有限公司	房地产业	广东省	76.28	67.57
18	61	60	内蒙古伊泰集团有限公司	煤炭开采和洗选业	内蒙古自治区	73.12	26.88
19	35	24	中南控股集团有限公司	房地产业	江苏省	72.90	37.32
20	69	258	荣盛控股股份有限公司	房地产业	河北省	72.07	44.41

就业是民生之本、发展之源。2017年民营企业500强员工人数为950.83万人，同比增加7.05%，占全国就业人员比重为1.22%，比2016年增加0.08个百分点（见表12）。

表12 2016—2017年民营企业500强就业情况

项目指标		2017年	2016年	增长率
员工人数（万人）	总数	950.83	888.17	7.05%
	户均	1.90	1.78	

四、民营企业500强产业结构持续优化

2017年，民营企业500强产业结构中第二产业仍占主体地位，但入围企业数量有所减少。从入围企业数量来看，民营企业500强仍以制造业为主导，钢铁行业仍居前列，但数量较上一年度有所增加，综合业首次成为第二大主体，民营企业500强产业结构进一步优化。从资产规模来看，民营企业500强产业结构延续往年态势，第二产业资产规模占比继续降低，第三产业资产规模占比持续上升（见表13）。

表13 2016—2017年民营企业500强产业分布情况

项目	2017年	2016年	增长率
第一产业（家）	5	5	0%
第二产业（家）	333	341	-2.35%
第三产业（家）	162	154	5.19%

从销售净利率来看，2017年民营企业500强的平均销售净利率达4.62%，较2016年提高0.31个百分点。共有24个行业的平均销售净利率高于平均水平，其中有4个行业的销售净利率高于10%，比上一年增加1个行业。其中煤炭开采和洗选业、有色金属矿采选业、房地产业3个行业为新入围行业（见表14）。

表14 2017年民营企业500强中销售净利率超过10%的行业

所属行业名称	企业数量	营业收入（亿元）	税后净利润（亿元）	销售净利率
煤炭开采和洗选业	3	12258.29	366.11	15.24%
有色金属矿采选业	1	241.48	35.96	14.89%
房地产业	36	24117.37	2663.95	11.05%
畜牧业	2	716.98	76.28	10.64%

从资产净利率看，2017年民营企业500强资产净利率为4.02%，较上一年的3.77%提高了0.25个百分点。2017有4个行业资产净利率在10%以上，较上一年减少3个行业，虽然行业有所减少，但民营企业500强单位资产投入的盈利能力有所提高（见表15）。

表15　2017年民营企业500强资产净利率超过10%行业

所属行业名称	企业数量（家）	资产总额（亿元）	税后净利润（亿元）	资产净利率
铁路、船舶、航空航天和其他运输设备制造业	3	1519.80	85.45	16.76%
皮革、毛皮、羽毛及其制品和制鞋业	3	325.88	45.69	14.02%
畜牧业	2	640.22	76.28	11.91%
食品制造业	6	1671.99	196.26	11.74%

五、民营企业500强投资领域不断拓展

2017年，民营企业500强新增投资的主要资金来源依然是自有资金与银行借贷。新增投资来自于自有资金的企业达到452家，较上一年减少10家，下降了2.16%。新增投资来源于银行借贷的企业共有376家，同比减少2家，下降了0.53%。由于宏观环境的影响和金融市场风险防控的进一步加强，通过资本市场开展直接融资的企业数量有所减少，2017年民营企业500强通过资本市场融资企业数量达到190家（其中新增资金来源于股票市场融资的有116家，来源于债券市场融资的有134家），较2016年减少62家，下降了24.60%。引入战略投资者的企业在2017年共有127家，同比增加14家，增长了12.39%。获得政府资助的企业数量在2017年共有37家，较2016年减少了11家。新增资金来自民间借贷的企业共有2家，同比减少5家（见图5）。

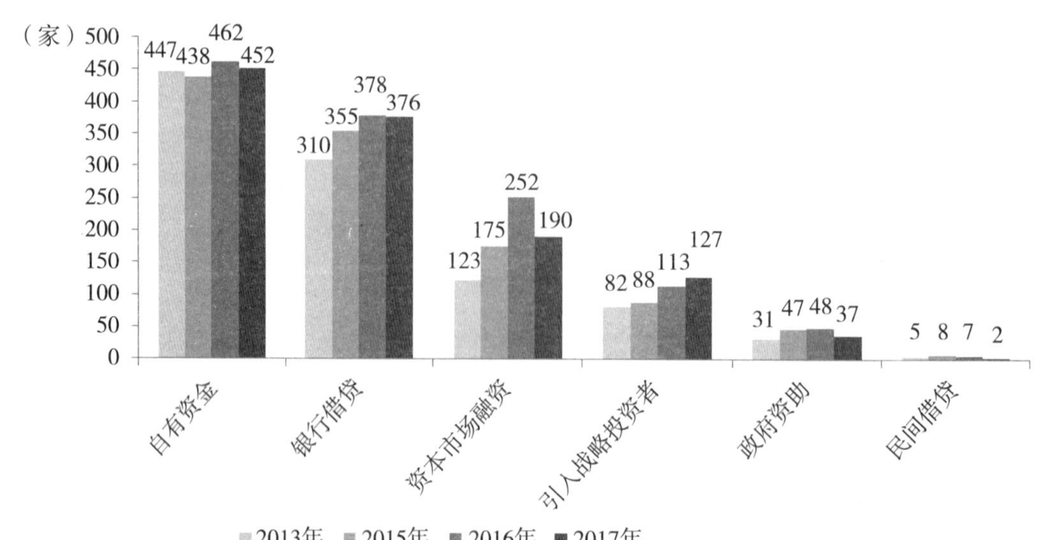

图5　2013—2017年民营企业新增投资资金主要来源

2017年民营企业500强中，共有446家企业参与了各类国家发展战略，占比达89.20%，其中，有181家企业参与“一带一路”建设，占比44.69%，较上一年下降16.17个百分点；有227家企业参与乡村振兴战略，占比50.67%；94家企业参与东北振兴战略，占比21.56%，较上一年增长1.62个百分点（见表16）。

表16　2015—2017年民营企业参与国家发展战略建设情况

参与国家战略	2015年企业数量（家）	2016年企业数量（家）	2017年企业数量（家）	占实际填写企业数量比
“一带一路”	183	210	181	44.69%
乡村振兴战略	—	—	227	50.67%
东北振兴战略	88	89	94	21.56%
混合所有制改革	148	165	171	38.86%

党的十九大报告指出：要坚决打好防范化解重大风险、精准脱贫、污染防治的攻坚战，使全面建成小康社会得到人民认可、经得起历史检验。民营企业积极响应，其中参与防范化解重大风险和污染防治企业数量占比超过50%（见表17）。

表17　2017年民营企业500强参与“三大攻坚战”情况

参与“三大攻坚战”	2017年参与企业数量（家）	占民营企业500强比重
防范化解重大风险	446	89.20%
精准脱贫	227	45.40%
污染防治	341	68.20%

2017年，国务院办公厅印发《关于进一步激发民间有效投资活力促进经济持续健康发展的指导意见》（国办发〔2017〕79号），以激励民间资本参与PPP的热情为宗旨，提出十项举措为民间资本参与基础设施和公共事业项目破除后顾之忧。经过三年多的发展和规范，民营企业已进一步明确了自身PPP发展战略，在PPP投资上更趋于理性。参与PPP项目的企业数量由上一年的124家下降至111家，减少13家；未参与但不确定是否参与PPP项目的企业由上年的52家减少至29家，而民营企业参与PPP项目的意愿则出现两极分化，打算参与PPP项目的企业达到185家，较上一年增长20家，不打算参与的企业则达到113家，较上年增长15家（见表18、图6）。

表18　2015—2017年民营企业进入公共服务及基础设施建设与运营领域的情况

参与PPP项目意向	2015年参与企业数量（家）	2016年参与企业数量（家）	2017年参与企业数量（家）	500强占比
未参与但不确定是否参与	74	52	29	5.80%
未参与也不打算参与	99	98	113	22.60%
未参与但打算参与	164	165	185	37.00%
已参与	98	124	111	22.20%
无意见	64	61	62	12.40%

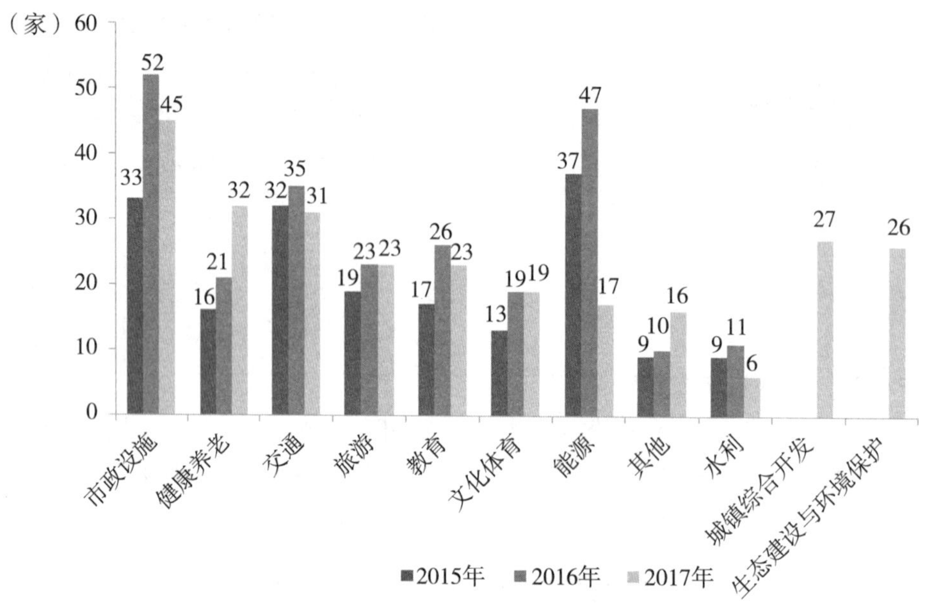

图6　2015—2017年民营企业500强PPP项目的参与情况

2017年是《关于经济建设和国防建设融合发展的意见》实施的第二年，在党中央的号召下，民营企业500强进一步深入参与军民融合发展。2017年民营企业500强中，有101家企业已经进入该领域，比2016年大幅增加34家，增长率为50.75%；未进入该领域的企业中，有161家有意进入，较上年增加62家，民营企业500强进入军民融合领域的行动和意愿显著增强（见表19）。

表19　2016—2017年民营企业500强进入国防建设领域的情况

进入国防建设领域情况	2016年企业数量（家）	2017年企业数量（家）
已进入国防建设领域	67	101
未进入国防建设领域但打算进入	99	161
未进入国防建设领域，是否进入不确定	66	70
未进入国防建设领域也不打算进入	182	108

六、民营企业500强品牌建设与技术创新能力进一步增强

2017年民营企业500强拥有的国内外商标总量达到103910个，其中国内商标数为80913个，国外商标数为22997个。国内外商标总量较2016年均有较大幅度的提升。2017年，平均每个企业拥有商标数量207个，同比增加4.42%，民营企业的品牌保护与建设意识日渐提高（见图7）。

2017年，民营企业500强自有品牌产品对总收入的贡献出现积极变化，拥有自有商标的企业数量达367家，较上一年减少1家，降幅为0.27%，其中自有品牌产品收入占总收入比重小于60%的企业数量增加7家，增长率为15.56%（见表20）。

民营企业自主研发能力的提高有力促进了民营企业500强研发成果的增长，民营企业的知识产权保护意识进一步提高，国内外专利申请数量保持持续增长态势。2017年，民营企业500强共申请国内

外专利242013项，较上一年增长15.93%；其中，国内专利211122项，较上一年增长16.13%，国际专利30891项，较上一年增长14.58%，国际专利申请数量增速高于上一年11.35个百分点（见表21）。

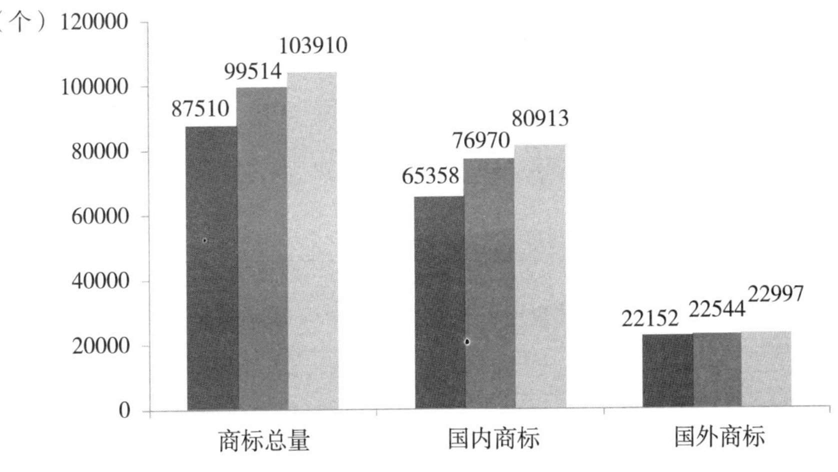

图7　2015—2017年民营企业500强注册商标数

表20　2013—2017年民营企业500强自有商标产品占总收入比例的情况

自有商标产品占总收入比例	自有商标的企业数量（家）				
	2017年	2016年	2015年	2014年	2013年
100%	217	222	230	230	232
60%～100%（不含100%）	98	101	95	86	98
30%～60%（不含60%）	18	17	17	18	11
<30%	34	28	28	24	26
总计	367	368	370	358	367

表21　2014—2017年民营企业500强申请专利的情况

	2017年	2016年	2015年	2014年	增长率
国内专利（项）	211122	181800	155313	136408	16.13%
国际专利（项）	30891	26960	26117	22921	14.58%
总计	242013	208760	181430	159329	15.93%

2017年，研发费用投入最多的华为投资控股有限公司，以38825项专利总量再次蝉联民营企业500强专利数量首位，美的集团股份有限公司、比亚迪股份有限公司分别以36321项和8593项分居专利数量第二位、第三位（见表22）。

2017年，民营企业500强牵头或参与国家、行业标准制定数量相较上一年大幅增加。2017年，牵头制定国际、国家或行业标准的企业达222家，较去年增加83家，增长率为59.71%；参与制定国际、国家或行业标准的企业有422家，同比增加

181家，增长率为75.10%（见表23）。

表22　2016—2017年民营企业500强有效专利数量前三的企业

企业名称	有效专利数量（项）		发明专利（项）		所在行业	所在省、市
	2017年	2016年	2017年	2016年		
华为投资控股有限公司	38825	38825	35835	35835	计算机、通信和其他电子设备制造业	广东省
美的集团股份有限公司	36321	26464	5487	2681	电气机械和器材制造业	广东省
比亚迪股份有限公司	8593	12757	4392	5720	汽车制造业	广东省

表23　2017年民营企业500强制定国际、国家或行业标准情况

内容	2017年	2016年	2015年	增长率
牵头制定国际、国家或行业标准（家）	222	139	134	59.71%
参与制定国际、国家或行业标准（家）	422	241	234	75.10%

注：2017年采用新的填表方式。

七、民营企业500强“走出去”步伐加快

2017年，我国货物进出口总额277923亿元，比上年增长14.2%，扭转了此前连续两年下降的局面。其中，出口153321亿元，增长10.8%；进口124602亿元，增长18.7%。2017年，受多方面的因素影响，民营企业500强中的出口企业由去年的259家降到230家，出口总额出现回落。民营企业500强出口总额为1252.02亿美元，较2016年减少243.38亿美元，降幅为16.28%；民营企业500强的出口总额占我国出口总额的比重达5.51%（见图8）。

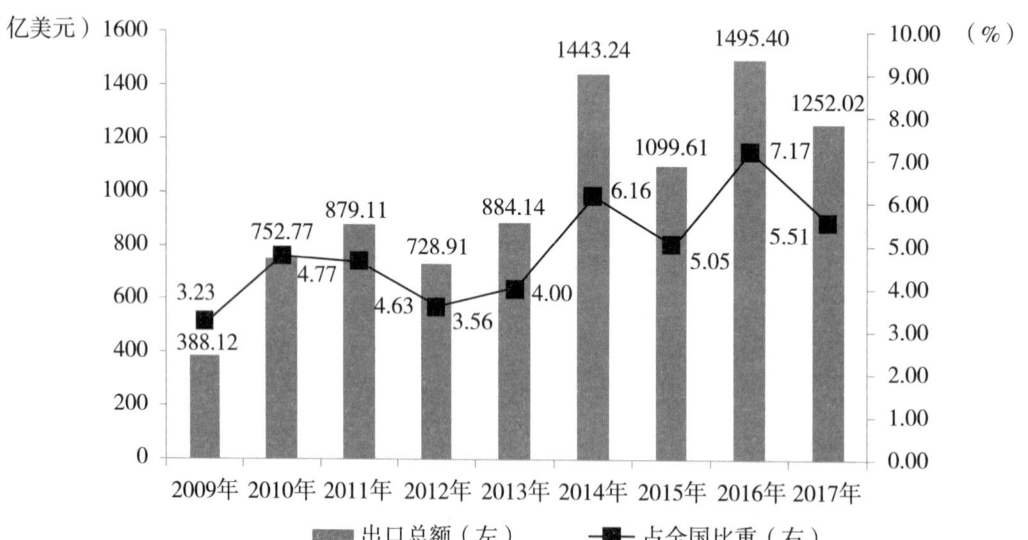

图8　2009—2017年民营企业500强出口情况

注：①全国出口额数据来源于国家统计局网站2017年统计公报。②人民币兑美元汇率数据来源于国家统计局网站2017年统计公报，全年人民币平均汇率为1美元兑6.7518元人民币。

2017年，国家加强了对外投资真实合规性审核，非理性对外投资得到遏制，民营企业500强的海外投资项目数量5年来首次回落，从2016年的1659项降到2017年的1503项，降幅为9.40%；民营企业500强进行海外投资的企业数量从2016年的314家降低到2017年的231家，降幅为26.43%（见图9）。

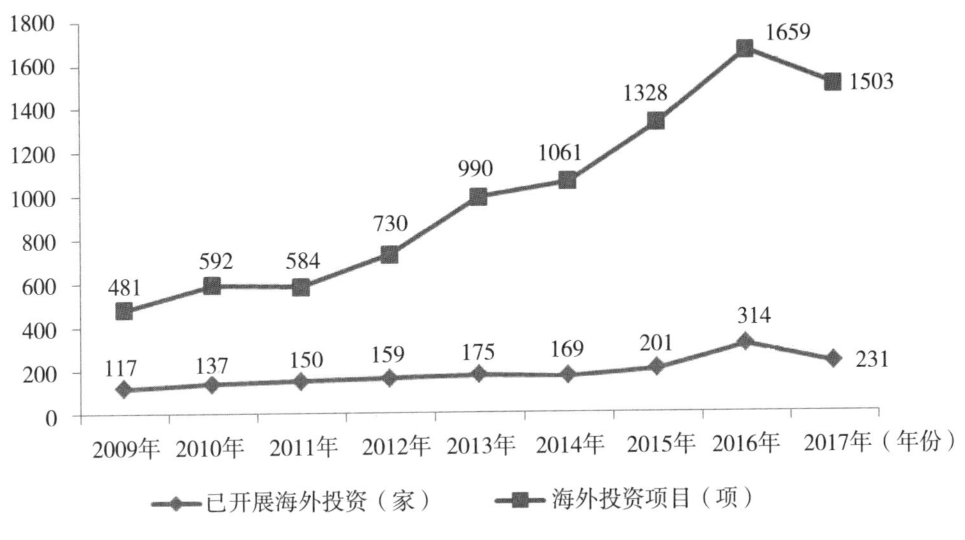

图9　2009—2017年民营企业500强海外投资状况

2017年，我国对“一带一路”沿线国家进出口总额73745亿元，比上年增长17.8%。其中，出口43045亿元，增长12.1%，“一带一路”建设对我国出口的拉动作用进一步显现。2017年，民营企业500强企业积极抢抓“一带一路”发展机遇，加快“走出去”步伐，其中有156家企业参与“一带”，比上年增加9家；有118家企业参与“一路”，比上年增加15家。民营企业500强参与“一带一路”的积极性显著提高（见表24）。

表24　2014—2017年民营企业500强“一带一路”投资状况

	2017年	2016年	2015年	2014年
“一带”（家）	156	147	126	106
“一路”（家）	118	103	86	89

2017年民营企业500强“走出去”最主要的动因是拓展国际市场，其次是获取品牌、技术、人才等战略要素和获取国外原材料等资源，优势产能转移和利用当地劳动力等要素降低产品成本也是民营企业500强“走出去”的动因。与上一年相比，拓展国际市场占比有较为明显的提高（见表25）。

八、民营企业500强学法、用法、尊法、守法意识不断增强

调研数据显示，绝大部分民营企业已建立现代化企业制度。2017年民营企业500强已建立现代化企业制度的企业数量为479家，占民营企业500强的比重为95.8%（见图10）。

表25　2016—2017年民营企业500强"走出去"的主要动因

动因	2017年			2016年		
	企业数量（家）	在500强中占比	占实际填报企业数量比	企业数量（家）	在500强中占比	占实际填报企业数量比
拓展国际市场	350	70.00%	88.83%	345	69.00%	87.79%
获取品牌、技术、人才等战略要素	223	44.60%	56.60%	226	45.20%	57.51%
获取国外原材料等资源	113	22.60%	28.68%	141	28.20%	35.88%
优势产能转移	113	22.60%	28.68%	118	23.60%	30.03%
利用当地劳动力等要素降低产品成本	77	15.40%	19.54%	91	18.20%	23.16%
实际填报企业数量	394	—	—	393	—	—

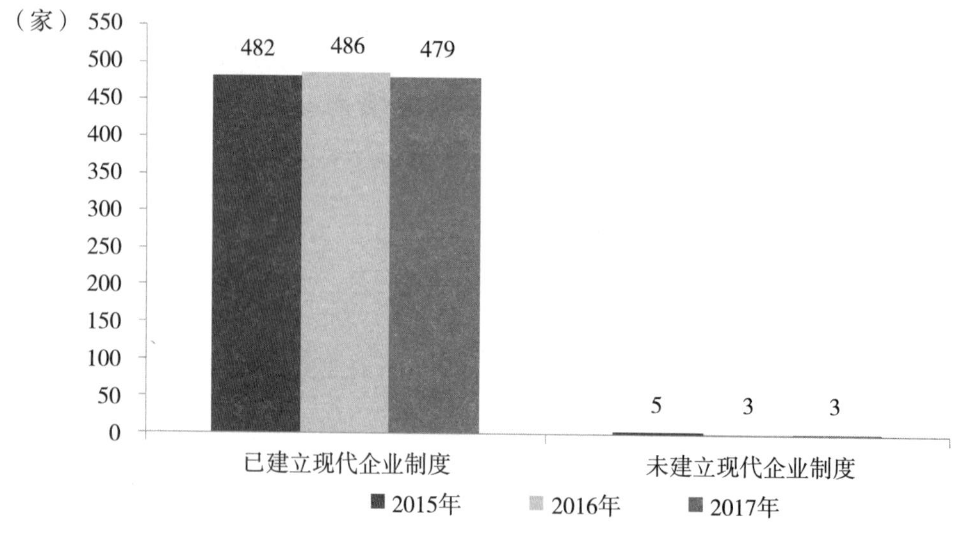

图10　2015—2017年民营企业500强现代企业制度建立情况

2017年，民营企业500强法治建设情况良好，有466家企业已建立现代企业制度；459家企业已形成讲法治的企业文化；458家企业已建立健全风险控制系统和防范机制；435家企业已推进厂务公开和民主管理。民营企业500强在所涉及的四项调查的依法依规项目中，数量较上一年有所上升的是建立健全风险控制系统和防范机制，民营企业500强风险防控意识进一步增强（见表26）。

九、民营企业500强积极履行社会责任

民营企业500强社会责任意识逐年增强。2017年，民营企业500强有 215家企业发布社会责任报告，较上一年减少1家，占500强的比例为43.00%，较上一年小幅下降0.2个百分点。与此同时，民营企业还积极参与社会捐赠与扶贫开发。2017年民营企业500强中有456家参与了社会捐赠，290家企业参与扶贫开发，分别较上一年减少7家和68家企业（见表27、表28）。

表26　2015—2017年民营企业500强建设法治企业进展情况

进展名称	2017年			2016年			2015年		
	企业数量（家）	占500强比例	占实际填报企业数比	企业数量（家）	占500强比例	占实际填报企业数比	企业数量（家）	占500强比例	占实际填报企业数比
已建立现代企业制度，确保依法决策、民主决策、科学决策	466	93.20%	97.90%	469	93.80%	96.70%	467	93.40%	96.89%
已形成讲法治、讲规则、讲诚信的企业法治文化	459	91.80%	96.43%	460	92.00%	94.85%	447	89.40%	92.74%
已建立健全合同审核、决策论证等相关环节法律风险控制体系和预警防范机制	458	91.60%	96.22%	452	90.40%	93.20%	444	88.80%	92.12%
已推进厂务公开和民主管理，妥善处理劳动争议，在法治框架内构建和谐劳动关系	435	87.00%	91.39%	437	87.40%	90.10%	430	86.00%	89.21%
实际填报企业数量	476	—	—	485	—	—	482	—	—

表27　2015—2017年民营企业500强社会责任报告披露情况

	年份	企业数量（家）	占500强比例
发布社会责任报告	2017年	215	43.00%
	2016年	216	43.20%
	2015年	202	40.40%

表28　2016—2017年民营企业500强参与社会捐赠与扶贫开发情况

	2017年		2016年	
	企业数量（家）	占500强比	企业数量（家）	占500强比
参与社会捐赠	456	91.20%	463	92.60%
参与扶贫开发	290	58.00%	358	71.60%

十、民营企业500强区域分布呈现东部优、中部快、西北稳

在2017年入围的民营企业500强中，东部地区企业为396家，同比增加4家，占500强比重为79.20%；中部地区企业52家，同比减少5家，占500强比重为10.40%；西部地区企业43家，同比增加1家，占500强比重为8.60%；东北地区企业9家，与上年持平，占500强比重1.80%。东部地区企业数量仍占主导优势，其他地区企业数量变化不大。

从营业收入总额占比来看，2017年

中国民营企业500强中，东部地区民营企业营收总额达到201035.25亿元，占比82.12%，同比下降0.11个百分点；中部地区民营企业营收总额为17056.07亿元，占比6.93%，同比下降0.27个百分点；西部地区民营企业营收总额为19295.15亿元，占比7.88%，同比下降0.27个百分点；东北地区民营企业营收总额为7407.36亿元，占比3.03%，同比增加0.65个百分点。

从资产总额占比来看，2017年东部地区民营企业资产总额为219365.01亿元，占比77.81%，同比下降0.32个百分点；中部地区民营企业资产总额为16529.58亿元，占比5.86%，同比增加0.11个百分点；西部地区民营企业资产总额为33614.72亿元，占比11.92%，同比增加1.01个百分点；东北地区民营企业资产总额为12422.90亿元，占比4.41%%，同比下降0.80个百分点（见表29）。

表29　2016—2017年民营企业500强地区分布

地区		入围企业数（家）		收入规模（亿元）		资产规模（亿元）	
		2017年	2016年	2017年	2016年	2017年	2016年
东部	数量	396	392	201035.25	159224.43	219365.01	182754.00
	占500强比重	79.20%	78.40%	82.12%	82.24%	77.81%	78.12%
中部	数量	52	57	17056.07	14005.28	16529.58	13461.54
	占500强比重	10.40%	11.40%	6.97%	7.23%	5.86%	5.75%
西部	数量	43	42	19295.15	15778.79	33614.72	25527.47
	占500强比重	8.60%	8.40%	7.88%	8.15%	11.92%	10.91%
东北	数量	9	9	7407.36	4607.64	12422.90	12183.22
	占500强比重	1.80%	1.80%	3.03%	2.38%	4.41%	5.21%

十一、民营企业500强转型升级专题

2017年，参加转型升级进度调查的民营企业500强中，81.00%的企业加快了转型升级进度，较上一年相比增加了17家，增长率为4.38%；有2.00%的企业尚未启动转型升级，较上年相比减少0.4个百分点。从整体来看，绝大多数参与调查企业都进行了转型升级（见表30）。

表30　2016—2017年民营企业500强转型升级进度

转型升级进度	2017年企业数量（家）	占500强比重	占实际填报企业数量比	2016年企业数量（家）	占500强比重	占实际填报企业数量比
明显加快	405	81.00%	88.43%	388	77.60%	83.80%
刚刚启动	37	7.40%	8.08%	51	10.20%	11.02%
有所放缓	6	1.20%	1.31%	12	2.40%	2.59%
尚未启动	10	2.00%	2.18%	12	2.40%	2.59%
实际填报企业数量	458	—	—	463	—	—

数据显示，2017年民营企业500强中，78%的企业为做强做大而主动选择转型升级，较上一年相比增加2.2个百分点；36.4%的企业因为国内经济增长趋缓

而走上转型升级的道路，较上一年相比减少13.2个百分点；50.4%的企业因为产品技术升级换代而进行转型升级，较上一年相比增加3.4个百分点；因为政府政策的支持而选择转型升级的企业比重也由上年的45%上升至53%，增幅为8个百分点（见表31）。

表31 2016—2017年民营企业500强转型升级的动因

转型升级动因	2017年			2016年		
	企业数量（家）	占500强比重	占实际填报企业数比	企业数量（家）	占500强比重	占实际填报企业数比
做强做大企业的愿望	390	78.00%	85.53%	389	77.80%	84.38%
国内经济增长趋缓	182	36.40%	39.91%	248	49.60%	53.80%
产品技术升级换代	252	50.40%	55.26%	235	47.00%	50.98%
政策支持引导	265	53.00%	58.11%	225	45.00%	48.81%
成本负担上升	184	36.80%	40.35%	187	37.40%	40.56%
行业产能过剩	184	36.80%	40.35%	167	33.40%	36.23%
企业生存的压力	149	29.80%	32.68%	159	31.80%	34.49%
现有模式不可持续	111	22.20%	24.34%	119	23.80%	25.81%
国际市场持续低迷	66	13.20%	14.47%	104	20.80%	22.56%
其他	16	3.20%	3.51%	11	2.20%	2.39%
实际填报企业数量	456	—	—	461	—	—

数据显示，融资成本因素影响了最多的民营企业500强，且居于各项影响企业发展的成本因素之首。另有超过一半的企业认为缴税负担和原材料成本也是影响企业发展的重要成本因素（见表32）。

表32 2017年影响民营企业500强发展的成本因素

排名	影响企业发展的因素	企业数量（家）	占500强比例	占实际填报企业数比
1	融资成本	270	54.00%	60.00%
2	缴税负担	259	51.80%	57.56%
3	原材料成本	258	51.60%	57.33%
4	工资成本	240	48.00%	53.33%
5	缴费负担	158	31.60%	35.11%
6	土地成本	157	31.40%	34.89%
7	社保成本	152	30.40%	33.78%
8	物流成本	151	30.20%	33.56%
9	能源成本	124	24.80%	27.56%
10	制度性交易成本	79	15.80%	17.56%
11	其他	29	5.80%	6.44%
—	实际填报企业数	450	—	—

民营企业500强与中国企业500强对比分析①

一、中国企业500强民营企业上榜数量持续增加

近十年来，民营企业在中国企业500强中的上榜数量逐年增加，国有及国有控股企业数量占比呈下降趋势，但仍保持主导地位（见图1）。2017年，中国企业500强中国有及国有控股企业数量占比为52.60%。从经营指标来看，国有企业的优势更加明显，2017年国有企业共实现营业收入50.90万亿元，占比71.52%；净利润22493.66亿元，占比70.23%；资产总额239.68万亿元，占比高达87.39%。

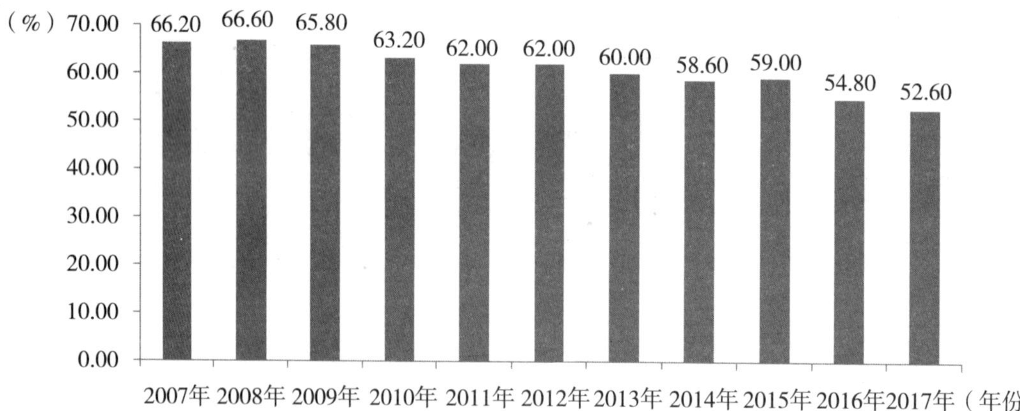

图1　2007—2017年中国企业500强中国有及国有控股企业数量占比情况

二、民营企业500强与中国企业500强规模差距不断缩小

中国民营企业500强与中国企业500强的入围门槛均呈现逐年递增趋势。2017年，中国民营企业500强的入围门槛继续提升，为120.52亿元，比上年增长18.77亿元；中国企业500强的入围门槛为306.89亿元，比上年增加23.78亿元。从增长率看，中国民营企业500强入围门槛的增长率已第十年高于中国企业500强，2017年高出中国企业500强21.74个百分点（见表1）。规模差距已由2007年的3.95倍缩小到2017年的1.96倍。

营业收入方面，除2008年外，中国民营企业500强的营收增长率均高于中国企业500强。2017年中国民营企业500强的营收增长率为26.43%，高于中国企业500强15.23个百分点（见图2）；总资产方面，自2009年以来，中国民营企业500强总资产增长率均高于中国企业500强。2017年中国民营企业500强的总资产增长率为20.52%，高于中国企业500强13.44个百分点（见图3）；净利润方面，自2013年以来，中国民营企业500强的净利润增长率均高于中国企业500强，2017年中国民营企业500强增长率为35.50%，高于中国企业500强22.22个百分点（见图4）。

① 有关中国企业500强数据参见中国企业联合会、中国企业家协会编《中国500强企业发展报告（2018）》，企业管理出版社，2018年。

表1 2007—2017年中国民营企业500强与中国企业500强入围门槛比较

年度	中国民营企业500强入围门槛（亿元）	入围门槛较上年增长率	中国企业500强入围门槛（亿元）	入围门槛较上年增长率
2007年	25.83	41.34%	93.05	28.95%
2008年	29.70	14.97%	105.38	13.25%
2009年	36.60	23.27%	110.84	5.18%
2010年	50.60	38.23%	141.99	28.10%
2011年	65.69	29.82%	175.07	23.30%
2012年	77.72	18.31%	198.67	13.48%
2013年	91.22	17.37%	228.60	15.07%
2014年	95.09	4.24%	236.10	3.28%
2015年	101.75	7.00%	243.46	3.12%
2016年	120.52	18.44%	283.11	16.29%
2017年	156.84	30.14%	306.89	8.40%

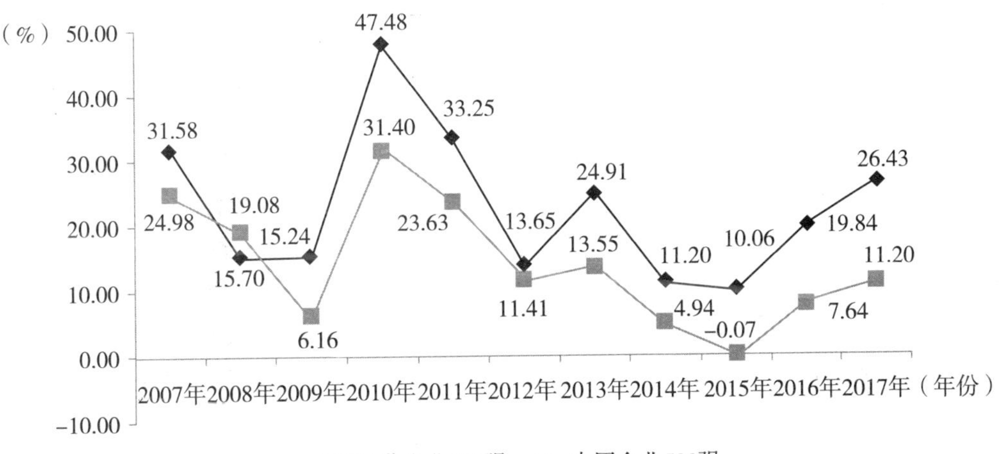

图2 2007—2017年中国民营企业500强与中国企业500强营业收入增长率对比

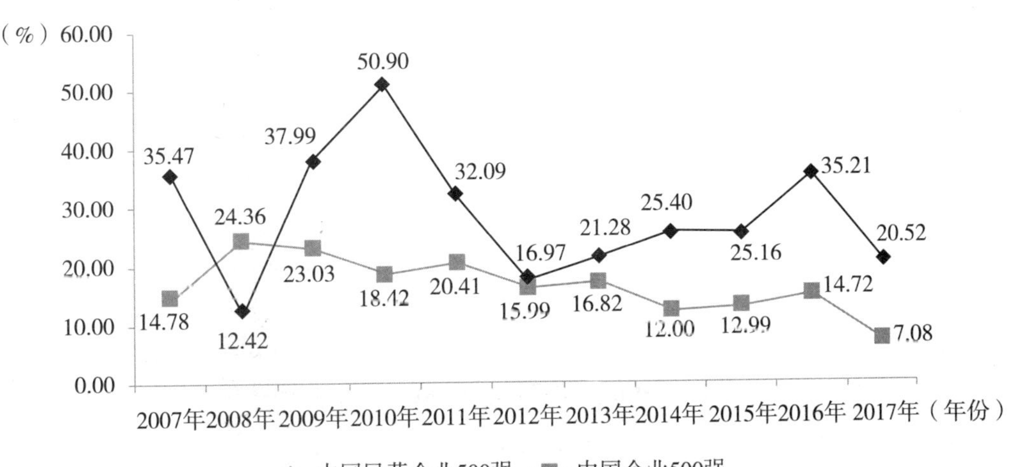

图3 2007—2017年中国民营企业500强与中国企业500强总资产增长率对比

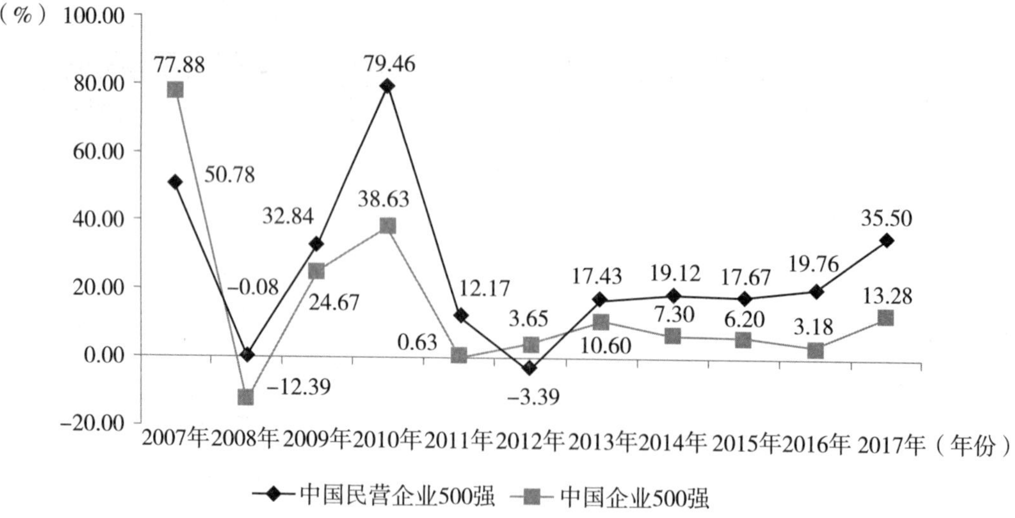

图4　2007—2017年中国民营企业500强与中国企业500强净利润增长率对比

三、民营企业500强利润水平高于中国企业500强

2017年中国民营企业500强的销售净利率为5.16%，高于中国企业500强0.66个百分点。自2007年以来，中国民营企业500强销售净利率第二次高于中国企业500强，第一次为2011年，高于中国企业500强0.04个百分点（见图5）。

人均净利润方面，2017年，中国民营企业500强人均净利润继续增长，为11.91万元/人。中国企业500强人均净利润为10.04万元/人（见图6）。

从净利润排名的情况来看，中国民营企业500强的前十家与中国企业500强的前十家在行业分布上存在明显差异。中国民营企业500强前十大盈利企业主要集中于房地产，计算机、通信和其他电子设备制造业，互联网，汽车制造业，医药制造业，综合以及电气机械和器材制造业等竞争性行业，2017年实现净利润共计2713.91

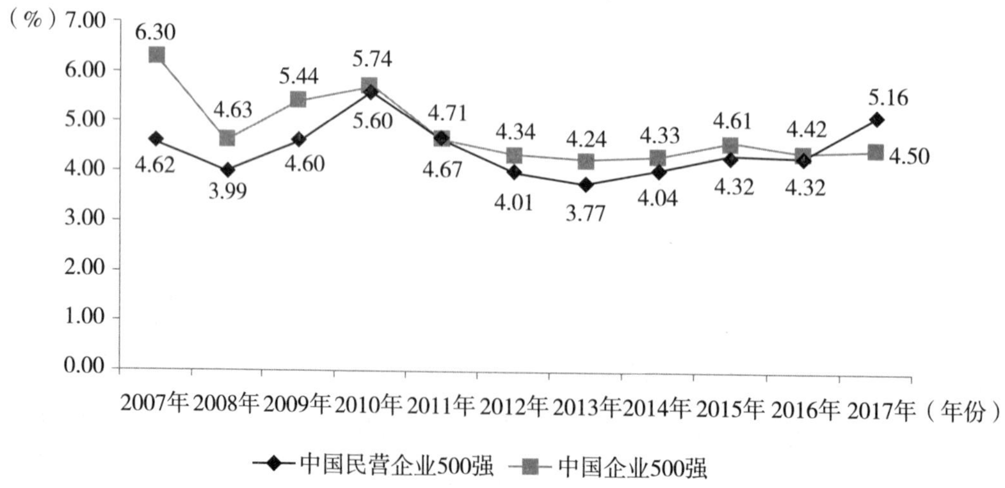

图5　2007—2017年中国民营企业500强与中国企业500强销售净利率比较

图6 2007—2017年中国民营企业500强与中国企业500强人均净利润比较

亿元，占中国民营企业500强的23.97%（见表2）。中国企业500强前十大盈利公司集中于金融、通信等垄断行业，2017年共实现盈利13844.13亿元，占中国企业500强的43.22%；由于垄断行业门槛较高，因此绝大多数民营企业集中在竞争性领域，导致了中国民营企业500强与中国企业500强在利润水平上的差距。

表2 2017年中国民营企业500强和中国企业500强净利润前十家

序号	中国企业500强	净利润（亿元）	中国民营企业500强	净利润（亿元）
1	中国工商银行股份有限公司	2860.49	华为投资控股有限公司	474.55
2	中国建设银行股份有限公司	2422.64	万科企业股份有限公司	372.08
3	中国农业银行股份有限公司	1929.61	恒大集团有限公司	370.49
4	中国银行股份有限公司	1724.07	碧桂园控股有限公司	287.52
5	国家开发银行股份有限公司	1123.87	武汉当代科技产业集团股份有限公司	269.82
6	中国平安保险（集团）股份有限公司	890.88	广州富力地产股份有限公司	214.24
7	腾讯控股有限公司	745.10	浙江吉利控股集团有限公司	188.24
8	中国移动通信集团公司	738.85	美的集团股份有限公司	186.11
9	招商银行股份有限公司	706.38	百度公司	182.89
10	交通银行股份有限公司	702.24	复星国际有限公司	167.96
合计		13844.13	合计	2713.91

四、民营企业500强效率效益高于中国企业500强

中国民营企业500强的资产管理效率明显高于中国企业500强。自2007年以来，中国民营企业500强的资产周转率持续保持在90%以上，而中国企业500强的资产周转率则维持在30%左右。2017年中国民营企业500强资产周转率为94.91%，比中国企业500强高出68.96个百分点（见图7）。

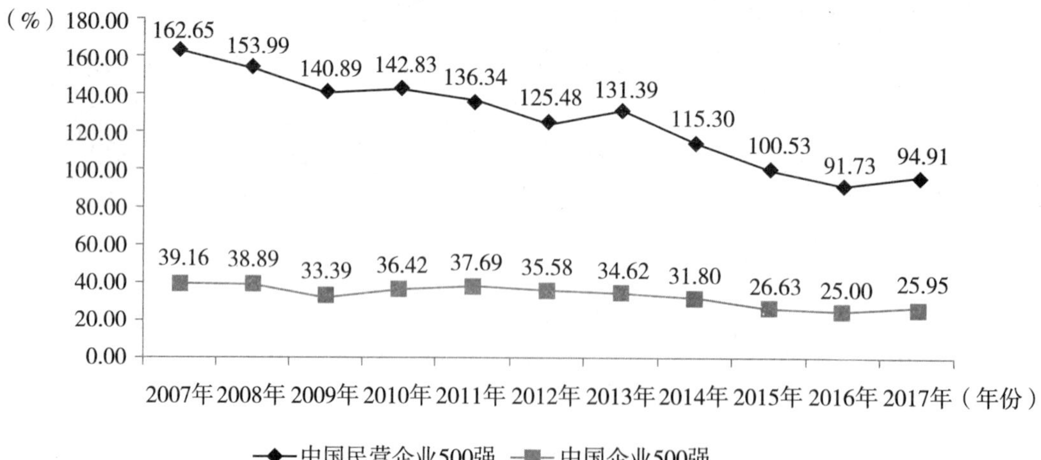

图7　2007—2017年中国民营企业500强与中国企业500强总资产周转率对比

中国民营企业500强的资本运营效率高于中国企业500强，在2007年到2017年间，其资产净利率和净资产收益率一直高于中国企业500强。2017年中国民营企业500强资产净利率为4.02%，比中国企业500强高出2.85个百分点（见图8）；2017年中国民营企业500强净资产收益率为14.33%，比中国企业500强高出4.79个百分点（见图9）。因此，中国民营企业500强的资本获利能力强于中国企业500强。

五、民营企业500强的社会贡献日益加大

从纳税增长率来看，近年来，中国民营企业500强的纳税增长率一直高于中国企业500强。2017年，中国民营企业500强纳税总额增长率为28.24%，高于中国企业500强24.63个百分点（见图10）。

中国民营企业500强对就业的贡献进一步增强。从就业增长率来看，除2007年、2011年外，中国民营企业500强均超过中国企业500强。2017年中国民营企业500强就业增长率为7.05%，高于中国企业500强11.55个百分点（见图11）。

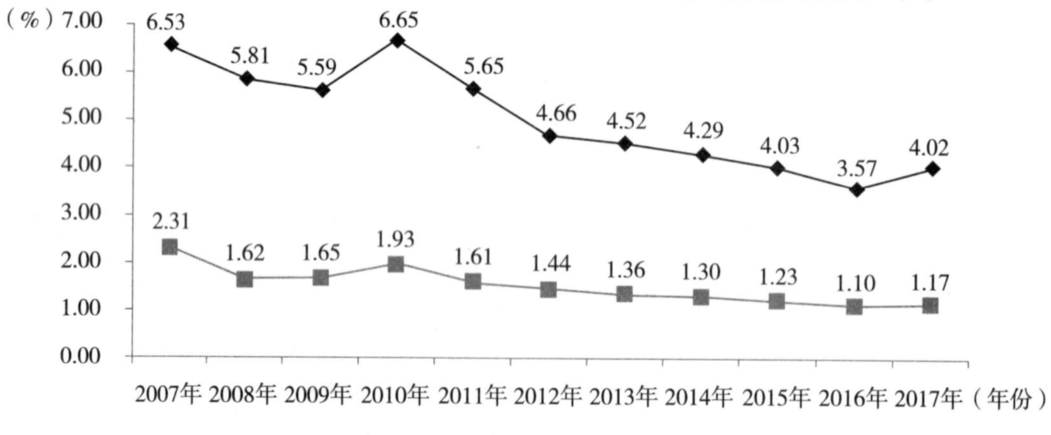

图8　2007—2017年中国民营企业500强与中国企业500强资产净利率比较

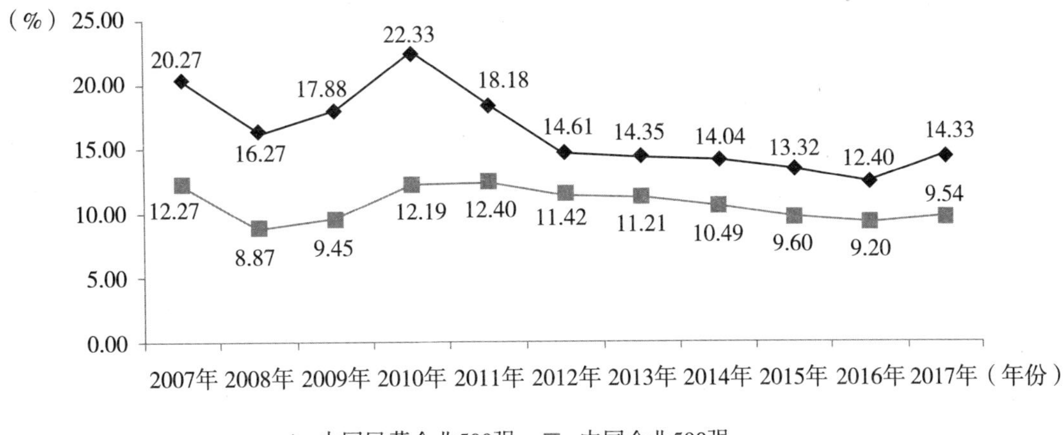

图9　2007—2017年中国民营企业500强与中国企业500强净资产收益率比较

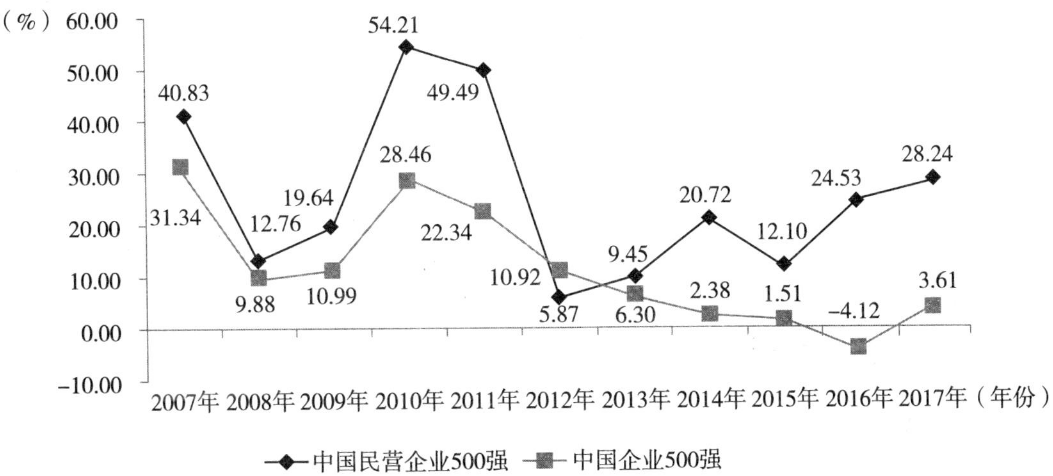

图10　2007—2017年中国民营企业500强与中国企业500强纳税总额增长率比较

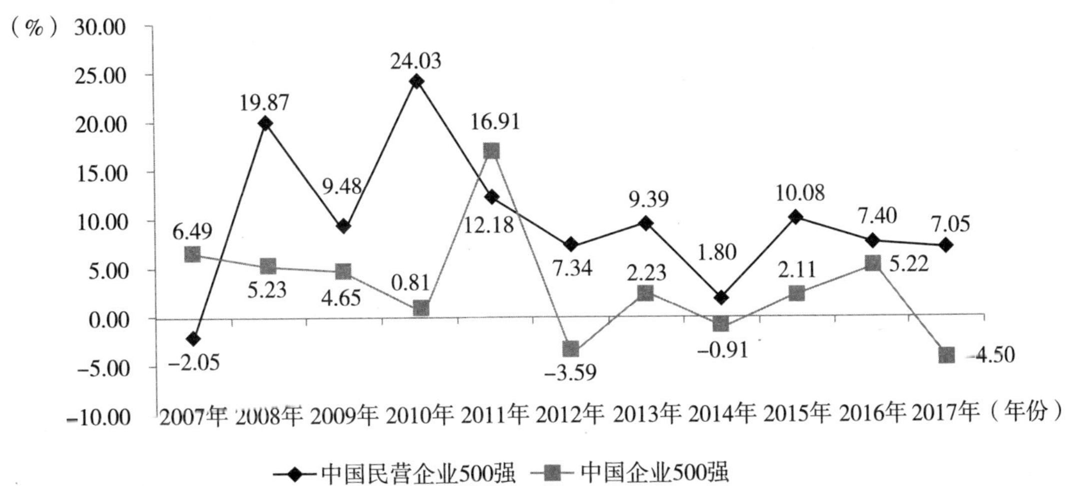

图11　2007—2017年中国民营企业500强与中国企业500强员工人数增长率比较

六、民营企业500强以第二产业、竞争性行业为主

（一）民营企业500强和中国企业500强仍以第二产业为主

从入围企业数量和营业收入来看，中国民营企业500强与中国企业500强都集中在第二产业，但营业收入占比均有所下降。2017年，中国民营企业500强有333家企业居于第二产业，比上一年减少8家；中国企业500强有328家企业居于第二产业，比上一年增加24家（见图12）。中国民营企业500强第二产业的营业收入占比达60.76%，比上一年下降1.49个百分点，中国企业500强第二产业的营业收入占比达57.93%，比上一年下降0.11个百分点（见图13）。

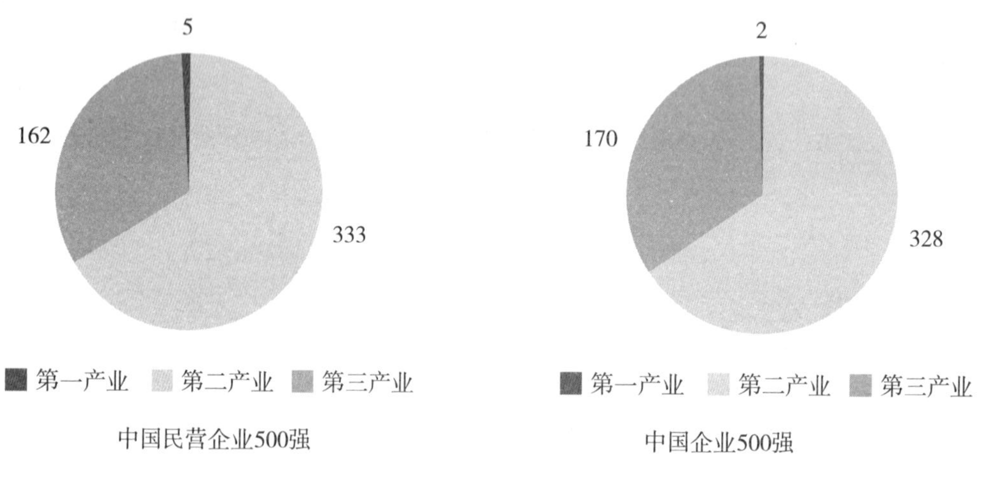

图12　2017年中国民营企业500强与中国企业500强各产业入围企业数量

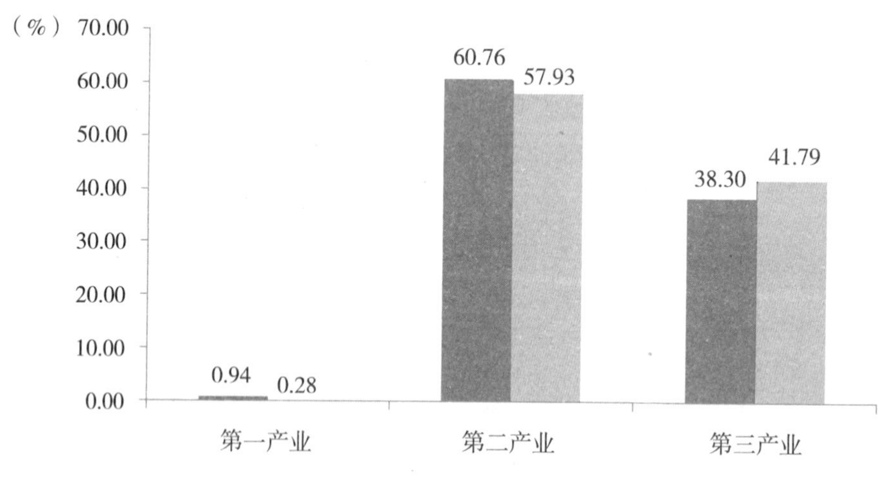

图13　2017年中国民营企业500强与中国企业500强各产业营业收入占比

从净利润来看，中国企业500强的净利润集中于第三产业，占净利润总额比重为74.08%，与上一年持平；而中国民营企业500强的净利润则集中于第二产业，占净利润总额比重为60.23%，略高于上一年（见图14）。

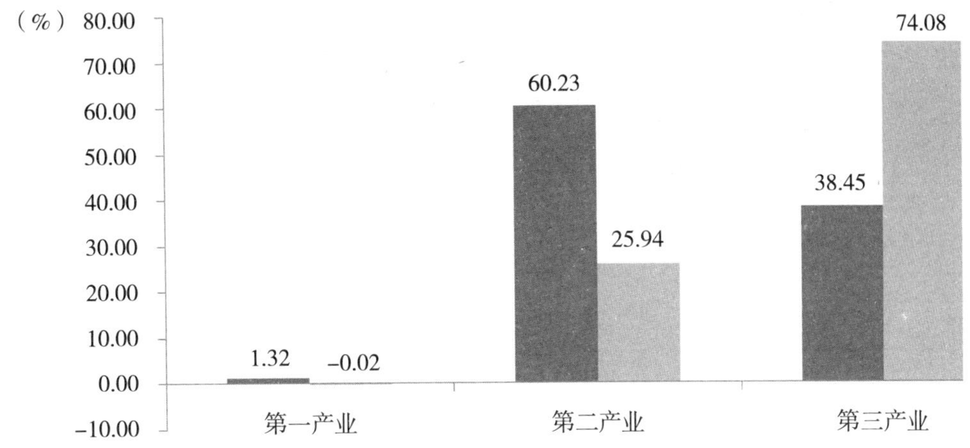

图14　2017年中国民营企业500强与中国企业500强各产业净利润占比

从资产总额来看，中国民营企业500强和中国企业500强的资产均集中于第三产业，中国民营企业500强的第三产业资产占资产总额比为58.68%；中国企业500强的第三产业资产占资产总额比为80.53%（见图15）。

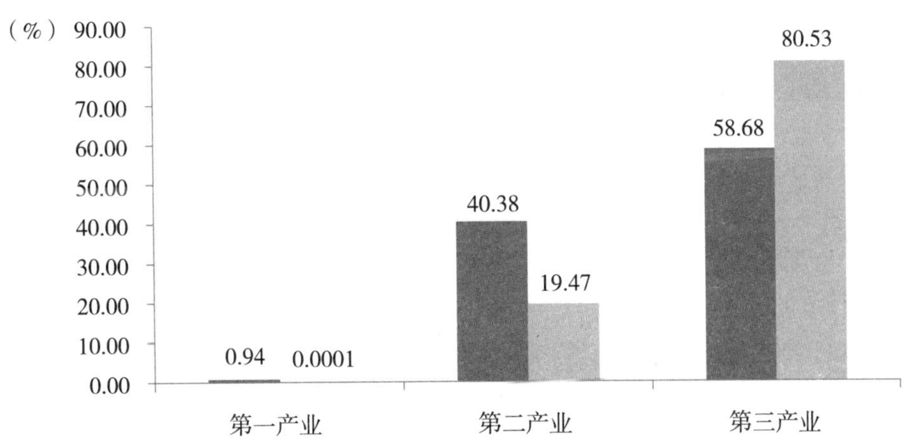

图15　2017年中国民营企业500强与中国企业500强各产业资产总额占比

（二）中国企业500强更多分布于垄断行业

从行业营业收入来看，中国民营企业500强前十大行业均分布在竞争性行业；中国企业500强前十大行业，包含商业银行、石油、煤炭和电网等多个垄断行业，利润相对集中，仅商业银行企业数量虽然占中国企业500强的8.74%，却集中了中国企业500强43.43%的净利润。

中国民营企业500强前十大行业共有企业300家，营业收入总额占比61.48%，净利润占比64.21%；中国企业500强前十大行业共有企业226家，营业收入总额占比55.71%，净利润占比61.49%（见表3）。

表3　2017年中国民营企业500强与中国企业500强营业收入前十大行业

序号	中国民营企业500强				中国企业500强			
	所属行业	入围家数	营业收入占比	净利润占比	所属行业	入围家数	营业收入占比	净利润占比
1	黑色金属冶炼和压延加工业	45	8.19%	9.32%	商业银行	17	8.74%	43.43%
2	综合	41	7.61%	4.01%	石油加工、炼焦和核燃料加工业	20	8.46%	1.50%
3	建筑业	39	5.01%	3.23%	建筑业	40	6.24%	3.27%
4	房地产业	36	9.85%	23.53%	汽车制造业	19	5.82%	3.59%
5	批发业	26	3.75%	1.18%	黑色金属冶炼和压延加工业	46	5.76%	3.02%
6	有色金属冶炼和压延加工业	24	8.23%	5.26%	批发业	25	4.80%	0.79%
7	计算机、通信和其他电子设备制造业	23	6.66%	7.71%	煤炭	19	4.36%	0.72%
8	化学原料和化学制品制造业	23	4.14%	3.07%	电网	3	4.10%	2.46%
9	电气机械和器材制造业	22	4.56%	4.36%	有色金属冶炼和压延加工业	27	4.09%	0.84%
10	石油加工、炼焦和核燃料加工业	21	3.48%	2.53%	保险业	10	3.35%	1.88%
合计		300	61.48%	64.21%	合计	226	55.71%	61.49%

注：为便于比较，将一些细分行业合并处理。

（三）民营企业500强大多数行业效益高于中国企业500强

从行业经营效益来看，中国民营企业500强多数行业的销售净利率、资产净利率、人均净利润都超过中国企业500强，但人均营业收入低于中国企业500强。

在汇总对比的50个行业中，中国民营企业500强有42个行业销售净利率高于中国企业500强；有43个行业资产净利率高于中国企业500强；有40个行业人均净利润高于中国企业500强。中国民营企业500强在竞争性行业中表现出更强的盈利能力。但是，在人均营业收入方面中国民营企业500强仅有30个行业领先中国企业500强，原因是中国民营企业500强更多分布在以劳动密集型行业为主的制造业中（见表4）。

表4　2017年中国民营企业500强与中国企业500强主要行业经营指标分析

所属行业	中国民营企业500强				中国企业500强			
	销售净利率	资产净利率	人均营业收入（亿元/万人）	人均净利润（亿元/万人）	销售净利率	资产净利率	人均营业收入（亿元/万人）	人均净利润（亿元/万人）
农业	1.57%	6.72%	165.35	2.59	−0.65%	−0.37%	16.76	−0.11
畜牧业	10.64%	11.91%	88.98	9.47	1.54%	6.58%	165.35	2.54
农、林、牧、渔服务业	6.78%	3.33%	103.52	7.02	0.11%	0.12%	1742.21	1.84

续表

所属行业	中国民营企业500强				中国企业500强			
	销售净利率	资产净利率	人均营业收入（亿元/万人）	人均净利润（亿元/万人）	销售净利率	资产净利率	人均营业收入（亿元/万人）	人均净利润（亿元/万人）
煤炭开采和洗选业	15.24%	8.55%	540.78	82.43	0.74%	0.40%	136.79	1.02
有色金属矿采选业	14.89%	3.68%	215.10	32.03	0.09%	0.09%	335.00	0.30
农副食品加工业	3.33%	6.62%	243.66	8.10	3.70%	4.59%	210.09	7.77
食品制造业	8.89%	11.74%	183.11	16.28	3.44%	3.27%	134.64	4.64
酒、饮料和精制茶制造业	6.30%	9.86%	228.91	14.43	12.14%	11.27%	192.60	23.38
纺织业	3.23%	4.50%	217.98	7.05	2.83%	4.49%	300.87	8.52
纺织服装、服饰业	4.78%	4.82%	204.47	9.77	4.41%	4.75%	251.81	11.10
皮革、毛皮、羽毛及其制品和制鞋业	8.68%	14.02%	132.67	11.52	—	—	—	—
木材加工和木、竹、藤、棕、草制品业	5.51%	4.76%	95.51	5.26	—	—	—	—
造纸和纸制品业	7.40%	7.28%	362.80	26.86	3.73%	3.83%	490.33	18.30
文教、工美、体育和娱乐用品制造业	3.70%	4.51%	242.47	8.97	1.77%	2.31%	640.92	11.37
石油加工、炼焦和核燃料加工业	3.36%	5.40%	763.99	25.65	0.80%	0.57%	245.50	1.96
化学原料和化学制品制造业	3.43%	6.03%	470.48	16.15	1.55%	1.16%	338.67	5.25
医药制造业	7.54%	6.79%	141.68	10.69	3.27%	5.70%	310.55	10.14
化学纤维制造业	2.65%	4.62%	686.06	18.17	1.65%	3.04%	531.07	8.78
橡胶和塑料制品业	5.32%	7.14%	255.74	13.60	3.76%	4.51%	256.04	9.62
非金属矿物制品业	7.04%	7.15%	201.62	14.19	2.13%	1.10%	175.82	3.75
黑色金属冶炼和压延加工业	5.26%	9.62%	499.58	26.29	2.36%	2.22%	297.00	7.00
有色金属冶炼和压延加工业	2.96%	5.13%	691.87	20.46	1.81%	2.97%	661.15	11.97
金属制品业	3.31%	5.99%	400.85	13.26	2.93%	2.20%	238.37	6.99
通用设备制造业	4.23%	4.37%	177.25	7.49	0.90%	0.70%	257.26	2.32
专用设备制造业	6.41%	3.71%	214.96	13.79	3.45%	1.84%	178.06	6.14
汽车制造业	5.42%	4.90%	293.22	15.89	2.77%	3.62%	358.10	9.93
铁路、船舶、航空航天和其他运输设备制造业	11.92%	5.62%	148.66	17.72	2.33%	1.52%	139.16	3.24
电气机械和器材制造业	4.42%	5.51%	263.64	11.66	3.93%	3.92%	207.56	8.16
计算机、通信和其他电子设备制造业	5.36%	5.17%	211.76	11.34	0.66%	0.70%	268.58	1.78
其他制造业	5.88%	4.85%	182.28	10.72	2.50%	1.74%	308.45	7.71

续表

所属行业	中国民营企业500强				中国企业500强			
	销售净利率	资产净利率	人均营业收入（亿元/万人）	人均净利润（亿元/万人）	销售净利率	资产净利率	人均营业收入（亿元/万人）	人均净利润（亿元/万人）
金属制品、机械和设备修理业	1.14%	1.59%	689.89	7.87	2.93%	2.20%	238.37	6.99
燃气生产和供应业	8.08%	7.50%	238.96	19.30	2.93%	1.03%	192.77	5.65
房屋建筑业	2.86%	5.17%	85.25	2.44	2.36%	2.19%	170.23	4.01
土木工程建筑业	3.27%	6.48%	445.41	14.55	1.53%	0.92%	229.21	3.51
建筑装饰和其他建筑业	5.90%	4.00%	146.35	8.63	—	—	—	—
批发业	1.46%	3.01%	685.53	9.98	0.74%	1.03%	505.11	3.74
零售业	1.21%	1.89%	222.67	2.69	0.94%	1.52%	219.27	2.07
装卸搬运和运输代理业	3.56%	2.40%	109.74	3.91	1.51%	2.38%	293.18	4.43
邮政业	6.79%	9.44%	56.49	3.83	6.87%	0.36%	52.47	3.61
互联网和相关服务	3.26%	4.15%	283.91	9.26	12.82%	9.44%	310.28	39.78
软件和信息技术服务业	8.86%	6.02%	177.34	15.72	1.29%	0.75%	149.20	1.92
货币金融服务	7.17%	0.74%	771.75	55.35	18.85%	0.92%	288.72	54.43
保险业	4.29%	1.16%	105.89	4.54	2.52%	1.08%	137.73	3.47
其他金融业	4.27%	2.21%	606.16	25.85	1.92%	0.96%	497.80	9.57
房地产业	11.05%	3.33%	261.22	28.85	9.03%	2.17%	322.61	29.12
商务服务业	2.80%	4.28%	523.48	14.68	0.60%	4.80%	353.96	2.12
综合	2.44%	1.43%	282.13	6.87	2.30%	1.24%	219.75	5.05
综合制造业	3.86%	2.92%	232.71	8.98	2.00%	1.10%	230.48	4.61

注：为便于比较，将一些细分行业合并处理。

关于广东省商会改革发展的调研报告

为贯彻落实中央办公厅、国务院办公厅印发的《关于促进工商联所属商会改革和发展的实施意见》（以下简称《实施意见》）精神，按照会里统一部署，王永庆副主席带队于2018年10月14日至18日到广东省开展工商联所属商会改革发展调研，听取了广东省、广州市、深圳市、佛山市工商联汇报，与有关政府部门、商会会长进行了座谈。现将调研情况报告如下：

一、广东省工商联系统商会改革发展情况

（一）发挥改革开放先发优势，大力推动商会发展壮大

广东是改革开放的先行地，市场经

济发育早，非公经济发展迅速。作为市场经济、非公经济的产物，广东的商会组织应运而生。早在1988年就组建了全国第一家涉外社团——广东外商公会（港澳在广东投资企业）。根据时代发展需要，省工商联先后推动组建了省民营企业商会（民企）、省直属会员商会（国企）、省民营经济国际合作商会（外向型民企）、省青年企业家联合会（民企继创者）等。2006年开始，广东省率先在全国开始直接登记行业协会，2009年探索异地商会改革，行业和异地商会蓬勃发展。以非公有制经济组织为主体的社会团体大都以团体会员身份加入工商联，接受工商联指导。截至2017年12月底，全省各级工商联有各类商会协会（团体会员）2335家，其中行业商会协会844家，异地商会425家，镇街商会842家；初步统计，确认由工商联作为业务主管单位的商会200家左右。省工商联有各类商会协会（团体会员）112家，其中行业商会38家，异地商会52家（包含省外广东商会20家），综合性商会22家；由工商联作为业务主管单位的商会11家。

（二）抓好商会党建工作，加强思想政治引领

一是注重加强商会党建。组织、统战、民政等部门积极探索社会组织领域党建工作，建立了分级负责、条块结合、区域兜底的商会党建管理机制，形成了广东社会组织党建工作模式。各级工商联把党的组织覆盖和工作覆盖作为商会建设的重要内容，推动统战工作向商会有效覆盖，在行业商会协会、异地商会积极推广“商会+会员企业”模式，重点发挥商会“孵化器”作用，通过以点带面，以发展—孵化—再发展为路径，大力推动商会党组织组建工作。珠海市委组织部、市“两新”组织党工委在全省率先成立了市工商联、总商会直属商会综合党委，加强市工商联下属商会的党组织建设，全面提升商协会的党建水平；广州积极开展“三百”行动，在立白中心建立非公经济组织党建工作展览馆，发挥党建示范引领作用；深圳推出“双培双推”“交叉任职”“定责共建”等工作方法，在全国探索出非公党建的“深圳样板”；江门非公党建实施了“星火燎原”计划和“种子工程”。湛江市成立了驻外商会外出党员联络处。二是扎实开展理想信念教育。各级工商联依托商会主阵地，以“民营企业家与中国梦”“不忘创业初心、接力改革伟业”等各种主题开展理想信念教育活动，以“看”促“教”、以“训”促“教”、以“行”促“教”、以“宣”促“教”，教育引导广大非公有制经济人士坚决听党话、跟党走，进一步增强“四个意识”，坚定“四个自信”。组织引导全省商会积极践行社会主义核心价值观，在全省范围创建了101个社会主义核心价值观示范点。联合广东电视台打造《风云粤商》栏目，弘扬优秀企业家精神。重视年轻一代非公经济人士的教育和培养工作，惠州市工商联牵头成立青年企业家联合会，中山市成立了新生代企业家联谊会，并在24个镇（街）成立青年企业家协会。

（三）发挥商会独特作用，服务经济社会发展

一是围绕经济高质量发展，引导商会创新经济服务方式。积极支持和推动商会充分发挥优势，主动参与标准制定，大力开展经贸考察交流，积极搭建各类公共服务平台，为会员提供融资、信息、技术等方面服务。东莞积极助力企业规模与效益“倍增计划”；惠州搭建服务平台，成立四个服务团队；肇庆每年举办“肇庆金秋”大型经贸洽谈会；省电线电缆行业协会发起制定122项行业标准，其中10项广东省地方标准；深圳市西乡商会近两年来

通过与各银行合作，为会员企业提供28亿多元贷款；佛山市顺德区家具协会联合有关部门推动示范区建设，有力服务超100亿元产值的家具产业提档升级；汕头、梅州积极举办“潮商大会”“客商大会”助推潮商、客商反哺回归，影响力大。二是围绕全面深化改革，引导商会承接政府职能转移。根据全面深化改革的要求，推动有资质能力的商会承接政府下放社会管理职能。深圳市企业联合会积极承接企业职称申报等多项政府转移职能；佛山率先在镇一级组建总商会，承接企业职称申报、就业培训等政府转移职能；省油气商会承接政府部门的调研任务，进行行业统计、市场研究和分析；江门市照明电器行业协会承接多个政府工作项目，协助政府成功举办中国（江门）绿色光源博览会；清远市金属商会构建“八心二所”公共服务平台，积极协调各种关系，规范市场行为。三是围绕营造共建、共治、共享社会治理格局，引导商会积极履行社会责任。引导商会组织发动会员企业积极参与“万企帮万村”精准扶贫、乡村振兴、区域协调发展，目前全省已有1256家民营企业结对帮扶1316个建档立卡贫困村。肇庆市鼓励引导社会组织发挥统战优势，积极参与社会治理，作用明显；潮州市潮安区凤塘企业家协会加挂凤塘商会牌子，成为地区和行业“稳定器”，为当地经济社会发展稳定做出积极贡献，受到各方一致好评；佛山市32个镇街建立了30个总商会，协同参与社会治理。各地利用商会平台，深入开展普法宣传，送法入企，积极搭建法律服务平台，维护会员企业合法权益。汕头澄海玩具协会抱团海外维权，成功夺回被智利抢注的130多个商标。注重行业自律建设，引导会员企业树立诚信理念。中山搭建起服务灯饰、家电、红木家具三大特色产业的快速维权中心；湛江开通民营企业投诉直通车；省不锈钢材料与制品协会发起国内不锈钢行业第一个诚信自律公约；省缝制设备商会推出“中国缝制机械经销商信用等级评价”，省医药商会向全省医药行业民营企业和全省民营企业倡议发起“守法规、讲诚信、保质量”的承诺，受到广大民企和社会普遍关注。四是围绕涉企法规政策制定，引导商会积极参政议政。注重发挥商会在涉企政策法规出台的重要作用，引导各商会积极参政议政。近年来，《广东省降低制造业企业成本支持实体经济发展的若干政策措施》等系列涉企政策文件制定修订中，省委、省政府及有关部门多次会同工商联开展调研，深入商会、企业走访，广泛听取意见建议，提高政策的针对性和可行性。广州推进“市长与民营企业家代表恳谈”制度化常态化，为企业排忧解难；省日化商会牵头组织起草《广东省化妆品生产企业原料管理指导意见》，并出任国家和省本行业相关技术标委会委员，参与《化妆品监督管理条例》等政策法规的制定。

（四）发挥毗邻港澳优势，深化商会对外交流合作

一是建立粤港澳商会交流合作机制。2003年，建立粤港澳商会高层圆桌会议机制，已经连续举办了18次“粤港澳主要商会高层圆桌会议”。2017年，牵头建立粤港澳协同发展青年企业家联盟，推动开展三地青年企业家交流活动。每年均与广东外商公会在香港共同举办春茗活动，邀请本会直属商会与港澳商会进行交流联谊。二是积极参与“一带一路”建设。2013年开始，积极响应中央建设“一带一路”倡议，多次组织商会参加粤港澳有关机构主办的各类“一带一路”论坛、政策研讨、产业对接、产品展销等活动，带领商会出访“一带一路”沿线国家，举办多次“驻穗领事官员民企行”活动，为商会和民营

企业搭建交流对接的平台。三是积极参与粤港澳大湾区建设。抓住粤港澳大湾区建设规划出台的契机，组织商会参与香港、澳门经济论坛等活动，尤其是注重推动与港澳在金融、科技创新、先进服务管理等领域的交流合作。

（五）注重商会自身建设，促进规范发展

一是注重制度建设。先后修订完善《广东省工商业联合会直属商会管理指导暂行办法》《广东省工商联所属商会主要负责人任职审核办法（草案）》等，指导和推动商会组织完善法人治理结构、规范内部管理，健全会员代表大会、理事会、监事会制度，提高商会管理水平。东莞鼓励所属商会建立发展基金，积极探索“以商养会”。二是注重示范引领。2016年在全省开展“优秀商会示范点”建设，认定96家“优秀商会示范点”。2017年，按照全国工商联推进“四好”商会建设的统一要求，又认定79家商会为“优秀商会示范点”暨“四好”商会，进一步激发商会活力，发挥商会作用。三是注重人才队伍建设。每年定期组织培训，分层次、分类别对商会会长、副会长以及秘书长、专职工作人员等开展理论政策培训和办会能力培训，突出关键领头人培养，着力培育商会带头人。指导商会举办各类学习培训活动，加强人才队伍建设。各地积极打造培训品牌，如阳江“鼍商课堂”、江门“邑商大讲堂”、揭阳“揭商大讲坛”；珠海按照“名企、名校、名师”开展培训等。

二、广东省商会“脱钩”的历史与基本情况

广东省对商会协会的改革较早。2006年，广东省开始对包括商协会在内的社会组织的管理进行改革，主要特点是降低准入门槛，去业务主管单位和加强规范管理。广东省委、省政府出台了《关于发挥行业协会商会作用的决定》（粤发〔2006〕2号）。推进行业协会商会民间化在自愿发起、自选会长、自筹经费、自聘人员、自主会务（五自）原则基础上，实行无行政级别、无行政事业编制、无行政业务主管部门（三无）。

2012年4月，广东省委、省政府印发的《关于进一步培育发展和规范管理社会组织的方案》进一步规定：“除法律法规规定需要前置审批的以外，2012年7月1日起，社会组织的业务主管单位均改为业务指导单位，实现自愿发起、自选会长、自筹经费、自聘人员、自主会务和无行政级别、无行政事业编制、无行政业务主管部门、无现职国家机关工作人员兼职（‘五自四无’），推进社会组织民间化、自治化、市场化改革进程。”

启动社会组织管理改革以来，广东的社会组织发展迅猛，据广东省社会组织管理局的统计，2012年12月底，全省社会组织的总数为35324 家；2016年12月底，全省社会组织总数为59520家，增长68.50%。与此同时，广东省工商联系统商协会组织也得到了迅猛的发展， 2013年，全省工商联系统共有商会1233家；2018年，商会组织达2335家，增长89%。工商联所属商协会在法人治理、规范办会方面也和其他社会组织一样得到了不同程度的提高。

2006年商协会改革以后，工商联不再作为商会的业务主管部门，只是会同其他有关部门共同进行业务指导，各商会以团体会员身份加入工商联。2006年，全省各级工商联自己组建或牵头组建的商会共有408家，其中省工商联有35家。2006年以后，这些商会全部成为工商联的团体会员。到2018年，经初步统计，全省由工商联作为业务主管单位的商会仅为193家，其中深圳、中山、江门、阳江、潮州、云

浮等6市工商联无一家所属商会，广州、湛江、茂名等商会较多的市，也只有几个的商会是工商联作业务主管，省民政厅核实确认现只有11家商会由工商联作为业务主管。全省各级工商联所属商会数量仅占工商联商会总数量的8.3%。与之相比，2006年至2018年间，全省各级工商联的团体会员队伍迅速发展壮大，商会的数量逐年递增，全省工商联系统的商会从408家猛增到2335家，省工商联本级的商会也从2006年的35家增加到112家。但工商联与商会的关系逐渐疏松，从主管变为联系和服务，几乎无管理和指导。另一方面，政府相关部门的协调管理机制尚未建立。职能部门之间协调沟通困难，信息不对称，对商会监管存在权责不清、相互推诿、监管缺位的问题。商会存在名义上双重指导甚至多头指导，实际上无人负责的状况。

2017年4月，为贯彻落实党中央、国务院关于社会组织改革发展的重要决策部署，省委办公厅、省政府办公厅出台《关于改革社会组织管理制度促进社会组织健康有序发展的实施意见》，从全面放开直接登记改为稳妥推进直接登记，从取消业务主管单位改为完善业务主管单位前置审查，明确工商联对所属商会，实行业务主管单位和登记管理机关双重负责的管理体制。工商联对所属商会的业务主管职能得到了恢复，但对所属商会的界定原则及路径等具体措施尚未完全明确。

三、广东省商会改革发展中存在的问题

广东省工商联所属商会改革发展也存在一些问题：

（一）“五自四无”的管理模式使得工商联难以履行对商会的业务主管职责

2006年“脱钩政策"出台以后，工商联对所属商协会由业务主管单位转变为业务指导单位，商协会换届工作、班子人选不需征求工商联的意见，工商联难以实现对商会领导班子的考核，商会的年审工作也不需要工商联出具意见，商会基本上可以脱离工商联独立运作，组织上不存在依存关系，出现了商协会与工商联的联系相对减少甚至不相往来的现象。从目前情况看，实行社会组织管理改革后，原有的行业商会由于与政府相关业务部门的业务关联度高，所以与工商联疏离的最快、关系渐淡。工商联由主管单位转变为业务指导单位后，部分省工商联商会只认登记管理机关，对省工商联的业务指导意见，采取可听可不听的态度。有个别商协会将工商联视为同级的商会伙伴。工商联对商协会的指导、服务显得一厢情愿，指导无力，对工商联指导、管理、服务商协会的工作形成巨大的困难。由于实施“五自四无”，工商联对商会的管理只是松散的、可有可无的单方服务。虽然创造多种指导和管理商会的办法，如吸收会务工作开展得较好的商会的会长担任各级工商联执委，并对其进行综合评价，但始终没有办法按照《中国共产党统一战线工作条例（试行）》实现对商会领导班子的常态化（年度）考核。与工商联联系紧密的商协会在召开换届前内部工作会议时尚能够邀请工商联派代表出席，大多数商协会只是就职典礼时邀请工商联领导出席。

（二）商会党建工作机制有待进一步理顺

一是商会党组织的归口管理不统一。根据省委组织部、省“两新”组织党工委批复文件，省非公有制经济组织党委负责联系指导非公企业党建工作，省社会组织党委负责没有业务主管单位的社会组织党建工作。商会协会“脱钩”改革后，省工商联所属商会协会党建工作归口设在省民政厅的社会组织党委管理，工商联对所属商会党组织无管理指导职能。同时，各级非公经济组织党建工作机构不健全、设置不统一。目前，15个地级以上市依托工商联成立非公经济组织党（工）委，4个市依托组织、统战、经信等部门建立了非公党建工作机构，2个市仍未成立非公经济组织党（工）委。已经设立的非公经济组织党委没有统筹指导商会党建职能，且仍然不同程度存在编制不落实、人员配备、工作经费不足等，难以满足工作需要。大部分区县以下非公经济组织党建工作，归口所在地组织部门管理，工商联开展非公经济组织党建工作较困难。二是商会党建工作基础薄弱。很多市县级商会没有建立党组织，在隶属关系上存在多头管理、分散管理、无人管理等问题。特别是党员管理上，居住地、工作地分离，管理形成真空。商会党建工作基础薄弱，许多商会负责人对建立党组织存在顾虑。三是商会党组织作用发挥有限。由于没有实行双向进入、交叉任职，造成商会党支部主要为秘书处的工作人员党员，商会党建工作难以对商会领导班子形成影响带动和统战作用。

（三）商会职能发挥不到位

一是商会定位存在偏差。中央要求通过深化改革，确保商会有效承担政治引导、经济服务、诉求反映、权益维护、诚信自律、协同参与社会治理等任务，为促进“两个健康”提供更加强劲的动力支撑。但不少行业商会认为，维护行业利益、规范行业行为、协调会员关系和开展行业自律等工作“麻烦多”“不赚钱”，不热心参与这些工作，在协同参与社会治理、履行社会责任方面积极性不高。二是商会能力水平弱。政府职能转移不透明，政府购买服务相对集中在与有关部门曾有业务主管关系或联系密切的商会，大部分商会无法参与公平竞争。相当部分商会自身能力不足、水平不够，在承接政府职能转移、参与社会建设管理显得力不从心。

（四）商会自身建设有待加强

一是运作机制不健全。商会对自身发展没有一个清晰而明确的规划和定位，运作机制不够健全、规范。部分商会虽然以章程为核心的法人治理体系初步搭建，但工作机构配置单薄，秘书处专职人员少，专业素质不高，年龄偏大，活力不足，服务能力弱，内部管理制度不健全，实际工作中存在随意性和流于形式的现象。二是服务会员的实效不佳。商会缺乏专业人才，很难为会员企业提供全面系统的服务，服务会员的内容和方式比较单一，缺乏吸引力。办会办法不多，仍延续联谊会式的传统办会模式，在专业性服务上如融资、可行性项目分析、维权等方面服务实效不佳。三是绝大多数商会经费不足。商会普遍经费来源单一，主要靠会费收入，有的还面临收缴困难、收缴率低的问题，缺乏“以商养会”的创收渠道，经常陷入没经费活动开展不了、没有活动没人交会费的恶性循环。很多商会因经费不足，办公场所都很难解决。目前，工商联所属商会中，拥有独立产权办公场所的商会不到总数的10%。

（五）异地商会归口管理有待探索

广东省异地商会登记管理开放程度较高，县级异地商会也可在民政部门登记，异地商会数量较大。截至7月底，在全省各级民政部门登记注册的异地商会984个，其中在省级登记323个，在各市、县登记661个。广东省目前尚未明确异地商会的业务主管部门，而民政部门要负责全省6万多家社会组织的登记监管工作，对异地商会的监管力度有限。异地商会的归口管理不明确，登记机关只管登记年检；与异地商会日常联系较多的是各级工商联，异地商会多以团体会员身份加入工商联，但因不是其业务主管单位，对异地商会的主要领导班子成员及党建工作无法进行有效监管，异地商会容易游离于党委政府监管之外。同时因招商引资需要，很多市、县对在外地的本市、县异地商会的工作介入力度过大，且与商会属地管理原则相悖，从而造成多头联系指导，但实际无人负责的局面。有异地商会提出，相对于内地省份，广东对本地的异地商会会员企业在与政府交流、政策争取、服务和扶持等方面的重视程度和支持力度不够。

四、推动工商联所属商会改革发展的建议

通过对广东省商会改革发展情况的调研，针对存在的问题，就工商联所属商会改革发展特别是广东省工商联商会改革发展提出如下建议：

（一）加强统筹指导，督促各地工商联尽快出台贯彻落实《实施意见》的方案

我会应继续加大对工商联所属商会改革发展工作的指导力度，注重分类指导、因地制宜。督促指导各地制定贯彻落实《实施意见》的方案。目前广东省还未制定实施方案，拟将工商联所属商会改革发展纳入省委深化改革总体部署，制定《广东省促进工商联所属商会改革和发展的实施方案》作为专项改革方案，提交省委深化改革领导小组审议并以省委办公厅、省政府办公厅名义发文实施。指导各地加强对工商联所属商会改革发展的顶层设计，研究制定商会改革发展五年规划，对商会发展设定目标、明确方向、统一部署、落实措施。鼓励各地加强对商会改革工作情况的督促检查，确保工作落实。广东省拟在省委统战工作领导小组的领导下，探索建立商会改革发展工作联席会议制度，统筹规划部署，贯彻落实《实施意见》，推动落实扶持商会发展各项政策措施。同时，把工商联所属商会改革发展列入省委统战工作年度考核项目，作为对省直有关部门、各地市实绩考核的指标之一，确保商会改革取得实实在在的成效。

（二）理顺商会管理体制

民政部门牵头，工商联等相关部门配合，对各类社会组织的归口管理部门进行分类，明确工商联作为业务主管单位和业务指导单位的社会组织类别；省、市、县各级工商联对工商联所属商会开展全面摸底和清理，将联系紧密、代表性强、示范性好的商会通过双向选择，并经民政部门确认，归口工商联作为业务主管；构建以业务主管的商会为核心，指导服务属地管理商会（非业务主管商会）、联系服务非属地管理商会（省外异地商会）的分类管理体系。结合实际，制定推行《工商联所属商会章程示范文本》。

（三）努力实现党的组织和工作全覆盖

理顺工商联所属商会党建工作机制。抓好商会党组织组建工作，推行商会管理层党员和党组织成员双向进入、交叉任职，提倡商会党员负责人担任党组织书记，视情况由乡镇、街道党员干部兼任乡镇街道等基层商会组织负责人。以党建推动统战工作向商会有效覆盖。进一步增强商会组织的政治功能和统战属性，把商会组织作为统战工作的重要阵地，实现商会党组织和党的工作全覆盖，提升商会组织服务非公有制经济领域统战工作的能力。为商会党组织划拨专项工作经费，探索在商会组织中建立统战工作联络员制度，参考党务工作者工作津贴，设立统战工作联络员工作津贴。

（四）积极培育和发展新兴经济领域商会组织

积极探索商会发展的新领域，在民营企业相对集中的行业和领域，特别是新兴业态、新兴行业、新兴产业，加大商会组建力度。坚持面向基层，巩固和发展行业类和专业服务类商会，重视抓好异地商

会建设，大力加强乡镇、街道、社区、园区、市场、楼宇等商会组织建设。积极探索商会发展的新模式，积极组建符合地域发展特点的商会组织。广东省拟筹建“一核一带一区”商会联盟，服务区域协调发展新格局；筹建粤港澳大湾区商会联盟，服务粤港澳大湾区建设；打造百强民企联盟，推动龙头民营企业做大做优做强。

（五）大力推动以“四好”为主要内容的商会自身建设

充分发挥工商联对商会组织的指导、引导、服务职能，规范商会自身建设，建立健全法人治理体系，完善以章程为核心的内部管理制度，按照“班子建设好、团结教育好、服务发展好、自律规范好”的标准推动商会建设，探索建立商会退出机制，激励商会不断加强自我约束和自我提升。通过深化改革，提升商会有效承担政治引导、经济服务、诉求反映、权益维护、诚信自律、协同参与社会治理等职能任务的能力和水平，引导商会转变观念，创新思维，发挥主观能动性，不断增强商会的凝聚力、吸引力、执行力。

（六）推动商会承接政府职能转移落地见效

完善相关扶持政策，支持商会承接政府职能转移、依法进入公共服务行业和领域，不断增强商会的造血功能和服务能力。规范职能转移和职能承接流程，设立承接内容、承接对象和承接方式选择与评估的标准，建立科学的承接效果评估体系，将承接效果作为承接款项支付和社会组织今后承接政府职能的重要依据。结合“放管服”改革，探索设立专门机构，建设并运营社会组织承接政府职能转移、购买服务招投标平台，保证商会公平、公开、公正开展竞争，确保承接政府职能转移、购买服务落地见效，不断提升商会组织的活力。

第五部分　全国工商联2018年大事记

一月

9日　全国工商联党组召开第一次会议。会议传达学习全国组织部长会议、全国宣传部长会议精神，研究贯彻落实工作；听取人事部有关人事事项的汇报。党组书记徐乐江主持。党组副书记樊友山，党组成员杨启儒、王永庆、赵德江出席。高云龙主席、黄荣副主席列席。

同日　全国工商联党组理论学习中心组召开第一次（扩大）会议。会议传达学习中共中央政治局民主生活会及新进中央委员会委员、候补委员和省部级领导干部学习贯彻习近平新时代中国特色社会主义思想和党的十九大精神研讨班精神，围绕习近平新时代中国特色社会主义思想进行研讨。党组书记徐乐江主持。党组理论学习中心组成员作交流发言。高云龙主席、黄荣副主席等党外会领导参加。

10日　由全国工商联、国务院扶贫办、贵州省政府联合主办的全国“万企帮万村”消费扶贫启动仪式在贵州安顺举行。会议旨在贯彻落实全国扶贫工作会议精神，营造消费扶贫社会氛围，利用东西部扶贫协作机制支持贵州发展，推动“万企帮万村”精准扶贫行动提质增效。我会谢经荣副主席出席并讲话。

11日—14日　高云龙主席率调研组赴福建调研民营企业高质量发展情况，强调要以改革创新精神推进民营企业高质量发展。福建省委书记于伟国会见调研组一行。

15日　全国工商联党组召开第二次会议。会议传达学习中央农村工作会议精神，研究贯彻落实措施；传达学习十九届中央纪委第二次全体会议精神，研究贯彻落实措施；审议关于在机关部分干部选拔提名环节实行综合评价比选办法实施方案的汇报；审议关于会员部、宣教部职责及其内设机构设置的汇报；审议关于全国工商联2017年机关党建工作总结及2018年工作要点的汇报；审议关于全国工商联直属单位2017年度考核工作方案的汇报。党组书记徐乐江主持。党组副书记樊友山，党组成员杨启儒、王永庆、赵德江出席。高云龙主席，谢经荣、黄荣副主席列席。

24日　中共中央召开党外人士座谈会。我会高云龙主席出席并发言。徐乐江书记、黄荣副主席参加。

25日　高云龙主席在机关主持召开2018年第一次主席办公会议。会议议题：一、审议《全国工商联贯彻落实<中共中央国务院关于营造企业家健康成长环境弘扬优秀企业家精神更好发挥企业家作用的意见>重要举措分工方案》；二、听取关于2017年科技创新创业人才推荐工作的情况汇报；三、审议《关于全国工商联领导联系地方工商联和所属商会的实施意见（试行）》。徐乐江书记，樊友山、谢经荣、黄荣、王永庆副主席出席。

同日　全国工商联党组召开第三次会议。会议传达学习党的十九届二中全会精神，研究贯彻落实措施；传达学习全国统战部长会议精神，研究贯彻落实措施；审议全国工商联信息中心改革方案。党组书记徐乐江主持。党组副书记樊友山，党组成员杨启儒、王永庆出席。高云龙主席，谢经荣、黄荣副主席列席。

29日 全国工商联、最高人民检察院在京召开座谈会。研究贯彻落实党的十九大精神、依法保护产权和企业家合法权益、营造促进两个健康的良好法治环境问题。最高人民检察院曹建明检察长，我会高云龙主席、徐乐江书记出席并讲话。

同日 全国“万企帮万村”精准扶贫行动领导小组会议在京召开。我会徐乐江书记、谢经荣副主席，国务院扶贫办刘永富主任、洪天云副主任出席。

31日 全国工商联、最高人民法院在京召开座谈会。研究贯彻落实党的十九大精神、依法平等保护产权和弘扬企业家精神、服务保障非公有制经济健康发展问题。最高人民法院周强院长、我会高云龙主席出席并讲话。

二月

2日 全国工商联2018年党风廉政建设工作会议在机关召开。中央纪委驻中央统战部纪检组组长苏波传达中央纪委二次全会精神，总结评价全国工商联2017年党风廉政建设情况，对做好2018年纪检工作提出要求。徐乐江书记总结部署全国工商联党风廉政建设工作。高云龙主席出席。

5日 全国工商联深入学习贯彻党的十九大精神培训班开班式在机关举行。徐乐江书记就学习贯彻十九大精神进行专题授课。高云龙主席出席。

6日 高云龙主席、徐乐江书记、谢经荣副主席参加习近平总书记同党外人士座谈并共迎新春活动。

9日 全国工商联党组召开第五次会议。会议审议关于成立全国工商联改革领导小组有关事宜；审议全国工商联党建“六强”工作机制建议方案。党组书记徐乐江主持。党组副书记樊友山，党组成员杨启儒、王永庆、赵德江出席。高云龙主席，谢经荣、黄荣副主席列席。

12日 全国工商联与科技部签署部际合作协议，就共同支持民营企业创新发展进行工作部署。科技部万钢部长、王志刚书记，我会高云龙主席、徐乐江书记出席并讲话。科技部黄卫副部长、我会黄荣副主席出席签约仪式。

23日 全国工商联深化改革动员会在机关召开。高云龙主席出席并讲话。徐乐江书记作动员讲话。

24日 高云龙主席在机关主持召开2018年第二次主席办公会议。会议议题：一、审议《全国工商联2018年会议计划》；二、审议《2018年全国工商联主席会议安排》；三、审议《全国工商联十二届一次常委会议、2018中国民营企业500强峰会、民营企业助推辽宁振兴发展大会等有关会议活动总体安排方案》；四、审议关于2018年全国工商联团体提案的情况汇报；五、审议《中华全国工商业联合会执行委员会和常务委员会组成人员届中调整办法》；六、审议《全国工商联亚布力中国企业家论坛联系工作制度》；七、审议《全国工商联2018年培训计划》；八、听取关于中国工商博物馆布展大纲修改暨有关工作的情况汇报；九、审议《庆祝改革开放40周年活动计划》；十、审议《全国工商联关于开展民营企业“双创导师”服务的工作方案》；十一、审议《<中国民营企业社会责任报告（2018）>（蓝皮书）开题报告》；十二、审议《关于加强工作计划管理改进考核的办法（试行）》。徐乐江书记，樊友山、谢经荣、黄荣、王永庆副主席出席。

28日 中共中央在京举行党外人士民主协商会。就《中共中央关于深化党和国家机构改革的决定》《深化党和国家机构改革方案》、中共中央拟向十三届全国人大一次会议推荐的国家机构领导人员人选建议名单和拟向全国政协十三届一次会议推荐的全国政协领导人员人选建议名单，向各民主党派中央、全国工商联和无党派人士代表通报情况，听取意见。中共中央总书记习近平主持并发表重要讲话。我会高云龙主席、徐乐江书记出席。

三月

2日 全国工商联党组召开第七次会议。传达学习贯彻党的十九届三中全会精神。党组书记徐乐江主持。党组副书记樊友山，党组成员杨启儒、王永庆、赵德江出席。高云龙主席，谢经荣、黄荣副主席列席。

同日 全国工商联党组理论学习中心组召开第二次（扩大）会议。传达学习党的十九届三中全会精神。党组书记徐乐江主持。党组成员和党外专职会领导作交流发言。

11日 全国工商联召开十二届一次主席会议。会议深入学习贯彻习近平新时代中国特色社会主义思想和党的十九大精神，以及党的十九届二中、三中全会精神，对加强工商联班子建设、深化工商联改革发展作出部署。会议审议《2018年全国工商联主席会议安排》《全国工商联十二届一次常委会议（含2018中国民营企业500强峰会）方案》《关于全国工商联领导联系地方工商联和所属商会的实施意见（试行）》《<中国民营企业社会责任报告（2018）>（蓝皮书）开题报告》《庆祝改革开放40周年活动计划》《全国工商联和亚布力中国企业家论坛联系制度》。

23日 全国工商联党组召开第八次会议。会议传达学习习近平总书记在看望参加全国政协十三届一次会议的民盟、致公党、无党派人士和侨联界委员时的重要讲话和中央统战部党外人士座谈会精神；听取关于建立工商联所属商会党建工作信息化平台方案的建议；审议全国工商联党组贯彻落实《中国共产党党务公开条例（试行）》实施细则；听取关于基层党建述职评议考核等次的汇报；审议2017年度干部考核等次；审议关于法律部和机关党委（人事部）职责、编制及其内设机构调整的建议。党组书记徐乐江主持。党组副书记樊友山，党组成员杨启儒、王永庆、赵德江出席。高云龙主席列席。

24日 中共中央政治局常委、全国政协主席汪洋代表十九届中共中央，走访全国工商联并同领导班子成员座谈。他强调，要深入学习贯彻习近平新时代中国特色社会主义思想和中共十九大精神，坚定不移巩固和发展中国共产党领导的多党合作和政治协商制度，充分发挥这一新型政党制度的独特优势，不忘初心使命，广泛凝心聚力，为实现“两个一百年”奋斗目标、实现中华民族伟大复兴的中国梦而不懈努力。中共中央书记处书记、中央统战部部长尤权参加走访和座谈。高云龙主席陪同并参加座谈。

29日—4月3日 高云龙主席率全国工商联第一联系调研组赴贵州就推进实施乡村振兴战略进行调研。

四月

9日—13日 全国工商联在京举办省级工商联专职副主席培训班。紧扣坚持

"四会"建设，深入研讨新时代工商联工作干什么、怎么干。徐乐江书记出席开班式并作主题报告。樊友山副主席作专题报告。66位省级工商联专职副主席和19位副省级城市工商联主席、党组书记参加培训。

12日—13日　徐乐江书记在京调研非公有制企业党建工作。听取北京市朝阳区工商联关于非公党建工作及民营企业开展党建工作情况汇报，与企业基层党组织负责人和员工代表座谈。

22日—26日　徐乐江书记率调研组赴山西调研民营企业高质量发展情况。

27日　全国工商联党组理论学习中心组召开第三次（扩大）会议。会议学习习近平新时代中国特色社会主义经济思想，传达习近平总书记在第十九届中央财经委员会第一次会议上的重要讲话精神。党组成员作交流发言。党组书记徐乐江主持。高云龙主席出席。

28日　由全国工商联主办，中国民营文化产业商会、全国工商联人才交流服务中心承办的"德胜门大讲堂"第一期在京举办。活动以"回望中国民企发展40年"为主题。高云龙主席、徐乐江书记出席。

五月

2日　高云龙主席在机关主持召开2018年第三次主席办公会议。会议议题：一、传达国务院召开的提高我国关键领域自主创新能力座谈会精神；二、审议《加强和改进工商联信息工作的意见》；三、听取关于全国工商联智库建设有关工作的汇报；四、听取关于成立全国工商联咨询委员会有关事宜的汇报；五、听取关于2018年度全国营商环境评价工作的汇报；六、审议《全国工商联五年工作规划》；七、审议《全国工商联直属商会评价办法（试行）》；八、听取关于全联冶金商会调整会长轮值任期的汇报；九、审议《全国工商联2018—2022年教育培训工作规划》；十、审议《关于落实国务院脱贫攻坚工作会议精神的工作举措》。徐乐江书记，樊友山、黄荣、王永庆副主席出席。

同日　全国工商联党组召开第九次会议。会议传达学习全国网络安全和信息化工作会议精神，部署安排有关工作；听取并审议人事部有关人事事项的汇报。党组书记徐乐江主持。党组副书记樊友山，党组成员杨启儒、王永庆、赵德江出席。高云龙主席列席。

3日　全国工商联与中国贸促会签署战略合作框架协议，就推动民营企业更好参与"一带一路"建设加强两会合作。我会徐乐江书记与中国贸促会会长姜增伟进行会谈。我会副主席王永庆和中国贸促会副会长张伟签署合作协议。

7日—11日　高云龙主席率全国工商联调研组赴山东调研民营企业高质量发展情况。

9日—12日　徐乐江书记率全国工商联调研组赴河北调研民营企业高质量发展情况。

12日　全国工商联启动2018年度万家民营企业评营商环境工作。此次评价共有21781家企业参与，最终形成1份总报告和6份专题报告，印送中财办、国务院研究室、国家发展改革委等中央和国务院有关部门。

22日—6月1日　高云龙主席率全国工商联代表团访问菲律宾、泰国、柬埔寨。了解境外工业园区和中资企业投资发展情况。期间，高云龙主席代表全国工商联分别与菲华商联总会、泰国中华总商会和柬埔寨总商会签署"一带一路"合作备忘录。柬埔寨首相洪森会见高云龙主席一行。

六月

4日　全国工商联党组召开第十一次会议。会议研究有关人事事项；审议《关于进一步加强和规范请示报告工作的若干规定》。党组书记徐乐江主持。党组副书记樊友山，党组成员李兆前、杨启儒、王永庆、赵德江出席。高云龙主席，谢经荣、黄荣副主席列席。

同日—8日　全国工商联2018年第一期干部专题培训班在京举办。机关局级以下干部、直属单位中层以上管理人员和业务骨干、直属商会秘书处负责人共90余人参加。

7日　最高人民法院党组书记、院长周强同我会徐乐江书记就加强产权司法保护，服务和保障非公有制经济健康发展和非公有制经济人士健康成长，为企业家创新创业营造良好法治环境举行座谈。

8日　高云龙主席在机关主持召开2018年第四次主席办公会议。会议议题：一、听取关于《省级工商联工作评价办法（试行）》起草情况的说明；二、审议《全国工商联系统先进集体和先进工作者评选工作方案》；三、审议《贯彻落实〈社会主义核心价值观融入法治建设立法修法规划〉实施方案》。徐乐江书记，樊友山、谢经荣、黄荣、王永庆副主席出席。

同日　全国工商联党组召开第十二次会议。会议研究有关人事事项；审议关于选拔任用处级干部对象人选的汇报；审议关于全国工商联机关与基层干部双向挂职的汇报；审议关于开展全国工商联局级干部及直属单位领导人员选拔任用工作的汇报；审议关于研究室、经济部、扶贫与社会服务部（光彩事业部）、法律部职责、编制及其内设机构调整的建议。党组书记徐乐江主持。党组副书记樊友山，党组成员李兆前、杨启儒、王永庆、赵德江出席。高云龙主席，谢经荣、黄荣副主席列席。

11日　全国工商联召开工商联系统援藏援疆电视电话动员会。会议明确新时期工商联系统对口援藏援疆工作要求，部署“精准扶贫西藏行”和“中国光彩事业南疆行”任务。高云龙主席、徐乐江书记出席并讲话。

同日　全国工商联扶贫工作领导小组第一次会议在机关召开。高云龙主席、徐乐江书记出席并讲话。

同日—15日　中央统战部、全国工商联在京举办全国工商联企业家执委、常委培训班（第一期）。培训班设置中国强国战略与民营企业高质量发展、企业舆情危机管理等课程，组织学员赴京东方科技集团现场教学。高云龙主席出席开班式并授课。党组成员李兆前、中央社会主义学院副院长朱沛丰等出席。李书福副主席、汤亮副会长作案例教学。

19日　全国工商联十二届二次主席会议在京召开。会议分析上半年经济形势，听取上半年全国工商联会领导联系地方工商联和所属商会工作情况汇报，审议通过改革开放40周年杰出贡献表彰人选工商联系统候选人名单，围绕引导民营企业参与“三大攻坚战”、促进高质量发展进行研讨。

同日　民营企业参与乡村振兴战略倡议活动在机关举办。高云龙主席出席并讲话。徐乐江书记主持。全国工商联副主席、中国民间商会副会长向全国广大民营企业家发起倡议。

同日—21日　由全国工商联、国家发展改革委和商务部联合主办的第二期民营企业参与“一带一路”建设培训班暨工商联系统会在京举办。我会王永庆副主席出席开班式并讲话。全国31个省级和13个副省级城市工商联负责同志及各地民营企业家约200人参加。

25日　徐乐江书记在机关主持召开2018年第五次主席办公会议。会议议题：一、听取关于温州市创建新时代“两个健康”发展先行区总体方案的汇报；二、审议浙江省委、省政府报送的总体方案以及下一步工作建议。樊友山、黄荣、王永庆副主席出席。

同日　全国工商联党组召开第十三次会议。会议传达学习中央外事工作会议精神；审议通过推荐改革开放40周年杰出贡献人选工商联系统候选人名单；审议关于全国工商联网络安全和信息化领导小组及办公室成员的汇报；审议关于成立全国工商联国家安全领导小组的汇报；审议关于开展全国工商联处级干部选拔任用工作的汇报；审议通过有关人事事项。党组书记徐乐江主持。党组副书记樊友山，党组成员李兆前、王永庆、赵德江出席。黄荣副主席列席。

同日—30日　徐乐江书记率全国工商联代表团赴香港出席第三届“一带一路”高峰论坛并访问。李书福副主席代表全国工商联作主题发言。黄立副主席代表全国工商联作交流讨论。副主席李东生、邱达昌、张近东、郑跃文，中国民间商会副会长林龙安、周海江等出席有关活动。

七月

2日　全国工商联智库成立大会在京举行。高云龙主席出席并讲话。徐乐江书记主持。黄荣副主席宣读聘任全国工商联智库委员会委员的决定，高云龙主席为智库委员会委员颁发聘书。中国民营经济研究会会长庄聪生、上海市工商联主席王志雄、中国民营经济国际合作商会副会长王燕国、国务院发展研究中心研究员吕薇、浙江大学公共管理学院院长郁建兴、中国民生银行研究院院长黄剑辉等智库委员会委员发言。

同日—6日　中央统战部、全国工商联在京举办全国工商联企业家执委、常委培训班（第二期）。培训班设置中国强国战略与民营企业高质量发展、企业舆情危机管理等课程。徐乐江书记出席开班式并授课。

6日　全国人大财经委与全国工商联在京召开民营企业座谈会。全国人大常委会委员、财经委员会主任委员徐绍史出席并讲话。我会徐乐江书记主持并讲话。

16日　全国工商联党组召开第十四次会议。会议传达学习全国组织工作会议精神以及《中共中央组织部关于认真学习贯彻习近平总书记在全国组织工作会议上的重要讲话精神的通知》（组电字〔2018〕6号），部署安排有关工作；传达学习《中共中央办公厅关于习近平主席出席上海合作组织青岛峰会并举行有关活动的情况通报》（中办发电〔2018〕29号）；审议关于全国工商联机关党委、机关纪委换届工作的汇报。党组书记徐乐江主持。党组副书记樊友山，党组成员李兆前、王永庆、赵德江出席。黄荣副主席列席。

17日　高云龙主席在机关主持召开2018年第六次主席办公会议。会议议题：一、学习研讨习近平总书记关于加强和改进人民政协工作的重要思想；二、听取关于全国工商联领导联系地方工商联和所属商会工作的情况汇报；三、审议《全国工商联专门委员会工作规则》和各专门委员会设立方案。徐乐江书记，樊友山、谢经荣、黄荣、王永庆副主席出席。

同日　全国工商联党组理论学习中心

组召开第四次（扩大）会议。专题学习研讨习近平总书记关于加强和改进人民政协工作的重要思想。党组书记徐乐江主持。党组理论学习中心组成员、党外会领导及直属单位主要负责人参加。

同日　中共中央在中南海召开党外人士座谈会，就当前经济形势和下半年经济工作听取各民主党派中央、全国工商联负责人和无党派人士代表的意见建议。我会高云龙主席、徐乐江书记、黄荣副主席出席。

同日—21日　高云龙主席、徐乐江书记率队赴毕节市织金县调研全国工商联及会员企业参与当地精准扶贫工作情况。

同日—27日　由中央组织部和全国工商联联合举办的非公有制经济组织党组织书记培训示范班在江苏昆山举办。来自全国31个省（区、市）和新疆生产建设兵团的非公有制经济组织和商会组织党组织书记共100余人参加。

24日　全国工商联在机关召开落实全面从严治党主体责任暨党风廉政建设工作半年汇报会。徐乐江书记，樊友山、谢经荣、黄荣副主席，党组成员李兆前，赵德江秘书长出席。

25日　中央统战部、全国工商联召开电视电话会，部署推进工商联所属商会改革发展工作。中共中央书记处书记、中央统战部部长尤权，我会高云龙主席出席并讲话。

26日—31日　徐乐江书记率全国工商联第二联系调研组赴新疆维吾尔自治区，调研民营企业推动新疆地方经济发展及维护民族团结、推动精准扶贫、促进社会和谐稳定中发挥作用情况。

31日　高云龙主席在机关主持召开2018年第七次主席办公会议。会议议题：一、听取关于全国工商联十二届一次常委会议、2018中国民营企业500强峰会等系列会议筹备安排情况；二、审议全国工商联十二届一次常委会议有关人事事项和《中华全国工商业联合会第十二届常务委员会第一次会议选举办法（草案）》，同意增补李兆前同志为全国工商联执委；三、审议庆祝改革开放40周年大型展览第四部分第一单元第三组要点“非公有制经济发展的历程和成就”脚本；四、听取关于全国工商联民营企业双创导师人选和工作安排情况；五、听取关于2017年度上规模民营企业调研工作有关情况。徐乐江书记，樊友山、谢经荣、黄荣、王永庆副主席出席。党组成员李兆前、赵德江列席。

同日　全国工商联党组召开第十五次会议。会议审议改革开放40年百名杰出民营企业家建议人选名单；审议调整中国工商博物馆改建工作领导小组成员及分工的建议；审议《中华全国工商业联合会第十二届常务委员会第一次会议选举办法》及有关人事事项。党组书记徐乐江主持。党组副书记樊友山，党组成员李兆前、王永庆、赵德江出席。高云龙主席，谢经荣、黄荣副主席列席。

八月

21日　高云龙主席在机关主持召开2018年第八次主席办公会议。会议审议全国工商联十二届一次常委会议有关人事事项，同意增补鲁勇同志为全国工商联执委，免去林后辉同志全国工商联执委职务，替补李洪卫同志为全国工商联执委、常委。徐乐江书记，樊友山、谢经荣、黄荣、王永庆副主席出席。党组成员李兆前、鲁勇、赵德江列席。

同日　全国工商联党组召开第十六次会议。审议全国工商联十二届一次常委会议有关人事事项。党组书记徐乐江主持。

党组副书记樊友山，党组成员李兆前、鲁勇、王永庆、赵德江出席。高云龙主席，谢经荣、黄荣副主席列席。

23日　高云龙主席在机关主持召开2018年第九次主席办公会议。会议议题：一、审议高云龙主席和徐乐江书记在全国工商联十二届一次常委会议上的讲话；二、审议《关于促进工商联所属商会改革和发展的实施意见》任务分解方案；三、听取全国工商联直属商会2017年度工作评价情况；四、审议中非民营经济合作高峰论坛总体方案；五、研究拟提请十二届三次主席会议研究的“‘补短板’是民营企业高质量发展的重要抓手”议题。徐乐江书记，樊友山、谢经荣、黄荣、王永庆副主席出席。党组成员李兆前、鲁勇、赵德江列席。

同日　全国工商联党组召开第十七次会议。会议传达学习中办发电〔2018〕32号文件精神；审议关于办公厅职责及其内设机构职责调整的建议；审议《工商联工作国家秘密范围的规定》《全国工商联确定国家秘密及变更密级管理办法》。党组书记徐乐江主持。党组副书记樊友山，党组成员李兆前、鲁勇、王永庆、赵德江出席。高云龙主席，谢经荣、黄荣副主席列席。

24日　“万企帮万村”精准扶贫行动领导小组第八次会议在京召开。徐乐江书记出席并讲话。谢经荣副主席主持。

28日　全国工商联十二届三次主席会议在沈阳召开。会议审议通过《全国工商联十二届一次常委会议议程（草案）》《高云龙主席在十二届一次常委会议上的讲话稿》，同意将有关人事事项的决定（草案）和候选人建议名单提请十二届一次常委会议审议，表决通过《中华全国工商业联合会第十二届常务委员会第一次会议选举办法（草案）》，就民营企业如何“补短板”实现高质量发展进行讨论。

29日　2018中国民营企业500强峰会在沈阳举办。峰会由全国工商联、辽宁省人民政府、工业和信息化部、市场监管总局、中国民生银行举办，以“提振发展信心实现高质量发展”为主题。会议发布“2018中国民营企业500强”和《中国民营企业500强调研分析报告》。除主论坛，峰会还设置世界500强与中国民营企业500强圆桌会议、金融服务实体经济、精准扶贫、环境保护与污染防治、民营经济领域党建五个平行专场。

同日　民营企业助推辽宁高质量发展大会在沈阳召开。高云龙主席出席并致辞，徐乐江书记出席。辽宁省委书记陈求发致辞，省长唐一军作专题推介。

30日　全国工商联十二届四次主席会议在沈阳召开。会议听取有关人事事项酝酿情况以及各组监票人推荐情况的汇报，审议通过有关人事事项的决定（草案）、监票人和总监票人建议名单（草案）、候选人建议名单（草案），决定提请十二届一次常委会议第二次全体会议表决和选举。

同日　全国工商联十二届五次主席会议在沈阳召开。会议听取总监票人喻顶成关于全国工商联十二届一次常委会议选举计票结果的汇报。根据《中华全国工商业联合会第十二届常务委员会第一次会议选举办法》和计票结果，会议确认李兆前和鲁勇同志当选为全国工商联副主席、中国民间商会副会长，决定在全国工商联十二届一次常委会议第二次全体会议上宣读计票结果，宣布选举结果。

同日　全国工商联十二届一次常委会议在沈阳召开。会议认真学习贯彻习近平新时代中国特色社会主义思想、党的十九大和十九届二中、三中全会精神，回顾总结2018年以来的主要工作，分析研判当前形势，研究部署下一步重点工作。高云龙主席出席并讲话。徐乐江书记主持并讲话。会议审议通过有关人事事项，增补李兆前同志、鲁勇同志为全国工商联十二届执委会委员，选举李兆前同志、鲁勇同志为全国工商联十二届执委会副主席、中国民间商会副会长。

同日　全国工商联助推东北振兴工作会议在沈阳召开。高云龙主席出席并讲话，徐乐江书记主持并讲话。辽宁省委统战部部长范继英、吉林省委统战部部长李景浩、黑龙江省委统战部部长杜和平介绍本省改善营商环境、激发民间投资活力方面的举措和民营企业项目落地情况。盘锦市、长春市、七台河市等首批民营经济发展改革示范城市作交流发言。传化集团、月星集团、京东集团等民营企业代表发言。

九月

4日　全国工商联、中国人民银行在京召开民营企业和小微企业金融服务座谈会。了解小微企业生产经营、融资情况，听取企业对融资难、融资贵问题及有关政策措施意见建议。我会高云龙主席、中国人民银行行长易纲出席并讲话。徐乐江书记主持。

同日　全国工商联在机关召开中发〔2017〕25号文件任务分工第一次专题会议。听取中发〔2017〕25号文件任务分工中关于深化非公有制经济人士理想信念教育工作落实情况的汇报。徐乐江书记主持并讲话。樊友山、黄荣、李兆前、鲁勇、王永庆副主席，赵德江秘书长出席。

6日　首届中非民营经济合作高峰论坛在杭州举办。论坛由全国工商联和浙江省人民政府共同主办，以“深化中非民营经济合作”为主题。塞内加尔共和国总统马基·萨勒，我会主席高云龙，浙江省省长袁家军出席开幕式并致辞。我会徐乐江书记主持。我会王永庆副主席出席主论坛并发布《首批中国民营企业在非境外经贸合作区清单》。

7日　工商联系统对口援藏工作座谈会暨精准扶贫西藏行在拉萨举行。会议总结十八大以来工商联系统对口援藏工作取得的成绩，动员部署新一轮工商联系统对口援藏任务。我会徐乐江书记、西藏自治区党委书记吴英杰出席并讲话。

11日—13日　徐乐江书记、王永庆副主席赴广西参加中国-东盟企业家联合会系列活动，赴南宁市调研民营企业、商会改革发展情况。

13日　全国工商联宣传教育委员会在京成立。中国民间商会副会长、红豆集团有限公司董事局主席周海江担任委员会主任。李兆前副主席出席并讲话。

14日　全国工商联党组召开第十八次会议。审议选拔任用局级干部、三级职员、四级职员考察建议人选。党组书记徐乐江主持。党组副书记樊友山，党组成员李兆前、鲁勇、王永庆、赵德江出席。谢经荣、黄荣副主席列席。

同日　全国工商联党组理论学习中心组召开第五次（扩大）会议。学习贯彻习近平总书记对推进中央和国家机关党的政治建设作出的重要指示精神，中央和国家机关及统战系统党的政治建设推进会议精神和尤权部长在中央统战部听取系统党组工作汇报会上的重要讲话精神；学习贯彻全国宣传思想工作会议精神，深刻领会习近平总书记关于坚定文化自信、推进马克思主义中国化时代化大众化、学哲学用哲学的重要思想，研究工商联系统意识形态工作，推进落实意识形态工作责任制。党组书记徐乐江主持。党组成员作交流发言。

同日 工商联系统宣传教育工作会议在京召开。徐乐江书记出席并讲话。李兆前副主席主持并作总结讲话。宣教部部长王尚康作工作报告。

18日 全国工商联与有关部门和机构合作情况专题讨论会在机关召开。高云龙主席，徐乐江书记，樊友山、谢经荣、黄荣、李兆前、鲁勇、王永庆副主席，赵德江秘书长出席。

同日—22日 中央统战部、全国工商联在京举办全国工商联企业家执委、常委培训班（第三期）。培训班设置中国强国战略与民营企业高质量发展、企业舆情危机管理等课程。樊友山副主席出席培训班并授课。徐乐江书记，黄荣、李兆前副主席与学员座谈。叶青副主席、中央统战部非公经济局局长张天昱为学员授课。

同日—20日 第六届中国公益慈善项目交流展示会在深圳举行。活动由民政部、国务院扶贫办、全国工商联、广东省政府、深圳市政府、中慈联等主办，以“聚焦精准扶贫，共创美好生活”为主题。全国工商联设立“万企帮万村，民企在行动”专题展位，重点展示“万企帮万村”精准扶贫行动推进成效；设置全国“万企帮万村”消费扶贫活动专题展区，22个省（区、市）工商联组织近200家企业参与扶贫产品展销。我会谢经荣副主席出席。

21日 全国工商联在机关召开中发〔2017〕25号文件任务分工第二次专题会议。听取中发〔2017〕25号文件任务分工中关于非公有制经济领域党建工作落实情况的汇报，以及结合落实厅字〔2018〕30号文件精神，推进商会党建工作情况的专题汇报。徐乐江书记，樊友山、黄荣、鲁勇副主席，赵德江秘书长出席。李兆前副主席主持。

25日—29日 全国工商联2018年第二期干部专题培训班在京举办。机关局级以下干部、直属单位中层以上管理人员和业务骨干以及直属商会秘书处工作人员共80余人参加。

26日—27日 中央统战部、全国工商联在京举办全国工商联（中国民间商会）企业家副主席（副会长）学习习近平新时代中国特色社会主义思想专题培训班。中央书记处书记、中央统战部部长尤权与学员座谈并作重要讲话。高云龙出席开班式并讲授第一课。徐乐江书记主持开班式。

29日 全国工商联党组召开第十九次会议。会议传达学习中办发电〔2018〕36号、37号精神；传达学习全国教育大会精神；学习贯彻新修订的《中国共产党纪律处分条例》精神。党组书记徐乐江主持。党组成员李兆前、鲁勇、王永庆、赵德江出席。谢经荣副主席列席。

同日 全国工商联党组理论学习中心组召开第六次（扩大）会议。专题学习贯彻习近平总书记在中央全面依法治国委员会第一次会议上的重要讲话精神以及中央全国依法治国委员会办公室《关于开展宪法学习宣传实施专项督察的通知》精神，听取宪法修正案辅导报告；围绕中美贸易摩擦，结合学习中共中央宣传部印发的《党委中心组学习参考第4、5、6、7期》资料和工商联实际，研讨如何引导服务民营企业做好应对。党组成员和部门主要负责人作交流发言。党组书记徐乐江主持。

十月

8日 全国工商联扶贫工作领导小组第二次全体会议在机关召开。会议传达学习中央单位定点扶贫工作推进会会议精神，听取定点扶贫工作情况汇报，审议工商联系统组织民营企业开展帮扶织金县活动方案。高云龙主席出席并讲话。徐乐江书记主持。樊友山、谢经荣、黄荣副主席，赵德江秘书长参加。

9日 高云龙主席在机关主持召开2018年第十次主席办公会议。会议议题：一、审议全国工商联十二届二次执委会议方案；二、审议首届全国工商联主席高端峰会总体方案；三、听取关于地方商请承办2019年全国工商联执委会议、常委会议有关情况；四、审议《全国工商联法律维权服务中心工作规则》；五、听取关于全国工商联智库2018年研究课题的情况汇报；六、听取关于全国工商联社情民意信息工作整改措施的情况汇报。徐乐江书记，樊友山、谢经荣、李兆前、鲁勇副主席出席。

同日—11日 徐乐江书记赴云南省怒江傈僳族自治州调研民营企业参与深度贫困地区脱贫攻坚情况。

15日 全国工商联召开法律维权服务中心成立大会暨法律服务工作推进会议。高云龙主席出席并为全国工商联法律维权服务中心揭牌。我会徐乐江书记、最高人民法院副院长杨万明、最高人民检察院副检察长孙谦、司法部副部长刘振宇等出席并讲话。

16日 全国“万企帮万村”精准扶贫行动先进民营企业表彰大会暨扶贫日论坛在京举办。活动由全国工商联、国务院扶贫办、中国光彩会、中国农业发展银行共同举办。高云龙主席出席并讲话。徐乐江书记宣读关于表彰100家全国“万企帮万村”精准扶贫行动先进民营企业的决定。大会授予100家民营企业“全国‘万企帮万村’先进民营企业”荣誉称号。

19日 中国和平发展基金会理事会换届会议暨第二届理事会第一次会议、第二届监事会第一次会议在京举行。高云龙主席当选中国和平发展基金会第二届理事会理事长。

20日 中共中央总书记、国家主席、中央军委主席习近平给“万企帮万村”行动中受表彰的民营企业家回信，对民营企业踊跃投身脱贫攻坚予以肯定，勉励广大民营企业家坚定发展信心，踏踏实实办好企业。

22日—24日 世界旅游经济论坛在澳门召开。全国工商联首次与世界旅游经济论坛共同举办“中国企业看粤港澳大湾区”专题讨论。期间，高云龙主席拜访何厚铧，拜会中央政府驻澳门特区联络办公室、澳门投资贸易促进局、澳门中华总商会、澳门山东商会，召开全国工商联澳门执常委座谈会。

同日—23日 全国“万企帮万村”产业扶贫现场推进会在甘肃召开。我会徐乐江书记，国务院扶贫办副主任洪天云，中国农业发展银行党委委员、执行董事、副行长林立出席并讲话。我会谢经荣副主席主持。

24日 全国工商联召开“改革开放40年百名杰出民营企业家”名单发布会。樊友山副主席出席并介绍推荐宣传工作情况。刘永好、宗庆后、陈东升发言。赵德江秘书长主持。

25日 高云龙主席在机关主持召开2018年第十一次主席办公会议。会议议题：一、传达学习习近平总书记关于加强和改进人民政协工作的重要思想理论研讨会有关情况以及汪洋、张庆黎同志在研讨会上的重要讲话精神；二、听取全国政协第七次提案工作座谈会有关情况。樊友山、黄荣、李兆、鲁勇副主席出席。

26日 全国工商联党组召开第二十次会议。会议传达学习习近平总书记给“万企帮万村”行动中受表彰的民营企业家回信重要精神，提出贯彻落实措施；传达学习中央和国家机关警示教育大会及统战系统警示教育大会精神，安排部署全国工商联警示教育工作；传达学习全国党委秘书长会议精神，提出工作要求；传达《中共中央关于房峰辉严重违纪违法及其教训的通报》。党组书记徐乐江主持。党组副书记樊友山，党组成员李兆前、鲁勇、赵德江出席。黄荣副主席列席。

同日　全国工商联在机关召开中发〔2017〕25号文件任务分工第三次专题会议。听取中发〔2017〕25号文件任务分工中关于完善产权保护制度、深化民营企业法律服务工作情况的汇报。徐乐江书记，樊友山、黄荣、李兆前副主席，赵德江秘书长出席。鲁勇副主席主持。

27日　全国工商联青年企业家委员会成立大会暨首届全国青年企业家峰会在京举行。大会以“新时代青年企业家的责任与担当”为主题。徐乐江书记与共青团中央书记处书记、全国少工委主任傅振邦为青委会揭牌。樊友山副主席宣读关于成立全国工商联青年企业家委员会的决定。大会为青委会委员颁发证书。

同日—31日　高云龙主席率全国工商联调研组赴江苏南京、扬州、泰州调研工商联所属商会改革发展和民营经济发展情况。

29日　全国工商联召开警示教育大会。徐乐江书记出席并讲话。樊友山副主席主持。驻部纪检监察组通报十八大以来全国工商联及其他综合监督单位违纪违法典型案件。

30日—31日　全国工商联组织工作会议在京召开。徐乐江书记出席并讲话。樊友山副主席宣读关于成立全国工商联组织委员会的决定。参会领导为组织委员会委员颁发证书。各级工商联组织委员及代表共150余人参加。

十一月

1日　中共中央总书记、国家主席、中央军委主席习近平在京主持召开民营企业座谈会并发表重要讲话。刘积仁、鲁伟鼎、王小兰、孙飘扬、卢勇、汤晓鸥、刘汉元、谈剑锋、刘屹、耿哲等10位企业家代表发言。我会徐乐江书记等会领导出席。

同日　全国工商联召开党组扩大会议暨2018年第十二次主席办公会议，传达学习习近平总书记在民营企业座谈会上的重要讲话精神，对工商联系统学习贯彻习近平总书记重要讲话精神作出部署。高云龙主席出席并讲话。徐乐江书记主持。樊友山、谢经荣、黄荣、李兆前、鲁勇副主席，赵德江秘书长，中央统战部非公有制经济工作局、全国工商联机关各部门和直属单位主要负责人参加。

同日　全国工商联党组召开第二十一次会议。会议传达学习习近平总书记在民营企业座谈会上的重要讲话精神，对学习贯彻习近平总书记重要讲话精神作出部署；审议《关于学习贯彻落实习近平总书记在民营企业座谈会上重要讲话精神的工作方案》；审议《关于学习贯彻落实习近平总书记在民营企业座谈会上重要讲话精神宣传方案》。党组书记徐乐江主持。党组副书记樊友山，党组成员李兆前、鲁勇、赵德江出席。高云龙主席，谢经荣、黄荣副主席列席。

2日　全国工商联召开领导干部大会。传达学习习近平总书记在民营企业座谈会上的重要讲话精神。徐乐江书记出席并讲话。黄荣副主席传达习近平总书记重要讲话精神。王永庆副主席出席。

6日—11日　全国工商联党组召开第二十二次会议。传达中央纪委驻中央统战部纪检监察组有关文件精神。党组书记徐乐江主持。党组副书记樊友山，党组成员李兆前、鲁勇、王永庆出席。

同日　高云龙主席赴青岛、淄博、济南、滨州、东营调研民营经济高质量发展及商会改革工作。

7日　全国工商联、山东省人民政府在济南召开山东省主要领导与民营企业家恳谈会。我会高云龙主席、徐乐江书记，山东省委书记刘家义出席并讲话。梁稳根、王伟、刘永好、傅军、孙荫环、黄代放、修涞贵、王文银等围绕山东十大产业发展、优化营商环境、加快新旧动能转换综合试验区建设等作交流发言。

8日　首届全国工商联主席高端峰会在济南举行。峰会以“坚持改革开放·坚定发展信心”为主题。高云龙主席出席并发表主旨讲话。山东省委书记刘家义致辞。徐乐江书记主持。谢经荣、黄荣、鲁勇、王永庆副主席，赵德江秘书长出席。李书福、刘永好、张建宏、王玉锁、叶青、李河君等6位现任或往届全国工商联企业家副主席和中国民间商会企业家副会长发表主旨演讲。

同日　首届全国工商联主席高端峰会圆桌会议暨全国工商联十二届六次主席（扩大）会议在济南召开。围绕深入贯彻落实习近平总书记近期就促进“两个健康”作出的系列指示精神，特别是习近平总书记在民营企业座谈会上重要讲话精神，以“不忘创业初心、接力改革伟业”为主题，研讨促进民营企业高质量发展对策。高云龙主席、徐乐江书记出席并讲话。

同日—14日　民营重点骨干企业主要负责人专题研讨班在大连举办。通过专题讲座、主题沙龙、分组讨论等形式交流心得体会，探讨方式方法，分享经验成果。徐乐江书记与学员座谈并讲话。来自全国各地的近百位地市以上工商联企业家主席参加。

18日　全国工商联党组召开第二十三次会议。会议传达中央纪委国家监委驻中央统战部纪检监察组有关文件精神；听取人事部关于张新武等16名同志职务任免的工作建议；听取人事部关于部分局级干部轮岗的工作建议。党组书记徐乐江主持。党组副书记樊友山，党组成员李兆前、鲁勇、王永庆、赵德江出席。高云龙主席，谢经荣、黄荣副主席列席。

20日　全国工商联、最高人民检察院共同召开检察机关服务保障民营经济发展座谈会。我会高云龙主席，最高人民检察院党组书记、检察长张军出席并讲话。我会徐乐江书记主持。

22日—23日　第十二届中华全国工商业联合会扶贫工作委员会第一次全体会议在百色召开。高云龙主席出席并讲话。谢经荣副主席主持。会议宣读成立第十二届中华全国工商业联合会扶贫工作委员会的决定。我会副主席、浙江吉利控股集团董事长李书福担任委员会主任。高云龙主席为委员会主任、执行主任、委员颁发聘书。

23日　全国工商联党组理论学习中心组召开第七次（扩大）会议。专题学习《中国共产党支部工作条例（试行）》（中发〔2018〕38号）、中共中央办公厅《关于陕西省委、西安市委在秦岭北麓西安境内违建别墅问题上严重违反政治纪律以及开展违建别墅专项整治情况的通报》（中办发电〔2018〕39号）、中共中央办公厅《关于深化中央纪委国家监委派驻机构改革的意见的通知》（中办发〔2018〕58号）精神，提出贯彻落实措施。党组成员和部分部门主要负责人作交流发言。党组书记徐乐江主持。

26日　高云龙主席在机关主持召开

第十三次主席办公会议。会议议题：一、审议《关于提高工商联团体提案质量的意见》；二、审议《工商联组织建设工作五年规划》；三、审议关于设立全国非公有制经济人士理想信念教育基地工作方案；四、审议全国工商联落实2018年中非合作论坛北京峰会成果后续任务清单方案；五、审议《中国民营企业劳动关系报告》。徐乐江书记，樊友山、谢经荣、黄荣、李兆前、鲁勇、王永庆副主席出席。

同日　全国工商联党组召开第二十四次会议。听取机关党委、机关纪委有关情况汇报。党组书记徐乐江主持。党组副书记樊友山，党组成员李兆前、鲁勇、王永庆、赵德江出席。高云龙主席，谢经荣、黄荣副主席列席。

同日　全国工商联在机关召开中发〔2017〕25号文件任务分工第四次专题会议。听取中发〔2017〕25号文件任务分工中关于健全营商环境评价机制，构建“亲”“清”新型政商关系工作情况的汇报。徐乐江书记，樊友山、谢经荣、李兆前、鲁勇、王永庆副主席，赵德江秘书长出席。黄荣副主席主持。

27日　全国工商联在京召开直属商会与非公党建工作委员会成立大会暨商会和非公党建工作座谈会。徐乐江书记出席并讲话。樊友山副主席主持。李兆前副主席宣读关于成立直属商会与非公党建工作委员会的决定。我会副主席、北京叶氏企业集团董事长叶青任主任。

十二月

6日　高云龙主席在机关主持召开第十四次主席办公会议。审议全国工商联2019年度外事出访计划。徐乐江书记，樊友山、谢经荣、黄荣、李兆前、鲁勇、王永庆副主席出席。

同日　全国工商联党组召开第二十五次会议。会议传达《中共中央办公厅关于习近平主席出席首届中国国际进口博览会开幕式并举行有关活动的情况通报》（中办发电〔2018〕40号）、《中共中央办公厅关于习近平主席出席亚太经合组织第二十六次领导人非正式会议对巴布亚新几内亚、文莱、菲律宾进行国事访问并在巴布亚新几内亚同建交太平洋岛国领导人会晤的情况通报》（中办发电2018〕42号）；审议全国工商联第三次党员代表大会有关事宜及有关人事事项。党组书记徐乐江主持。党组副书记樊友山，党组成员李兆前、鲁勇、王永庆、赵德江出席。高云龙主席，谢经荣、黄荣副主席列席。

7日　全国工商联在京召开民营企业参与污染防治攻坚战暨生态环境保护支持民营企业发展座谈会。谢经荣副主席主持并讲话。生态环境部副部长赵英民出席。北京、天津、河北、山西、山东、河南等6省（市）民营企业家代表就参与污染防治攻坚战有关情况发言并提出意见建议。

同日—9日　民营上市公司纾困培训班在深圳举办。培训班由全国工商联宣教委员会主办，红豆集团承办、全联并购公会协办。李兆前副主席出席开班式并授课。中国银行间交易商协会、中美绿色发展基金、有关金融机构专家对上市公司市值管理进行辅导，组织开展纾困基金项目对接。120多名民营上市公司董事长、总裁，企业金融部门负责人参加。

11日　中共中央召开党外人士座谈会。就2018年经济形势和2019年经济工作听取各民主党派中央、全国工商联负责人和无党派人士代表的意见建议。我会高云龙主席、徐乐江书记、黄荣副主席出席。

12日　全国工商联国际合作委员会成立大会在京召开。我会副主席、科瑞集团有限公司董事局主席郑跃文担任委员会主任。我会副主席、香港恒基兆业地产集团副主席李家杰等5人担任委员会副主任。赵德江秘书长宣读关于成立全国工商联国际合作委员会的决定。徐乐江书记出席并讲话，为委员会主任、副主任、委员颁发聘书。

同日　全国工商联召开推进境外工业园区建设大会。我会高云龙主席、商务部部长助理李成钢、中国银行董事长陈四清出席并讲话。西哈努克港经济特区、泰中罗勇工业园、东方工业园作为园区代表，华坚集团、上海奥威科技开发有限公司、江苏省工商联作交流发言。我会王永庆副主席代表全国工商联与中国银行签署战略合作协议。

13日　全国工商联在机关召开中发〔2017〕25号文件任务分工第五次专题会议。听取中发〔2017〕25号文件任务分工中关于支持企业家创新发展，引导服务民营企业坚守实体经济发展相关任务完成情况汇报；听取前四次月度专题会议明确的任务完成情况汇报。徐乐江书记主持并讲话。高云龙主席，谢经荣、黄荣、李兆前、王永庆副主席，赵德江秘书长出席。

14日　高云龙主席在机关主持召开第十五次主席办公会议。审议全国工商联十二届二次执委会议有关人事事项。徐乐江书记，樊友山、谢经荣、黄荣、李兆前、鲁勇、王永庆副主席出席。

同日　全国工商联党组召开第二十六次会议。会议听取关于贯彻落实习近平总书记在民营企业座谈会上重要讲话精神工作分工和落实举措的汇报；听取关于全国工商联十二届二次执委会议人事事项的汇报；研究会领导班子成员分工事宜；审议通过全国工商联秘书长工作职责。党组书记徐乐江主持。党组副书记樊友山，党组成员李兆前、鲁勇、王永庆、赵德江出席。高云龙主席，谢经荣、黄荣副主席列席。

20日　全国就业与社会保障先进民营企业暨关爱员工实现双赢表彰大会在京举行。大会由全国工商联、人力资源社会保障部、全国总工会联合主办。我会谢经荣副主席出席并代表三方讲话。

22日　高云龙主席在机关主持召开第十六次主席办公会议。审议全国工商联十二届二次执委会议报告。徐乐江书记，樊友山、谢经荣、黄荣、李兆前、鲁勇、王永庆副主席出席。

同日　全国工商联党组召开第二十七次会议。会议传达学习习近平总书记在庆祝改革开放40周年大会上的重要讲话精神，研究贯彻落实措施；传达学习中央经济工作会议精神；传达《中共中央办公厅关于习近平主席访问西班牙、巴拿马、葡萄牙并出席二十国集团领导人第十三次峰会的情况通报》（中办发电〔2018〕44号）；学习贯彻汪洋同志对《民营经济40年发展历程和经验研究报告》的批示精神；审议全国工商联十二届二次执委会议报告。党组书记徐乐江主持。党组副书记樊友山，党组成员李兆前、鲁勇、王永庆、赵德江出席。高云龙主席，谢经荣、黄荣副主席列席。

23日—24日　全国工商联召开第三次党员代表大会。徐乐江书记出席并讲话。大会审议通过上一届机关党委和机关纪委工作报告。选举樊友山为全国工商联机关党委书记，郭孟谦为机关党委常务副书记，李冰为机关党委副书记、机关纪委书记，李晓兵为机关党委副书记，王尚康、王建设、王燕国、李春光、张新武、吴宝通、林泽炎等为机关党委委员，王岚、王定生、王洪武、李山海等为机关纪委委员。中央统战部机关党委谢荣浩副书记到会指导。

25日　全国工商联十二届七次主席会议在京召开。会议审议通过《全国工商联十二届二次常委会议议程（草案）》《全国工商联十二届二次执委会议议程（草案）》《高云龙主席在全国工商联十二届二次执委会议上的工作报告（审议稿）》以及有关人事事项，听取张天昱同志有关人事事项说明，同意将有关人事事项的决定（草案）提交全国工商联十二届二次执委会议审议，听取企业家副主席2018年工作述职，企业家副会长列席会议并提交书面述职材料，听取中央纪委国家监委驻中央统战部纪检监察组组长周小莹同志讲话。

同日　全国工商联法律服务和劳动关系委员会成立暨第一次全体会议在京召开。我会副主席、正泰集团股份有限公司董事长南存辉担任委员会主任。徐乐江书记出席并为委员会主任、副主任、委员以及全国工商联法律维权服务中心律师团和专家库成员颁发聘书。

26日　全国工商联十二届二次执委会议在京举行。高云龙主席出席并代表常委会作工作报告。徐乐江书记作总结讲话。会议审议通过全国工商联十二届常委会2018年工作报告和有关人事事项。人力资源社会保障部副部长张义珍宣读《人力资源社会保障部全国工商联关于表彰全国工商联系统先进集体和先进工作者的决定》。国务院发展研究中心副主任隆国强作中央经济工作会议精神专题辅导报告。通威集团董事局主席刘汉元、华立集团董事局主席汪力成、亨通集团董事局主席崔根良、沙钢集团董事长沈彬作大会发言。会议发布《中国民营企业社会责任报告（2018）》《中国民营企业劳动关系报告》和《民营经济40年发展历程和经验研究报告》，举行织金县扶贫项目推介活动。

第六部分　地方工商联工作

北京市工商业联合会2018年工作亮点举措

一、凝聚非公经济人士思想共识，培育壮大非公党建力量，宣传弘扬企业家精神

将学习为先作为工商联发挥政治引领作用的灵魂。引导广大非公经济人士深入学习贯彻党的十九大精神，认真学习贯彻习近平总书记2018年11月1日在民营企业座谈会上的重要讲话精神。通过培训班、专题辅导报告、座谈交流等形式，推动党的十九大精神进企业、进商会、进机关。11月1日,习近平总书记召开民营企业座谈会并发表重要讲话后，市工商联作为首要政治任务，第一时间组织全市广大非公经济代表人士、各级工商联、商协会组织认真学习、深刻领会、全面贯彻落实习近平总书记重要讲话精神，由市委常委、统战部部长齐静同志、副市长王红同志分别主持召开民营企业座谈会，及时传递中央精神，听取企业意见建议，引导民营企业家提高政治站位，坚定发展信心。围绕总书记提出的6项重要政策举措，认真梳理问题，研究谋划贯彻落实具体措施，推动政策落地落细落实。制定印发了《北京市工商联深入开展非公有制经济人士理想信念教育工作方案》，将理想信念教育融入促进“两个健康”各项工作，由阶段性集中活动转为常态化思想政治教育，引导广大非公经济人士听党话、跟党走。进一步加大商协会党建工作力度，积极推动非公有制企业和所属商会建立党组织，组织召开北京市非公经济领域党建工作推进会，推选300家非公有制经济组织党建示范单位和100家党员驿站示范点，树立一批典型，交流先进经验，切实提升党的组织和党的工作覆盖面。与市委统战部联合举办第五届北京市优秀中国特色社会主义事业建设者表彰暨非公有制经济人士理想信念报告会，挖掘树立一批可信、可学、可比的非公有制经济人士先进典型，发挥示范带动作用。

以宣传为重做实工商联弘扬企业家精神的载体。与北京电视台合作创办“北京品牌”主题宣传活动，拍摄录制《北京品牌故事》专题片，讲述民营企业家在科技创新、文化产业发展方面的品牌故事，引导更多的民营企业顺应首都高精尖产业结构发展趋势，为民营企业转型升级创造良好舆论氛围。在市工商联官网宣传优秀企业和企业家典型事迹50余篇，官网累计点击率达170万次；设立北京市工商联今日头条政务号，半年阅读量达4万余次。开展“弘扬企业家精神、争做新时代表率”主题征文活动，编发《北京市年轻一代民营企业家事迹》材料，编辑工商界《改革开放40年·弘扬企业家精神·人物篇》专刊，大力弘扬优秀企业家精神。

二、发布首都民营企业百强，开展营商环境第三方评估，推进北京民营经济高质量发展

北京市工商联秉承主业意识、发挥主动精神，立足首都城市战略定位和产业结构特点，启动了北京民营企业百强调研与发布工作。建立了由23家相关部门组成的北京民营企业百强调研与发布工作联席会议机制，形成了“1+X”的指标体系和“1+3”的百强榜单。2018年6月13日，市工商联就百强调研与发布工作向市委常委会作了专题汇报。10月19日，召开2018北京民营企业百强发布会。发布了2018北京民营企业百强、2018北京民营企业科技创新百强、2018北京民营企业文化产业百强、2018北京民营企业社会责任百强榜单和调研分析报告。发布会上市发展改革委向与会企业解读我市促进民营经济发展相关政策，市工商联与工商银行北京分行、国开行北京分行、中关村银行签订合作协议。本次发布在榜单设置上，既有百强主榜单，又有紧密围绕首都“四个中心”战略功能定位和产业结构特点，着重把握创新发展、减量发展与高质量发展的科技创新、文化产业和社会责任三个分榜单。北京民营企业百强调研与发布政治站位高、方向把握准，必将在民营企业转型升级中发挥引领、带动和示范作用。北京民企百强发布是北京市工商联转变会风、提高实效的一项标志性、综合性工程，是助推北京民营经济高质量发展的抓手。开展营商环境专题调研和政策措施第三方评估工作，形成了《关于推动优化营商环境工作情况的报告》。北京市市长陈吉宁同志对报告作出批示：这份报告很好，请将反映的问题逐条研究，列入问题清单，并纳入三年行动计划中。优化营商环境评估为首都民营企业高质量发展发挥了推动作用。

三、构建市联“百千万”综合服务体系，搭建政企沟通平台机制，打造服务企业系列品牌活动

深入开展“百千万”联系服务工作和系列行动计划。构建精细化、网格化工作体系，启动了市工商联“百千万”联系服务行动，重点联系百家商会、千名非公经济代表人士、万家民营企业。截至2018年年底，各工作组深入基层走访覆盖了全部16区工商联、90%以上市工商联所属商会，召开各类座谈活动40余场，深入企业实地调研百余家，与近千家企业进行了面对面交流。围绕贯彻落实党的十九大精神和中央25号文件精神，制定了《贯彻落实中共中央国务院〈关于营造企业家健康成长环境弘扬优秀企业家精神更好发挥企业家作用的意见〉五年行动计划》，稳步实施加强企业家教育培训、服务企业创新发展等系列行动计划，该行动计划被全国工商联作为经验材料，在全联系统内转发。

搭建政企沟通平台。与市委统战部共同开展“建立党委政府与商会组织、民营企业沟通协商制度”专题调研工作，发放专题调查问卷2270份，分别召开商会组织、民营企业、相关委办局专场座谈会，围绕政商沟通协商中形成的有益经验、具体成果和存在问题广泛征求意见，形成了专题调研报告，中央统战部刊载了调研报告相关信息。坚持和巩固市工商联特邀顾问工作成果，聘请了48家相关政府部门、科研院所和新闻媒体负责人担任市工商联十四届执委会特邀顾问，定期研究解决非公经济发展热点难点问题。搭建政府部门和企业、商会的沟通交流长效机制，推动构建新型政商关系，努力形成党委重视、政府支持、统战部牵头、多部门共同参与、工商联推动落实的工作格局。

打造服务企业系列品牌活动。2018年1月30日，举办北京市文化创意产业“投贷奖”政策解读会，邀请市文资办等部门为文创企业和融资服务机构宣讲“投贷奖”相关政策。2月1日，举办创新创业思想分享会，邀请利亚德集团董事长李军分享创业经验，促进首都民营企业家之间的交流学习。4月2日，结合世界银行营商环境调查评价和北京市优化营商环境“9+N”政策体系发布，及时组织优化营商环境政策宣讲。与市发改委、市金融局等9部门详解北京优化营商环境新政。7月24日，全国工商联第一联系调研组在京召开政策宣讲会，小米集团董事长雷军就自身创新创业历程与经验进行分享交流。全市工商联系统干部、商会及企业家代表500余人参加宣讲会。8月至9月，市工商联围绕防范化解金融风险，先后组织多场民营实体企业、民营控股金融机构座谈会和调研活动，并形成调研报告。

天津市工商业联合会2018年工作亮点举措

一、推进商会组织实现“两个健康”

2018年，天津市工商联深入贯彻落实中共中央国务院《关于促进工商联所属商会改革和发展的实施意见》（以下简称《实施意见》）精神，推动深化改革，引导全市各级各类商会组织在党的统战工作和经济工作中有所作为。

（一）领会文件精神，深入理解改革重大意义

市工商联通过多种形式培训深入学习领会文件精神，做好政策解读。多次组织16个区工商联党组书记，传达学习、解读文件精神。组织所属商会利用商会网站、报刊、公众号等媒介，进行重点宣传报道，诠释改革要义，营造有利氛围。

（二）加大改革力度，坚定攻坚克难的决心和信心

2018年8月9日，市委召开常委会研究部署我市推进工商联所属改革有关工作，市委书记李鸿忠提出重要要求。市工商联多次召开座谈会和工作推动会，落实市委常委会议要求，推动所属商会改革与发展各项工作。向各行业商会、异地商会传达中央统战部、全国工商联电视电话会议精神，解读《实施意见》，传达学习市委常委会议精神，并征求商会改革发展的意见建议，明确下一步工作重点和举措。

（三）开展调查研究，明确改革目标和任务

市工商联坚持问题导向和基层导向，加大调研力度，找出重点难点问题，下大力气确保改革取得实效。市工商联对所属商会进行再次摸底统计，列出清单，下发《各区工商联所属商会情况统计表》，梳理汇总市工商联所属商会范围，同时对各区工商联所属行业、异地、园区、楼宇、街镇等基层商会情况和党建情况进行摸底。

（四）制定《天津市促进工商联所属商会改革和发展的实施方案》，确保各项改革任务落实落地

2018年9月，市工商联在调查研究、召开座谈会、深入商会了解情况的基础上，按照市委统战部要求起草《天津市促进工商联所属商会改革和发展的实施方案》（代拟稿）。2018年12月29日，市委市政府办公厅正式印发《天津市促进工商联所属商会改革和发展的实施方案》，明确了我市工商联所属商会改革和发展的总体要求、目标任务、实施举措。2019年1月，市工商联牵头起草《关于贯彻落实<中共天津市委天津市人民政府天津市促进工商联所属商会改革和发展的实施方案>分工方案》（以下简称《分工方案》），结合完善商会职能作用，扩大商会覆盖面、规范商会自身建设，加强和改进对商会的联系服务方式等三项重点工作思路，围绕突出思想政治引领等11项重点工作任务，分解了45条分工方案，细化分工，明确责任。天津市委统战部将牵头推动此项工作的开展，市财政等相关部门，市区工商联将按照《分工方案》出台实施细则，确保各项改革任务落实落地。

二、不忘创业初心、接力改革伟业

2018年是改革开放40周年，为进一步坚定非公有制经济人士理想信念，在新时代新起点继续解放思想，展现更大作为，天津市委统战部和市工商联组织60余名民营企业家代表人士和商会会长，开展“重走改革开放路”主题系列活动。

（一）周密策划活动方案

我们精心策划活动方案，沿着改革开放历史脉络，从深圳特区开始，到改革开放先行地之一、民营经济发达地区浙江，到改革开放全面升级的重要标志雄安新区，再到改革开放的排头兵滨海新区，涵盖改革开放重要时期代表性地区。通过专题讲座、走访企业、现场教学和研讨交流等形式，坚持现场考察与理论学习相结合、理想信念教育与业务能力培训相结合，增强了企业家的切身感受，充分调动其参与积极性，确保活动取得实效。

（二）合理设计教学内容

邀请浙江省和深圳市有关部门负责人和专家学者做专题讲座。有结合两地发展实际，从不同角度系统分析改革开放以来民营经济创新发展实践，有系统论述习近平总书记推动建设粤港澳大湾区战略构想，有深刻阐述企业与政府健康相处之道，有从历史与现实、理论和实践两个维度对宪法进行深入解读。组织企业家赴雄安新区参观“千年秀林”工程和市民服务中心，深刻感受京津冀协同发展等重大国家战略所孕育的发展机遇。

（三）精心安排交流分享

邀请优秀企业家现身说法，发挥示范带动作用，大力弘扬企业家精神。先后邀请正威集团董事局主席介绍企业紧抓发展机遇，先后5次实施战略变革，不断发展壮大进入世界500强的情况，研祥集团总经理介绍企业依靠持续创新，冲到全球科技制造顶端的历程，重钢机械公司董事长讲述十余年如一日坚守实业，践行工匠精神，打造一流制造业企业的创业故事，引起企业家的强烈共鸣。活动还邀请恒大集团、中兴通讯负责人介绍企业波澜壮阔的发展历程和企业创始人在其中发挥的巨大作用，生动展现优秀企业家精神的引领作用。丰富多彩的教学内容，使广大学员受益匪浅。

（四）深化理想信念教育成效

在系列活动中，我们特意安排企业

家到深圳莲花山公园瞻仰邓小平同志铜像，深切缅怀改革开放和现代化建设的总设计师。在嘉兴南湖组织企业家瞻仰“红船”，参观南湖革命纪念馆，沿着早期共产党人足迹，探寻我党的精神密码，邀请嘉兴市委党校教授以《弘扬红船精神，不忘建党初心》为题讲述“红船精神”，引导企业家不忘初心坚定前行，激发担当创新的时代力量。我们还举办“不忘创业初心、接力改革伟业”纪念改革开放40周年论坛，总结系列活动成果，重温创业激情岁月，抒发对改革开放40周年辉煌成就的深情礼赞，引导广大非公有制经济人士，感党恩、听党话、跟党走，在新时代奋发有为、踏实奋斗，展现更大担当作为。

三、走近民企、服务民企，推动我市民营经济发展

为深入贯彻习近平总书记在民营企业座谈会上重要讲话精神，切实把中央的部署要求和支持民营企业经济发展的各项政策措施落到实处，天津市工商联坚决贯彻市委决策部署，积极投身市领导“走近民企、服务民企”活动，配合有关部门做好方案拟定、组织落实工作，市级领导和各区、各部门主要负责深入基层，走近民企、服务民企，开展扶强助弱，为民营企业排忧解难，以更高标准、更实举措，推动我市民营经济发展壮大。

（一）认真组织落实

按照市委常委会和市委书记李鸿忠同志要求，天津市工商联迅速行动，第一时间确定市领导“走近民企、服务民企”500余家民营企业名单及企业简介并梳理问题线索，确定相关责任部门。按照市工商联起草，经市委、市政府办公厅下发的《贯彻落实习近平总书记重要讲话精神市级领导干部“走近民企、服务民企”活动方案》，对接市“双万双服促发展”活动领导小组办公室，报送市领导走访民营企业宣讲提纲和习近平总书记讲话单行本，指导各部门，各区委、区政府做好筹备工作。

（二）深入调研走访

天津市32位市级领导、32位区领导及12个市有关部门主要负责同志，第一时间走访服务民营企业，深入生产车间，进行政策宣讲，协调解决问题。市政协副主席、市工商联主席黎昌晋带队深入民营企业和商会，围绕减轻企业税费负担等六个方面政策举措落实开展调查研究，面对面协调解决问题，进一步坚定企业发展信心，推动“津八条”等支持民营企业政策落地。

（三）着力解决问题

两个月来，市、区领导和部门走访民企315家，现场解决问题近300个，将现场未解决或后续需要跟踪督办的270个重难点问题纳入天津市政务网上的活动“专项平台”。同时，开通手机APP服务，随时掌握走访企业所提问题的答复、解决、满意度等情况，问题答复率94%，问题解决率42%。在全市范围内大力营造了“亲商、暖商”的浓厚氛围。

（四）深化活动效果

活动坚定了企业发展的信心，帮助指导他们用好每项惠企政策，加快转型发展，形成了政企互动的良好局面。2018年12月30日，市委、市政府下发了《关于进一步促进民营经济发展的若干意见》，出台了19条优惠政策。市工商联在2019年1月份举办了“创新大讲堂”和民营企业家座谈会，对《关于进一步促进民营经济发展的若干意见》进行深度解读和研讨，推进“走近民企、服务民企”活动的继续深化，惠及更多的民营企业。600余位企业家参加。

河北省工商业联合会2018年工作亮点举措

一、“千企帮千村”精准扶贫行动不断向纵深推进

2018年，在全国工商联大力支持和具体指导下，河北省工商联精心组织动员民营企业投身“千企帮千村”精准扶贫行动，取得阶段性成果。截至2018年年底，参与行动的民营企业4381家，投入资金36.83亿元，帮扶6875个贫困村、62.2万贫困人口。全国“万企帮万村”精准扶贫行动台账显示，河北省参与企业数量由2017年年底的第15位升至第9位，帮扶村数量由第14位升至第5位。

（一）深入部署推动

突出工作摆位。将扶贫行动作为省工商联头等大事，召开学习贯彻习近平总书记给“万企帮万村”行动中受表彰的民营企业家回信精神座谈会，印发《河北省“千企帮千村”精准扶贫行动领导小组2018年工作要点》《河北省工商联组织民营企业帮扶深度贫困村工作方案》，主席办公会、党组会及时研究调度，精心组织推动。先后召开扶贫行动电视电话会议、工作交流会、台账管理培训班、帮扶深度贫困村工作调度会，安排部署工作，推进行动提质增效。全国工商联副主席谢经荣出席扶贫行动电视电话会议并讲话，对河北省的做法给予充分肯定。加强督促检查。将督导扶贫行动进展情况列为会领导到市县工商联联系点调研的固定内容；印发《关于进一步加强“千企帮千村”精准扶贫行动台账管理工作的通知》，细化台账管理；从2018年7月开始，每月向各市市委书记、市委统战部和工商联印发《“千企帮千村”精准扶贫行动情况通报》，形成了比学赶超的浓厚氛围。

（二）把握关键环节

深入贫困地区调研考察。会主要领导带队深入贫困县调研，与当地县委、县政府主要领导及有关县直部门座谈交流，探讨帮扶思路举措；梳理民营企业产业扶贫典型案例，汇总7大类34家企业的典型模式，为民营企业提供示范和参考；赴贵州、四川等地学习考察扶贫经验和做法，进一步拓宽工作思路。发动民营企业精准对接。坚持自愿参与、量力而行的原则，积极引导动员各级工商联执常委企业参与帮扶工作，涌现出君乐宝乳业、荣盛集团、千喜鹤集团等一批精准有效对接典型。集中力量向深度贫困地区倾斜。谋划开展“访促助建”活动，引导民营企业参与深度贫困村产业扶贫；起草的《关于落实省委决策部署动员民营企业参与深度贫困村脱贫攻坚工作有关情况的报告》得到省委副书记赵一德批示肯定；印发《赴深度贫困村专题调研方案》《赴深度贫困村专题调研通知》，会同省扶贫办、省政协办公厅，深入全省206个深度贫困村开展专题调研，形成《关于河北省民营企业参与深度贫困村帮扶的调研报告》。

（三）创新工作举措

发起成立中冀扶贫基金会。组织10家民营企业发起成立河北省中冀扶贫基

金会，首期募集资金近1亿元,成为全国首家由工商联牵头、多家民营企业组建的扶贫基金会，已出资1603.7万元资助扶贫项目11项。同时，还组建了省工商联扶贫工作委员会，为民营企业参与扶贫行动提供咨询和帮助。争取京津民营企业扶贫支持。密切与京津工商联联系，不断加强扶贫协作。邀请北京市政协副主席、北京市工商联主席燕瑛率民营企业家考察团到张家口调研脱贫攻坚工作。联合中国光彩事业促进会、北京市工商联、天津市工商联举办“冬奥情·张家口行”企业家助力脱贫攻坚行动、京津冀村企帮扶等对接活动。加强与省政协扶贫合作。共同制定《关于广泛发动政协企业家委员和民营企业助力脱贫攻坚的工作方案》，谋划“九个一”具体措施，全力予以推进。

二、扎实推进工商联深化改革工作

河北省工商联高度重视改革工作，认真贯彻落实中央和省委关于群团改革工作的安排部署。成立了由会主要领导任组长的省工商联改革领导小组，将研究调度改革任务进展情况列为党组会议、主席办公会议固定议题，推动印发“两个全省文件”（《省工商联深化改革总体方案》《促进工商联所属商会改革和发展工作任务责任清单》），制定实施“两个推进计划”（《〈省工商联深化改革总体方案〉各项改革任务推进计划》《省工商联落实〈促进工商联所属商会改革和发展工作任务责任清单〉推进计划》），推进各项改革任务有力有序开展，取得了阶段性成效。

（一）加强组织体制改革

对省工商联原有86家直属会员，通过采取转入商会、市级工商联或帮助企业组建商会等予以妥善安置。安排未担任省工商联执常委职务的省工商联十二大代表、直属商会会长列席省工商联常委、执委会议。贯彻《全国工商联执行委员会和常务委员会组成人员届中调整办法》，加强对市级工商联届中调整的指导，不断优化结构比例。制定《省工商联专门委员会工作规则》，组建省工商联扶贫工作委员会，筹建省工商联法律服务委员会。起草省工商联机关“三定”方案（草案），完成省民营经济发展促进中心内部机构、岗位设置。

（二）推进运行机制创新

在宣传培训方面，制定2018年度新闻宣传工作计划，会同省委统战部开展“改革开放40年40名知名民营企业家宣传人选”推选活动；制定五年教育培训规划，举办8期专题培训活动。在密切联系企业和商会方面，制定省工商联《践行“亲”“清”新型政商关系的实施办法》《规范出席商（协）会及会员企业会议活动的管理办法》《领导成员联系市县工商联和直属商会的实施办法》，推进“进企业、进商会”机制建设。在深化与有关部门合作方面，联合京津工商联组织民营企业赴雄安新区考察对接，联合省直有关部门举办河北省第六届创新创业大赛、省农信社股权合作银企对接会、法律服务等活动，出台《省司法厅省工商联关于推进商会人民调解工作的意见》。在加强国际经济交流合作方面，召开海内外冀商商协会联谊会，组织民营企业到“一带一路”沿线国家开展经贸考察。

（三）不断改进工作方式

制定实施《省工商联（总商会）兼职副主席（副会长）述职办法》《省工商联执委会议常委会议主席会议及重要活动考勤规定》，吸收民营企业家、商会负责人参与省工商联重点课题调研，更好地发挥企业家作用。推进所属商会改革，制定《省工商联直属商会发展管理办法（试行）》《省工商联团体会员发展管理办法》，筹建河北省康养产业商会等5家商会，接收河北省浙江商会等7家异地商会为直属商会，注销1家直属商会。创新服务方式，评选发布2017年度河北省民营企业100强，分行业组织召开政企交流座谈会，省工商联服务民营经济信息化平台实现上线试运行。

（四）切实加强干部管理

一是制定《省工商联机关干部到基层挂职锻炼管理办法》《省工商联机关和基层组织工作人员双向挂职锻炼管理办法》，从所属商协会中遴选2名同志到机关挂职。二是扎实开展省委巡视整改回头看、纠正“四风”和作风纪律专项整治、扶贫领域作风问题专项治理，开展机关“改作风、提效率、抓落实”提升月活动，进一步转变作风、提高效率。三是加强干部日常管理、廉洁教育和执纪问责，召开党风廉政建设工作会议、警示教育会议，部署机关成立纪律检查小组，不定期开展作风和纪律检查。

山西省工商业联合会2018年工作亮点举措

2018年，山西省工商联坚持以习近平新时代中国特色社会主义思想为指引，在省委、省政府的正确领导和全国工商联、省委统战部的有力指导下，围绕中心、服务大局，以“六个始终坚持”和“四会”建设为统领，自觉践行“两个维护”，紧扣“两个健康”工作主题，不断加强教育引导、调查研究、参政议政、经济服务和自身建设，在弘扬优秀企业家精神、引导民营企业投身“三大目标”“三大攻坚战”中取得了新的突破，实现了新的发展。

一、参与制定支持民营经济发展“30条”，提高民营企业的政策获得感

为深入贯彻落实习近平总书记民营企业座谈会上的重要讲话精神，按照中共山西省委、省政府安排，牵头起草了《关于支持民营经济发展的若干意见》（以下简称《若干意见》）初稿，全程参与了《若干意见》的完善出台。起草前，我们开展了专题调研，借鉴了其他省份出台的意见和创新做法，在征求企业家意见的基础上，梳理形成了我省民营企业存在的困难和问题清单。起草过程中，我们紧密对接政策供需双方，积极推动企业家参与政策的制定。一方面召集相关厅局业务骨干召开专题研讨会，向20多家职能部门征集促进民营经济发展的意见建议，努力提供“真金白银”；另一方面多次召开民营企业座谈会，广泛征求意见建议，让企业家参与意见的起草工作，既增强了政策的针对性、精准性和可操作性，也增强了企业家的参与感、荣誉感、使命感。初稿形成后，积极协助省委、省政府召开民营企业座谈会，企业家们带着高度的责任感，认真地做了“功课”，提供了很好的意见建议，许多都被吸收采纳。经过共同努力，省委、省政府出台的《若干意见》在民营企业迫切期待的市场开放、简政放权、要素配置、财税支持、信贷融资、降低成本等方面实现了新的突破。政策出台后，又制定了工商联责任分解落实方案，会同省委统战部开展大宣传、大调研等“十大行动”，广泛开展政策宣传解读等系列活动，积极协调法检两院、税务、金融等有关部门出台了相应的落实措施，推动政策落地生根。

二、深入开展宣传教育引导，强化政治引领

组织各级工商联、商会、民营企业深入学习宣传贯彻党的十九大精神和习近平新时代中国特色社会主义思想，把全面贯彻落实习近平总书记视察山西重要讲话精神作为工作指引，强化政治引领，引导全省非公经济人士树牢“四个意识”、坚定“四个自信”。组织开展以“不忘创业初心、接力改革伟业、再塑晋商辉煌”为主题的系列学习宣传贯彻落实活动，把理想信念教育活动不断引向深入。进一步突出抓好民营重点骨干企业主要负责人、工商联和光彩会中的骨干企业家、党员民营企业家、年轻一代民营企业家等四类骨干企业家队伍的教育培训，全年共组织了全省民营企业党员出资人培训班等13次理想信念教育实践活动。临汾举办的“戎子杯”企业家故事会、太原市开展的“担复兴大任、做时代新人”诵读活动注重创新，反响良好。“晋联通”全年累计发送263期1613条信息。省工商联荣获2018年度民营经济新闻宣传工作先进单位。省工商联、太原市尖草坪区工商联和迎泽区工商联分别荣获了中国工商时报社设立的“创新中国”工作奖。

三、聚焦深度贫困地区脱贫攻坚，广大民营企业家扶贫济困履职尽责

扎实推动“千企帮千村”精准扶贫行动向深度贫困地区倾斜，全省民营企业参与扶贫户数达到2036家，投入资金33.84亿元，帮扶4463个村、37.85万贫困人口，121家企业和商会与58个贫困县签约，实现了贫困县100%帮扶全覆盖。扎实推进全省统一战线“百千百”工程，与省委统战部共同组织中阳县消费扶贫暨招商引资推介活动，达成项目合作、就业培训、产品购销等协议33个，协议金额9亿元、就业意向2090人。组织消费扶贫专题展销活动，联合有关部门举办山西首届“消费扶贫年货节”活动。扶贫与社会服务部荣获2018年“全省脱贫攻坚组织创新奖”。3家民营企业荣获全国“万企帮万村”精准扶贫行动先进民营企业称号，3名企业家荣获2018年“全国脱贫攻坚奖”和“光彩事业国土绿化贡献奖”。省工商联社会服务与扶贫部被省人社厅、省扶贫部办联合表彰为“脱贫攻坚创新奖”。

四、指导成立“晋民投”，引导民营企业创新发展

按照省委十一届六次全会“加快设立晋民投，参与国企改革和转型发展”的部署要求，在徐广国部长亲自带领下，各级统战部、工商联上下联动、紧密配合，按照“市场运作、自愿参与、专业管理、依法合规”原则，我们多次召开协调推进座谈会，为筹备“晋民投”进行了多层次、多方面的宣传发动和服务指导，“走出去”学习借鉴各地民投公司创办经验，及时与发改委、国资委、工信厅、金融办、综改区等有关单位沟通联系，做好协调服务。经过不懈努力，在全省支持民营经济发展大会召开当天，“晋民投”正式揭牌，资本金达到45亿元，涵盖了机械制造、医药健康、能源、科技、金融等行业领域。“晋民投”是新时代晋商抱团发展的创新之举，从筹备到成立得到了骆惠宁书记、楼阳生省长、林武副书记、徐广国部长、王一新副省长等省委、省政府多位领导的亲切关怀和相关部门的大力支持，彰显了省委、省政府落实“两个毫不动摇”、营造良好发展环境、支持民营经济发展的坚定决心和务实行动。

五、围绕中心深入调研，提升参政议政水平

紧紧围绕省委、省政府中心工作，组织开展了“助转型、抓落实、转作风”为主题的调研活动，围绕民企转型创新发展、民企参与混合所有制改革、民企主导的开发区建设等方面进行走访调研。精心组织了全省民营企业高质量发展调研，得到全联徐乐江书记的充分肯定。不断加强参政议政，成立了省工商联参政议政委员会，广泛发挥企业家主体作用，在省政协十二届一次会议上提交了21件团体提案，上报件数和选用件数均比上一年的翻了一番。提交全国工商联《关于建立政策落实综合推进机制激发市场主体活力的建议》等两件提案被全国政协第十三届一次会议选做大会书面发言。

六、着力弘扬新时代晋商精神，构建“亲”“清”新型政商关系

深入开展纪念改革开放40周年系列活动，协助省委、省政府召开全省企业家大会、民营企业家座谈会、全省支持民营企业发展大会，配合省委统战部组织开展山西省第四届优秀中国特色社会主义建设者的评选工作，省委、省政府对100名优秀建设者进行了隆重表彰。与省经信委等部门联合授予26家民营企业“山西省优秀企业”荣誉称号。深化拓展山西民企百强发布活动，中国民生银行山西分行为全省百强民企授信百亿。与省委统战部共同推动领导干部联系民营企业家制度的出台，省、市、县共有2056名领导干部与3511名企业家建立了联系制度。各市都在积极探索建立新型政商关系，其中长治市出台了《长治市工商联践行“亲”“清”新型政商关系的实施办法（试行）》，太原市、阳泉市通过调查都撰写了“构建‘亲’‘清’新型政商关系”的调研报告或建议。

七、深化与相关部门的合作对接，持续优化营商环境

进一步深化横向合作与纵向推进，着力在优化机制、搭建平台、拓宽渠道等方面下功夫。与省国资委联合召开了民企参与国企混改座谈会，以及省属国企混改项目新闻发布暨推介会，组织300余名民营企业家对接了21户省属国企的108个混改项目。与省检察院建立了长效对接协作工作机制，召开了“营造保护企业家合法权益良好法治环境”和“服务企业家创新创业营造良好法治环境”座谈会，部分民营企业反映的问题得到解决。与省法院签署了《关于建立联动工作机制，依法保护非公有制企业合法权益，促进非公有制经济健康发展的意见》，组织召开依法保护非公有制经济健康发展工作推进会。与省司法厅在商会调解工作领域开展合作，指导山西省建筑企业商会、山西省广东商会、阳泉市郊区工商联成立人民调解委员会，建立了多元化解矛盾纠纷机制。

八、加强对外联络交流，引导民营企业参与对外开放新高地建设

圆满完成2018中国（太原）国际能源博览会任务，邀请近700名客商参加。协助省委、省政府成功举办了山西省（深圳）招商引资推介会。编印了《民营企业参与“一带一路”建设政策汇编》，鼓励引导民营企业有序参与“一带一路”建设和境外投资。先后召开珠三角、长三角等区域的山西商会联席会议，为进一步加强异地山西商会的沟通联系奠定了良好的基础。各市都积极开展对外交流活动，大同市围绕新能源产业开展了招商恳谈会、运城市开展了“凤还巢”计划，都取得了成效。

九、深化工商联改革，加强基层组织建设

按照《全国工商联深化改革总体方案》和《中共山西省委群团工作改革方案》要求，经省委深改办审核备案、省委统战部批准，正式出台了山西省工商联全面深化改革实施方案，建立了深化改革台账，全面有序地推进改革。应晋城市政府申请，经认真研究决定，将晋城市列为全省民营经济发展改革示范市，开展改革示范试点工作。积极推进所属商会改革，制定省工商联商会改革与发展的工作方案和团体会员入会办法等四个配套办法。持续深入推进“五好”县级工商联和“四好”商会建设，制定出台了“四好”商会建设工作方案，组织开展申报工作。

内蒙古自治区工商业联合会2018年工作亮点举措

一、成功举办第二届蒙商大会

2018年8月22日至23日，内蒙古自治区第二届蒙商大会在鄂尔多斯召开。本次大会旨在整合蒙商资源，凝聚蒙商力量，发扬蒙商精神，助推内蒙古自治区经济实现高质量发展。区内外内蒙古商会、各行业异地商会和各大金融机构及政府相关部门代表共934人参加了大会。大会期间举办了主题论坛、内蒙古投资项目合作洽谈会、金融服务实体经济高质量发展政金企推进会等系列活动，共达成50个合作项目，签约额达到1271.25亿元。

为办好本届蒙商大会，自治区工商联做了大量扎实有效的工作。一是认真筹备。在借鉴发达地区举办相关活动经验的基础上，研究制定了《第二届蒙商大会暨首届内蒙古民营经济发展大会筹备工作方案》及《内蒙古自治区工商联第二届蒙商大会分工方案》。二是精心邀请嘉宾和参会代表。确保参会人员既有广泛性，又有代表性，充分体现了现代蒙商形象。三是认真准备签约项目。对签约项目进行了认真筛选、汇总，保证了签约项目实实在在。四是注重工作细节，确保会务工作顺利进行。蒙商大会的成功举办，充分体现了“开放包容、诚信守法、厚德尚义、锐意创新、敢为人先”的蒙商精神，为国内外蒙商合作、蒙商与政府合作搭建了平台，达到了预期效果。

二、开展全区优秀民营企业表彰活动

为深入贯彻落实习近平总书记在民营企业座谈会上的重要讲话和给“万企帮万村”行动中受表彰民营企业家回信精神，树立和宣传我区新时代优秀民营企业典型，自治区党委、政府召开了全区促进民营经济高质量发展大会，并在大会上对49家优秀民营企业进行了表彰。

按照自治区党委、政府统一部署，自治区工商联承担了全区优秀民营企业表彰活动的前期筹备工作。为认真做好优秀民营企业表彰工作，自治区工商联选派骨干力量，扎扎实实做了大量卓有成效的工作。一是研究拟制了《内蒙古自治区优秀民营企业评选表彰方案》，明确了指导思想、评选表彰范围、表彰名额、推荐条件、推荐评审程序等内容。二是对申报的156家企业进行了汇总初审，并征求了自治区纪委、组织、检察院、法院、发改、工信、市场监督管理、统计、税务、生态环境、人社、安监、总工会、扶贫、信访、公安、人民银行等17个部门和单位的意见。在综合盟市推荐意见和相关部门反馈意见的基础上，研究提出了初步拟表彰名单，报评选表彰领导小组审定。三是根据评选表彰领导小组意见，提出了拟表彰全区优秀民营企业52家，呈送自治区党委、政府主要领导审签后开始公示5个工作日。四是根据公示期间收到的反映问题情况，向评选表彰领导小组提出表彰建议，经领导小组审议并呈送自治区党委、政府主要领导审定后，确定最终表彰名单。五是配合自治区党委办公厅、政府办公厅成功召开全区促进民营经济高质量发展大会，对49家全区优秀民营企业进行了表彰。自治区党委、政府表彰49家优秀民营企业，是对全区民营企业做出贡献的充分肯定，进一步坚定了民营企业发展信心，进一步激发了民营经济活力和创造力。

辽宁省工商业联合会2018年工作亮点举措

2018年，在省委的正确领导下，在省委统战部的精心指导下，省工商联认真学习贯彻习近平新时代中国特色社会主义思想和党的十九大精神，全面贯彻落实习近平总书记辽宁考察时在深入推进东北振兴座谈会和民营企业家座谈会上重要讲话精神。按照全省加快民营企业发展大会要求，积极履职尽责，担当作为，参与组织了“2018中国民营企业500强峰会”系列活动，在省内外产生了积极的影响，受到了广泛好评，在新时代工商联事业新征程中，展现了新气象、开创了新局面，现将主要亮点举措报告如下。

一、积极组织参与2018中国民营企业500强峰会系列活动，助力构建良好投资环境

在省委的领导下，省委统战部、省工商联与有关部门一道，积极担当作为，制定总体方案，加强与有关方面沟通合作，先后组织了辽宁—深圳招商引资促进周、北京市和天津市500强企业“一对一”对接及辽宁—上海经贸合作推介会等一系列招商邀商工作，为活动圆满成功提供了坚实的保障。2018年8月29日至31日，2018中国民营企业500强峰会系列活动在辽宁沈阳举行。全国政协副主席、全国工商联主席高云龙，中央统战部副部长、全国工商联党组书记、常务副主席徐乐江，辽宁省委书记、省人大常委会主任陈求发出席峰会并致辞。辽宁省委副书记、省长唐一军，辽宁省政协主席夏德仁出席峰会。全国及世界各地的知名企业纷赴辽宁，实地考察交流，洽谈项目，有力地宣传了辽宁、推介了辽宁。据不完全统计，活动期间共有76个项目签约，总签约额2956亿元。

二、深化非公有制经济人士理想信念教育

讲好企业家故事，激发和弘扬企业家精神。与省委宣传部开展了“投资又过山海关，辽宁再度受青睐”系列宣传活动，宣传了优秀民营企业家30余名，各媒体累计刊播刊登“辽宁再度受青睐——2018年中国民营企业500强峰会主题宣传”报道共1683编次。与东北新闻网开办“企业家故事”栏目，指导《辽宁商会》杂志开展“建言献策话振兴——辽宁商界领袖系列访谈活动”，在中华工商时报“辽海商讯”微信公众号、省联网站及微信公众号、辽宁商会微信公众号等网络自有媒体上开展集中宣传等形式，宣讲了50名企业家的创业故事。举办纪念改革开放40周年主题活动。配合全国工商联开展了“弘扬优秀企业家精神，争做新时代表率”主题教育征文活动，组织省联各直属商会及民营企业参加央视财经频道庆祝改革开放40年大型主题系列活动。开展了“省联直属商会会长谈新时代‘四好’商会建设”和“改革开放40周年县区工商联成就谈”征文活动。举办了“龙翔盛世·不忘初心”庆祝改革开放40周年大型书画展和书画义拍义卖助学活动，义拍助学款项63万元。与省足协及省工商联社会服务业商会举办了庆祝改革开放40周年“爱心杯”足球赛。加强教育培训工作，不断提升服务振兴发展能力。与省委统战部共同举办党的十九大精神宣讲、2018年“两会”精神解读及宏观经济形式分析、企业税务风险与税务筹划和企业财务与风险管控等四期“非公经济大讲堂”，累计1500人参加了大讲堂学习。组织了年轻一代民营企业家赴苏州创新转型专题培训班，开阔了眼界，启迪了思路，促进了两地企业间交流。召开全省工商联系统宣教工作会议，总结和安排了相关工作，有效推进了全省工商联宣教工作质量的提升。

三、拓宽政企沟通渠道，努力营造良好的政务环境

与省委统战部共同组织召开辽宁省民营企业家座谈会，省委副书记、省长唐一军出席并讲话。开通了工商联向省委、省政府建言献策直通车，建立与发改委、工信委、营商局等有关部门共同组织调研、召开专题座谈会的对话协商机制。在2018年年初省政协十二届一次全会上，我们作了《引领辽商回归 助力辽宁振兴》的大会发言，陈求发书记给予了充分肯定，唐一军省长作了批示，成立了辽商总会。此外，我会在各协商会上就营商环境建设、国企改革、促进民营企业高质量发展方面发言均取得良好效果。

吉林省工商业联合会2018年工作亮点举措

2018年，在全国工商联的大力指导下，在省委、省政府的正确领导下，全省各级工商联组织深入学习宣传贯彻党的十九大精神和习近平新时代中国特色社会主义思想，深入贯彻落实习近平总书记关于东北振兴的系列重要指示和在民营企业座谈会上的重要讲话精神，紧紧围绕省委、省政府中心工作，牢牢把握“两个健康”工作主题，持续深化理想信念教育实践活动，深入推进精准扶贫行动，大力加强工商联自身建设，不断提升工商联工作科学化水平，为吉林经济社会发展做出了积极贡献。

一、深入学习贯彻习近平新时代中国特色社会主义思想和党的十九大精神

1．迅速掀起学习习近平总书记系列重要讲话精神的热潮。积极组织全省各级工商联、商会组织和广大非公有制经济人士深入学习习近平总书记在东北视察期间和民营企业座谈会的重要讲话精神及给“万企帮万村”行动中受表彰的民营企业家回信精神。及时召开主席（会长）会议研究贯彻习近平总书记系列重要讲话精神，结合落实省委开展的“解放思想推动吉林高质量发展”要求，确定出工商联的行动纲领；推动省委、省政府召开常委（务）会议及时传达贯彻习近平总书记系列重要讲话精神，《中华工商时报》头版刊发了吉林省贯彻落实习近平总书记给“万企帮万村”行动中受表彰的民营企业家回信精神情况，《吉林日报》等主流媒体分别进行了宣传报道。吉林省工商联积极协调省直有关部门分别召开“省直政法机关与民营企业座谈会”“促进吉林省民营经济高质量发展座谈会”“省直税务机关与民营企业座谈会”等系列座谈会，深入学习贯彻习近平总书记在民营企业座谈会上的重要讲话精神，听取民营企业家代表的意见及建议，并将有关意见和建议报送省委，被《吉林信息》专刊发表。

2．持续深化理想信念教育实践活动。把坚定正确政治方向、增进政治共识作为首要任务，面向全省各级工商联、商会组织和广大非公有制经济人士广泛开展多种形式的主题教育活动，用习近平新时代中国特色社会主义思想和党的十九大精神统一思想，凝聚共识，汇聚力量。制定下发了《全省2018年理想信念教育实践活动实施意见》，指导各市（州）深入开展以“不忘创业初心、接力改革伟业”为主题的理想信念教育实践活动。制定了《商会组织开展理想信念教育实践活动调研方案》，开展了分组调研，出台了《商会组织开展理想信念教育实践活动指导意见》，对商会组织开展教育实践活动进行有效规范和指导。组织开展“改革开放40年·吉林民企深圳行”活动，带领部分企业家到中国改革开放的最前沿，感受深圳速度，学习深圳精神。通过举办庆祝改革开放40周年吉林省民营企业家报告会、座谈会等形式，总结回顾改革开放40年来吉林省民营经济发展历程和取得的成就，凝聚起推动吉林振兴发展的强大精神力量。吉林省开展理想信念教育的经验做法得到全国工商联的充分肯定，在《工商联信息》专刊发表。

3．大力宣传优秀吉商典型。积极营造尊商、爱商的良好社会氛围，充分利用各种媒体和平台宣传吉林优秀企业家。推荐修正药业集团、新星宇集团入选中国民营企业500强；推荐欧亚集团、万通药业入选全国就业与社会保障先进民营企业；推荐曹和平、李彦群入选全国百名杰出民营企业家；推荐鲁贺入选全国关爱员工优秀民营企业家。配合省委宣传部等部门开展“吉林好人·先锋企业家”评选活动。在建党97周年之际，在《吉林日报》开辟专版——“党旗在非公领域高高飘扬”，集中宣传一批非公党建优秀典型。集中宣传报道了曹和平等15位优秀民营企业家和祝庆俊等3位参与精准扶贫的企业家典型。围绕庆祝改革开放40周年，在《中华工商时报》《吉林日报》《新文化报》等主流媒体分别开辟专版，集中宣传吉林省民企领军人物、民企创新创业先进典型、民企年轻一代杰出人物、民企社会公益突出人物、省内优秀商会代表。目前，先后在各主流媒体推荐宣传各级各类优秀民营企业家典型80余名，充分展示吉林省改革开放40年来民营经济取得的突出成就和优秀民营企业家的良好形象。2018年，省工商联被全国工商联评为2018年度民营经济新闻宣传先进单位，白城市工商联副主席金燕被评为“全国工商联系统先进工作者”，九台区工商联被评为“全国工商联系统先进集体”。

二、积极服务全省民营经济发展大局

一是大力开展经济服务工作。完成第三届全球吉商大会前期筹备工作。会议期间组织开展了“吉商突出贡献人物、吉商公益示范企业”评选表彰活动。邀请全国政协副主席、全国工商联主席高云龙出席第三届全球吉商大会开幕式，邀请知名民营企业来吉林参会。二是搭建金融服务平台，有效化解融资难题。与建行、民生银行、邮储银行、中信银行、盛京银行、兴业银行、九台农商行等金融机构合作，签订战略合作协议，开展融资服务。发挥省工商联小微企业金融服务促进会和吉林省长吉贷科技有限公司的作用，为小微企业融资提供有效的服务。三是为民营企业提供法律服务。深入贯彻落实省委、省政府突出发展民营经济重要举措，与省公、检、法、司等部门建立合作机制，进一步为民营经济发展提供优质、高效的法律服务和保障。2018年5月18日，召开省工商联与省直政法机关合力服务民营经济发展大会，省委常委、省委统战部部长李景浩同志出席会议并发表讲话。继续在全省开展“法律三进”活动，为民营企业提供及时、必要的法律援助。会同有关部门推动建立劳动争议预防调解合作机制、协调劳动关系三方机制，开展民营企业劳动关系状况监测工作。2018年以来，省工商联协调金融、税务、司法等有关部门，为一些会员企业在融资增信纾困、延期交税解难、法律维权服务等方面开展了一些有益的探索。四是推动所属商会为经济发展服务。加强对所属商协会的指导、引导和服务，支持行业商协会研究产业政策和行业发展规律，制定行业标准，引领和促进行业健康发展。省汽车电子协会连续承办了三届高寒地区汽车产业发展高峰论坛，发布了《高寒地区汽车标准体系建设总体方案》和27项标准，确立了该领域的国内主导地位，景俊海省长作出重要批示，全国工商联也给予高度肯定。

三、突出抓好会领导班子和执常委队伍建设

一是创新实行主席（会长）会议进企业制度。组织会领导班子成员分别走进会员企业长春国信集团、吉林通用机械集团开展互动交流，推动合作发展。二是创新开展常委会议下市（州）活动。2018年9月份，与吉林市政府共同举办了“三会一活动”（吉林省工商业联合会十一届一次常委会议、吉林省“民企帮扶脱贫攻坚光彩行动”现场经验交流会、吉林省年轻一代民营企业家理想信念先进事迹报告会、吉林市招商引资推介活动），带领省工商联常委企业走进吉林市，为企业家常委了解家乡、投资吉林搭建平台。三是创新执委履职制度。制定完善《关于进一步发挥吉林省工商业联合会执行委员作用的意见》《吉林省工商业联合会执行委员联系服务工作制度》，带动地方执委参加省工商联调研考察活动，调动其参政议政、建言献策的积极性和主动性。四是创新会领导联系机制。实行会领导班子分片联系市（州）工商联、商协会、会员企业制度。

黑龙江省工商业联合会2018年工作亮点举措

2018年，黑龙江省工商联以习近平新时代中国特色社会主义思想为指导，深入学习宣传贯彻党的十九大精神和习近平总书记关于鼓励支持民营经济发展的系列重要讲话精神，按照全国工商联和省委统战部工作部署，牢牢把握“两个健康”主题，以“政治建会、团结立会、服务兴会、改革强会”为统领，围绕中心服务大局，认真履行职能，工商联工作亮点纷呈，再登新台阶。

一、强化三种意识，助推民企“走出去”实现新突破

黑龙江省工商联强化“创新”“合作”“机遇”三个意识，借助中俄博览会平台，做好助手，有力助推了民营企业深度参与“一带一路”和“中蒙俄经济走廊”建设。一是强化创新意识，承办中俄农业地方合作远景展望圆桌会议，成为第五届中俄博览会一亮点。在全国工商联的大力支持和黑龙江省委、省政府的高度重视下，省工商联依托中俄全面战略协作伙伴关系取得前所未有发展的大背景，成功承办了第五届中俄博览会国家级重点商务活动——中俄农业地方合作远景展望圆桌会议。会议借助“一带一路”与“欧亚经济联盟”建设对接的发展契机，通过创新活动对象和活动内容，搭建高水平交流平台，促进中俄地方农业务实合作向纵深推进。这是继省工商联在第三届中俄博览会期间承办中俄国家级“中俄发展双边贸易和进口替代合作圆桌会议”及与全联医药业商会共同举办“中俄医药业企业交流对接会”专业会议之后，又一次在中俄博览会期间承办中俄国家级商务活动。会议由中国商务部、黑龙江省人民政府、俄联邦总统驻乌拉尔联邦区代表处、车里雅宾斯克州政府主办，黑龙江省工商联、黑龙江省商务厅承办。全联城市基础设施商会、广东省工商联、海南省工商联企业代表，中俄有关政府部门和企业代表200余人参会。黑龙江省政府省长王文涛、车里雅宾斯克州州长杜布罗夫斯基共同主持会议。中国驻俄罗斯大使李辉、俄联邦总统驻乌拉尔联邦区代表处副代表莫伊谢耶夫分别致辞。会上，3个中俄民营企业合作项目进行了现场签约，总金额1.3亿美元。此次圆桌会议，为中俄两国农业部门、地方政府及企业间的进一步合作和交流提供了良好的机会和平台，为我省携手广东扩大与俄农业合作创造有利条件，推动中俄地方和企业务实合作再上新台阶。二是强化合作意识，巩固和建立良好商会关系实现新突破。加强与境外工商团体的交流交往是工商联服务民营企业“走出去”参与“一带一路”建设的重要渠道和载体平台。在第五届中俄博览会期间，省工商联积极发挥“商会外交”“企业外交”等民间外交优势，拜访俄罗斯乌拉尔工商会，进一步巩固和加强了友好商会关系。活动期间，还与下塔吉尔市工商会共同举办了黑龙江省—下塔吉尔市经贸合作对接会，俄方30余位企业家参加对接会。哈洽会期间，与南部非洲东北商会、日本中华总商会、白俄罗斯华人华侨协会等6家海外华人商会缔结了友好商会关系，华人友好商会数量实现新突破。三是强化机遇意识，寻求企业合作渠道实现新拓展。2018年，省工商联抓住国家“一带一路”和“中蒙俄经济走廊”建设机遇，组织企业参加中俄地方合作交流论坛暨中俄友城合作论坛、中国·阿拉伯国家博览会暨宁夏·黑龙江生物医药产业对接洽谈会、香港“一带一路”建设高峰论坛等境内外商务活动，为企业提供了更多国际合作渠道。抓住首届中国国际进口博览会机遇，积极组织企业赴上海参会，据初步统计，我省民营企业采购商参会人数1221人，采购金额达15.17亿美元。抓住粤港澳大湾区建设机遇，组织企业赴澳门参加第七届世界旅游论坛和第十五届世界华商高峰会，并与世界旅游经济研究中心、全联旅游商会签订三方战略合作协议。

二、创新开展“法治建设年”活动，优化法治化营商环境

在省委统战部的指导下，创造性开展全省民营经济领域“法治建设年”活动，探索打造促进非公有制经济“两个健康”新载体，助力我省重塑投资营商新环境。该活动被《中华工商时报》评选为2018年度工商联（商会）工作“创新中国”优秀案例；被省政协评选为2018年度“政协工作创新奖”一等奖。一是参与《黑龙江省优化营商环境条例》（以下简称《条例》）立法工作。与省人大法工委、省政府法制办、省企业投诉中心组织立法工作组，组织民营企业家积极参与我省2018年立法一号工程《黑龙江省优化营商环境条例》立法工作，反映企业家意见呼声，表达企业诉求，递交了“关于加大我省民营企业产权保护力度的建议”团体提案，切实提升了《条例》的针对性、实效性。省工商联主席张海华就推动《条例》落实在省政协十二届二次会议上作大会发言。目前该条例已由省人大通过，即将颁布实施。二是开展法人学法活动。通过举办讲座培训、民营经济法律知识竞赛、现场观摩庭审等方式提高法人学法效果。截至2018年12月，全省各级工商联组织共举办各类法治宣传教育培训活动40余场，培训3000余人次，进一步增强了企业家办事依法、遇事找法、解困用法的意识，守法诚信经营成为企业家的共识。在省工商联十一届二次常委会上，126名常委提出公职人员与非公经济人士交往“十不准”“十不要”倡议，发起“守法诚信经营倡议”，与会企业家在诚信墙上签字承诺。老村长酒业集团，打出了“规范经营、法治先行、学法用法、依法治企”广告牌，省工商联餐饮商会向400多名商会会员发出了《践行自发守法诚信经营倡议书》和《省工商联餐饮商会守法诚信经营倡议书》，民营经济领域形成了尊法、学法、守法、用法的良好氛围。三是拓展“法律护企”渠道。构建“一体两翼”联动工作机制。“一体”就是与省委政法系统建立合作机制，“两翼”就是分别是与省法院、省检察院建立合作机制，搭建服务平台，构建服务网络。一年来，收集民营企业家意见建议200余条，积极向司法部门反映，为其中140余家企业解决了法律困惑和难题。其中黑龙江省永屹建筑安装工程公司的诉求得以圆满解决，为省工商联送来了“倾情为民企服务”的锦旗，表达感激之情。黑龙江省川渝商会在工商联指导和公检法司等部门大力支持下，在2018年7月挂牌成立我省第一家商会组织的维权服务中心，为企业维权4起，有效维护了商会会员企业合法权益提供了法律援助。

三、积极响应全联号召，深入开展“百企帮百村联万户”精准扶贫行动和援疆援藏工作，助力脱贫攻坚

黑龙江省工商联认真贯彻落实全国工商联“万企帮万村”精准扶贫行动和援疆援藏部署，积极行动，主动作为，广泛发动民营企业参与精准扶贫，充分发挥企业家产业、资金、技术、管理和吸纳就业等优势，形成了省联“百企帮百村联万户”精准扶贫品牌活动，截至2018年年底，精准扶贫台账显示，全省参与帮扶民营企业1105个，实施项目1943个，投入总金额14.7亿元，受帮扶村1178个，帮扶贫困人口9.2万人，提前完成“百企帮百村”，实现“千企帮千村”。一是加强领导、优化机制，强化脱贫攻坚责任担当。落实主体责任，建立了工商联主要领导全面负责，分管领导具体推进，责任处室分工落实的精准扶贫工作责任机制。明确驻会领导包片负责联系指导各市（地）工商联，年内赴13市（地）工商联开展“百企帮百村联万户”精准扶贫行动调研督导，压实工作责任。总结建立“三册一账”工作机制，以扶贫产业政策宣传册、深度贫困地区产业扶贫项目需求册、产业扶贫典型案例汇编册和“百企帮百村联万户”精准扶贫台账为工作抓手，系统推进帮扶工作。通过抓政策引导、项目需求对接、典型经验推广、扶贫成效统计等关键环节，构建“百企帮百村联万户”精准扶贫行动的工作体系。二是聚焦深度贫困地区，创新工作方法，拓宽企业参与脱贫攻坚行动覆盖面。在扶贫任务比较重，深度贫困村相对集中的绥化地区召开常委会，利用常委企业家参会的机会，帮助81个深度贫困村推荐扶贫项目114项；为深度贫困村7022人购买保额为5.6亿元的人身意外伤害保险；飞鹤乳业被评为全国“万企帮万村”精准扶贫行动先进民营企业，联合省扶贫办、省光彩会共同向全省38户民营企业，授予“‘百企帮百村联万户’精准扶贫突出贡献企业”荣誉称号，营造“榜样带头，人人争先”的良好氛围。三是注重驻村定点帮扶，收获脱贫实效。省联甘南县巨变村驻村工作队，深入开展驻村扶贫调研，积极了解巨变村致贫原因和制约发展的深层次问题，有针对性地制定出完整的脱贫攻坚方案，截至2018年12月，省工商联在巨变村投资200多万元，完成畜禽加工厂改造，带动近80户村民户均增收2500元；完成食用菌示范大棚建设项目招标；协调会员企业帮助村委会建设爱心超市、安装路灯、整治路边沟等基础设施改造建设和村容村貌整治工作。2018年8月巨变村已通过国检，率先实现脱贫摘帽。四是认真落实全联部署，积极开展援疆援藏工作，助力西部地区发展。在全国工商联系统援疆援藏工作座谈会后，省工商联与日喀则市工商联签订了对口交流合作协议，并于9月组织省内有代表性和有投资意愿的民营企业赴日喀则市开展考察对接活动，对50名西藏企业家和部分工商联机关干部进行了培训。10月，组织飞鹤乳业集团向新疆阿勒泰富蕴县高级中学捐款60万元建设云计算机房，有效提升了学校信息化建设水平。

上海市工商业联合会2018年工作亮点举措

2018年，上海市工商联在全国工商联的指导下，在市委、市政府以及市委统战部的领导下，围绕中心、服务大局，深入贯彻落实党的十九大和十九届二中、三中全会精神，学习贯彻习近平总书记视察上海重要讲话精神、在民营企业家座谈会上的重要讲话精神，牢牢把握“两个健康”工作主题，坚持“政治建会、团结立会、服务兴会、改革强会”，支持民营企业发展壮大、保持和增强民营经济发展良好势头,着力抓推进、促落实、补短板，扎实开展“不忘初心、牢记使命，勇当新时代排头兵、先行者”大调研，推动各项重点工作有序开展。

上海市工商联与有关政府部门、单位和银行进一步加强沟通联系，凝聚合力、整合资源，同时积极探索与江苏、浙江、安徽工商联（商会）搭建联动工作平台，主动作为，开展了多项工作创新实践。

一、贯彻落实习近平总书记关于推动长三角更高质量一体化发展的要求和长三角地区主要领导座谈会精神，牵头建立长三角商会组织联席会议机制

在上海、江苏、浙江、安徽“三省一市”党委政府的高度重视和关心指导下，由上海市工商联（总商会）牵头，与江苏、浙江、安徽工商联（商会）共同发起建立长三角商会组织联席会议机制。联席会议是“三省一市”工商联（商会）积极落实中央和“三省一市”党委政府战略决策的创新举措，是发挥商会组织作用，推动区域协同发展的重要机制和载体。联席会议成立大会于2018年9月在沪举行，全国政协副主席、全国工商联主席、中国民间商会会长高云龙出席并讲话，并与上海市委常委、统战部部长郑钢淼共同为“长三角商会组织联席会议理事会”揭牌；会上聘请了首批22名联席会议咨询委员会委员，联席会议理事会发布了《长三角“江湖海”绿色发展倡议书》（“江湖海”指长江下游、太湖巢湖流域、环杭州湾）。联席会议将围绕长三角一体化“规划对接、战略协同、专题合作、市场统一、机制完善”五个着力点，研究发展规划、促进市场统一、完善科技共享、推动战略协同、服务产业对接、助推生态环保、开展内外交流、合作调查研究、提供企业服务、履行社会责任以及服务于“三省一市”商会组织方面工作。目前联席会议正着手开展长三角产业分布情况调研、长三角一体化发展民营企业家需求调研。

二、探索融资创新服务工作，切实解决融资难问题

小企业融资难是长期以来困扰经济可持续发展的重要问题。在市经济信息化委、市科委、市税务局、上海银监局、市担保基金管理中心的大力支持下，市工商联主动作为，在充分调研的基础上以小企业中质量、信用相对较好的“民参军”企业为切入点，探索“民参军”企业融资多元路径，进而拓展为中小企业融资服务的创新思路。

三、推动统战工作向商会组织有效覆盖并拓展发现、培育、发展优秀民营企业和非公经济代表人士的工作视野，牵头建立优秀民营企业发现机制

由市工商联牵头，与市经济信息化委、市商务委、市科委、市税务局、市质量技监局、市知联会加强合作与联动，联合印发《关于建立上海市优秀民营企业发现机制的意见》。根据该意见内容，市工商联建立优秀民营企业信息库，相关部门、单位共同排摸梳理本市的“专精特新”企业、重点科创企业、科技小巨人企业、税收百强企业、“政府质量奖”获奖企业等一批优秀民营企业，通过实现企业信息共享，更好地开展服务和扶持培养工作。该机制的建立有效提高了上海在中国民营企业500强的上榜企业数量，2018年本市上榜民营企业500强企业共18家，在浙江、江苏等省份上榜企业明显减少的情况下，上海上榜企业数量比2017年增加5家，同比增长38.5%，其中新上榜企业9家。

四、牵头开展本市促进民营经济发展政策宣讲系列活动，推动政策切实落地发挥政策最大效力

市工商联参与制定《关于全面提升民营经济活力大力促进民营经济健康发展的若干意见》（民营经济“27条”）并会同有关部门联合开展政策宣讲。在“27条”意见起草阶段，市工商联积极提出修改意见、提供相关材料并均被采纳。“27条”意见出台后，市工商联立即牵头开展上海市促进民营经济发展政策宣讲活动，首场活动与市发展改革委、市经济信息化委联合举办，解读了“27条”意见及推进产业用地高质量利用、支持民营经济发展金融方面政策，各区、各商协会、青创联等组织代表近千人参加，现场互动热烈。在首场活动中，市发改委、市经信委等10家政府部门和市工商联近30位业务骨干受聘成为首批“促进民营经济政策宣讲员”，民营企业政策辅导服务机制的建立开启了上海市促进民营经济发展联席会议以及上海市服务企业联席会议平台服务促进民营经济发展的新模式。

江苏省工商业联合会2018年工作亮点举措

一、汇聚苏商力量，致力脱贫攻坚，倡议设立江苏民营企业决胜全面小康社会精准扶贫基金

为进一步贯彻落实脱贫攻坚决策部署，展现江苏民营企业家与党同心、扶危济困、回报社会的历史责任与担当，由江苏省工商联提议，张近东、周海江、崔根良、沈彬等民营企业家发起倡议，设立江苏民营企业决胜全面小康社会精准扶贫基金（简称“精准扶贫基金”）。

在江苏光彩事业基金会框架内设立的“江苏民营企业决胜全面小康社会精准扶贫基金”，对加大对省内经济欠发达地区产业扶贫和东西部扶贫协作项目的资金投入，彰显江苏民营企业家的风采有着极为重要的意义。为进一步鼓励引导民营企业参与精准扶贫，江苏省工商联着力在筹措好、管理好、运行好扶贫基金方面下功夫、花力气。一是广泛宣传发动，多方筹措资金。省工商联召开多次沟通会、通报会，专题与各市工商联领导进行沟通，说明精准扶贫基金设立的目的、运营的模式等问题，针对各市提出的问题和建议逐一答疑解惑，帮助大家统一思想。同时，在徐州、淮安、扬州、宿迁等地分别召开省工商联常执委座谈会，与企业家面对面沟通，宣传发动，引导认捐，并详细听取了大家的意见建议。为鼓励企业家认捐，通过“苏商天下”微信公众号积极对每一位认捐到账的企业家进行宣传，累计刊发报道10篇，宣传企业家13名。二是完善组织保障，推进正常运行。依据《江苏光彩事业基金会章程》，省工商联推动成立了江苏民营企业精准扶贫基金管理委员会，由省人大常委会副主任、省工商联主席许仲梓出任管委会主任，省委统战部副部长、省工商联党组书记顾万峰担任常务副主任。管委会作出的重大决策将邀请省纪委监委派驻省委统战部纪检监察组参与，同时聘请专业律师团队义务提供法律服务。三是制定管理办法，发挥基金效用。经过多轮讨论和征求意见，制定出台了《江苏民营企业决胜全面小康社会精准扶贫基金运行管理办法》和《江苏民营企业决胜全面小康社会精准扶贫基金项目和资金管理实施细则》，确定了产业帮扶捐赠协议标准模板，基本形成了从企业捐资入账、发票开立抵扣，到项目资金使用的一整套规章制度。

目前，全省民营企业家积极响应、主动认捐，已确认捐赠总额2.15亿元，到账资金9925万元。民营企业精准扶贫基金工作取得了阶段性成果，下一步将继续引导全省民营企业加入到捐赠的行列中来，为扶贫基金提供持续不竭动力；将精心谋划、精选项目，充分放大扶贫基金的社会效应；将坚持集体讨论的民主原则，做到依法合规、经受检验、体现效果。

二、讲好苏商创业故事，共建校企合作平台，积极开展江苏省民营企业进高校“三个一”活动

江苏省工商联创新开展民营企业进高校“三个一”活动，通过组织一场创业创新分享会、一场企业人才招聘会、一场校企产学研对接会，充分发挥优秀民营企业家的典型示范作用，有效破解校企人才供需矛盾和科研成果转化难题，寓教育引导于精准服务，不断培育校企合作新动能，为江苏高质量发展走在前列贡献力量。

江苏省工商联先后在南京工业大学、中国矿业大学、南京师范大学、南京大学成功举办四场活动。在活动开展过程中：坚持高起点谋划。成立活动领导小组，主要领导亲自挂帅，确保活动高质量开展。省人大常委会副主任、省工商联主席许仲梓，省委统战部副部长、省工商联党组书记顾万峰分赴几所大学参加启动仪式并讲话。坚持高标准推进。重点抓好三个环节，即召开协调会，做到统一部署，组织严密，高标准抓好各项工作的对接落实；多次走访调研，形成真实生动的事迹材料；开展演讲培训，增强活动的现场效果。坚持高质量落实。邀请全省有代表性的、综合素质过硬的民营企业家参加活动。根据高校人才需求与科研成果转化项目在全省范围精选企业，跟踪招聘和产学研对接进展，确保取得良好成效。

民营企业进高校“三个一”活动特色明显。一是形式新。在组织民营企业进高校开展创业创新分享、招聘和产学研对接活动中，加强了活动形式的创新。通过播放视频、主题演讲、现场问答等方式加强互动交流，内容丰富，反响热烈。二是影响广。有15位企业家代表作为演讲嘉宾，亲临现场为大家作报告，聆听报告人数累计达1800多人，其中来自全省各地企业家达200多人。《新华日报》等主流媒体对活动进行专题报道。三是内容实。着力破解校企人才、科研信息不对称局面，累计50多家民营企业提供了1200多个人才需求岗位，企业与高校进行了55项科研需求对接。

江苏省工商联积极组织开展民营企业进高校“三个一”活动，搭建校企合作平台取得了明显的成效，实现了校企双方的“共赢互利”。一是进一步坚定了民营企业家的理想信念，通过组织民营企业家走进高校分享创业创新感悟，以身边人讲身边事，激励更多的企业家进一步坚定信念、胸怀梦想。二是进一步提升了青年学子的创业意识和创新精神，高校学子通过与企业家的互动交流，收获了前辈丰富的创业经验，对今后就业、创业和发展之路有了更深刻的认识。三是进一步完善了校企对接合作机制，通过进高校搭平台，12位企业家现场被聘为“大学生创新创业教育与实践导师”，为企业高校直接对话、深化校企实质性合作奠定了良好基础。

三、预防化解社会矛盾，维护民企合法权益，组建江苏省工商联律师顾问团

为响应党中央“改进社会治理方式、激发社会组织活力”的号召，进一步探索创新服务全省民营经济健康发展的新途径，有效预防和化解社会矛盾，2013年，江苏省工商联成立了第一届律师顾问团。律师顾问团在5年任期内，以“民企合法权益维护者”的担当为己任，以“助力民企依法治企”为主题，围绕全省民营经济发展大局，对民营企业法律服务的长效机制的建立进行了积极探索。2018年5月，第二届律师顾问团成立，吸纳了全省34家优秀律师事务所作为成员单位，33名业务素质过硬、热心工商联工作的律师作为个人法律顾问加入律师顾问团。在省工商联带动下，全省10个设区市工商联相继成立了专业的律师顾问团。

江苏省工商联律师顾问团自成立以来，积极建章立制，深入开展依法助企、服务引领等工作，组织实施了形式多样的法律服务活动，为维护民营企业合法权益、提振民营企业发展信心做出了积极的贡献。一是坚持服务为本，认真帮助维权。律师顾问团充分发挥专业优势，向民营企业提供法律咨询和案件维权服务，为疑点难点案件进行专家会诊。2018年，提供法律事务咨询百余次，受理民营企业维权请求33起，涉案金额近百亿元。其中，办理完结20起，帮助企业挽回各类损失超2亿元。二是开展培训研讨，助力依法治企。省工商联密切关注时事热点和企业需要，组建律师团讲师队伍，采用“普遍培训、深度研讨”相结合模式，形成“民营企业法律大讲堂”和“民营企业家微课堂”两项服务品牌，法律大讲堂侧重对广大的中小型民营企业进行普法培训，微课堂针对企业案例和司法判例等进行小范围研讨。同时，开设了“苏商闪联政策速递”法律微课堂，第一时间向商会和会员企业提供政策解读和应对措施。2018年，共举办和组织线下培训活动11场，线上培训40余次，参与人数超6000人。带动各设区市工商联举办各类培训233场，企业参与人员超2万人。三是创新平台建设，发挥引领作用。依托商会平台不断创新工作手段，在10个直属商会设立律师团商会工作站，确定了顾问律所和联系人，建立起双向的平台联络机制，为多家商会提供法律援助。通过开展平台法律服务，带动了商会组织在商会治理中法律意识的提升。四是优化传播模式，做大宣传格局。实施优化内容、资源整合等举措，建立了“苏商法佬荟”微信工作群，组织省工商联企业家副主席、副会长企业的法务专员开展线上交流学习，及时提供线上咨询和“靶向”服务；开设了“苏商法荟”微信专栏，将线下课堂开进网络。2018年开展线上宣传累计40余次，实现了培训主题多样化和课件资料共享化，显著提升了宣传的实效性和覆盖面。

浙江省工商业联合会2018年工作亮点举措

一、打好学习贯彻习近平总书记民营企业座谈会重要讲话精神“组合拳”

2018年11月1日，习近平总书记主持召开民营企业座谈会并发表重要讲话后，浙江省工商联立即行动，打出一套“组合拳”，迅速掀起学习宣传贯彻的热潮。

一是第一时间动员部署，切实抓好学习贯彻。2018年11月2日，浙江省省委、省政府第一时间召开浙江省非公有制经济人士新时代优秀中国特色社会主义事业建设者表彰大会，省委书记车俊、省长袁家军出席会议并作动员部署，认真学习贯彻习近平总书记重要讲话精神，激励广大非公有制经济人士坚定信心、提振士气；会后，浙江省工商联立即召开民营企业家专题学习座谈会，畅谈认识体会，发出倡议书，做出浙商表态。

二是谋划实施“五个一百”活动，面对面帮助企业解决困难。浙江省委统战部、省工商联迅速谋划实施“各市、县（市、区）党政主要领导与民营企业百场座谈”“百名厅局长精准服务百家龙头企业”“百名处长下基层宣讲政策”“百名行长进企业”“百家民营龙头企业结对服务”等“五个一百”活动。根据省委的统一部署，在省委统战部的统筹协调下，省工商联会同省经信厅、中国人民银行杭州中心支行等抓好落实。截至2017年年底，全省各市、县（市、区）党政主要领导与民营企业开展座谈会378场，走访企业3017家，协调解决问题2697个；100名厅（局）长赴基层走访企业，收集重点问题185个，现场解决137个；105名省级职能部门处长赴基层宣讲政策，受众企业4267家，发放政策汇编5000多册；1986名银行行长走访5135家企业，为民营企业解决融资需求448亿元；149家民营龙头企业与小微企业开展结对服务，帮助解决困难问题。

三是当好参谋助手，推动出台服务企业的政策举措。围绕走企问需强信心、优化营商环境、促进高质量发展、民营企业500强比较分析、上市公司发展情况等专题，深入开展调研，形成了一批高质量的调研报告，其中50多条意见建议被吸收到有关文件中。省委、省政府出台进一步促进民营经济高质量发展的政策意见后，省发展改革委会同省工商联召开新闻发布会，深入解读该省实施的十方面31条高含金量举措，旗帜鲜明支持民营经济发展壮大。

四是凝聚思想共识，组织开展浙江民营经济改革开放40周年系列庆祝活动。综合运用报纸、广播、电视、网络等多种宣传渠道，大力开展浙江民营经济改革开放40年40人40事宣传活动，出版《勇立潮头看浙商——40人说40年》主题图书，制作播出40集《民营经济改革开放40年40人》电视访谈专题片，相关报道的阅读点击量达5500多万次。指导温州市创建新时代“两个健康”先行区，中央统战部、全国工商联列为试点，省委全面深化改革领导小组列为重大改革项目，中央书记处书记、中央统战部部长尤权同志作出重要批示。在全国工商联和省委、省政府的领导下，承办中非民营经济合作高峰论坛，指导台州举办中国民营经济发展（台州）论坛。

二、构建五项机制助力民营企业化解金融风险

2018年，浙江省工商联针对浙江省民营企业金融领域出现的新态势、新情况，着力构建政府支持、部门联动、企业主体、上下协调的工作机制，积极引导帮助民营企业化解金融风险。

一是建立动态摸排机制，及时掌握民企金融风险第一手资料。先后开展民企债务风险情况专题调研、456家大中型企业面对面走访调研、浙江省431家境内上市企业面对面走访调研等多次大调研，形成报告专报省领导，省委、省政府主要领导多次作出重要批示；省长专题主持召开民企风险防控工作汇报会，听取省工商联和职能部门情况汇报，将我会所提建议吸纳到省政府防控民企风险的“组合拳”；将省工商联纳入省政府民营企业风险防控工作领导小组成员单位。建立省、市、县三级工商联信息沟通网络，多渠道获取民企金融风险信息，动态掌握底数。

二是建立综合研判机制，积极反映民营企业真实声音。先后5次邀请懂金融、懂政策的企业家就金融形势进行座谈交流、研判分析，向省委、省政府反映企业的真实声音，提出对策建议。每季度形成民营经济发展情况报告，为省委、省政府提供决策参考。

三是建立应对化解机制，推动解决民营企业困难问题。根据民营企业金融风险不同情况分层分类处置，紧紧依靠地方党委政府，快速应对处理社会舆情，切实帮助企业解决困难问题，2017年直接帮助企业成功化解风险33起。谋划实施“各市、县（市、区）党政主要领导与民营企业百场座谈”“百名厅局长精准服务百家龙头企业”“百名处长下基层宣讲政策”“百名行长进企业”“百家民营龙头企业结对服务”活动等“五个一百”活动，推动各地各有关部门面对面帮助民营企业解决困难。联合人民银行杭州中心支行开展“百名行长进企业”活动，共走访民营企业4900余家，累计解决融资需求约450亿元。

四是建立宣传引导机制，增强民营企业主动防风险意识。在推选浙江省非公有制经济人士新时代优秀中国特色社会主义建设者，宣传浙江民营经济改革开放40年40人40事过程中，优先考虑实体经济企业，树立鲜明导向。在省工商联执、常委会议期间，召开民营企业金融风险防控工作专题会议，引导企业聚焦实业、做强主业，增强风险防控意识。省工商联向全省民营企业家发出倡议，号召民营企业心无旁骛创新创造，踏踏实实办好企业。省、市、县三级工商联通过大调研、大排查、大走访等系列活动，面对面引导民营企业坚守实业、深耕支柱产业，走稳健发展道路。

五是建立抱团互助机制，促进以强带弱、优势互补。牵头开展“百家民营龙头企业结对服务”活动，各级工商联走访153家商会和1345家民营企业，认真摸排小微企业生产经营等方面的困难问题，组织149家民营龙头企业以产业链为纽带与小微企业开展结对服务，通过以强带弱、优势互补，帮助解决小微企业暂时性困难问题171个。发挥产业基金作用，推动并购重组，实现合作共赢、协同发展。

三、引导民营企业勇担社会责任积极投身脱贫攻坚和乡村振兴行动

2018年，浙江省工商联联合省委组织部、省委两新工委、省农业厅、省国资委等单位开展“千企结千村、消灭薄弱村”专项行动，积极推进“消薄”攻坚和村级集体经济发展。截至2018年12月底，全省共有3715家企业结对3746个村，帮扶项目3207个，到位资金11.24亿元。

一是讲政治、讲大局，全力投身专项行动。2018年4月18日，浙江省“千企结千村、消灭薄弱村”暨消除集体经济薄弱村现场推进会召开后，省工商联和各市、县工商联主要负责人亲自抓专项行动，主持动员部署，发动企业家参与，带队到帮扶地区和帮扶村考察，落实村企结对工作。广大会员企业尤其是执委、常委所在企业，积极响应省委、省政府号召，积极参与村企结对工作。

二是讲感情、出实招，谋划精准帮扶措施。在帮扶工作中，各地从薄弱村实际出发，探索行之有效的帮扶方式。第一，连片帮扶。针对偏远经济薄弱村资源不足，发展经济门路不多，单兵作战能力弱的实际，通过联合整合资源，实现优势互补、抱团发展。第二，组团帮扶。针对单个企业帮扶资源不足、结对存在困难的实际，通过多家企业组团，发挥各个企业优势，共同谋划帮扶项目。第三，消费帮扶。针对自身资源条件有限的薄弱村，有的企业通过购买服务、合作经营等方式开展消费帮扶，帮助薄弱村发展壮大集体经济，也帮助村民增加经济收入。第四，人才帮扶。积极用好企业的人才智力、策划设计等资源，帮助自然资源条件优越的薄弱村转变理念、利用市场，变绿水青山为金山银山，提高村集体经济收入。此外，还有飞地帮扶、竞争帮扶等方式，有效整合帮扶企业、薄弱村的优势，推动帮扶项目落地落实。

三是抓项目、抓服务，确保帮扶工作实效。全省工商联充分发挥桥梁纽带作用，联系企业、地方党委政府和薄弱村，推动村企结合实际，谋划一批可行性强、发展前景好、投资回报快的好项目，帮助村集体不断增加“造血”功能、激发发展活力，实现可持续、高质量“消薄”。2018年8月，省工商联牵头，分别在衢州和丽水开展专项行动项目交流推进活动，活动采取先会议辅导后实地对接洽谈的方式进行，以推动村企精准结对、有效结对，指导帮扶项目谋划落地。8月9日至10日，在衢州专项行动项目交流推进会上，杭州、绍兴两地工商联领导和企业家210人分赴结对村，参加对接交流和项目考察，有40家企业与34个村现场签约，达成项目意向67个，投资超过5000万元。8月13日至14日，在丽水专项行动项目交流推进会上，宁波市、湖州市、嘉兴市三地工商联领导、帮扶企业负责人、商会代表分别赴丽水市9个县（市、区）和开发区开展结对项目考察谋划，共达成项目投资意向29个，投资5990万元。与此同时，全省工商联按照专项行动项目推进月工作要求，聚焦项目谋划和项目落地，做好结对项目落地实施的服务保障。

安徽省工商业联合会2018年工作亮点举措

一、积极建言献策，充分发挥参政议政作用

一是邀请企业家参与第三方评估工作。受省政府委托，采取省、市、县工商联三级联动形式，组织开展了民间投资政策落实情况第三方评估工作。注重发挥企业家主体作用，首次邀请了部分省工商联（总商会）企业家副主席、副会长参与，分别任6个评估调研组副组长，尽量让企业家站前台、当主角，激发企业家参与的积极性、主动性和创造性。评估报告得到了省政府主要负责同志的充分肯定。二是完善民营经济运行调查机制。全年共开展了4次民营企业运行状况季度调查和营商环境、金融防风险、民间投资等5次专题调查，为省委、省政府科学决策提供了有关数据。“互联网+调研”做法成效，得到全国工商联表彰和省政协主要负责同志的批示肯定。组织召开两次调查点工作片区会议，目前调查点数量已达2014个，调查点数量和问卷填报率位居全国前列。三是充分发挥工商联直通车作用。进一步巩固完善全省工商联系统直通车工作机制，及时向各级党委、政府及有关部门反映非公经济领域带有共性和突出的问题，提出具有针对性、建设性的意见建议，“工商联直通车”可直报党委、政府主要负责同志。安徽省工商联全年共报送四期“直通车”，其中《制约民营企业发展歧视性限制和隐性障碍情况反映》《当前我省建筑行业发展存在的突出问题及建议》直通车分别得到省“四送一服”办公室跟踪督办、分管省长批示。四是积极利用政协平台参政议政。在省政协十二届一次会议上，共提交12篇团体提案。其中，《关于推动商会调解工作的建议》《关于支持建筑业民营企业发展的建议》提案分别得到省委常委、政法委书记和分管省长的批示。省工商联在省政协大会上作的《创优营商环境，更好发挥企业家作用》发言得到省委主要领导的批示。积极参加省委书记领衔督办“全力推进我省深度贫困地区精准脱贫”重点提案办理协商会，省工商联作了发言。积极参与省政协“四个一”创新主平台、发展智慧经济、推动海关特殊监管区域发展、加快建设现代农业等专题民主协商活动。五是努力提升调查研究能力。统筹制定年度调研计划，采取不打招呼零陪同、一对一深度访谈、案例分析、发挥企业家主体作用等方式，创新开展民营企业歧视性限制和隐性障碍、科技成果研发转化机制、民间资本参与乡村振兴、民营经济高质量发展等十余次专题调研活动，提高发现和研究问题能力，促进调研成果转化。共有15篇信息被《安徽信息·情况专报》《安徽政协信息》《社情民意》等采用，及时反映民营企业发展动态和诉求。为激发各市县工商联调研工作的积极性，组织开展了2017—2018年度全省工商联系统优秀调研成果评选活动，共评选出35篇优秀调研成果和提案。

二、做好法律维权，多元化解民企矛盾纠纷

一是加强安徽省商会调解中心（安

徽省商联劳动争议预防调解中心）建设。中心现有工作人员30人，其中有司法资格的20人，并组建了一支由工商联、民营企业代表和法律界三方人士组成的百余人的兼职调解员队伍。该中心始终坚持有牌子、有队伍、有场所、有制度、有档案、有程序的“六有”标准，2018年共接收调解案件总数2507件，已结案1822件，调解结案584件。其中民商事案件2419件，已结案1766件，调解结案556件；劳动案件88件，已结案件86件，调解结案28件。二是推进商会调解组织向基层拓展。为贯彻落实全国工商联、司法部《关于推进商会人民调解工作的意见》，安徽省工商联积极争取省司法厅的支持，于2018年6月率先成立了滁州市总商会人民调解委员会，成为安徽省首家商会人民调解委员会。主动争取省司法厅、省高院从人民调解委员会的设立、调解员队伍建设、案件来源、诉调对接、经费支持等方面给予指导和支持，截至2018年年底，共受理涉企纠纷案件150余件，成功调解130余件。建立六安市商会调解中心、劳动争议预防调解中心，支持省商会调解中心与六安市工商联开展共建共创试点工作。通过购买服务方式，与安徽商联劳动争议预防调解中心（省商会调解中心）、安徽省新兴产业协会签订了《商会调解服务采购项目合同》，给予商会调解工作一定经费支持，推动商会调解组织健康有序发展。三是深化诉调对接工作。为贯彻落实中共中央办公厅、国务院办公厅《关于完善矛盾纠纷多元化解机制的意见》，省商会调解中心先后与合肥市城区5个基层法院合作开展诉调对接工作，在法院设立了调解工作站，工作站以诉前调解为主、执行调解为辅，减少无效诉讼、无益诉讼对企业的负担和司法资源的浪费。2018年共接收调解案件2431件，其中民商事案件2350件，劳动案件81件；已结案1758件，成功调解结案521件。四是建立产权保护维权援助机制。依托省商会调解中心的优势资源和团队，成立了安徽省工商联中小企业产权保护中心。主要职责是接待非公经济领域产权保护方面的来信来访；提供产权保护方面的咨询服务和疏导；提供产权保护的援助；运用调解、仲裁、诉调对接等手段解决产权纠纷；建立与产权保护相关司法行政部门沟通联系机制等。产权保护中心成立以来，共处理了西晨农业土地复垦、贝高公司林地承包权被剥夺案等60余件产权保护案件。积极与省司法厅对接，推动成立了滁州市工商联（总商会）法律援助工作站，帮助在产权纠纷中遇到困难的中小民营企业。与省商会调解中心签订《安徽省商会产权保护服务项目合同》，鼓励支持其开展产权保护工作。五是强化法治宣传教育培训。组建了一支由工商联法律服务部门、法律工作委员会、法律顾问团、安徽省商会调解中心、安徽省商联劳动争议预防调解中心为主的法治宣传队伍。围绕“以守法诚信为重点的理想信念教育实践活动”“法律三进活动”等载体，通过调研、走访、培训班等形式广泛开展送法进企业、进商会、进机关活动，提高非公经济人士依法经营、依法治企、依法维权能力，积极推动建立“亲”“清”新型政商关系。与法院联合召开了诉调对接新闻发布会、工作研讨会和工作现场会，利用《人民法院报》《安徽日报》《合肥日报》等主流媒体广为宣传，引导企业把调解作为化解民商事、劳动争议的优先选项。

2018年10月中旬，全国工商联、司法部在安徽省举办商会调解示范培训班，组织各省工商联相关同志在省商会调解中心、六安仲裁委等地开展现场教学。安徽省工商联还在全国工商联法律维权服务中心成立大会暨法律服务工作推进会议上作经验介绍。

三、参与“四送一服”，助推改善营商环境

根据安徽省人民政府统一部署，安徽省工商联牵头赴滁州市面向企业开展送新发展理念、送支持政策、送创新项目、送生产要素、服务实体经济“四送一服”活动，着力解决实体经济发展中面临的突出困难和问题。一是建立健全工作机制。建立组织协调机制，省市县三级联动，分别成立领导小组和工作组。省工商联成立了以主席为组长的省工商联“四送一服”双千工程领导小组。滁州市抽调202人，成立7个“四送一服”双千工程工作组。县（市、区）抽调221人，共成立41个县级工作组。工作组与滁州市8个县（区）和2个开发区负责人、169位企业人员建立了微信联系，搭建起了信息交流、问题反馈的桥梁。建立会商交办机制，工作组分类建立多个问题库，按照省级交办、市级会商、县级反馈的工作机制，会同滁州市和各县（市、区）政府开展分级交办，将需要省级及以上解决的问题上报省政府办公厅，确保实现企业反映问题照单全收、照单回复。建立跟踪反馈机制，一方面，分级交办的问题办理情况，由省直相关部门、市、县分别向企业反馈，另一方面，工作组组长采取巡回检查、督促的办法，与提出问题的企业直接见面，回应企业诉求，跟踪解决问题。二是服务企业高质量发展。一方面，政策宣讲聚焦创新，分类指导。从企业提升技术创新能力的路径措施和扶持企业创新发展的优惠政策这两个角度集中开展政策宣讲。将省委、省政府近年出台优惠政策的近30个文件，浓缩成100条真金白银的政策，以《致滁州企业一封信》形式，通过报纸、网站、电视，多次数、立体式向企业推送。根据企业反映比较集中的问题，在滁州市分区域、分时段开展多种形式的宣讲服务。市级宣讲聚焦现代经济管理、现代金融管理、科技创新政策、现代企业管理知识等方面，片区宣讲聚焦提高全要素生产率、产城一体化政策和规划、高质量发展政策等方面；县级特色宣讲聚焦开放性经济发展政策、农村改革与扶贫工作政策、农村集体产权制度改革政策、依法行政知识等方面。另一方面，充分发挥双创平台作用，提升创新能力。与科技厅、教育厅联合，围绕创新平台开展“双创”活动，建立创新链、产业链、资金链“三链”融合，加快培育本土科技型企业，与招商引资齐头并进，实行生养和抱养结合，保持地方经济持续、优质发展，打造地方经济发展新引擎。三是帮助解决企业实际困难。认真落实联系包保机制，挂牌联系的10家重点企业每季度调研对接一次，直接倾听企业的真实感受和心声，帮助协调解决问题，为企业提供常态化高效服务，确保挂牌联系的重点企业反映的问题办结率100%、满意率100%。在直奔县（区）深入企业一线充分调研的基础上，省工商联工作组针对企业遇到的不同问题，进行分类梳理，分别制定有针对性的工作方案和帮扶方法，认真做好交办问题和征集问题的办理，实行逐条销号。对企业反映的问题，现场了解、紧盯不放、追根问底；及时协调办理省领导小组办公室转交的需要省工商联协调解决的企业反映问题，并按时向省领导小组办公室反馈办理情况。2018年，省工商联牵头的“四送一服”工作组赴滁州市8个县（区）和2个开发区实地走访企业473家，召开座谈会44场，协调解决问题521个。在省政府考评中，省工商联牵头的赴滁州市工作组被评为优秀等次第一名。

福建省工商业联合会2018年工作亮点举措

2018年，福建省工商联在福建省委的坚强领导下，在全国工商联和福建省委统战部的精心指导下，坚持“政治建会、团结立会、服务兴会、改革强会”，深入学习贯彻落实习近平新时代中国特色社会主义思想和党的十九大精神，紧紧围绕中心服务大局，圆满完成全年既定的目标任务，各项工作亮点纷呈，为福建高质量发展落实赶超做出新贡献。

一、理想信念教育有声有色

深入开展以“不忘创业初心、接力改革伟业”为主题，以弘扬企业家精神、争做新时期典范为重点，以年轻一代非公有制经济人士为着力点的理想信念教育实践活动。一是接力改革伟业扬精神。以庆祝改革开放40周年为契机，强化舆论宣传，宣传一批在改革开放进程中艰苦创业、敢为人先的先进典型，弘扬优秀企业家精神，传播正能量。推荐曹德旺、傅光明、许连捷、张一鸣4名企业家入选中央统战部、全国工商联评选的改革开放40年百名杰出民营企业家。指导厦门市工商联办好以“改革开放40年·弘扬企业家精神”为主题的2018中国（厦门）商人节活动，全国政协副主席、全国工商联主席高云龙发来贺信，充分肯定这一展示优秀企业家风采、推动两岸经贸往来的重要平台。推荐6家民营企业参加全国工商联举办的庆祝改革开放40周年大型展览。联合省委统战部主办改革开放40周年非公有制经济成就展，展现40年来我省非公有制经济发展重大成就。与福建广播影视集团联合主办“敢为天下先——改革开放40周年福建经济荣耀盛典”活动。指导省青年闽商联合会举办“重走习总书记三进下党之路”、百名青年闽商学习晋江经验、宣传表彰40位优秀青年闽商等主题实践活动。二是加强教育培训助成长。制定出台《福建省工商联2018—2022年教育培训规划》，启动“万人培训工程”。2018年与省委统战部在上海复旦大学、山东大学联合举办全省非公有制经济人士培训班，120名企业家、商会负责人参训，选调8位民营企业家参加省委组织部组织的大中型企业负责人培训班，为我省民营企业家提供与国企共同学习交流的平台。举办全省百名社会组织党组织书记“学习贯彻习近平新时代中国特色社会主义思想”培训示范班。通过学习宣传、教育培训，引导广大非公有制经济人士坚定不移听党话、跟党走。

二、助力打赢脱贫攻坚战

引导广大非公有制经济人士履行社会责任，积极投身脱贫攻坚、光彩事业、公益慈善等活动，为我省全面建成小康社会添砖加瓦。一是深入开展“千企帮千村”行动。在巩固过去“百企帮百村”的基础上，提升为“千企帮千村”行动。截至2018年年底全省已有1234家民营企业和商会组织投入5.77亿元帮扶1278个贫困村。厦门恒兴集团受到全国工商联、国务院扶贫办表彰。福建省浙江商会创新扶贫模式，以商招商建立顺昌产业园，有效带动当地产业发展。二是积极参与东西部扶贫协作。引导民营企业以市场为导向、以产业协作为基础，积极参与宁夏投资建设，提升闽宁对口扶贫协作水平。主动协调宁夏回族自治区在福州举办招商推介会，结合省级异地商会座谈会，组织百名闽商前往宁夏参观考察，取得良好成效。我会在之前捐赠500万元的基础上，再次募集300万元用于帮助宁夏深度贫困地区精准扶贫。认真落实援藏援疆等任务，与昌都市工商联签订了对口支援合作协议，我会副会长企业信通集团在福州设立1200平方米的新疆产品销售专区，年可销售新疆特色产品300万元以上。组织企业家100多人次，参加新疆生产建设兵团、和田市、五家渠市在福建举办的招商推介会、全国“万企帮万村”消费扶贫启动仪式暨东西部协作支持贵州发展现场会、“中国光彩事业怒江行”等活动。三是发挥光彩事业重要阵地作用。大东海集团、恒申集团、碧桂园集团3家企业分别签约成立1亿元规模的光彩基金。继续深化“同心·光彩助学”“光彩·粉红丝带”“光彩·助推贫困大学生创新创业”等品牌工作，全年省光彩会接受企业捐赠收入71笔，捐赠金额7106.82万元，实施光彩项目50个，支出6481万元，收支比达91%。

三、深度参与惠企政策制定

2018年，我们紧紧围绕支持民营企业发展，深化厅际合作，深度参与制定5项惠企政策，不断提升民营企业家的政策获得感。一是牵头代拟《关于营造企业家健康成长环境 弘扬优秀企业家精神 更好发挥企业家作用的实施意见》，2018年8月以闽委发〔2018〕8号文件印发，并全文在《福建日报》头版头条上刊发，在广大民营企业家中形成巨大反响。二是深度参与起草我省《关于加快民营企业发展的若干意见》，会同工信厅赴各设区市召开10场座谈会，面对面倾听148位企业家心声，使政策更加贴近企业需求。三是密切与广大非公有制经济人士的联系，主动为他们鼓与呼，推动出台了《福建省党政领导与企业家恳谈会制度（试行）》《福建省非公有制企业诉求受理处置反馈工作机制（试行）》，形成常态化、制度化的政企沟通渠道。在全省各级工商联的积极推动下，各地主动回应民营企业重大关切，党政领导走访民营企业、召开座谈会，出台促进民营经济健康发展的系列政策。贯彻落实中办国办《关于促进工商联所属商会改革和发展的实施意见》，牵头出台我省《关于促进工商联所属商会改革和发展的实施方案》，以省委办公厅、省政府办公厅名义印发（闽委办发〔2018〕44号），并及时召开全省商会改革和发展视频会议，时任省委常委、统战部长雷春美出席会议，并作强调部署。

江西省工商业联合会2018年工作亮点举措

一、为民间投资优化环境，为民营企业发展保驾护航——江西省着力建设非公有制企业维权服务中心

2018年5月14日，江西省工商联推动出台了《关于设立省非公有制企业维权服务中心进一步优化营商环境的意见》（赣办发电〔2018〕24号），成立江西省非公有制企业维权服务中心，成立半年多以来，取得了良好的成效。

（一）主要做法

1. 领导高度重视，高位着力推动。维权中心成立后，省委常委、省纪委书记、省监察委员会主任孙新阳，省委常委、省委统战部部长陈兴超等多位省领导赴省企业维权中心座谈调研考察指导工作。省企业维权中心的3期工作专报，共得到刘奇书记批示3次、易炼红省长批示2次、赵力平常委批示1次。

2. 畅通政企沟通渠道，完善维权服务平台。通过967788专线电话，政企直通APP平台、来信、来访、电子邮箱等5种渠道，为非公有制企业和非公有制经济人士提供法律维权、政策法规咨询、纠纷调解和仲裁等服务，并协调、督促承办单位办理和答复企业诉求，建立民营企业诉求表达、承办单位限时反馈办理机制。

3. 精准办理维权诉求，有效化解涉企纠纷。通过和省内著名律师事务所合作、购买法律服务，开展法律咨询服务等方式，对企业诉求进行深入分析研判、分类指导，有针对性地开展法律维权服务。充分发挥司法保护联席会议制度的作用，分别与检察机关、司法行政机关和公安机关建立合作机制，汇聚政法各单位合力助推涉企纠纷的解决。

4. 加强法治宣教力度，引导企业守法经营。把普法宣传和法治培训纳入非公经济人士思想政治工作重要内容，将增强企业法治意识作为开展理想信念教育实践的一项长期基础性工作，开展送法进企业、进商会、进基层工商联“法律三进”活动，组织公检法司和民营企业家召开全省营造非公有制企业良好法治环境座谈会，围绕打造“政策最好、成本最低、服务最好、办事最快”的“四最”营商环境主题开展讨论。

（二）工作成效

1. 企业积极参与，诉求解决渠道有效畅通。截至2018年12月31日，中心政企直通APP平台共有企业313042家；承办单位为55家。受理诉求1026件，其中实质性维权投诉177件，法律咨询131件，企业间协调6件。已办结35件，省委统战部、省工商联主要领导牵头到相关设区市重点督办20件疑难复杂维权案件，企业通过江西省非公有制企业维权服务中心可以及时反映企业诉求。

2. 办理成效逐步显现，企业困难有效缓解。通过建立受理分析、转办回复、督办协调的工作机制，让非公企业反映问题有专门的平台，有效解决企业诉求。万载县青叶食品有限公司、萍乡森顺置业有限公司分别送来“勇于担当、为企解忧”“为企业排忧解难、为企业高效维权”的锦旗。

3. 政企相互配合，营商环境持续优化。承办单位在为企业解决诉求的过程中，密切了与企业的沟通联系，更加积极作为、靠前服务，更能获得企业的理解，让企业充分感受到党的温暖、社会的公平正义。企业家与政府多沟通多交流，能够进一步强化法治意识、提升法治能力、排查违法风险、加强自律、依法治企。城开公司、福建鹰潭商会等负责人反映，中心为企业维权工作主动担当、积极作为，让企业感受到了省委、省政府的关心和温暖，企业讲理有了地方，反映出江西营商环境确实有了改进。

二、双管齐下助推营商环境优化

近年来，江西省工商联紧紧围绕省委提出的打造政策最优、成本最低、服务最好、办事最快的“四最”发展环境目标，坚持问题导向，深入开展营商环境评估和“十佳营商环境县（市、区）”推选活动，双管齐下，不断推动营商环境优化。

1. 三大坚持，全力抓好营商环境评估工作。通过对全省营商环境进行系统评估，旨在发现制约营商环境的痛点问题，帮助企业破解发展难题。一是坚持科学性。在调查问卷设计上，借鉴世界银行、先进省份的通行做法和经验，结合省情实际，突出影响营商环境的核心要素，筛选确定我省评价指标和评价方式，指标涵盖企业基本情况、总体评价、要素环境、法治环境、政务环境、市场环境、社会配套和创新环境以及营商环境监测评价等8大方面24项子项目，全面、系统、综合反映各地营商环境。二是坚持真实性。为全面掌握实情，力求数据翔实，由省民营经济研究中心牵头实地走访全省各个设区市和60多个县（市、区），召开政企座谈会100余场，收集企业有效问卷1038份、问题和建议1286条，梳理归纳出88条典型问题，掌握了大量一手资料。三是坚持有效性。通过调研评估，构建“2+N”报告体系，形成全省营商环境和民间投资政策落实情况两份综合评估报告和5份设区市民间投资政策落实情况专项报告。其中，对两份综合评估报告，省委刘奇书记和易炼红省长分别给予批示肯定，并批转给省直相关部门和各设区市形成问题清单，推动解决了一批制约企业发展的难题。如企业反映较为集中的林权证和不动产证办理耗时较长问题，得到相关部门的高度重视，目前已实现林权证办理，不动产证办理时间缩短至7个工作日。

2. 五措并举，持续开展“十佳营商环境县（市、区）”推选活动。省民营经济研究会联合江西日报社从2014年起每两年举办一次“全省十佳营商环境县（市、区）”推选活动，对在营商环境方面取得显著成绩的县（市、区）进行评比表彰，进一步激发地方领导工作热情，掀起比学赶超优化营商环境的热潮。一是高站位。省工商联把这项工作作为优化全省营商环境的重要抓手，高站位谋划、高标准推动，力求高质量效果。二是重环节。推选活动分为问卷调查、网络投票、专家评审和大会表彰四个环节。特别是专家评审环节，要求候选县（市、区）党委政府主要领导现场答辩，专家评委现场评审打分，引起了县（市、区）领导高度重视，凸显了县级工商联在地方党委政府工作中的地位和作用。三是强落实。推选活动覆盖全省100个县（市、区），各县（市、区）党委政府高度重视，各级工商联积极响应、密切配合。活动中共发放问卷近两万份，问卷发放、填报、收集和评审各环节有条不紊，通过各级工商联统筹协调、精心组织，保障了推选活动的平稳有序开展。四是严把关。在网络投票过程中聘请技术公司24小时监督投票情况，在专家评审过程中由省直相关部门负责人、高校专家学者、商协会代表和企业家组成专家评审组，对照量化考核标准严格评比打分，最后再经省工商联领导班子严格审议，最大限度保证推选活动的公平公正。五是广宣传。在活动过程中，广泛发动社会各界人士参与到推选活动中来，特别是网络投票环节，在去年举办的第三届活动中共229.5万人次参与投票，较上届增加115.7万人次，增幅达101.7%，在全社会树立了优化营商环境人人有责的意识，进一步彰显了工商联在优化营商环境中的作用。

三、大力弘扬新时代赣商精神

2017年2月，江西省工商联发起了赣商精神表述语征集活动，11月，由省委书记、省长分别在首届世界赣商大会上发布、诠释了“厚德实干义利天下”新时代赣商精神表述语。省工商联以新时代赣商精神为主线，开展了系列宣传工作，打响弘扬“厚德实干、义利天下”新时代赣商精神品牌。

2018年，以庆祝改革开放40周年为契机，筹划开展了系列活动。

一是以纪念改革开放40周年为主题，以报告文学为形式，编辑印刷《赣商春秋——纪念改革开放40周年》，反映赣商改革开放40周年以来取得的成就，反映改革开放中赣商群体的成长史诗，呈现赣商、各商会及行业发展的历史、现状。二是开展“我与改革开放40周年”赣商故事征文活动，收到全球赣商征文近400篇，评出一、二、三等奖，将优秀文章汇编成册，编辑印制《“我与改革开放40周年”赣商故事》一书。三是制作拍摄时长30分钟的纪录片《江右商帮》，全面反映自西汉至新中国成立前，江西商业和“江右商帮”兴盛发展的历史，引发全社会的广泛关注和一致好评，产生巨大而深远的影响。四是联合省委统战部开展“改革开放40年优秀赣商”推荐评选和宣传活动。经过设区市和省直商会推荐、综合评价、征信采集、征求意见等环节，确定了改革开放40年50名优秀赣商宣传人选名单，激励着赣商更加积极投身火热的改革开放实践，引导更多赣商赣才回乡创业发展。五是拍摄《赣商赞——庆祝改革开放40周年》宣传片。在全国范围内确定知名度高、影响力大的赣商代表，对其为改革开放40年、江西经济快速发展、赣商精神等点赞进行集中拍摄并制作成影视短片，营造全省促进非公有制经济发展的良好氛围。六是举办“春华秋实——庆祝改革开放40周年非公经济发展”图片展，呈现了中国非公经济政策、理论和发展的历程和江西非公经济的火热实践，展示了天下赣商组织、从事主要产业和代表性人物。

经过一年多的持续宣传，“厚德实干、义利天下”的新时代赣商精神已经全面落地开花，也逐渐被广大赣商和商会组织接受并推广运用。

一是宣传有高度。写入省委、省政府《关于保护企业家合法权益激发优秀企业家精神的实施意见》等党委政府的文件；省委书记刘奇同志、省长易炼红同志等省领导在每次涉及经济工作的会议中必提赣商精神，并强调要宣传好、弘扬好。二是推介有广度。省工商联带头，各设区市工商联跟进，省民营企业家协会、南昌鄱阳商会等各级商会主动配合，将“厚德实干、义利天下”的新时代赣商精神上墙，统一字体和内容，以醒目的方式告知和宣传，提升了工商联系统机关文化和“江右商帮”的文化内核。省工商联所属商会纷纷将弘扬新时代赣商精神写入工作报告，企业家在撰写个人典型先进事迹中自觉宣传赣商精神，真正做到外化于行、内化于心，知行合一。三是践行有温度。赣商精神受到了各个商会和会员企业的高度重视、主动推广、自觉践行。北京江西商会在成立10周年之际，在中央电视台2套和13套持续播出了10天广告，“赣商精神”作为广告开头词也出现在央视，向全国观众宣传推介。同时省工商联与江西卫视开展合作，在黄金时间断开辟“赣商风采”专题栏目，宣传各地优秀企业家在弘扬企业家精神和赣商精神上的先进事迹，在社会和企业家中引起积极反响。

赣商精神已经在神州大地、在赣商群体中形成广泛共识，成为宣传赣商文化中的飘扬的一面旗帜。

山东省工商业联合会2018年工作亮点举措

一、举办首次全国省级山东商会会长座谈会

2018年3月26日，首次全国省级山东商会会长座谈会在济南召开。省委书记刘家义，省委副书记、省长龚正出席座谈会并讲话，30余名全国省级山东商会会长和省直有关部门主要负责同志参加。座谈会规格之高且处处为企业家着想，是多年来的首次，充分体现了家乡领导对在异乡打拼的全体游子最暖心的关爱，也体现出山东正酝酿着一场由重官到重商的巨大变化，极大地点燃更多鲁商回乡投资兴业的热情。会上，王兵、高洪彦、刘绪刚等省级山东商会会长先后发言，敞开心扉，坦诚交流，表示要更好发挥各地山东商会作用，团结动员更多在外鲁商回乡投资创业，助力新旧动能转换，更好服务经济社会发展。

座谈会召开后，山东省工商联通过多种形式，第一时间向省内外广大鲁商传达、宣传会议精神，引发了强烈反响。北京、上海、河南等地的27家商会当天在微信公众号发布会议消息，分享书记、省长讲话“金句”；12位商会会长第一时间组织召开座谈会，学习会议精神，讨论贯彻落实措施；各异地山东商会纷纷组团到山东各市进行投资考察，积极引导会员企业回乡投资、参与家乡建设。

会前会后，山东省工商联认真搜集了各商会对山东推动新旧动能转换、实现高质量发展的意见建议，并进行整理。建议包括：充分发挥省工商联桥梁纽带作用，加大对异地山东商会的关心支持力度，搭建好商会与省委、省政府，以及其他省直部门交流的平台；建立政府精准招商、企业精准投资对接平台，以项目为导向，运用大数据、云计算、云平台，对接先进省市科技创新优势和我省产业优势，及时发布和更新投资信息；发挥商会优势引才引资、引理念、引文化，吸引上市公司在山东设立总部，引进上市公司在山东设立结算总部、区域总部和集团行政总部；在有条件的国有企业中推行混合所有制改革，充分发挥民营企业机制优势，促进企业更快、更有效发展；学习上海、浙江等地经验做法，努力营造一流营商环境，“像对待科学家一样对待企业家”等。

二、完成儒商大会2018的嘉宾邀请工作

2018年9月28日至30日，儒商大会2018在济南举办，按照《儒商大会2018总体方案》分工，山东省工商联具体负责参会嘉宾邀请工作。儒商大会2018是山东有史以来规模最大、规格最高、影响最广的全球儒商盛会，嘉宾邀请是筹备工作的第一关，也是最关键的环节，关系到整个大会能否办出声势、办出水平、办出影响力、办出成效。山东省工商联承担的工作包括拟定嘉宾邀请方案并组织实施，汇总省有关部门、高校、各市拟邀请嘉宾名单并提交组委会审定，制作发送邀请函，跟踪落实嘉宾到会情况，协助嘉宾报到及食宿安排，联系对接嘉宾参会需

求，制作个性化日程提示卡，安排嘉宾代表发言等。

大会参会嘉宾涉及海内外、八大界别，规模大、层次高，需求多样、充满变数，为圆满完成嘉宾邀请任务，主要从以下几方面着手：第一，在组织架构上，组织17市、省直有关部门单位、高等院校、科研机构、社会团体等广泛参与到嘉宾邀请工作中来，专门成立11个工作组，负责与各市各单位对接，建立务实、健全、高效的工作机制，形成强大工作合力。第二，在工作推进上，科学合理划分工作阶段，把握时间节点，分清轻重缓解，合理摆布各项任务，每天调度分析进展情况，使“摸底数—分档次—邀嘉宾”梯次有序推进；在邀请嘉宾阶段，抓住中国民企500强发布活动等有利契机，集中面对面邀请嘉宾，对重要嘉宾进行科学预判，提高嘉宾邀请精准度。第三，在工作方式上，改变传统工作方式，积极运用信息化手段，开发网络报名系统，为每位嘉宾赋予唯一有效邀请码，保障网络报名安全，最大限度满足海内外嘉宾多样化报名需求，建立起信息精准翔实、可动态跟踪的嘉宾数据库，随时随地对参会嘉宾进行筛选、分析、预判，为大会筹备工作提供了强大数据支撑。

大会共有1120名“重量级”嘉宾齐聚一堂，其中省工商联邀请参会嘉宾人数114人，占总数10.2%，列各市各单位之首。重点邀请了全国工商联党组副书记、副主席樊友山，中国民间商会副会长、全国工商联副主席、北京叶氏企业集团有限公司董事长叶青等多位重要嘉宾。嘉宾中有中国民企500强10人，新生代和青年创业者，包括重庆猪八戒网络有限公司负责人、深圳点猫科技有限公司负责人等创业成功青年36人，有代表性知名鲁商家族继承者19人，省内外异地山东商会会长及优质企业家50人。

大会闭幕后，山东省工商联将继续整合资源，与参会嘉宾建立日常联系机制，搭建合作平台，使大会真正成为永不落幕的大会。

三、承办首届全国工商联主席高端峰会

2018年11月7日至8日，首届全国工商联主席高端峰会在济南举行，由山东省工商联承办。峰会邀请了30多位全国著名民营企业家，50多位具有行业代表性的全国工商联直属商会会长、秘书长以及120多位对山东有投资意向的各地企业家代表参加。全国政协副主席、全国工商联主席高云龙，中央统战部副部长、全国工商联党组书记徐乐江及全国工商联专职副主席，省委、省人大、省政府、省政协等有关省领导同志，17市政府、21个省直部门（单位）负责同志出席活动。为扎实推进筹备工作，山东成立了由龚正省长任组长，邢善萍部长、王随莲主席、王书坚和任爱荣副省长任副组长，省直各有关部门（单位）、17地市政府主要负责同志为成员的筹备工作领导小组，下设综合协调组、会务组、经贸项目对接组、材料组和宣传组，全面推进各项工作的进展。

峰会期间，举办了恳谈会、推介会、高端峰会和经贸考察活动。恳谈会上，贵州兴伟集团董事长王伟、修正药业集团董事长修涞贵、正威国际集团董事局主席王文银等“重量级”企业家，围绕加快新旧动能转换综合试验区建设、培育壮大“十强”产业、优化营商环境等先后发言，讲述自己的“山东故事”，为山东发展把脉支招、建言献策。推介环节，播放了“山东新旧动能转换”专题片，展现山东时代风采，宣传山东营商环境，济南、青岛、烟台三市主要负责同志亲自上台推介各市经济社会发展情况，诚邀民营企业家投身山东新旧动能转换重大工程。高端峰会上，新奥集团董事局主席王玉锁、北京叶氏企业集团董事长叶青、汉能移动能源控股集团董事局主席李河君等6位现任或往届全国工商联企业家副主席和中国民间商会企业家副会长代表作主旨演讲，王书坚副省长介绍山东新旧动能转换综合试验区建设情况，并举行了山东新旧动能转换重点项目签约仪式。会后，济南、青岛、烟台等地精心设计了经贸考察路线，与会企业家积极参与经贸考察活动，为下一步创业山东、投资山东谋篇布局。

峰会切实为山东全面展开新旧动能转换重大工程实现高质量发展注入动力、增添活力。前期，各市结合自身招商引资工作实际，积极主动与全国工商联兼职副主席、副会长企业进行对接，经过沟通洽谈双方达成对接意愿153项，提报拟在峰会期间签约项目75个，总投资2351亿元，其中省外投资合同金额1751亿元。会上，按照突出新旧动能转换主题、突出全国工商联企业投资的标准，选取了25个项目进行现场签约，投资总额1029.8亿元，其中省外投资合同金额751.6亿元。25个签约项目包括百度、京东、民生、苏宁、联想、传化、三一重工、香港世茂、新奥燃气、东明石化等一大批国内知名企业。

河南省工商业联合会2018年工作亮点举措

一年来，我们在省委、省政府的正确领导下，在省委统战部的具体指导下，在各级工商联共同努力下，团结凝聚全省广大非公有制经济人士，以习近平新时代中国特色社会主义思想为指导，深入学习贯彻党的十九大精神和习近平总书记系列重要讲话精神，贯彻落实中央和省委关于促进民营经济发展的决策部署，主要做了以下几个方面的工作。

一、注重引导，加强非公有制经济人士思想政治工作

坚持把非公有制经济人士思想政治工作作为首要任务，作为贯穿工作始终的生命线。一是在凝聚思想共识上下功夫。深入学习贯彻习近平新时代中国特色社会主义思想和党的十九大精神，团结带领全省非公有制经济人士听党话、跟党走，走中国特色社会主义道路。习总书记在民营企业座谈会上发表重要讲话后，立即印发学习通知，作出安排部署，全省各级工商联和广大民营企业迅速掀起学习热潮。11月8日，省工商联组织召开全省非公有制经济界学习贯彻习近平总书记重要讲话精神座谈会，省委常委、统战部部长孙守刚出席会议并讲话，要求各级工商联要把深入学习领会习总书记重要讲话精神转化为服务、支持民营经济发展的具体行动，给党委、政府当好参谋，给民营企业家当好“娘家人”。二是在深化理想信念教育上求成效。制定印发了《关于深入开展非公有制经济人士理想信念教育的通知》，以“不忘创业初心、接力改革伟业”为主题，以弘扬企业家精神、争做新时代典范为重点，以年轻一代非公有制经济人士为着力点，引导非公有制经济人士不断增强“四个自信”。引导企业家加强自我教育、自我提升，注重“以老带新”、加强传承，陈泽民、胡葆森、姚忠良、薛荣等企业家踊跃为青年企业家授课。三是在加强教育培训上出实招。与北大盛世教育签订合作协议，拓展教育培训渠道和平台；持续打造“豫商课堂”工作品牌，邀请清华大学魏杰教授等作报告，全年举办5期；举办省工商联新任执常委培训班、青年企业家培训班、全省非公有制经济代表人士培训班等。全年省、市两级工商联共举办各类培训班34期，培训人数1780人，举办大课堂、大讲堂39期，13000多人参加。四是在扩大宣传表彰上求突破。围绕党的十九大精神、全省促进非公有制经济健康发展大会精神、省委全会精神和改革开放40年突出成就，邀请知名企业家、专家学者等组成宣讲团，分赴郑州、开封等地开展大宣讲活动。携手河南日报《产经》专版开设“致敬新时代——卓越贡献河南企业家访谈”，近百位企业家接受采访。在《河南工商界》开设商界风采、创业故事汇栏目，讲述民营企业家创业故事。向全省民营企业家发出“建功立业新时代、争做民企出彩人”的倡议，引导民营企业家坚持改革创新，提升发展质量，争做民企出彩人。与省委统战部等共同开展河南省第五届非公有制经济人士优秀中国特色社会主义事业建设者评选表彰活动，90位民营企业家受到省委、省政府表彰。向全国工商联推荐“改革开放40年百杰民营企业家”人选，双汇集团董事长万隆、三全集团董事长陈泽民、黄河实业集团董事长乔秋生、郑州圆方集团总裁薛荣光荣上榜。五是在推动构建“亲”“清”新型政商关系上下功夫。贯彻落实《全国工商联践行“亲”“清”新型政商关系的实施意见（试行）》《河南省构建新型政商关系暂行办法》，持续推动构建“亲”“清”新型政商关系。继续与省纪委联合开展河南省工商界“反对贿赂、公平竞争”联盟活动，共同主办河南省民营企业廉洁文化讲座，引导非公有制经济人士走正道、讲诚信、担责任。参加省纪委、省监察委《关于充分发挥纪检监察职能作用积极助推民营企业发展壮大的意见（试行）》征求意见座谈会，结合工作实际提出了多项建议。

二、深入调研，推动优化民营企业发展环境

坚持问题导向，深入开展调查研究，积极建言献策，努力推动营商环境不断优化。一是创新调研方法。制定省工商联联系服务市县级工商联和商会办法，成立调研联系小组，驻会领导带队，企业家副主席、副会长编入各组任副组长，企业家执、常委积极参与，分别联系市县级工商联和省直商会。调研组全年走遍了全省18个省辖市、60多家省直商会，围绕全省民营经济高质量发展、营商环境状况、所属商会建设、民营企业防范化解风险和参与精准扶贫等情况，开展了多次专题调研，向全国工商联及有关部门报送了调研报告和意见建议，其中《许昌市营商环境调研报告》得到全国工商联领导批示，转发全国各省级工商联。各省辖市工商联形成了上百份调研报告、理论文章、政协提案，其中35份被省工商联评为优秀调研成果。省工商联被省委政研室评为2018年政研工作先进单位，济源市、修武县、浚县、三门峡市湖滨区等10家单位被评为全国工商联调研先进基层单位，天香面业、万洋绿色能源等10家民营企业被评为调研示范企业。二是积极建言献策。省工商联多次建议、持续呼吁召开促进全省非公有制经济发展大会，得到省委、省政府的重视和采纳；与省法院、省检察院共同召开服务保障民营企业发展座谈会，胡道才院长、顾雪飞检察长亲临会议，听取企业家对拟出台的《关于充分发挥司法职能服务保障民营企业高质量发展的30条意见》的建议；与省司法厅联合召开营造民营企业良好法治环境座谈会，听取了民营企业对法律服务工作的建议；通过省委、省政府高层座谈会、政协专题协商会、全省统一战线“双月谈”活动及政协提案、大会发言等形式，提出促进民营经济发展的意见建议。省工商联向省政协十二届一次会议提交团体提案11件、大会发言3件，其中《关于进一步促进民营经济高质量发展的提案》被列为重点督办提案。各级工商联在调研基础上，通过不同形式参政议政，并注重发挥人大代表、政协委员中非公有制经济人士的积极作用，围绕改善营商环境建言献策。三是开展个案跟踪服务。针对山东商会、房地产商会、安徽商会等反映的、因营商环境问题影响民营企业发展的个别案例，多方沟通，积极协调，持续跟进，推动问题解决。

三、创新服务，支持民营企业加快高质量发展

组织召开全省工商联服务民营经济高质量发展会议，深入贯彻落实省委经济工作会议精神，对各级工商联服务民营经济高质量发展工作作出安排部署，要求创新服务手段、服务平台、服务内容，让创新服务成为全省工商联工作的主旋律。一是举办民企百强发布活动。持续深入开展上规模民营企业调研活动，举办民营企业百强发布会，发布民营企业100强、制造业100强、现代服务业100强、现代农业100强，首次发布河南民营企业社会责任100强和河南民营企业社会责任报告。二是新建法律维权服务平台。成立省工商联法律服务委员会和省法学会非公经济法治研究会，印发《关于开展法律服务进执常委企业活动的通知》，召开民营企业发展法治保障论坛，开展“失业保险惠企政策进民企”专项宣传。三是拓宽融资服务渠道。与省建行共同举办金融服务民营企业高质量发展启动仪式，开展了金融服务产品推介、项目对接等活动，郑州自贸区建行与郑州市工商联、省广东商会、省浙江商会等签订合作协议；与省建行合作开发智慧服务平台，就为民营企业提供集中采购、网上信贷等服务项目达成合作意向，举办了签约仪式，签订了合作协议，共同探索服务民营企业高质量发展的新途径；组织民营企业参与中行支持河南民企 “七个一”工程；与省发改委、财政厅、农行等共同举办“支持民营和小微企业发展座谈会暨供应链融资·数据网贷产品”发布会。四是参与向民间资本推介项目活动。首次与省发改委共同举办向民间资本推介项目活动，发布了总投资2626亿元的218个重点领域项目清单。这些项目涵盖铁路、公路、水运、机场、水利、能源、农业农村、生态环保、社会民生等基础设施领域，为民营企业高质量发展拓展空间。五是参与重大经贸交流活动。积极参与“戊戌年黄帝故里拜祖大典”和“第十二届中国（河南）国际投资贸易洽谈会”等重大经贸活动，超额完成邀商任务。组织民营企业参加“全国知名民企共享天津发展·看滨海”“民营企业高质量发展国际合作（成都）峰会”等大型经贸活动，引导民营企业寻求新的发展商机。积极参与“一带一路”建设，组织民营企业赴缅甸、印度、尼泊尔等地考察，并与有关商会签订友好合作协议。

四、助力脱贫攻坚，深入开展“千企帮千村”精准扶贫行动

贯彻落实全省脱贫攻坚第六次推进

会议精神，将“千企帮千村”精准扶贫行动的工作重心向深度贫困地区倾斜，注重在建立帮扶长效机制和培育内生发展动力上下功夫。制定了《关于进一步深化“千企帮千村”精准扶贫行动的实施意见》，聚焦全省1235个深度贫困村，动员民营企业结对帮扶。在南阳召开全省“千企帮千村”精准扶贫行动向深度贫困地区推进现场会，孙守刚部长出席会议并讲话。万邦国际、民生药业、中禹制衣、好想你健康食品、医美健康等企业与深度贫困县淅川签订结对帮扶协议，意向金额19.5亿元。召开全省“千企帮千村”精准扶贫行动工作会议，贯彻落实省委脱贫攻坚重大专项工作推进会议精神，对全省“千企帮千村”精准扶贫行动进行再部署再推动，在省委十届八次全会上，陈润儿省长对“千企帮千村”给予充分肯定。落实全国工商联和我省对口援藏援疆工作部署，组织民营企业参加全国工商联“精准扶贫西藏行”，帮助哈密市工商联在郑州举办非公有制经济人士经营管理培训班。巩固省工商联定点帮扶工作成效，发挥驻村第一书记作用，对洛宁县高湾村持续开展帮扶，支持村光伏发电站并网发电、中禹万家服装加工扶贫车间项目建成投产，组织机关干部入村入户走访慰问、结对帮扶，动员商会和企业捐款捐物。各省辖市工商联在创新帮扶模式、提高帮扶成效上进行了积极探索。截至2018年年底，我省进入“万企帮万村”精准扶贫行动全国台账管理系统的民营企业达6342家，精准帮扶9812个村，其中建档立卡贫困村4232个，帮扶73.12万建档立卡贫困人口，累计投入产业资金44.69亿元，公益捐赠4.29亿元，安置就业5.85万人，技能培训4.8万人。全国工商联和国务院扶贫办联合表彰100家“万企帮万村”先进民营企业，我省好想你健康食品、天明城乡建设开发集团等9家企业获奖，占获奖企业总数的近1/10。在全国脱贫攻坚表彰大会上，亿星实业董事长李士强荣获“全国脱贫攻坚奋进奖”，羚锐集团董事长熊维政荣获“奉献奖”。

五、坚持改革创新，努力加强自身建设

一是推进会员制改革。制定会员制改革意见，省工商联不再保留企业会员和个人会员，重点发展以商协会为主体的团体会员，市县级工商联在继续做好会员发展的同时，注重优化会员结构。截至2018年12月，全省共有会员27.8万多个，企业会员所占比例逐步提升，会员总数连续5年居全国前列。二是加强“五好”县级工商联建设。制定《2018年河南省“五好”县级工商联建设工作实施方案》，细化“五好”标准，新确认“五好”县级工商联17个，全省“五好”县级工商联达到139个，占县级工商联总数的88%。三是促进商会改革发展。学习贯彻中办、国办《关于促进工商联所属商会改革和发展的实施意见》精神，推进全省工商联商会改革发展。开展商会情况调研，形成调研报告，推动我省召开会议、出台贯彻落实措施。在新兴产业和新兴业态领域组建商会，成立省非公有制青年企业家联合会、旅游业商会、财务服务业协会、科技装备业商会等，目前全省工商联所属商会组织4415家，其中省工商联直属商会达64家，商会数量位居全国前列。开展“四好”商会认定工作，制定认定标准，首批确认60家商会为全省“四好”商会，从中推荐上报40家参加全国“四好”商会认定。加强商会党建工作，成立省工商联社会组织党委，召开党员大会选举产生第一届党委领导班子，做好对所属商会党建工作的领导和管理。四是进一步加强领导班子建设。落实省工商联发挥企业家副主席、副会长作用的意见，安排企业家副主席、副会长参与重点工作、承办重要活动，让他们站前台、做表率。落实省工商联企业家副主席、副会长述职制度，首次安排在主席会长、会议上述职。加强理论学习，省工商联党组全年召开中心组学习会议13次。各地工商联分别采取领导班子集中学习、兼职副主席轮值、集体外出学习考察等举措，不断加强领导班子建设。五是进一步加强机关建设。发挥党组领导核心作用，把抓好中央巡视反馈意见整改落实，作为践行“四个意识”、落实“两个维护”的重要体现，作为贯彻落实中央决策部署的具体行动，按照省委整改方案，结合工作实际，梳理的32项整改事项中，立行立改的已全部落实，持续整改的正在逐步推进。加强机关党建工作，落实全面从严治党要求，召开党风廉政建设工作会议，把党建工作与业务工作同研究、同部署、同落实、同考核；开展以案促改和新形势下风险防范排查工作；推进“两学一做”学习教育常态化、制度化，围绕“不忘初心、牢记使命”主题，开展迎“七一”、纪念改革开放40周年、“强党性、促提升”等系列主题党日活动。加强政治理论学习，制定大学习工作方案，举办机关处级干部学习习近平新时代中国特色社会主义思想和党的十九大精神专题培训班。加强机关干部队伍建设，安排机关干部到省委党校、省直党校、省社会主义学院参加培训，举办公文写作培训班。认真贯彻落实中央八项规定及实施细则，完善制度建设，压缩“三公”经费。推进“网上工商联”建设，发布“豫商通”APP。加强精神文明和平安建设，省工商联顺利通过省级文明单位标兵复核，获得“平安建设先进单位”。

湖北省工商业联合会2018年工作亮点举措

一、紧紧围绕习近平总书记关于支持鼓励民营经济发展的一系列重要讲话精神，提振民营企业发展信心

从2018年9月考察东北到回信勉励广大民营企业家，到金秋十月广东之行，到民营企业座谈会，再到庆祝改革开放40周年大会，习近平总书记多次在不同场合强调党中央对于非公有制经济“两个毫不动摇”“三个没有变”的坚定立场，让广大民营企业家吃下了“定心丸”，湖北省工商联总是第一时间组织学习宣传。

一是开展三项行动学习“习近平总书记回信”。一是组织民营企业家和系统干部收听收看新闻联播回信报道；二是向广大民营企业家发出学习通知；三是组织民营企业家和商会代表召开学习“习近平总书记回信”座谈会，迅速在全省工商联系统和广大非公有制经济人士中掀起学习热潮。

二是组织千名楚商共同学习习近平总书记在民营企业座谈会上的讲话。2018年11月2日，在海南·博鳌亚洲论坛国际会议中心举办2018楚商（博鳌）年会、全国湖北商会会长会议暨“亲”“清”政商座谈会，搭建楚商大团结、大合作、大发展的重要平台。湖北省委常委、统战部部长尔肯江·吐拉洪带领1200余名与会楚商代表，共同学习11月1日习近平总书记在民营企业座谈会上的重要讲话精神。楚商代表围绕习近平总书记重要讲话和“亲”“清”政商关系作交流发言，切实增强对中国特色社会主义道路的信心、对党中央大政方针的信心、对企业发展预期的信心，聚焦商帮建设，共商楚商发展。广大楚商表示，信心十足，将团结起来，为谱写新时代湖北高质量发展新篇章做出新贡献。

三是组织集中收看“庆祝改革40周年大会”电视直播，并广泛宣传心得体会。2018年12月18日组织在汉企业家代表、直属商会负责人和机关全体人员集中收看“庆祝改革40周年大会”电视直播，当晚湖北新闻大篇幅播报省工商联集中收看活动和民营企业家观后感，12月19日湖北日报进行综合报道。

二、“万企帮万村”行动卓有成效

湖北省工商联坚决贯彻执行党中央、国务院和湖北省委、省政府的决策部署，在全国工商联“万企帮万村”精准扶贫行动的统一部署下，聚焦“准、实”要求，下足“绣花”功夫，推进我省“千企帮千村”精准扶贫行动提效。

一是领导重视，精心组织安排。省委、省政府将“千企帮千村”精准扶贫行动列入了全省大扶贫、大统战工作格局，做到同部署、同检查、同考核。蒋超良书记、王晓东省长听取“千企帮千村”精准扶贫行动情况汇报，对行动推进作出指示。省委常委、统战部部长尔肯江·吐拉洪同志定期听取行动情况汇报，多次就行动推进作出指示。根据领导指示，省工商联在深入调研的基础上，制定行动方案，认真组织实施。

二是多措并举，创新开展活动。将“千企帮千村”行动与省光彩事业活动相结合，引导民企帮扶力量和光彩扶贫项目向深度贫困地区倾斜。2018年6月，省委统战部、省光彩会、省工商联协助恩施州在上海、浙江、武汉举办招商推介会，现场签约项目23个，意向投资76.35亿元。8月14日，省委统战部、省工商联、省扶贫办、省光彩会联合在恩施州召开光彩事业恩施行暨全省“千企帮千村”精准扶贫推进会，现场签约项目14个，意向投资166.9亿元；签订村企结对帮扶项目17个，达成公益捐赠资金意向682万元，捐赠物资544万元，产业帮扶资金8056万元。光彩事业恩施行得到了中央统战部、中国光彩会的大力支持，中国光彩会、省光彩会、爱心企业和部分省外湖北商会为活动捐赠款物价值共计1799.655万元。6月份，组织80余名民营企业家前往孝感考察，助推汉孝一体化。10月16日，在嘉鱼召开民营企业助推咸宁（嘉鱼）高质量发展大会，为咸宁市、嘉鱼县招商引资搭建了平台。

三是督办考评，促进提质增效。先后两次对“千企帮千村”行动情况通报，对行动中涌现出的可复制的优秀帮扶典型向全省推广，形成比学赶超的氛围。加强台账管理，对各市州工商联台账情况进行了通报，督导全省进一步完善台账数据，规范台账管理。开展自查整改，对近3年来我省开展“千企帮千村”精准扶贫工作进行自查自纠，提出整改措施，明确下步行动重点，补齐工作短板。

四是典型引导，营造深厚氛围。利用各种载体，结合多种方式对行动中的优秀典型进行宣传推广。在工商联常委会、行动现场推进会上，安排十堰市、恩施州、湖北浙江企业联合会、梨花村酒业代表等作典型交流发言，为各地提供学习借鉴。在光彩事业恩施行暨全省“千企帮千村”精准扶贫推进会上制作“爱心榜”，尔肯江·吐拉洪部长为捐赠企业、商会颁发荣誉证书。与《湖北日报》等新闻媒体合作，对行动动态、典型模式进行深度报道、跟踪报道，激励更多民营企业参与到“千企帮千村”行动中来。及时向中央统战部、中国光彩会、国务院扶贫办、全国工商联等报送了相关信息。

截至2018年12月底，全省有5383家民营企业结对帮扶5341个贫困村，其中建档立卡贫困村3179个，帮扶辐射68.1万贫困人口，投入产业帮扶资金50.6亿元。湖北“千企帮千村”行动受到中央脱贫攻坚巡视组肯定，卓尔控股等7家企业荣获2018年全国“万企帮万村”行动优秀民营企业称号，新八集团等33家企业荣获全省“千企帮千村”行动先进民营企业称号。英山县、丹江口市工商联精准扶贫做法，获2018年度“创新中国”县级工商联工作最佳案例。

三、创新开展“五联五帮”活动

2018年3月22日，省工商联下发了鄂联发〔2018〕19号文件，提出建立省工商联常委企业联系贫困县中小微民营企业制度，深入开展以“联党建、帮创建；联市场、帮发展；联技术、帮提高；联资金、帮解困；联文化、帮管理”为主题的“五联五帮”活动。

活动开展以来，省工商联常委企业与所联系的贫困县中小微民营企业积极响应，主动对接，深化合作。动员83个省工商联常委企业，联系帮扶全省37个贫困县104家中小微民营企业达成了企业间优势互补、共赢发展的有效方式。如：湖北省总商会副会长、程力汽车集团总经理程阿罗与扶贫企业巴楚风印务有限公司达成每年扶贫订单2000万元的战略合作框架协议，将公司每年的挂历、台历、对联各5万份，全部交给异迁安置户贫困人口手工制作，解决贫困户就业100余人，培训贫困户300多人次。

“五联五帮”活动启动后，各地工商联迅速召集当地省工商联常委企业进行动员部署，进一步细化活动方案，明确活动要求。武汉、十堰、咸宁、仙桃、潜江等市工商联成立工作专班，制定了实施方案，明确了工作职责，为活动的顺利开展提供了有力保障。武汉市工商联定期进行交流会商，研究解决企业开展活动中面临的困难问题。十堰市工商联发动当地天门商会、郧阳商会建立了商会企业联动、互帮互助、抱团发展、互赢互利的长效机制。浩川、郧诚、楚通三家建筑企业实行“三企联盟、三资融合”，实现了市场、资源、人才、信息、技术的互联互通。仙桃市工商联积极组织湖北楚苑餐饮管理有限公司到联系企业——巴东县湖北乡野农业公司考察对接，免费为企业宣传销售产品。咸宁市工商联充分调动企业家副主席、副会长、常委参与活动的积极性、创造性，推动帮联企业建立健全联动机制。英山县、崇阳县、阳新县、保康县、长阳县、巴东县、竹溪县、郧西县等县（市、区）工商联主动与对口帮扶企业联系对接，做好服务协调工作，推动企业开展交流合作。湖北省江苏商会、鄂州市江苏商会积极动员会员企业参与活动。

“五联五帮”活动有关情况被中央统战部网站、全国工商联信息简报、《中华工商时报》刊载，并荣获2018年度省级工商联工作“创新中国”最佳案例，全国工商联推广湖北经验。

四、大力推进省工商联所属商会改革

一是加强组织领导，统筹推进全省工商联所属商会的改革发展。中央《关于促进工商联所属商会改革和发展的实施意见》下发后，省工商联先后召开多次会议专门研究贯彻落实措施，并在十二届二次常委会议作专门部署。我省《关于促进全省工商联所属商会改革和发展的实施意见》明确各级党委政府要将商会改革发展纳入重要议事日程，积极谋划，精心组织，抓好落实。

二是进一步抓好会议精神的传达学习。及时组织各级工商联、工商联所属商会进行传达，并通过宣讲、培训班等多种形式，做好政策解读和引导，认真领会文件精神，有序推动各项改革任务落实。

三是成立专班调研起草我省《关于促进全省工商联所属商会改革和发展的实施意见》。省工商联按照省委领导批示要求，成立材料起草调研专班，开展调查研究，召开基层工商联负责人和商会组织负责人座谈会，听取各方面意见建议，赴江西、浙江、江苏等地学习借鉴工商联所属商会改革经验。书面征求了全国工商联和省直各有关单位的意见建议，完成我省《关于促进全省工商联所属商会改革和发展的实施意见》的起草并报省委，2018年12月26日以省委办公厅、省政府办公厅名义印发《关于促进全省工商联所属商会改革和发展的实施意见》。

四是会同党政有关部门共同做好工商联所属商会的管理工作。进一步理顺全省各级工商联的业务主管问题，实现异地商会归口工商联管理。与民政部门探讨对已脱钩及未明确业务主管部门的优秀商会进行吸纳，归口工商联业务主管的具体办法，协调各级民政部门对乡镇、街道商会和市州县总商会予以登记。与省委组织部沟通，进一步理顺商会党建管理体制问题。

五是加强指导、典型示范，推动商会规范发展。以“四好”商会创建为抓手，加强对全省工商联所属商会规范化、程序化、制度化的建设和管理。经市州推荐、组织考评，向全国工商联申报了20家全国“四好”商会。同时，对省工商联直属商会进行全面摸底和清理整顿，加强对省工商联直属商会改革发展工作的统筹领导，建立了省工商联所属商会示范点，通过典型示范，发挥引导、带动和辐射作用，探索以示范点带动商会大发展的格局，实现商会规范化建设的整体推进和全面提高。

六是完善联系机制，积极搭建政企沟通平台。做好省领导联系省外湖北商会制度的完善和落实工作，制定了省领导联系重点民营企业制度。以商会为平台建立政企沟通机制，推动政商沟通交往制度化、常态化，联合湖北省楚商联合会举办了9场“亲”“清”政商座谈会，组织企业家和直属商会代表现场向相关部门提出意见和建议，各省直部门都高度重视企业家的意见建议，安排专人对接，解决实际问题，建立了政府部门联系服务民营企业、畅通诉求反映渠道的长效机制。

五、深入推进投诉服务中心改革项目建设

领导高度重视高位推动。湖北省工商联党组把投诉服务中心改革工作纳入年度工作要点和议事日程，成立了由党组书记、主席任组长，班子成员为副组长的省工商联全面深化改革工作领导小组，同时成立改革专班，统筹安排，责任到人，有效推进各项工作落实。

强化顶层设计前瞻规划。高规格、高标准规划投诉服务中心平台建设方案、业务内容和运行模式。同时，组织工商联、商会、民营企业家、律师服务团成员和专家学者，对非公有制企业投诉服务中心的构想、框架、职能、应用等进行反复论证，在论证的基础上，最终形成了具有前瞻性、高规格的建设方案。

抓住关键重点扎实推进。争取工作支持和经费保障，向省编办申请设立湖北省非公有制企业投诉服务中心专门机构获批，向省政府申请项目立项以及建设经费获批，对接省信用办、电子政务中心、政务外网获得支持；招聘工作人员到位；省工商联将商会大厦进行整修并添置设备，设置律师接待室、维权办理室、服务办理室、主席接待室等满足投诉服务中心业务工作需要。

努力创新畅通诉求渠道。以“互联网+服务”为主要运行模式，以畅通企业诉求渠道为基础、以法律维权和企业服务为依托、以企业信用评价应用为抓手、以营商环境改善为目标，构建湖北省非公有制企业投诉服务平台，着力打造商（协）会、民营企业交流合作的平台，解读党委政府民营经济政策法规的平台，协助解决企业咨询、维权、诉求反映的平台，开展信用评价与应用、为政府营商环境改善提供数据分析和决策参考的平台，真正让广大非公有制企业办事能够“找到门”，发展能够“找到路”，解困能够“找到家”。

湖北省非公有制企业投诉服务中心于2018年底挂牌，新华网、人民网、《湖北日报》、荆楚网、《楚天都市报》、长江云等众多媒体进行了深度全面报道。中心成立后迅速开展工作，建立制度，完善流程，热情服务，认真接待每一位来访的企业家，让企业家有家的温暖。下一步，湖北省工商联将着力推动统一规则、统一流程、统一管理的省、市、县三级联动的投诉服务运行机制体系的建立。

湖南省工商业联合会2018年工作亮点举措

2018年，在湖南省委、省政府的正确领导和全国工商联、湖南省委统战部的具体指导下，湖南省工商联认真学习贯彻落实习近平新时代中国特色社会主义思想和党的十九大精神，紧扣“两个健康”工作主题，把握“三性”有机统一，坚持“政治建会、团结立会、服务兴会、改革强会”，围绕中心、服务大局，解放思想、改革创新，奋发进取、求实求为，努力推动湖南省工商联事业新发展和“两个健康”发展。回顾2018年，主要有以下亮点举措。

一、注重政治引导，政治建会持续加强

1.思想引导深入扎实。组织开展习近平新时代中国特色社会主义思想和十九大精神进企业、进商会、进机关宣讲活动。通过集中学习、专家解读等方式第一时间学习领会习总书记2018年11月1日在民营企业座谈会上讲话精神。

协调五位省委常委召开五场专题座谈会，面对面听取民营企业家意见建议。持续开展非公经济人士理想信念教育实践活动和“两学一助”学习教育。扎实做好意识形态管控的整改工作。引导开展非公经济人士诚信体系建设。打造湘商大讲堂、同行大课堂、青商大讲堂等培训品牌。在红网开通市州工商联主席“问政湖南”页面。围绕纪念改革开放40周年，推出“湘商四十年”“湘商巡礼”“湘商制造”等宣传专题。向中央统战部、全国工商联推荐梁稳根、傅军、王填和周群飞入选“改革开放40周年百名杰出民营企业家”。落实《湖南省工商联机关践行“亲“清”新型政商关系“九严禁”》，持续推进新型政商关系构建。

2.商协会党建成效明显。省工商联商协会党委大力加强直管的68家省级商协会的党组织建设，建立党的基层组织65家，其中由省工商联直接组建和管理的有53家，基本实现了党的组织和工作的全覆盖。深化“两学一做”学习教育，完善工商联党员干部联点制度，推进基层党组织“提质工程”，全面提高党组织规范化水平，充分发挥党组织和党员积极作用，推动商协会党建工作实现新的突破和提高，湖南商协会党建工作经验得到了全国工商联领导批示肯定。

3.精准扶贫彰显担当。扎实推进“万企帮万村”精准扶贫行动，全省共有6139个民营企业精准帮扶贫困村7253个，实施项目12633个，投资金额108亿，带动贫困人口87.06万，为全省脱贫攻坚做出了积极贡献，杜家毫书记、许达哲省长、乌兰副书记、黄兰香部长给予肯定批示。全国表彰的100家“万企帮万村”精准扶贫行动先进企业，湖南有8家。组织商协会党组织在武陵山片区开展“脱贫攻坚·党组织在行动” 帮扶活动；发挥湘商公益基金会平台优势，积极进行爱心捐助，全年共捐赠1297万元；积极参与援藏援疆工作，对口支援山南市、吐鲁番市工商联，推动一批民营企业在新疆、西藏落实扶贫重点项目。

二、注重调查研究，参政议政影响持续扩大

1.深入调查研究。开展湖南民营企业高质量发展、破解民营企业融资难的问题、政府履约践诺情况调研等6个年度重点课题调研活动，开展民营企业防范化解风险、中国民企500强在湘投资情况调研等专项调研，及时向全国工商联、省委、省政府提交调研成果，涉非公有制企业政府履约践诺情况调研报告、民营经济高质量发展调研报告分别获中央统战部和省委优秀调研成果奖。扎实推进全国工商联民企调查点工作，全年完成5次问卷调查，省工商联被全国工商联评为调查点工作先进单位，11家县级工商联、10家企业被全国工商联通报表扬。

2.积极建言献策。省工商联提交省政协集体提案10件、大会发言1件，其中大会发言和2件提案得到省领导批示，2件集体提案和2件委员个人提案被省政协评为优秀提案。办理省人大代表建议和省政协委员提案9件，办理满意率100%。参与湘江及洞庭湖水环境治理工作情况的专题民主协商；牵头编辑出版了《湖南非公有制经济发展报告》蓝皮书。

3.推动环境优化。参与起草省委、省政府《关于促进民营经济高质量发展的意见》，为民营企业高质量发展提供政策支持。召开重点提案协商座谈会，对省政协十二届一次会议重点提案《关于开展全省营商环境测评和评估工作的建议》进行协商督办，积极推动我省营商环境评价工作。加强与省发改委、省工信厅、省商务厅的衔接，推动参政议政专题调研成果的采纳。组织20家全省优化经济发展环境监测点、监测站对当地营商环境开展监督测评。

三、注重服务大局，助推开放崛起持续发力

1.重大活动亮点纷呈。牵头承办全国知名民营企业携手湖南助推中部崛起大会，350多家全国知名民营企业参会，其中民企500强有110家，共签署合同项目135个，总投资3148.8亿元。共同承办2018湖南-长三角经贸合作洽谈周活动，省级签约项目152个，投资总额2948.57 亿元，引进资金2607.29亿元。举行2018湖南民营企业百强发布会；组织我省民营企业申报中国民企500强，我省7家企业入围。创新主办首届“三湘民营企业家论坛”，打造省工商联服务会员企业、破解融资难题的品牌活动。举办“全国湖南商会纪念改革开放40周年暨2018年会长联席会议”，主题鲜明突出，湘商知名度美誉度得到进一步扩大提升。

2.经贸交流持续扩大。主办 “2018巴基斯坦湖南商品展览交易会”，搭建投资贸易平台，打造湖南会展品牌。组织8批次90多名企业家和机关干部出访，开展海外交流，推动企业“走出去”，积极参与“一带一路”建设。组织企业参加“中非民营经济合作高峰论坛”“2018丝绸之路工商领导人（张家界）峰会”等经贸活动。接待日本湖南总商会、老挝湖南商会、柬埔寨湖南商会等代表团来访。召开“对接湘商会、共建新湖南”项目建设座谈会，引导更多企业积极参与湖南产业建设和乡村振兴。

3.服务手段不断完善。加强和省地方金融监管局、人民银行长沙中心支行、浙商银行长沙分行、三湘银行、建行湖南分行等金融机构的合作，着力缓解民营企业融资难、融资贵的问题，牵头举办两场银企对接活动，现场授信266亿元。加强和全国工商联科技装备业商会、省科技厅、省经信委等单位的合作，多措并举提升服务民营企业科技创新的能力。全面落实和省检察院联席会议制度，检察干警驻同级工商联挂职已覆盖全省，作用日益显现。深化与省高院合作，更好地为企业家创新创业提供司法保障和服务。与省司法厅、省律师协会联合开展 “民营企业法治体验专项活动”，组织数百名律师为3000多家企业进行了免费法律体检。持续开展 “法律三进”活动，开展形式多样的讲座、培训、研讨等20多场次，提高会员企业应对、防范和管理法律风险的能力。

广东省工商业联合会2018年工作亮点举措

一、深入开展“三进”调研大力助推民营企业发展壮大

为深入贯彻落实习近平总书记视察广东重要讲话和在民营企业座谈会上的重要讲话精神，围绕落实李希书记在全省民营企业座谈会上关于“把习近平总书记重要讲话精神转化为鼓励支持民营经济发展的一项项政策、一件件工作”的指示要求，广东省工商联在全面深入调研的基础上，向省委、省政府报送了《我省推动民营企业发展壮大情况调研报告》（以下简称《报告》），并研究提出工商联助推民营经济发展壮大的意见。

（一）具体做法

一是深入调查研究，摸清情况。根据省委“大学习、深调研、真落实”的工作部署，省工商联结合创建模范机关活动，积极开展“三进”（进企业、进商会、进基层）调研活动。研究制定了《广东省工商联深入学习贯彻习近平总书记重要讲话精神开展“三进”调研活动工作方案》，并于2018年11月至12月期间，组成6个调研组，分别由会领导带队，分赴21个地级以上市的民营企业、商协会、工商联和部分省直单位开展调研。调研主要采取召开座谈会、个别访谈、实地考察、书面调研和问卷调查等方式进行，初步了解掌握了广东支持民营企业发展壮大的基本情况、民营企业发展面临的困难和问题，听取关于进一步推动广东民营企业发展壮大的意见建议。

二是形成综合调研报告，及时报省委、省政府。根据调研掌握的情况，在反复修改、完善的基础上，形成了《报告》，分别报送省委、省政府。

三是充分发挥职能作用，积极研究制定具体意见。围绕李希书记在全省民营企业座谈会上提出的6大方面的政策举措，充分发挥工商联的桥梁纽带和助手作用，以着力增强民营企业方向感、获得感、安全感、责任感和荣誉感，推动打通政策落地的“最后一公里”为重点，研究制定了《广东省工商联助推民营经济发展壮大的意见》，提出工商联系统助推民营经济发展壮大的具体措施。

（二）当前成效

一是调研报告得到省委、省政府领导的高度重视。《报告》得到省委书记李希、省委常委傅华和副省长陈良贤等领导的高度重视和重要批示，要求相关部门一起推动落实，力促民营经济高质量发展。

二是积极建言献策，得到各方高度关注。及时将《报告》转化为政协大会发言和多篇政协提案分别报送全国工商联和广东省政协，受到各方关注。同时，以简报形式分别专题报省委办信息处、省府办信息处和全国工商联，得到全国工商联的高度关注。

三是出台有关意见，形成工作合力。出台了《广东省工商联助推民营经济发展壮大的意见》，同时，加强对各地的工作指导，要求各地级以上市工商联参照省工商联的做法，根据本地实际，制定出台具有针对性、实效性的工作措施。

二、以长效机制确保到位，以落细落小促进落实

2018年，广东省工商联在模范机关创建活动中，紧扣政治建设主题，突出争当“三个表率、一个模范”，着眼充分发挥桥梁纽带和助手作用，着力打通政策措施落实“最后一公里”，增强民营企业方向感、获得感、安全感、责任感、荣誉感，通过建立健全长效机制，深入开展“六个三”活动（“三守”：守法律、守纪律、守底线。“三定”：定岗、定责、定任务。“三在”：在岗、在位、在状态。“三进”：进企业、进商会、进基层。“三用”：用心、用情、用功。“三落”：落地、落实、落细），激励党员干部创新担当作为，推动了创建活动常态化规范化，为广东奋力实现“四个走在全国前列”、当好“两个重要窗口”做出了新贡献。

一是建立完善以抓早抓小、排查和防范廉政风险为主要内容的党风廉政建设制度，研究制定《广东省关于构建“亲”“清”新型政商关系的实施办法》《省工商联践行“亲”“清”新型政商关系的实施意见（试行）》等制度，落实“守法律、守纪律、守底线”要求，做到政治坚定、廉洁自律。

二是建立完善以规范岗位职责、实行目标管理为主要内容的岗位目标责任制，组织实施《省工商联推动民营经济发展壮大的实施意见》《省工商联机关及省民营企业投诉中心定岗定责定任务实施情况表》等规定，落实“定岗、定责、定任务”的要求，做到职责清晰、分工明确。

三是建立完善以加强学习、提高思想和业务素质为主要内容的学习培训制度，组织实施《省工商联关于进一步增强组织观念、严肃工作纪律、规范办公秩序的通知》《省工商联机关学习培训办法》等规定，落实“在岗、在行、在状态”的要求，做到精通业务、专注工作。

四是建立完善以深入了解民营企业发展遇到的困难问题、推动打通各级惠企护企政策落地见效“最后一公里”为主要内容的调研制度，充实完善《省工商业联合会（总商会）关于新时代深入开展调查研究工作制度》《省工商联机关联系基层和非公经济代表人士工作制度》等制度，落实“进企业、进商会、进基层”的要求，做到聚焦问题、深入调研。

五是建立完善以爱岗敬业、高度负责为主要内容的职业道德操守制度，研究制定《省工商联关于新时代激励干部新担当新作为的实施意见》，落实“用心、用情、用功”的要求，做到热诚服务、提速提质。

六是建立完善以加强统筹协调、督查督办、落实反馈为主要内容的督促检查反馈制度，制定完善《省工商联机关工作规则》《全年会议活动计划》等工作方案，体现“落地、落实、落细”的要求，做到真抓实干、督查反馈。

通过完善“六个三”活动制度机制保障，建立会领导分工督导制度，注重从组织领导、方案计划、检查督查等环节落细落小，推动创建工作各项任务落地落实，巩固创建活动成果，扎实推进了省工商联机关党的政治建设，取得明显成效。

三、深化合作机制，强化法治保障，合力护航民营企业发展壮大

为深入贯彻落实习近平总书记在民营企业座谈会上的重要讲话精神，进一步营造民营企业发展良好的法治环境和营商环境，为民营企业健康发展提供有力的法治保障和优质的法律服务，依法、平等、全面保护民营企业合法权益，保护民营企业家人身和财产安全，广东省工商联主动加强与公安、司法行政，法院、检察院以及仲裁机构、律师协会等单位的沟通对接，共同研究创新和完善服务民营企业发展壮大的工作机制和举措。在前期合作的基础上，广东省工商联分别与省公安厅、省司法厅，省法院、省检察院，华南国际经济贸易仲裁委员会（深圳国际仲裁院）、省律师协会签订框架协议或备忘录，进一步在非公有制经济领域法治宣传教育、权益维护、风险防范、商会调解、立法协商、信息通报、律师服务、完善多元纠纷化解机制、协同社会治理、构建“亲”“清”新型政商关系等方面深化合作，并进一步完善定期会商制度、日常联络协作机制、联合调研等合作方式。

广东省工商联通过加强与政法机关及相关法律服务机构的合作，形成常态化的沟通协作机制，有利于推动双方实现信息共享、优势互补、工作协同，进一步增强服务保障民营企业健康发展，保护民营企业家人身安全和财产安全的工作力度和实效，形成护航民营企业发展壮大的合力。

广西壮族自治区工商业联合会2018年工作亮点举措

2018年，广西壮族自治区工商联紧紧围绕自治区党委、政府中心工作，以开展乡村产业扶贫服务年、机关文化建设服务年、调研服务年、商会文化建设年“四个年”活动为主抓手，积极奋发有为，各项工作取得新成绩。

一、深入学习贯彻习近平新时代中国特色社会主义思想和党的十九大精神

一是开展面向工商联干部和非公有制经济人士的学习贯彻活动行动坚决。2018年9月29日，召开全区工商联主席、党组书记会议，学习习近平总书记在辽宁考察时关于民营经济的重要论述。习近平总书记10月20日回信发布后，组织各级工商联和所属商会、会员企业通过收看新闻、举办座谈会、培训等形式学习。11月1日，习近平总书记在民营企业座谈会作了重要讲话精神后，组织企业家副主席、副会长座谈学习。二是开展以“不忘创业初心、接力改革伟业”为主题的理想信念教育实践活动富有成效。开展“广西民营企业家走进高校创新创业大讲堂”活动，组织优秀民营企业家进高校宣讲分享创新创业体会。组织纪念改革开放40周年系列活动，举办广西民企话改革开放40年主席峰会。到深圳大学举办年轻一代非公有制经济人士培训班，教育引导年轻一代企业家健康成长。三是落实工商联及所属商会深化改革深入推进。制定印发《广西壮族自治区工商联深化改革实施方案》。成立广西工商联商会协会党委、纪委，负责直属商会协会党建工作。会同自治区党委统战部召开广西工商联所属商协会电视电话会议，组织召开全区工商联商会建设工作座谈会、商协会会长联席会议，部署商协会改革发展任务。

二、深入开展乡村产业扶贫服务年活动，积极参与脱贫攻坚工作

一是认真实施“万企帮万村”精准扶贫行动。截至2018年12月底，全区共有8179家民营企业参与帮扶活动，实施帮扶项目17784项，受帮扶村6827个。组织引导47家民营企业、11个直属商会开展结对帮扶大化七百弄片区、靖西市、田阳县贫困村活动，实施结对帮扶72个贫困村。二是务实推进粤桂工商联扶贫协作。举办“粤桂工商联扶贫协作对接会”，粤桂两省区、13个结对市、54个结对县（市、区）工商联现场签署了扶贫协作框架协议。全国政协副主席、全国工商联高云龙主席对该活动批示：“创新模式，取得实效，很好”。三是积极争取全国工商联支持广西扶贫工作。高云龙主席率新一届全国工商联扶贫工作委员会委员到百色召开第一次全体会议，参加百色市产业扶贫推介会、招商项目洽谈活动，并与自治区人民政府举行工作会谈，波司登集团、上海均瑶集团等12家企业向百色市捐款捐物3040万元，同时推进洽谈一批产业扶贫项目，自治区党委书记鹿心社批示“感谢全国工商联，跟踪对接、推进落实”。四是积极引导民营企业参与公益事业。举办“和合班”共20个，资助建档立卡贫困家庭小学生1000名。引导万达集团、荣和集团、华蓝集团各向贫困村捐助300万元。万达集团、南华糖业、裕达集团分别通过广西大学捐助500万元、300万元、100万元给贫困大学生等。五是积极挖掘宣传扶贫工作典型。2018年，扬翔股份公司董事长黄定寿荣获“全国脱贫攻坚奉献奖”，澳益农业发展公司董事长潘健章荣获全国脱贫攻坚创新奖；万寿谷投资集团、丹泉集团、云天实业集团、裕达集团、威壮投资集团荣获全国“万企帮万村”精准扶贫行动先进民营企业称号。自治区表彰2016—2017年度全区脱贫攻坚先进集体和先进个人中，洋浦南华集团、福达集团、金福农业等8家民营企业评为先进集体；吴荣全等15名民营企业家获“奉献奖”。

三、深入开展调研服务年活动，引导民营企业高质量发展

一是紧密服务自治区党委政府工作大局。牵线万达集团与自治区政府签约，未来5年将在广西增投500亿元，协助各地政府有关部门推动在贵港、贺州、百色、梧州、崇左市落实建设万达广场项目；落实自治区主要领导会见碧桂园集团杨国强董事长达成的合作意向；召开红水河健康养生之旅自治区重大项目协调推进会，推动解决项目建设遇到的困难。年内共接待吉利、波司登、君乐宝集团等知名企业10多批次到广西考察项目。首次举办2018广西民营企业100强发布活动，同时发布2018广西民营企业制造业50强、最具竞争力民营企业、最具潜力民营企业榜单和广西民企100强调研分析报告，提高了工商联工作影响力。组织发动278家民营企业申报融资信息，开展银企一对一对接。开展广西知名民营企业进玉林、梧州、北海系列活动。全区涌现一批自主创新能力强、发展质量高的民营企业，如盛隆冶金、象翌微链、洋浦南华等进入中国民营企业500强或制造业500强；平铝集团、桂林福达集团等传统行业企业“二次创业”成效突显；南丹南方金属公司等资源型企业以环境倒逼机制促进产业转型升级；光隆光电、智神信息等高新技术企业竞争力行业领先；博世科、七色珠光、超超新材料等一批拥有领先核心技术的企业快速发展；等等。在第15届中国–东盟博览会期间，与博览局一起成功承办中国–东盟企业家联合会筹备圆桌会等11项系列活动，全国工商联徐乐江书记出席筹备会有关活动。加强与境外商会交流交往，与缅甸工商联签订友好合作协议。二是积极围绕中心工作参政议政。参加自治区党委政党协商四个专题会议，其中对深化改革优化营商环境、乡村振兴战略的有关意见建议得到采纳。完成自治区党委重点课题《激发广西各类市场主体活力的思路与对策研究》调研报告。向全国政协提交提案7件，大会发言2件，共收到国家相关部委答复4件；向自治区政协提交团体提案9件，大会发言2件，所提提案全部立案。三是深入推进法律服务工作。争取自治区公检法司等30多家单位支持成立广西工商联法律服务团；与自治区司法厅、广西律师协会联合开展广西民营企业“法治体检”专项活动。加强与自治区高院、检察院、公安厅等部门的业务联动，年内共受理民营企业反映的经济纠纷和诉求达20多件。参与“双爱双评”推荐评选工作，广西柳药、华蓝设计（集团）、崇左远程建材、柳州一阳科技等4家公司企业或个人获评全国“双爱双评”奖项。

四、深入开展商会文化年建设活动，进一步加强基层组织建设

一是充分发挥商会主阵地作用加强服务文化建设。引导商会建言献策服务行业发展，广西医药商会通过调研，促成自治区政府有关部门下文增补多年不变的广西医保目录。推动开展商会调解，与自治区司法厅联合推动商会人民调解工作，推动广西江苏商会成立商会人民调解委员会。指导商会开展劳动人事争议调解工作，广西女企业家商会、广西新桂商商会等成立劳动人事争议调解委员会。指导广西新桂商商会组团出访马来西亚、文莱开展商务文化考察。二是大力开展“四好”商会创建工作。制定印发《广西2018年“四好”商会建设工作实施方案》,组织开展“四好”商会认定工作，全区共有79家商协会被认定为“四好”商会；推荐18家商会参加全国“四好”商会评选。三是稳步推进工商联基层组织建设。年内新组建广西对外投资企业商会、广西城市基础设施投资商会等两家直属商会，吸收广西云南商会等5家团体会员。

五、深入开展机关建设年活动，进一步转变机关作风

一是抓好机关党建工作。落实全面从严治党主体责任，践行“亲”“清”新型政商关系。二是建立全区工商联机关干部联系民营企业和商会制度。自治区、市、县三级工商联全部确定联系企业商会名单3416家。三是推进“网上工商联”建设。制定广西“网上工商联”工程建设方案，完成信息直报系统建设招投标工作，全自治区大多数市县工商联已完成政务外网接入工作。四是落实新时代对干部专业化的新要求。认真实施《广西工商联2018—2022干部教育培训规划》，加强干部培训，提升机关干部服务“两个健康”的专业能力和专业素养。

海南省工商业联合会2018年工作亮点举措

2018年，在海南省委、省政府的正确领导下，在全国工商联和海南省委统战部的有力指导下，省工商联深入学习贯彻习总书记“4·13”重要讲话和中央12号文件精神，习总书记有关民营经济重要讲话精神，海南省委七届四次、五次全会精神，围绕省工商联（总商会）主要职能和海南省委、省政府年度重点工作分工安排，扎实开展2018年各项工作，主要有以下亮点举措。

一、全力推动出台《中共海南省委海南省人民政府关于大力促进民营经济发展的实施意见》（以下简称“9号文件”），为民营经济发展营造良好政策环境

这是海南省工商联2018年也是有史以来最大的一个工作亮点。2017年年底，景柱主席向海南省委、省政府提出建议后，省委书记刘赐贵、省长沈晓明等省领导高度重视并作出批示，要求省工商联负责起草实施意见。海南省工商联专门成立了由郭全茂同志任组长的工作班子，广泛深入开展调研工作和充分借鉴兄弟省（区、市）的经验和做法，积极争取省委、省政府相关职能部门的大力支持，2018年6月11日省委、省政府下发了9号文件。9号文件全文6个方面、19项内容，将民营经济发展摆在更突出的位置，不仅在政策方面支持，更多在思想观念、体制机制和工作举措上突破创新。一是在全方位促进民营经济发展的同时，着力解决3个重点问题。解决民营企业转型升级问题，引导民营企业重点投向符合海南特点、国家要求的产业领域；解决融资难问题，鼓励金融机构降低中小企业融资成本，特别是保障科技型和创新创业型企业能够便捷融资，支持民营企业上市拓宽融资渠道；解决营商环境等问题，确保各种政策措施落实到位。二是党委、政府对工商联工作更加重视。9号文件明确了工商联在投资环境评价中的作用，由省工商联牵头建立省民营经济发展软环境评价机制，对政策落实及涉企服务情况进行评议，向省委、省政府报送软环境评价报告。支持省工商联组织开展“海南省民营企业100强”发布活动，省工商联协助定期召开世界海商大会、实施“海商回归工程”等。三是财税政策扶持力度大。《关于促进工商联所属商会改革和发展的实施意见》（以下简称《实施意见》）提出支持总部经济发展的各项财税优惠政策，加大引进民营总部企业力度，对符合条件的大型总部企业建设总部基地和生活配套住房设施等给予支持；鼓励各级财政通过政府平台公司，对资源秉赋独特、发展前景较好的民营企业，采取股权投资的方式予以1000万元以上的扶持；对首次新入评中国民营企业500强的企业，由省财政予以奖励以及优先予以股权投资等财政政策。《实施意见》的出台，在海南省民营企业家中引起强烈反响,认为这是海南深入学习贯彻落实习近平总书记“4・13”重要讲话和中央12号文件精神、优化我省民营经济发展营商环境的重要举措，更加坚定企业发展信心,充分体现了省工商联领导班子主动担当作为，有为才有位。

二、坚决落实习总书记“4・13”重要讲话和中央12号文件精神，扎实做好“激发和保护企业家精神”相关工作

海南省委、省政府将贯彻落实习总书记“4・13”重要讲话和中央12号文件精神细化分解为356 项任务，其中省工商联牵头负责第43项“激发和保护企业家精神”工作，并参与加强政务诚信和营商环境建设、支持民营企业发展等9项任务，体现了省委、省政府对省工商联工作的高度重视。省工商联积极协调组织省发改委等相关单位，研究制定了《激发和保护企业家精神实施方案》（以下简称《实施方案》），将任务进行责任分工，分解为27项具体任务，明确了责任单位和完成时限，及时向省委报送了《实施方案》,并认真按照《实施方案》逐项推进各项工作。其中，省工商联与省委统战部在海南省白沙县建立青年企业家教育实践基地，在海南省五指山市牙南村扶贫点建立非公经济人士思想教育实践基地，并向全省非公经济人士发出《积极践行“四不”准则、在海南自贸区（港）建设实践中勇当先锋做好表率》的倡议。为此，中央统战部授予海南打造统战新品牌、搭建年轻一代非公有制经济人士健康成长平台工作实践创新成果奖。积极配合海南省委“百万人才进海南”行动计划，配合省政府举办2018年“聚四方之才”北京招聘会，为企业引进急需紧缺人才，组织海航、海马、皇隆制药、普利制药等12家单位共提供1086个招聘岗位，其中8家单位949个岗位被选中前往北京参加现场招聘，提供的岗位数占全省参与民营企业岗位数的60%，得到省委、省政府的高度肯定。

三、主动作为，努力创新，切实维护民营企业合法权益

一是加强与海南省检察院沟通联系，建立合作机制，服务保障民营企业发展。省检察院首次在省工商联召开民营企业家代表座谈会，路志强检察长出席会议并讲话，提出了《海南省检察机关关于服务保障民营经济健康发展的16条措施》，建立了双方合作工作机制，在省工商联设立省检察院派驻省工商联检察工作站，为民营经济发展提供“融入式”检察服务，直接受理民营企业的控告、申诉、举报事项，为民营企业寻求法律咨询、司法救济等提供专门渠道和精准便捷的法律服务。二是扎实抓好民营企业个案维权工作。“急企业所急，解企业所难”，全力协调推动椰吉岛生物工程公司拆迁补偿案，把拆迁补偿款由原来的20万元提升到350万元。协调文昌相关部门处理海拓矿业公司增加工业用地问题，为公司下一步按规定补办手续指明了方向。协调海关、检察院等部门，帮助华富投资集团股东吴阳爱取保候审。协调帮助中坚电缆公司在拆迁过程中权益维护及申请延期搬迁的问题。协调帮助乐东县佛罗镇100多家花卉企业免于政府强制拆除，按程序完善报建手续等，切实维护企业合法权益。另有十多宗案例正在协调办理中。三是积极推动建立民营经济发展软环境评价机制。《海南省委、省政府关于大力促进民营经济发展的实施意见》明确，“由省工商联牵头建立省民营经济发展软环境评价机制，聘请民营企业家为监督专员，组织民营企业家及第三方评估机构对政策落实及涉企服务情况进行评议，向省委、省政府报送软环境评价报告”。2018年，我会认真开展了软环境评价工作调研，向社会公开招聘第三方评估机构，聘请民营企业家为监督专员等前期准备工作，为推进海南省民营经济发展软环境评价工作奠定基础。四是继续推动商会组织成立人民调解委员会，延伸工作抓手。2018年共推动成立了17家商会人民调解委员会，其中省级商会5家、市级工商联和商会5家、乡镇级商会7家。

重庆市工商业联合会2018年工作亮点举措

2018年，重庆市工商联围绕全市中心工作和改革发展大局，充分发挥桥梁纽带作用，在抓落实、抓创新、抓服务方面下功夫，全力促进民营经济健康发展，扎实推动工商联工作“争创一流、走在前列”。

一、抓落实，促进各项惠企决策部署落地见效

一是加强组织协调，推动民营经济发展大会精神落到实处。全市民营经济发展大会召开后，我们积极配合相关部门分解任务、完善政策、检查督促，推动会议精神得到有效贯彻。市政法系统各单位，信访、人社、环保、工商、质监、食药监、金融监管等多个市级部门纷纷出台落实措施；各区县分别召开民营经济发展大会，出台配套实施意见，有力地促进了全市民营经济发展大会精神全面贯彻落实。

二是认真实施“集中走访精准服务民营企业”活动，推动总书记重要讲话精神落到实处。积极配合市委办公厅、市委统战部，认真做好集中走访精准服务民营企业活动办公室工作，发挥好统筹协调、督促指导和沟通联络作用，保证了走访服务活动的顺利开展。同时，还抽调精干力量，直接参与敏尔书记、良智市长等10位市领导走访服务民企工作组，深入生产一线，务实精准帮助民营企业纾困解难。

三是完善考核督查机制，推动各项改善营商环境的政策举措落到实处。积极配合市考核办和市级有关部门，建立完善营商环境考核机制，加大了营商环境在区县党政领导班子年度考核中的权重。突出量化标准，每个区县组织50名民营企业家，对当地收费负担、企业融资、政策落实、司法保障、构建新型政商关系等营商环境情况进行现场打分，以增强对区县优化营商环境工作的督促力度；突出广泛参与，设置“万家民企满意度专项调查”，作为群众对区县党政工作满意度调查的重要内容；突出结果导向，每年对各区县民营经济发展的考核结果进行排名通报。同时，配合市级相关部门，开展贯彻落实渝委发37、38号文件和民营经济高质量发展回头看等专项督查，推动优化营商环境的各项举措进一步落地见效。

二、抓创新，创造性地履行职责发挥作用

一是创造性地做好市非公经济联席会议办公室工作。依托联席会议平台，定期研究分析民营经济运行情况及民营经济发展中的突出问题，提出有针对性的措施建议；定期督促检查涉企政策的贯彻落实，建立民营企业反映问题办理制度，协助市政府办公厅出台各部门办理回复及督办考核、定期通报等制度，努力帮助民营企业解决各种困难问题。

二是创造性地开展非公经济人士教育引导工作。在全市工商联系统创新开展“学讲做”活动，组织机关干部宣讲十九大精神和习近平总书记重要讲话精神，围绕构建“亲”“清”新型政商关系、打造良好营商环境、推动民营经济高质量发展等主题，通过市工商联干部与企业家同台宣讲、市工商联领导点评新老两代企业家的对话交流方式，进区县、进商会、进企业宣讲共140余场次，受众6000余人次。开办民营企业家法治大讲坛，邀请公检法机关领导和资深干警“以案说法”，向广大民营企业家开展法治教育。

三是创造性地拓宽非公经济人士反映问题渠道。在市委统战部领导下，在全市统战系统和工商联组织，创新建立非公经济人士接待日制度。2018年，市委统战部和市工商联共开展接待日活动20次，接待民营企业家50余人次，受理并协调处理问题73件。

四是创造性地推进商会党建试点工作。按照全国工商联的部署，重庆市工商联作为全国商会党建试点工作的唯一省级工商联，以试点工作推动商会“党建强、会建强”为目标，建立上下贯通的市、区（县）、商会三级试点体系，在领导体制、职能定位、组织覆盖、作用发挥、工作创新和工作保障等方面积极探索，健全商会党建工作体制机制，深入开展商会党建“五大工程”（燎原工程、领雁工程、固本工程、引领工程、强基工程），构建完善商会党建工作制度体系，着力破解一些长期影响和制约商会党建工作开展的深层次问题，顺利启动了首批30家市工商联商会和3个区县的试点工作，商协会党组织的组建率达90%，取得了初步成效，为全面推进试点工作打下了基础。全国工商联樊友山、李兆前两位副主席对重庆商会党建试点工作做出肯定批示，并要求在全系统学习推广相关经验。

三、抓服务，在推动“两个健康”和经济社会发展中体现作为

一是为民营企业渡过难关搞好服务。面对复杂的经济形势，全市各级工商联组织认真听取民营企业的诉求反映，主动调研共性问题，深入研究相关政策，反复登门与相关职能部门协调沟通，尽最大努力为民营企业排忧解难。同时，各级工商联组织与公检法等机关建立了定期联系制度，全市共协调解决了400余件民营企业权益维护、涉法纠纷、政策落实等方面的问题。我会法律部获得第二届“重庆市十大法治人物”特别奖。

二是为提升民营企业家素质搞好服务。坚持把提升民营企业家素质作为服务非公经济人士健康成长的重点，结合“不忘创业初心、接力改革伟业”为主题的理想信念教育，组织民营企业家先后开展了“口述改革开放历史”“忆初心、话创业、谋发展”等系列活动20余次。积极开展“渝商名家”成长行动，分级分类组织民营企业家到知名高校和沿海发达地区开展培训14期，累计培训民营企业家700余名。突出抓好年轻一代企业家的教育培养，发起成立“长江经济带青年企业家组织联盟”，通过加强区域合作，促进青年企业家共同成长。认真开展民营企业人才联系工作，组织174家民营企业参加“双千双师”交流计划活动，协调落实6家民营企业纳入市委组织部人才强市培训计划，推荐2名非公经济领域专家获政府特殊津贴人员待遇。全年共有9家民营企业获批建立院士专家工作站，柔性引进院士11名。

三是为区县发展搞好服务。积极支持北碚区开展民营经济发展先行先试工作，明确一名班子成员全程联系，取得了一系列探索性成果。同时，联合北碚区共同举办2018全国重庆商会会长会和创新·合作·共赢——推动民营经济高质量发展论坛，邀请400余名渝商到会为北碚区民营经济发展献计献策，并签约300多亿元投资项目。助推区县招商引资，全年先后15次组织民营企业和直属商会“区县行”“城市工商资本下乡”。组织民营企业家聚焦深度贫困乡镇，深化“万企帮万村”精准扶贫行动，2018年，全市1789家民营企业对1505个村实施了多种形式的帮扶，其中贫困村1040个，投入资金18.67亿元。金科集团、和信农业、谭妹子被全国工商联表彰为2018年“万企帮万村”先进民营企业。深化渝鲁工商联扶贫协作，组织我市贫困区县工商联赴山东开展扶贫对接，并联系山东省工商联在重庆召开扶贫协作推进会。积极助推乡村振兴，组织民营企业在酉阳、武隆等地签约项目10个，协议资金60多亿元。

四是为民营企业“走出去”搞好服务。加强海外联络，积极为民营企业参与“一带一路”和“走出去”发展牵线搭桥。市总商会与45个国家60多个工商社团建立联系，签订28个友好商会协议。在南非、巴基斯坦、英国、美国新设立4个重庆市总商会海外联络处，总数达到6个。组织4批50多家民营企业分赴德、英、美、日、韩等8个国家考察洽谈项目，进行经贸交流。组织300多家民营企业参加10多个国家和地区在渝开展的经贸研讨会、合作论坛、产品对接会等活动。

四川省工商业联合会2018年工作亮点举措

一、积极探索消费扶贫新模式打通“万企帮万村”行动最后一环

四川省工商联紧贴精准扶贫、精准脱贫现实需求，在认识上、方式上、机制上创新突破，积极探索消费扶贫新模式，有效打通“万企帮万村”行动从投资到生产再到销售的最后一环。

在思想认识上求新，形成消费扶贫共识。认真贯彻习近平总书记“产业扶贫要在扶持贫困地区农产品产销对接上拿出管用措施”的指示精神，引导农户、企业、社会转变思维创新举措，着力在促进消费扶贫、多方共赢问题上形成共识。针对农户习惯就近销售、坐等上门收购、不懂不信电子商务等问题，发动区县工商联、对接驻村扶贫干部加强思想引导、知识普及，帮助农户强化“好产品不能藏在深山无人识”的意识。针对消费企业不了解扶贫产品滞销、有需求无渠道等信息不对称的问题，利用会议、活动等时机加强政策、信息和渠道宣传，帮助企业树立“我消费我扶贫我快乐”的意识。针对社会对消费扶贫不甚了解的实际，组织消费扶贫“千人大会”，利用多种媒体大力宣传“以购代帮”“以购代捐”等消费扶贫新理念，促进全社会积极参与献爱心。

在推进模式上求新，形成消费扶贫合力。发动红旗连锁等本地著名零售商，直接与合作社签订直供直销协议，通过上万家门店面向全川集中销售扶贫产品达3亿多元。支持易田电商建好用好“联成e家”四川馆，通过线上平台面向全国销售扶贫产品2015万元，销售额排全国第一。积极鼓励和引导省物业商会，依托金房物业等6000多家物业企业，打通从产地到家庭最后100米，面向千万家庭直销扶贫产品。举办消费扶贫推进大会，销售21个市（州）农产品15.3亿元。举办“大家来采购、人人献爱心”主题消费扶贫活动，动员330家商会、1680家企业、63235名爱心人士采购全省8091个贫困村农产品16.5亿元。办好中国农民丰收节，150个贫困村农产品现场销售103万元、渠道商定购6800万元。推动中国石油在川加油站建立“万企帮万村”产品专柜，已订购价值2000万元扶贫产品。

在制度机制上求新，形成消费扶贫长效。探索建立工商联抓总、商协会牵头、企业和社会广泛参与的消费扶贫体系，形成纵向贯通、横向协调的多方联动机制。定期召开消费扶贫推进会，发布工作信息、总结工作经验、查找问题短板、协调化解矛盾，推动构建以消费扶贫为主旨的工作协调机制。积极推动将每年11月设定为“四川省消费扶贫月”，集中动员各方力量“以购代捐”，建立解决

扶贫产品滞销难题的适时响应机制。积极推动筹建消费扶贫商会，凝聚热心扶贫事业、掌握市场渠道、具有行业影响的专业力量，持续开展富有特色的消费扶贫活动，探索建立依托社会组织推进消费扶贫的持续长效机制。

二、推动“银政企”深度合作助力民营企业破解融资难、融资贵问题

四川省工商联紧盯民营企业融资难、融资贵问题，主动服务、靠前服务、创新服务，积极推动“银政企”深化认识、深入对接、深度合作，协调建立良性互动关系，积极构建产融双赢新格局。

当好“宣传员”，强化“银政企”深刻认识。利用官方网站、新闻媒体和专题报告等，大力宣传贯彻习近平总书记在民营企业座谈会上关于“解决民营企业融资难、融资贵问题”重要讲话精神，促进“银政企”增强合作使命感。利用会议、活动等时机积极为民营企业呼吁，及时向省委、省政府和金融监管部门反映银行对民营企业惜贷抽贷断贷的突出问题，促进“银政企”增强合作紧迫感。上门走访银行、企业和金融监管部门，从经济规律、现实差距、目标任务等多个维度，阐明我省金融保障民营企业的重要作用、突出短板、根本出路，促进“银政企”增强合作责任感。

当好“联络员”，促成“银政企”深入对接。主动作为、靠前服务，先后3次组织“银政企”座谈对接，引导民营企业主动与金融部门接触、主动向银行通报企业运行情况，积极构筑“银政企”充分了解、相互信任关系。推动金融部门进一步加大创新力度，促进信贷政策、信贷业务和内部考核对民企一视同仁，协助运用好信贷支持、债券融资和股权融资“三支箭”，突出做好民营企业特别是小微企业金融服务工作，建立合作、互利的和谐关系。推动人民银行成都分行与省工商联签订战略合作协议，明确建立精准对接和沟通协调机制、建立民营企业信用信息共享机制等五项合作重点，为“银政企”合作建立起稳定的制度机制。

当好“服务员”，落实“银政企”深度合作。及时举行全省金融支持民营企业发展对接会暨融资协议签约仪式，6家金融机构与省工商联签署协议、授信4200亿元。同时，促成新希望集团等14家民营企业与银行签订授信或贷款协议，签约金额33.47亿元。不定期组织银行、税务、工信、地方金融监管等部门和商业银行、担保机构、股权投资基金等金融机构与民营企业座谈，具体协商解决问题、推进签约项目落实。积极创新“银政企”深度合作模式，大力开展“银行”“园区”联动试点，推动建立民营企业贷款信用、担保体系，探索设立中小民营企业融资担保基金和贷款风险补偿基金，推动建立民营企业“白名单”和金融重点帮扶企业清单，助推“百千万金融帮扶计划”落地，助推民营企业探索债转股试点，有效解决民企融资难、融资贵问题。

三、实施重点工作责任清单管理科学化制度化推动各项工作落实落细

四川省工商联紧盯谋事、干事、成事短板问题，刀刃向内、大胆改革、务实创新，从2018年起全面实施重点工作责任清单管理，通过月初定单、月底评单、群众监督狠抓大事要事促进工作全面提升，制度化规范化科学化推动工作高质量落实。

以上率下，把领导干部摆进去。成立重点工作督查督办领导小组，主席、党组书记任组长、负总责，副职领导任副组长、牵头抓推进，处室领导任组员、具体抓落实，在制度上把领导干部摆进去。每月初，由处室根据上情、结合实际提出本月重点工作，分管副职把关审签，并专门召开处长例会集中研究，分管领导、主要领导分别进行严肃点评，在推进上把领导干部摆进去。每月底，通过处室自评、分管领导和主要领导评分，对重点工作完成情况进行考核评价，在考评上把领导干部摆进去。

以点带面，把日常工作带起来。印发《四川省工商业联合会重点工作责任清单实施办法》，将全国工商联和省委、省政府部署的重大任务、重大活动、重要会议等确定为重点工作，廓清责任清单管理适用范畴，把重点从全局中突出出来。对重点工作实施精细化、全过程、定单式管理，确保事前有科学规划、事中有强力推动、事后有严格考评。通过一以贯之地狠抓大事要事，培养促进干部队伍提高思维站位、形成工作习惯、浓厚干事氛围，以重点突破带动整体提升，各处室逐步推开日常工作清单管理模式，有力推动形成了上下同心、力量联动、齐抓共管的良性机制。

以评促建，把结果运用落到位。每月底考核评价时，由分管领导明确指出存在问题和不足，责令当事人作出未完成、无行动的检查报告，并将完成情况、评价结果和未完成、无行动的检查报告进行公示，接受干部群众监督。同时，在结果运用上较真逗硬，对考核评价实行积分制管理，得分作为处（室）和干部年终考核评优、干部选拔任用的重要依据；连续2次考评排名末位的，由分管领导约谈处（室）负责人；当年平均分数低于80分的，取消评先评优资格；低于70分的，给予诫勉谈话；低于60分的，年终考核确定为不合格等次。该项制度推行实施以来，机关运转更加有序，谋事干事成事氛围更加浓厚，“比学赶帮超”工作局面正蔚然形成。

四、成立参政议政智库着力为省委、省政府发展非公有制经济提供决策咨询服务

四川省工商联积极整合社会研究力量，加强参政议政专业化智库建设，聘任59位专家学者、民营企业家和社会组织负责人担任专家委员会委员、咨议委员会委员，制定《四川省工商业联合会参政议政智库工作规则》，形成科学规范的智库工作机制，有力促进工商联组织参政议政水平提高。

明确智库主要任务、职责和目标。参政议政智库是在省工商联领导下组织开展重点课题调研、政策咨询、决策评估的机构，主要任务是围绕省委、省政府和全国工商联重大决策部署的贯彻落实，促进非公有制经济健康发展和促进非公有制经济人士健康成长、工商联工作理论与实践等方面开展课题研究，为省委、省政府和全国工商联重大决策提供建议意见，全力服务于全省全联工作大局。

广泛征求意见，建立人才队伍。参政议政智库筹备之初，会领导多次开会研究成立相关事宜，并派出调研组赴全国各地收集关于成立智库、民营经济研究院（会）等经验。工商联利用联系广大非公有制经济人士的优势，通过推荐和自荐的方式，在全省吸收涉及宏观经济、财税金融、“两个健康”、商会建设、司法、国际经济贸易等领域有深厚理论和实践研究水平的高校教授、研究机构专家、商会负责人、企业家等组成智库，并设立对应研究小组，开展课题研究。

围绕中心工作，积极建言献策。主要围绕宏观经济领域、“两个健康”领域、产业体系领域、营商环境问题、政策措施落实问题、商会领域、企业社会责任领域等方面开展调研考察，深入研究阻碍民营经济发展，长期未得到解决的难点问题和企业家普遍关注的热点问题，及时提交高质量的研究报告。依托高校、研究机构、商会等力量，根据理论和实践需求，有针对性地开展调查研究，每年定期发布《四川民营经济发展报告》，为党委政府决策提供有力参考和对策建议。智库研究成果将转化为各类民主协商会、建言献策会、政协大会、联组会发言以及团体提案、社情民意、党外人士建议等及时向党政部门送达。

实行动态管理，确保决策实效。智库两个委员会委员实行动态管理，把政治上可靠、社会形象好、热心工商联事业的专家学者和非公有制经济人士吸收进来，充实智库力量，扩大智库研究领域。智库建立灵活有效的科研组织机制，从把握决策确定课题，到开展研究，再到报送成果，实行研究专题组长负责制，集中优势力量参与“两个健康”领域的研究，针对民营企业的难点、痛点、热点问题形成一批立意高、分量重、针对性强，有利于破解难题、切实可行的对策建议。

贵州省工商业联合会2018年工作亮点举措

一、继续深入推进“千企帮千村”精准扶贫行动

2018年，贵州省工商联按照贵州省委提出“以脱贫攻坚统揽经济社会发展全局”的要求，动员更多民营企业、商协会参与脱贫攻坚、创新帮扶模式，把“千企帮千村”向纵深推进。典型引领动员更多企业参与。召开全省精准帮扶工作推进会，动员更多企业投身脱贫攻坚。推荐贵州兴伟集团王伟、六盘水娘娘山公司陶正学获得“全国脱贫攻坚奉献奖”；推荐中天金融、光秀食品、九芗农业等7家企业获得全国“万企帮万村”精准扶贫行动先进民营企业称号。由各市州工商联精心推荐的100个优秀项目成为全省的示范。组织记者分赴深度贫困县调研采访，形成7期专题在贵州新闻联播播出，社会反响热烈。在典型的引领带动下，2018年有1091家企业加入“千企帮千村”行动中，帮扶1259个贫困村。截至2018年12月底，全省帮扶企业达4789家，帮扶5086个村，帮扶贫困人口达127.94万人，取得了显著成效，得到省委、省政府的高度肯定。倡导消费扶贫理念。发起消费扶贫行动，承办“全国消费扶贫启动仪式暨东西部协作支持贵州发展现场会”，全省1185家民营企业生产的1656种扶贫产品参展，成交额达38.6亿元。李彦宏、雷军等12位企业家在会上发起《消费扶贫倡议书》，掀起全国消费扶贫高潮。活动得到全国工商联徐乐江书记，贵州省委孙志刚书记、省政府谌贻琴省长、省政协刘晓凯主席等领导的批示肯定。开展遍访观摩活动。为学习宣讲习总书记给“万企帮万村”受表彰民营企业家回信精神，与省委统战部共同在全省开展项目遍访慰问，进一步激发全省民营企业参与脱贫攻坚的激情。启动“千企帮千村”项目观摩活动，创新组织省联企业家副主席、副会长站前台，走前列，率队赴全省9市州、64个县对100个示范项目进行观摩交流、把脉问诊，形成一批高质量的调研成果。达到全省广大民营企业和“千企帮千村”观摩项目自我学习、自我教育、自我提高的目的，为进一步推进“千企帮千村”精准扶贫行动提质增效提供了借鉴和参考。

二、与公检法联合下发服务保障民营经济发展的“15条”

为贯彻落实习近平总书记在民营企业座谈会上的重要讲话精神和中央、省委有关鼓励支持引导民营经济发展的部署，贵州省工商联迅速行动，主动与省法院、检察院和公安厅对接，在认真总结四家单位已建立的联系机制经验基础上，再次细化、实化服务保障措施，联合制定下发了《服务保障民营经济发展联系协作工作办法》（以下简称《工作办法》），全力推进民营经济发展。《工作办法》共15条，围绕提升法律服务工作水平、凝心聚力依法帮助民营企业排忧解难、切实保障民营企业的合法权益、服务民营企业健康发展等方面，进一步健全完善了省、市、县三级工商联和公、检、法协作的“畅通三个工作通道、搭建三个工作平台、健全三项工作机制、构建三个保障体系、落实三项协作措施”的5大举措。文件出台后，为推动《工作办法》的贯彻落实，2018年12月20日，贵州省工商联与省法院、省检察院、省公安厅共同召开服务保障民营经济发展座谈会，向与会的民营企业、法律专家、市级工商联解读《工作办法》，听取对四个部门依法保护企业家合法权益的意见建议。省工商联主席李汉宇对全省工商联系统的工作落实提出了具体举措，要求各级工商联将《工作办法》作为推动全省民营企业合法权益保障和做好法律服务的重要抓手，做好贯彻落实，建立省、市、县三级联动的联系协作制度。

三、评选推荐“改革开放40年贵商风云人物”

在庆祝改革开放40周年之际，为宣传贵州省民营经济发展取得的成就，展示贵商在服务经济社会发展中的风采，大力弘扬贵商精神，进一步发挥贵商作用，贵州省工商联指导贵州省贵商总会，对改革开放以来，在社会主义市场经济大潮中涌现出的贵商代表人物进行梳理，通过多方推荐、层层筛选、严格审定，遴选出100名“改革开放40年贵商风云人物”。他们中有任正非、季克良、陶华碧等贵商优秀企业家；有王平、刘江等商会精英；有陈罡、罗鹏等青年俊才；还有许家印、王健林、王伟等扶贫先进。他们有的是商海弄潮，青史留名的企业家；有的是行业翘楚，时代先锋；有的是扶贫攻坚，贵商榜样；有的是创会精英，贵商功臣；有的是青年新锐，未来之星。贵商风云人物的推荐意在树立贵商榜样，弘扬贵商精神，激励广大贵商砥砺前行，为国家强盛、为民族复兴、为家乡发展、为人民幸福再立新功。2018年12月28日，在贵州省民营经济发展大会会议结束后，省工商联召开“改革开放40年贵商风云人物”新闻发布会，向全社会广泛宣传当选的贵商优秀企业家，活动吸引了人民网、新华网、中国网、《中华工商时报》、中国党刊网、国际在线等国家级媒体；网易、新浪、腾讯、搜狐、凤凰网、今日头条等国内主要媒体；《贵州日报》、贵州新闻联播、多彩贵州网等省内主流媒体的积极参与。近30余家媒体对活动进行了广泛报道和宣传，纸媒宣传稿件100余篇，网页宣传量近17000条，微信微博转载量近20000条，为支持贵商发展营造了很好的舆论氛围。

云南省工商业联合会2018年工作亮点举措

一、充分发挥经济服务工作的助推作用

坚持“服务立会”，努力助推民营经济健康发展和高质量发展。省工商联积极参与《关于支持民营经济高质量发展的若干意见》和《关于深化产教融合的实施意见》等政策文件的研究制定。强化政策宣传解读，开展政策宣讲10余场，印发政策汇编10000余册。受云南省工信厅的委托对省委、省政府支持民营经济发展政策落实情况开展第三方评估。探索建立民营企业困难问题协调解决机制，收集梳理出亟待解决的15个典型困难问题报省政府推动解决，其中祥丰实业集团用气指标的问题得到全面解决成为突出亮点。同时，加强与省发改委、工信厅、财政厅和科技厅等省直部门的沟通协调，组织民营企业参加PPP项目建设推介会和混合所有制改革项目推介会，正向引导企业用好、用活就业创业小额担保贷款、中小微企业风险补偿资金贷款等政策。健全“政、银、担、商（协）会、企”五方联动常态化机制，及时将民营企业的融资需求推荐给银行、再担保公司等金融机构。组织民营企业参与省级金融主管部门和金融机构组织的银政企对接会，收集融资项目需求库，帮助70多户民营企业协调各类贷款20多亿元。积极参与全国工商联上规模民营企业调研，全省共有130户民营企业参加调研，创20年来的历史新高。举办“2018云南省非公企业100强”“制造业20强”“服务业20强”发布会，与云南省信用再担保有限责任公司签订《云南省非公企业100强金融服务协议》，富滇银行为百强企业授信100亿元。创业担保贷款扶持创业13427户，带动就业3.76万人，发放贷款14.1亿元，拉动投资超过20亿元，全面完成既定目标且还款率保持在优秀区间。举办亚洲财富论坛——走进西南暨亚洲财富论坛10年感恩庆典活动，主动助力转型升级和跨越发展。组织邀请民营企业参加南博会、西博会等展博会，助推民营企业对外交流、开拓市场。积极与广东省工商联对接联络，助力粤滇脱贫攻坚合作。进一步深化沪滇经济合作，推动上海市工商联产业扶贫项目投资精准对接，签约项目落地贫困地区投资金额达255.57亿元。

二、法律维权服务工作深受民营企业欢迎和好评

举办“法律三进”培训班4期，与中国政法大学合办法律风险防控研修班1期，累计培训民营企业负责人1000多人。与省人力资源和社会保障厅联合开展“失业保险惠民政策进企业”宣传活动。与省司法厅联合启动为期3年的云南省民营企业“法治体检”专项行动，为民营企业"一对一"开展免费"法治体检"。与法院、检察院、文化体育等部门联合举行"面对面"座谈活动，共同搭建起了民营企业与行政司法机关之间联系交流的桥梁。开通"云南民企法务通"微信公众号，多形式、多途径、多渠道传递法律政策、以案释法。与省司法厅联发《关于推进商会人民调解工作的实施意见》，免费为民营企业提供《云南省民营企业典型案例汇编（二）》《缅甸投资法律指引》和《商会调解政策法规汇编》，多措并举推进多元化纠纷解决机制建设。配合开展年度劳动关系监测及和谐企业、园区评选表彰工作，推荐丽江七星建设、云南凯旋利和银燕投资集团获评"云南省劳动关系和谐企业"。与省高院联合发布云南省涉及民营经济保护十大典型案例，为民营企业生产经营、投资决策提供参考和警示。此举荣获中华工商时报社2018年度工商联（商会）工作"创新中国"最佳案例。完成2017年度民营企业评议政府职能部门工作，37个政府职能部门评议结果已报省人民政府公布并反馈省纪委、省考评办评价考核使用。召开法律维权服务工作会议和法律维权委员会暨投诉中心联席会议，多层次推动省、市、县三级维权服务体系建设。2018年截至12月31日，全省共有13个州（市）、65个县（市、区）成立了投诉中心，各级工商联、商（协）会共设有调解组织104个。加强与西南片区7省联盟、全国11省联盟的维权对接，以轮值方式集中交流工作经验、开展异地维权。协调司法、行政机关推进解决企业诉求，邀请专家学者开展案件会诊，有效助推维权个案的处理解决，被全国工商联指定为"探索建立法律维权援助机制和法律顾问制度"示范借鉴单位，并在第二届中国营商环境研究与实践高峰论坛上作现场交流分享。截至2018年12月31日，云南省民营企业投诉中心共受理案件71件，已办结59件，结案率达83.1%，投诉中心的法律维权、释法解惑、息诉罢访的初衷得到较好实现。

三、调查研究和参政议政工作取得新成绩

围绕工商联全面深化改革等中心、核心、重心来开展调查研究，注重整合研究资源，加大研究成果转化。先后前往江苏省、天津市等省（市、区）调研了解支持非公有制经济发展新举措，深入昆明市、红河州、丽江市等州（市）开展构建新型政商关系和加强政府诚信建设等专题调研并形成报告。在深入调查研究的基础上，向全国政协大会提交提案2件，其中《关于务实推进中缅经济走廊建设的提案》得到国家发展和改革委、外交部的重视和答复。向省政协会议提交团体提案5件、工商联界别发言材料4份，其中《关于加强我省金融支持民营实体经济发展的建议》被省政协遴选为年度九大重点提案之一。特别是云南省工商联2018年重点课题调研成果——《弘扬企业家精神提升企业家素质壮大企业家队伍的建议》得到省委、省政府领导的高度重视。通过省工商联专报上报的《做大做强云南民营实体经济对策研究》等报告被省委、省政府领导圈阅并批示。此外，借鉴上海、广东等省（市、区）工商联的经验做法，有序开展参政议政调研成果评选表彰活动，大力推进民营企业调查点建设。省工商联、云县等10个工商联和西双版纳星星祥龙经贸公司等10户企业被全国工商联通报表彰为"全国民营企业调查点建设先进单位和示范企业"。

西藏自治区工商业联合会2018年工作亮点举措

一、举行工商联系统对口援藏工作座谈会暨精准扶贫西藏行，参与第四届藏博会招商引资

在自治区党委、政府和全国工商联的高度重视、亲切关心和大力支持下，按照第四届藏博会组委会的部署，我们在拉萨圆满举办了工商联系统对口援藏工作座谈会暨精准扶贫西藏行活动，同时积极参与第四届藏博会招商引资等各项活动，取得了丰硕成果。

2018年9月7日，工商联系统对口援藏工作座谈会暨精准扶贫西藏行活动在拉萨成功举办，此次会议由全国工商联和自治区人民政府共同承办。中央统战部副部长、全国工商联党组书记、常务副主席徐乐江，自治区党委书记吴英杰出席会议并作重要讲话，会议由全国工商联副主席谢经荣主持。自治区党委副书记、自治区人大常委会主任洛桑江村，自治区党委副书记、自治区主席齐扎拉，自治区党委常务副书记、自治区政协党组书记丁业现，自治区党委副书记、自治区常务副主席庄严以及自治区领导罗布顿珠、旦科、曾万明、姜杰、白玛旺堆、刘江、李文汉、阿沛·晋源同志出席会议。17个对口援藏省市和四川省、河南省工商联主席或党组书记及知名民营企业家；区（中）直部门负责同志；7市（地）政府（行署）主要领导、分管工商联领导及工商联主要负责同志；自治区工商联（总商会）班子成员、商协会主要负责同志；机关全体干部职工、非公经济代表人士约500人参加会议。

本次会议的主要任务是以习近平新时代中国特色社会主义思想为指导，深入贯彻党的十九大，十九届二中、三中全会，中央第六次西藏工作座谈会，东西部扶贫协作座谈会和深度贫困地区脱贫攻坚座谈会精神特别是习近平总书记的重要讲话精神，总结十八大以来工商联系统对口援藏工作取得的成绩，交流工作经验，进一步动员部署新一轮工商联系统对口援藏任务，开创新时期工商联援藏工作新局面，助力西藏打赢打好脱贫攻坚战。

座谈会上，徐乐江书记和齐扎拉主席共同签订了《全国工商联与西藏自治区人民政府战略合作框架协议》，17个对口援藏省市工商联与7市（地）工商联签订了对口支援合作协议。举行了招商引资和精准扶贫项目协议签约，共签订40个项目，投资182.54亿元。广东长隆集团向西藏自治区捐赠精准扶贫、生态保护、生态旅游资金1亿元，郑州医美集团向山南市捐赠200台慢性疾病物理治疗器械，价值596万元。自治区工商联汇报了近年来受援工作情况，北京市、上海市、广东省工商联代表作交流发言。

这期间还召开了第四届藏博会，根据藏博会组委会的安排，自治区工商联与自治区发展改革委主要承担了招商引资工作。2018年7月至8月，根据自治区政府关于第四届藏博会对口援藏省市招商引资专题部署会的工作安排，在全国

工商联的大力支持下，由7名省级领导带队，组织七市地赴17个对口援藏省市和四川省举办20余场招商引资推介会，成功洽谈对接项目180个，协议投资580亿元。在7市地、区直有关部门和藏青工业园区的共同努力下，本届藏博会共签约合同项目108个，总投资达540.82亿元。

二、调整充实自治区非公经济领导小组，定期召开会议，促进非公经济健康发展

在西藏自治区党委、政府的领导下，调整充实了西藏自治区非公经济领导小组，由自治区党委副书记、自治区常务副主席庄严同志担任领导小组组长，下设办公室和四个专项组，办公室设在区工商联，各地市相继成立了领导小组，按照2018年政府工作报告每月召开一次会议研究解决非公经济发展困难问题的要求，自治区领导小组每月召开一次会议，研究措施、督促落实，形成上下联动、左右配合的工作机制，保障了工作的常态化、长效化。

自治区党委召开民营企业座谈会，领导小组先后两次专门召开民营企业家座谈会，听取民营企业遇到的困难问题。非公办及时梳理汇总问题并移交各相关部门提出解决办法或举措。领导小组第三次会议上企业提出的17个问题在第七次小组会议召开时得到解决的有12个，正在解决的有4个，暂时无法解决的有1个。2018年11月15日，自治区民营企业座谈会上企业所提的10个共性问题和37个个性问题中，已解决的个性问题有21个，正在解决的个性问题有16个。

一年以来，在自治区党委、政府的坚强领导下，自治区非公经济工作领导小组以党的十九大精神和习近平新时代中国特色主义思想为指导，贯彻落实中央和自治区党委关于非公经济发展的决策部署，贯彻落实全区第二次非公有制经济发展大会的精神，各市各地有关方面高度重视、迅速行动，促进非公经济工作的组织领导不断强化，领导机制进一步健全，扶持政策更加优惠，金融支持作用逐步凸显，营商环境不断优化，舆论氛围更加浓厚，全区非公经济保持高位运行，招商引资保持高位推动，民间投资止跌回升，非公经济呈现出蓬勃发展的良好态势。截至2018年年底，全区非公经济市场主体27.5万户，同比增长20.87%，占全区市场主体的96.32%；注册资本（金）7764.56亿元，同比增长21.52%，占全区的60.05%；从业人员125.34万人，占全区就业人口的96.38%。全区招商引资项目1450个，累计到位资金630.79亿元，同比增长38.8%。全区民间投资增长28.6%，居全国第一位，高于全区投资增速18.8个百分点，为全区固定资产投资保持稳定增长作出了重要贡献。

陕西省工商业联合会2018年工作亮点举措

一、开展“一带一路向西行”活动

“一带一路”倡议的实施使陕西再次站到了向西开放的前沿位置，为陕西加强与丝路沿线国家和地区互联互通、共享共建提供了难得历史机遇。

为进一步发挥工商联工作优势，引导陕西民营企业走出去，打造利益共同体，投身“一带一路”建设，陕西省工商联联合陕西广播电视台与绿地集团西北区域总部发起了“一带一路向西行”大型公益活动，通过组织专家、企业代表、媒体代表对“一带一路”沿线地区进行“向西行”大型公益巡访活动，全方位推动陕西民营企业和“一带一路”沿线各地进行经济、文化、资源、资金、市场等领域的交流合作。

活动受到了丝路沿线各地区的热烈欢迎和大力支持，取得了丰硕成果。一是扩宽深化交流合作。在丝路沿线省会城市与重要节点城市举行了多场论坛、交流与座谈活动，吸引了当地政府、商会、企业、媒体等多方代表的关注与参与，有力地推动了信息互通、文化交流与商业洽谈。二是助力发展“三个经济”。“枢纽经济、门户经济、流动经济”是陕西实现追赶超越的动力保证，“一带一路向西行”活动，高度契合国家发展战略与陕西追赶超越目标，引导企业通过与丝路沿线地区、企业的深入交流，将陕西丰富的文化、教育、旅游等资源推介出去，满足了企业市场需求、增强了双方互通互补，为陕西“三个经济”建设注入了源源不断的“丝路动力”。三是影响广泛效果显著。活动随行媒体中，有全国性媒体11家、省内主流媒体12家。据初步统计，包括新华网、人民网、中国新闻网、今日头条、网易新闻、新浪网等全国知名媒体网站共发文报道“一带一路向西行”活动300余篇，电视节目50余次，广播节目40余次，直播50余次，受众覆盖人次近5000万。

二、开展“坚定理想信念 增强发展信心——陕西非公有制经济人士访谈”暨民营企业家走进直播间活动

为坚定民营企业家理想信念，增强民营企业发展信心，引导、提升全省非公有制经济人士增强政治意识、大局意识、核心意识、看齐意识，陕西省工商联联合陕西广播电视台新闻广播《秦风热线》栏目组，开展了为期一年多（50期）的“坚定理想信念 增强发展信心——陕西非公有制经济人士访谈”暨民营企业家走进直播间的系列广播访谈活动。

此项活动是陕西省工商联依托电台广播形式开展宣传教育引导的新尝试，在一年多的时间里，先后邀请了50位在理想信念教育实践活动和“万企帮万村”精准扶贫行动中做出杰出贡献的企业家代表参与节目访谈，讲述他们的艰苦创业经历和企业发展历程。主流媒体对非公有制经济健康发展和非公有制经济人士健康成长如此高标准、大规模、全方位地进行宣传报道前所未有，活动实现了通过挖掘典型、树立典型、宣传典型，以典型的力量去影响人、感召人、引领人的积极作用。

活动聚焦陕西优秀民营企业家代表，用群众听得懂、喜欢听的方式传播陕西声音，得到了社会各界的广泛赞誉。活动反映了陕西非公有制经济人士诚实守信、脚踏实地、积极进取、不断创新的企业家精神；展现了民营企业家在实现陕西追赶超越过程中迸发出的强烈责任感和使命感；体现了非公有制经济人士对我国国情的深刻理解、对民族命运的理性思考和对当地经济社会发展的勇敢担当；营造了促进陕西民营经济追赶超越发展和鼓励百姓创业的强大舆论氛围，对于展示陕西经济社会可持续发展，树立陕西新形象起到了积极推动作用。2019年1月，活动受到《中华工商时报》2018年度省（副省）级工商联工作“创新中国”最佳案例表彰。

甘肃省工商业联合会2018年工作亮点举措

一、深入贯彻落实习近平总书记在民营企业座谈会上的重要讲话精神

积极推动省级领导联系商会、企业，与省委统战部每季度组织民营企业家座谈会，邀请省委、省政府领导听取民营企业家对改善营商环境、促进民营经济发展，引导民营企业参与脱贫攻坚、深化“千企帮千村”等问题的意见建议。协助省领导走访民营企业、商会，了解情况，帮助解决问题。积极推动相关政策出台和落实，与省委统战部共同完成了《关于构建“亲”“清”新型政商关系的意见》，以省委办公厅省政府办公厅名义印发。完成《甘肃省营商环境评价问卷调查与分析报告》，得到了省委林铎书记、省长唐仁健的充分肯定。组织开展了民营企业融资难融资贵、“亲”“清”新型政商关系构建、非公有制经济政策落实情况三个课题的专题调研。同时，加强与相关部门的协调配合，努力推动六项政策举措落地落实。积极开展企业融资服务，向省政府地方金融监管局、人民银行兰州中心支行推介符合条件有融资需求的商会及企业190家，20家银行与47家商会（企业）达成授信融资协议；甘肃邮储银行已向中小微企业发放贷款4000万元。积极搭桥政企对接平台，帮助解决企业发展的具体问题。积极组织近400家企业商会参加省委政法委、省发改委、省公安厅、省司法厅召开的座谈会，鼓励企业家、商会负责人畅所欲言，反映企业生产经营中面临的困难和问题。

二、深入实施“千企帮千村”精准扶贫行动

全省各级工商联深入推动“千企帮千村”精准扶贫行动，取得了良好成效。截至2018年12月底，参与我省“千企帮千村”精准扶贫行动的民营企业达到1587家、帮扶贫困村2357个、企业投入总金额36.77亿元，带动贫困人口38.38万人。启动实施“精准扶贫百村攻坚工程”。省工商联动员120余家企业、商会对口帮扶东乡、宕昌、西和、文县、通渭、漳县6个县、110个深度贫困村，累计实施项目40余个，投入资金1.8亿元，建设扶贫车间项目21个。向省扶贫办争取专项资金400万元，面向23个深度贫困县开展建档立卡户增收技能培训。兰州市工商联组织41家市直属商会通过物资捐赠、产业帮扶等措施参与甘南州部分深度贫困村精准扶贫工作。以产业带动脱贫。借助全国“万企帮万村”产业扶贫现场推进会在我省召开的契机，组织与会代表赴天祝县观摩“万企帮万村”精准扶贫项目，我省民营企业参与产业扶贫工作得到与会代表充分肯定。特别是甘肃远达集团将藜麦种植作为助推脱贫攻坚的突破方向，打造了产业基地带动脱贫模式，有力带动了贫困人口脱贫致富。充分发挥商会带动作用。在陇南市召开全省“千企帮千村”工作推进会暨民营企业、商会与陇南市农民专业合作社对接会，组织38家商会、122家企业与陇南市144个合作社进行了对接，签订了帮扶协议。促成全国工商联31个直属商会与我省23个深度贫困县及崇信县签订了对口帮扶协议。邀请北京、天津、重庆、广东等异地甘肃商会来甘开展精准扶贫考察对接活动，分别达成和落实了为东乡县捐建小学、向贫困群众捐赠电视等协议。唐仁健省长专门对省外商会、民营企业参与我省脱贫攻坚的义举作出批示并给予高度评价。加强东西部扶贫协作。邀请天津、福州、厦门、青岛4市工商联及企业家赴我省对口帮扶地区考察产业项目，召开津甘两地精准扶贫暨“大手拉小手·小手牵农户”产业扶贫推动会，落实对口帮扶工作。截至2018年12月底，参与东西部扶贫协作的东部民营企业达197家，帮扶贫困县33个，累计投入资金5.35亿元。不断拓宽帮扶渠道。在全国工商联“联成e家”消费扶贫平台上线“甘肃馆”“甘南馆”“临夏馆”，上架18个贫困县区的定点扶贫产品505个。协助全国工商联组织企业家280余人赴我省9个州（市）、兰州新区开展调研，促成产业项目、捐助项目14个。发挥典型示范带动作用。与省委统战部、省扶贫办、省农发行等联合评选30家民营企业、两家异地甘肃商会为“千企帮千村”第一批示范单位并授牌。推荐兰州鑫源现代农业科技开发有限公司、甘肃忠恒房地产集团有限公司两家民营企业荣获全国“万企帮万村”精准扶贫行动先进民营企业。

三、实施“民企陇上行”活动

省委、省政府高度重视“民企陇上行”活动，专门致信全国工商联主要领导，争取全国工商联加大对甘肃省的支持力度，促成全国工商联直属商会会长联席会议在我省召开，并利用中外知名商会联系广泛的优势，密集组织各类招商引资和项目推介活动，先后有多批次中外知名商会、企业负责人千余人来甘进行投资考察。收集甘肃省2018年重点招商项目166个，投资总额2834.82亿元；制作《甘肃省深度贫困地区特色产业招商合作项目册》，征集23个深度贫困县区特色产业项目252个，投资总额52.01亿元，并组织23个深度贫困县与全国工商联31家直属商会开展前期对接工作。重点围绕我省十大绿色产业项目、脱贫攻坚产业项目、高新科技产业项目开展招商，取得了良好成效。截至2018年12月底，“民企陇上行”活动签约项目131个、签约金额246.64亿元。

四、深入实施“双百千”培育工程

建立了全省“双百千”培育企业数据库，开展2017年度上规模民营企业调研，对全省424家2017年度营业收入1000万元以上的企业进行研究，开展了培育企业动态监测评估工作。召开部分上规模民营企业座谈会，及时掌握“双百千”培育工作中存在的问题和困难。联合省发改委推介全省重点领域项目42个，涉及民间投资1090亿元。与人民银行兰州中心支行召开民营企业和小微企业金融服务座谈会，推动金融机构加大政策落实力度。加大对企业家的培育力度，与省委统战部举办甘肃省非公经济代表人士第十二期高级培训班、全省非公经济人士示范培训班等，积极引导民营企业家自觉做爱国敬业、守法经营、创业创新、回报社会的优秀社会主义建设者。

五、着力推动破解发展难题

搭建政企对接平台，各级工商联推动落实党政领导干部联系商会、企业制度，省工商联每季度与省委统战部组织召开民营企业家座谈会，听取企业家意见建议。先后组织近400家企业、商会参加省委政法委、省发改委、省公安厅、省司法厅召开的座谈会；天水、平凉、庆阳、定西、金昌等市州工商联及时建议党委政府召开了座谈会、推进会，推动解决企业面临的困难和问题。着力推动破解融资难题，与人民银行兰州中心支行组织银企对接，促成全省20家省级银行业金融机构分别与7家在甘商会和40家民营企业达成战略合作协议。加强法律维权服务，深化与省检察院的合作，强化了检察服务室工作职能；与省司法厅达成法律进企业、进商会、进工商联机关的“法律三进”意见。深入推进和谐劳动关系构建，依托协调劳动关系三方机制，开展工资集体协商要约季活动，举办全省中西片区商会调解员培训班，开展商会调解工作。

六、大力支持民营企业“走出去”

组织我省民营企业与澳大利亚驻华商务公使邓博文一行座谈，围绕甘肃省民营企业与澳大利亚开展经贸合作进行交流。与中美国际商会、泰国中国企业总商会、马来西亚中国西部商会、澳大利亚国际商会等9个境外商会建立了友好商会和合作关系，组织民营企业家赴马来西亚、泰国、西班牙、德国开展经贸交流活动，与西班牙甘肃商会、德国甘肃交流（商）协会签订了友好商会协议，并分别建立了联络处。我省民营企业与境外商会、企业在装配式建筑、新材料新技术、商贸投资、生态产业、甘肃特色产业等方面达成合作意向。《甘肃日报》对省工商联组织我省民营企业“走出去”开展经贸交流合作进行长篇报道，引起了社会各界的广泛关注。

七、深化工商联改革创新

全面加强工商联自身改革。认真落实会领导联系县级工商联工作和会领导班子成员分片联系基层组织制度，开展兼职副主席、副会长定期轮值工作。指导兰州新区筹备成立了工商联，成立甘肃省工商联咨询委员会、青年企业家委员会等专门委员会，推荐酒泉市工商联获得“全国工商联系统先进集体”称号。举办了西北五省区工商联联席会议，共商工商联和商会改革发展问题。纠正发展会员设置资产门槛的“贵族化”倾向，明确省级工商联重点发展团体会员，不再发展企业会员和个人会员。

深入推进工商联所属商会改革。认真学习宣传贯彻中办、国办印发的《关于工商联所属商会改革和发展的实施意见》，通过调研掌握省直属商会底数，研究提出的《甘肃省关于促进工商联所属商会改革和发展的实施意见》已由省委办公厅、省政府办公厅印发，嘉峪关等市州工商联积极推进所属商会改革和发展工作。加强对商会的指导、引导和服务，成立了甘肃省青年企业家商会，指导筹备天津甘肃商会、北京甘肃商会。加大对软弱涣散省级商会的整顿力度，撤销了3家商会。推动“四好”商会建设，推荐10家省内商会入选全国工商联“四好”商会，通报表扬全省73家“四好”商会。

青海省工商业联合会2018年工作亮点举措

2018年在全国工商联的坚强领导下，在青海省省委统战部的精心指导下，青海省省工商联坚持以习近平新时代中国特色社会主义思想为指导，以推进“四个转变”实施“五四战略”和“一优两高”战略为主线，牢牢把握“两个健康”主题，认真贯彻落实党中央国务院和省委、省政府一系列决策部署，按照年初确定的“搭建一些载体、策划几件大事、突出活动特色，着重在提升影响力上下功夫”的目标任务，齐心协力、开拓进取，一些重点工作取得了显著成效。

一、思想政治引领扎实有效

一是2018年，我会坚持以习近平新时代中国特色社会主义思想为指导，把贯彻省第十三次党代会、全省非公经济发展大会、省委十三届二次全会、全国工商联十二大精神，与学习领会习近平总书记关于民营企业的一系列重要讲话精神作为首要政治任务，切实强化非公有制经济人士的思想政治引领，开展了全省民营企业庆祝改革开放40周年系列活动，通过召开座谈会、开办专题栏目、制作专题片等，使宣传教育工作持续推进，收到了良好的成效。2018年我会共在各级主流媒体宣传报道30余篇（次），刊发文章10余篇，在我会官网和微信平台共发布信息368条，出版增发《青海工商》杂志3期。

二是2018年11月1日，习近平总书记在民营企业座谈会上做出重要讲话后，省工商联全力协助省委、省政府先后三次召开专题座谈会，就认真贯彻落实习近平总书记重要讲话精神作了安排部署。为更好了解民营企业困难和问题，深入抓好六项政策落实落细落地，省工商联还组织开展了“大走访、大调研”活动，通过倾听心声、宣讲政策、形成典型案例上报省委、省政府，做到了主动发声、精准服务。2018年12月25日，王建军书记在省工商联“关于呈送《青海省工商联系统“大走访大调研”调研报告》的专报”上作了重要批示，这为下一步帮助民营企业解决现实困难和问题打下了坚实基础。

三是省工商联不仅高度重视企业家的思想政治工作，也非常重视企业家的身体健康。2018年12月上旬，由省总工会和省工商联联合组织了30位民营企业家赴三亚疗养。期间，安排了政策形势报告、交流座谈、健康讲座等活动，充分体现了省委、省政府及省总工会对民营企业家的亲切关怀，受到了民营企业家的好评。

二、招商引资工作成果显著

2018年，省工商联认真落实省委、省政府招商引资任务安排，配合青洽会（全称为“青海绿色发展投资贸易洽谈会”）组委会向50余家民营企业推送了招商项目，圆满完成了项目推介工作。青洽会期间，全国政协副主席、全国工商联主席高云龙出席开幕式并致辞；中国民间商会副会长魏立华、农业产业商会会长王均豪做了“青洽会”绿色发展论坛主旨演讲；举办了民营企业港澳台侨商项目对接暨专场签约仪式，共签订项目协议13份，涉及金额73.78亿元。组织民营企业参加经贸交流活动，积极配合省商务厅做好进口博览会参会筹备工作，组织企业参加了第十七届中国西部国际博览会、第十五届中国国际中小企业博览会等活动，进一步开阔了民营企业家的视野，为企业的发展搭建了平台。

三、经济服务能力大幅提升

2018年，省工商联把服务民企项目建设作为服务非公经济发展的重要抓手，年内完成了2017年青海省非公有制经济发展专项扶持资金5258万元的分配工作，以及 2018年度563个项目的评审、公示及扶持资金额度分配等工作，确定下达扶持资金14343万元。积极配合省委、省政府，成功申办2019年全国工商联常委会议和500强峰会。省工商联拟定的全国工商联常委会议和500强峰会“总体工作方案”，已经省政府常务会议和省委常委会议通过，此项工作将全面启动。同时，开展了民间投资第三方评估、法律维权、专家导师推荐、金融服务、银企对接等多种形式的服务，得到了非公企业和非公经济人士的充分肯定。

四、精准扶贫工作提质增效

一是深入开展了“户企结对”帮扶。通过采取“一企帮一户”或“一企帮多户”的形式，聚焦我省15个深度贫困县和 129个深度困难乡镇，采取更加集中的支持、更加有效的举措、更加有力的工作全力推进。截至2018年12月，参与“双百”精准扶贫行动的民营企业（商会）共有652家，帮扶贫困村1430个(其中建档立卡贫困村789个），投入资金近9亿元。在省委、省政府召开的2017年度全省脱贫攻坚表彰大会上，由省工商联推荐的青海可可西里实业开发集团等20家民营企业荣获“青海省2017年度社会扶贫先进单位”荣誉称号。

二是继续强化东西部扶贫协作，在青洽会期间，组织召开了援青省市工商联扶贫协作第二次联席会议，签订格尔木金田阳光小商品城项目等7个合作框架协议，进一步拓宽了援青省市工商联合作领域。

三是进一步拓展帮扶途径。组织青海好朋友乳业等7家民营企业参加全国“万企帮万村”消费扶贫专题展销活动。此外，在全国工商联指导和豫青两省工商联积极协作下，郑州医美健康产业集团积极响应健康扶贫，向我省捐赠了价值1296万元的医疗设备，帮助我省贫困地区群众保持健康；九天共享集团为我省刚察县残联无私捐助100万元，用于改善当地贫困残疾人生产生活条件。

四是扎实做好扶贫点扶贫工作。会党组成员经常带队进村入户开展开展调查研究，认真分析贫困状况及根源，针对扶贫村实际，发挥自身优势，制定了切实可行的产业扶持项目。2018年以来，顺利实施了9户养牛项目、4户养羊项目、17户拉面经济项目、1户小商店项目，6户资产收益分红项目，共实施到户产业扶贫项目贫困户37户，贫困人口175人，产业扶持资金94.5万元，现项目运行以来收益已初见成效。组织机关干部职工、商协会和民营企业进行精准帮扶，2018年帮扶慰问具乎扎村财物累计投入40余万元。同时，对家庭无力建房的贫困户，实施代建房项目5户，自建房1户，所需代建资金从青海省光彩事业促进会账户中列支。并积极协调西宁伟业建设集团有限公司对5户房屋代建户的围墙大门及院内地坪进行升级改造。期间，省工商联驻村工作队还积极向镇政府申请危房改造项目6户，现12户贫困户房屋已基本完工，达到入住条件。

五是省工商联积极联系“双百”精准扶贫行动中，与具乎扎村签约的西宁伟业房地产开发有限公司，通过前期充分调研后，拟在该村实施食用菌产业扶持项目，进行杏鲍菇种植。项目总投资约700万元，计划流转土地新建杏鲍菇标准化基地5亩，预计可增加固定劳动力就业30~50人。2018年下半年，会党组成员先后多次就此项目到昂思多镇政府召开协调会，该项目的前期考察论证工作已初步完成，项目用地已流转。项目方案、可研报告已通过镇党委政府，上报县政府相关部门，实施单位正在积极准备择期开工建设。

五、调查研究活动务实高效

一是积极协调参与全国工商联调研工作。圆满完成了徐乐江同志率全国工商联第二联系调研组成员及全国知名企业家在我省8个市（州）调研的协调、组织和服务工作，并形成了《全国工商联第二联系调研组赴我省开展调研总体情况报告》。王建军书记充分肯定了这次调研工作，并作了重要批示：“乐江书记带队来我省调研，活动内容多、作风很扎实，效果也很好。请匡湧同志指导工商联抓好后续工作，不断开创工商联工作新局面。”2018年10月中旬，由省委统战部副部长、省工商联党组书记、常务副主席李洪卫带队，共组织我省10名企业家和7名基层工商联干部，分赴浙江省11个市进行实地调研考察，形成了《青海省参与全国工商联第二联系调研组赴浙江调研情况报告》，得到了省委、省政府的高度重视。

二是组织开展了民营企业高质量发展情况调研、民营企业参与“一带一路”建设情况调研以及上规模民营企业和中小型民营企业调研工作，撰写了相关调研报告上报全国工商联，得到了全联的充分肯定。

三是2018年年底，省工商联开展了“大走访、大调研”活动，形成了专题调研报告并上报省委、省政府，得到了省委、省政府主要领导的高度重视。

四是2018年向省政协提交团体提案14件、提交大会发言2份。共办理和回复省人大建议4份，省政协提案3份，积极履行和发挥了参政议政职能作用。

六、基层组织建设逐步夯实

一是省工商联组织建设实现了新突破。在省级层面，经省委批准，省编办为省工商联核增2名专职副主席职数，领导班子成员达到1正5副，年初已全部配齐，加强了工作力量。在县级层面，对全省未完成“一个设立、五个有”县级工商联情况进行了全面梳理，撰写了《青海省县级工商联“一个设立、五个有”完成情况报告》，下发了《青海省工商联2018年“五好”县级工商联建设工作实施方案》。

二是完成了非公经济代表人士信息库建设，建立了488名年轻一代非公有制经济代表人士信息库，推荐了21名新的社会阶层代表人士，并推荐上报了105名党外代表人士后备人选名单，建立了相应信息数据库。

三是转变工作方式，首次在德令哈市召开省工商联常委会，期间，在海西州委、州政府的大力支持下，举办了特色产业项目推介会，共签订项目14个，签约金额37.89亿元，开展了“医美健康扶贫海西行”，捐助了39台价值116.22万元的医疗设备，这些活动的开展既为企业家搭建了更加广阔交流平台，也有力助推了地方经济发展。

宁夏回族自治区工商业联合会2018年工作亮点举措

2018年，宁夏回族自治区工商联以习近平新时代中国特色社会主义思想为指导，深入学习贯彻党的十九大和自治区第十二次党代会精神，特别是习近平总书记在民营企业座谈会上等重要讲话精神，坚持“政治建会、团结立会、服务兴会、改革强会”，围绕“两个健康”工作主题，聚焦自治区“三大战略”等决策部署，按照“六个始终坚持”的要求，开拓进取，狠抓落实，较好地完成全年各项工作任务。

一、深入学习宣传贯彻习近平新时代中国特色社会主义思想，在学懂弄通做实上下功夫，思想政治引领取得新成效

把学习宣传贯彻习近平新时代中国特色社会主义思想和党的十九大精神作为首要政治任务，坚持用党的创新理论武装头脑、指导工作，强化政治建会。

（一）突出学习重点

自治区工商联及时下发通知，制定工作方案，对学习贯彻党的十九大、习近平总书记给民营企业家的回信等作出安排部署。班子成员带头，会同自治区党委讲师团开展党的十九大精神进机关、进企业、进商会巡回宣讲。市、县（区）工商联主动作为，采取召开执委会、民营企业座谈会等多种形式，开展集中宣讲、学习研讨和专题培训，组织商会和广大民营企业家，深入学习贯彻党的十九大精神和习近平总书记在民营企业座谈会、庆祝改革开放40周年大会等重要讲话精神，引导广大民营企业家树立“四个意识”，坚定“四个自信”，增强发展信心，做到“两个维护”。特别是面对复杂多变的国际局势和“国进民退”“民营企业离场”等错误言论，宁夏回族自治区广大民营企业家听党话、感党恩，跟党走、强信心，心无旁骛做实业，表现出良好的政治定力和大局意识。

（二）创新学习方法

创新学习宣传的平台手段和方式方法，通过商会杂志、微信公众号、“智慧工商联”手机APP等媒体，及时推送学习辅导内容，摘编中央和自治区支持非公有制经济发展的政策措施，增强宣传教育和思想引导的针对性、实效性。结合庆祝改革开放40周年和自治区成立60周年，深度挖掘、遴选、推荐民营企业发展典型事例和优秀成果，在中央和自治区新闻媒体广泛宣传，在自治区成立60周年大型成就展中，协调设立区域推出展览，成功举办民营经济发展成果展，广泛宣传民营经济发展典型。自治区工商联编印《宁夏商会》民营经济发展专刊，银川市拍摄5集电视政论片《“非”凡之路》，吴忠市开展非公有制经济“十大杰出人士”评选活动，全面宣传改革开放40年来民营经济发展取得的历史性成就，取得了良好的引领效果。

（三）持续开展理想信念教育

以“不忘创业初心、接力改革伟业”为主题，以弘扬企业家精神、争做新时代典范为重点，制定方案，印发通知，将阶段性集中活动转化为常态化工作，深入开展非公有制经济人士理想信念教育。探索有效载体和长效机制，结合教育培训、精准扶贫、光彩事业等，推动理想信念教育常态化、制度化。固原市工商联依托六盘山、将台堡等红色教育资源，开展系列主题教育和演讲比赛，丰富理想信念教育方式和内容。组织实施民营企业家能力素质提升行动，突出民营企业负责人和年轻一代教育培养，自治区工商联在清华大学、浙江大学、上海交大等知名高校先后举办7期培训班，培训人员350人次。各市、县（区）工商联采取“走出去”“请进来”等多种方式，加强非公有制经济人士教育培训。据统计，全区工商联系统共举办各类培训班50多场次，培训人员近3000人次。

二、聚焦经济社会发展大局，在参与脱贫攻坚上下功夫，非公有制经济人士履行社会责任有了新贡献

围绕贯彻落实脱贫富民战略，坚持尽力而为、量力而行的原则，组织民营企业和商会与贫困村“牵手”“联姻”，促进产业发展、乡村振兴，助力精准扶贫。

（一）推广经验做法，提高帮扶的精准性

在同心县召开“助力脱贫攻坚”暨“百企帮百村”行动推进会，表彰“百企帮百村”先进企业和商会，观摩产业扶贫项目示范点，总结推广产业富村、项目兴村、捐赠帮村、消费助村、资金扶村等经验做法，助力贫困村发展壮大适宜的产业，拓宽农民增收渠道。组织20家非公有制企业和11家商会负责人走进贫困村，结合实际与乡（镇）、贫困村等共商帮扶方式和项目，精准帮扶西吉、海原、同心等30个贫困村。

（二）健全配套机制，创造良好的帮扶环境

会同农发行宁夏分行出台金融支持政策，为参与精准扶贫的企业提供优惠信贷等金融支持。组织全国工商联“万企帮万村”台账管理信息系统培训，建立精准扶贫管理台账和微信群，开展帮扶项目督导，促进计划落实。举办百名闽商助力闽宁协作交流会，与福建省工商联签订合作交流补充协议，协调捐赠300万元用于我区精准扶贫。及时汇总各企业和商会参与精准扶贫情况，总结提炼经验做法，加强典型宣传，营造良好氛围。

（三）多方积极参与，扩大帮扶的效果

学习贯彻习近平总书记回信精神，组织动员非公有制企业和商会，积极参与统一战线“百企帮百村”助力脱贫攻坚行动和捐资助学、帮扶济困等慈善活动。自治区工商联副主席党彦宝、宁夏宝丰集团的燕宝基金2018年新增捐款2.9亿元，资助学生9.1万人（累计捐款16.53亿元、资助学生16.99万人）。吴忠仪表、中航塞外香、天元锰业、银川城建集团、正丰建设集团5家民营企业向深度贫困村开展结对帮扶。宁夏德福葡萄酒有限公司荣获全国“万企帮万村”精准扶贫行动先进民营企业。全区各级工商联共组织动员483家民营企业，帮扶367个建档立卡贫困村，实施各类帮扶项目近1000个，累计投入资金近21亿元，非公有制经济人士履行责任、回报社会的担当意识进一步彰显。

三、着眼促进“两个健康”，在创新服务平台和方式上下功夫，推动非公有制企业高质量发展有了新进展

深入贯彻自治区第十二次党代会和全区民营经济发展推进会精神，发挥桥梁纽带和助手作用，引导民营企业贯彻落实新发展理念，加快推进民营经济转型发展。

（一）开展“送政策·进民企”活动

汇编中央和自治区有关支持非公有制经济发展的优惠政策，印刷两批次1100多册送到企业。发挥企业家副主席作用，在银川建发集团和吴忠仪表举办“送政策·进民企”培训班，邀请知名专家解读国内外经济环境和民营经济发展形势，邀请政府经济部门负责人面对面解读政策，填平政企之间的信息鸿沟。在银川、吴忠、石嘴山等地举办银企合作恳谈会和金融产品推介会，邀请自治区金融工作局和银行负责人解答金融政策，介绍融资途径，搭建金融合作平台。持续推广宁夏投融资服务平台，累计注册会员3.2万个，实现融资额8.9亿元，帮助民营企业缓解融资难、融资贵。成立法律服务委员会，建立特约律师库，持续开展法律“三进”活动，举办法律讲座7场，近千人次参加培训。

（二）开展重大课题调研

聚焦企业发展重点难点问题，认真制定调研方案，由班子成员带队，部分企业家副主席和执委常委参加，围绕关于营造我区良好营商环境、民营企业高质量发展、工商联所属商会改革发展等重点课题，深入各市、县（区）和企业、商会开展调研。会同自治区政协经济委员会开展融资难、融资贵专题调研。共撰写7篇调研报告上报自治区党委、政府和全国工商联，其中对《关于营造我区良好营商环境的调研报告》，石泰峰书记、咸辉主席等5位自治区领导作出重要批示，给予充分肯定。

（三）开展对外经贸交流合作

梳理汇总民营企业助推宁夏创新发展大会签约项目进展情况，协助相关市、县（区）政府推动签约项目落地，积极牵线搭桥，先后多次赴上海、浙江等地精准对接，促成京东集团、长城影视等全国民营500强企业来宁考察和投资合作，服务地方经济发展。组织民营企业参加进出口博览会、广交会等系列商贸活动，帮助企业“走出去”寻求新商机、新空间、新领域。主动参与银川“丝路经济园”建设，吸引区内外企业和商会入园投资置业。协助举办宁商大会等系列活动，开展合作交流和产业推介。助力特色农产品企业走出去，协助自治区商务厅、博览局和吴忠市政府等，在重庆、哈尔滨、昆明、济南、广州等地召开9场次宁夏特色优势产业对接洽谈会。组织相关市（县）、商会和7家特色农产品企业，参加京东生鲜战略发布会，在“京东快线”建立特色农产品线上销售平台，探索运用新平台、新手段助推我区特色产业“走出去”的新路径。

（四）协调解决企业困难

针对企业反映的个性问题，及时协调转交政府相关部门研究解决。对企业反映的融资难、融资贵等普遍性问题，及时收集整理，通过协商渠道报政府相关部门研究解决。协调建设、环保、税务、金融等部门走进商会，与企业家面对面座谈，帮助企业解读政策，现场答复反映的问题，促进惠企政策落地落实，积极为企业排忧解难。

新疆维吾尔自治区工商业联合会2018年工作亮点举措

一、坚定实施“四走”活动三年规划

新疆维吾尔自治区工商联于2018年3月正式启动走出机关、走向基层、走入商会企业、走进企业家心中的“四走”活动，迈出三年规划的第一步。从会党组书记做起，统筹协调落实工作，在不影响日常工作的情况下，以乌鲁木齐区域为重点，积极下沉蹲点对口联系商会企业。我们大力宣传贯彻习近平新时代中国特色社会主义思想和党的十九大精神，宣传贯彻习近平总书记系列重要指示批示和重要讲话精神，宣传贯彻党的理论路线方针政策，宣传贯彻自治区党委各项决策部署，践行“亲”“清”新型政商关系；同时改进机关干部工作作风，提升工商联干部服务商会企业发展的能力和水平，增强组织凝聚力、向心力和执行力，实现商会企业和工商联干部共赢发展。对于了解到的商会企业的思想政治问题，我们结合非公有制经济人士理想信念教育实践活动，以弘扬企业家精神、争做新时代典范为重点，以年轻一代非公有制经济人士为着力点，加强沟通、认真疏导，引导广大非公有制经济人士践行社会主义核心价值观，争做优秀中国特色社会主义事业建设者。对于商会企业存在的生产经营问题，我们采取分类式处理的方法：一般性问题，通过“四走”工作人员宣传政策，消除疑惑；较大性问题，如政策落实不到位的问题，由工商联部门领导带队到相关职能部门沟通协商解决；重大性问题，如融资、物流、企业战略等方面，企业自身难以解决的问题，由工商联副主席、副会长牵头组成协调小组，摸清情况，掌握政策，推动解决；全局性问题，通过专报形式报自治区党委和政府，通过高层推动加以解决。“四走”活动已经实现自治区工商联直属商会全覆盖，已走访上百家企业，收集情况反映和意见建议上百条，形成200多条信息和近百份调研报告，在商会企业中产生广泛影响。

“新疆维吾尔自治区工商联：‘四走’活动激发服务创新活力”被全国工商联评为2018年度工商联（商会）工作“创新中国”优秀案例。“四走”活动中，我们深入制造业、外贸、金融、文化旅游等不同类型企业走访调研，研究提出了贯彻落实总书记讲话精神促进自治区民营经济发展的16条建议，上报自治区人民政府后，得到了自治区张春林常务副主席的重要批示，一些观点和主张被吸收到自治区党委、自治区人民政府印发的《关于大力促进民营经济健康发展的若干意见》（新党发〔2018〕35号）正式文件中。

二、全力推进“中国光彩事业南疆行”活动

新疆维吾尔自治区工商联认真贯彻落实新发展理念，用好稳定红利，助力“1+3+3+改革开放”工作部署，大力引导全区工商联系统和广大非公有制经济人士服从服务和融入国家、自治区发展战略，投身防范化解重大风险、精准脱贫、污染防治“三大攻坚战”和丝绸之路核心区建设、乡村振兴战略以及旅游业发展三项重点工作，发挥独特作用，做出积极贡献。

我们根据自治区党委、人民政府的工作部署要求，深入贯彻落实全国工商联“工商联系统援藏援疆电视电话动员会”精神，及时召开党组会、主席办公会和自治区工商联（总商会）十一届三次常委会，认真传达学习和研究部署，坚持稳中求进总基调，积极与全国工商联和中国光彩指导中心对接沟通，多次配合内地民营企业家赴南疆四地州开展“中国光彩事业南疆行”专题调研项目考察活动，安排会领导和企业家副主席、副会长、常委、执委深入南疆四地州和北疆、东疆部分地州市和企业调查研究，拟定镶产业扶贫行动试点方案和“中国光彩事业南疆行”招商推介活动、宣传教育片拍摄工作方案，筛选确定产业援疆招商项目、消费扶贫供应商名单和小微企业帮扶项目，编印优惠政

策目录，推动全国工商联系统和非公有制经济资源助力新疆打好打赢精准脱贫攻坚战。“中国光彩事业南疆行”落地项目签约大会于2018年10月28日在乌鲁木齐举行，签订合同项目84个，投资金额157.23亿元。项目主要涉及纺织服装、轻工建材、农业产业化、电子产品组装加工等四个劳动密集型产业，将带动南疆四地州15.54万农牧民富余劳动力转移就业。认真贯彻落实2018年7月19日陈全国书记、朱海仑副书记重要批示精神，按照自治区党委统战部的部署要求，本着“试点先行、稳步推进”的原则，指定两名会领导具体抓，协调安徽、广东两省及有关市工商联、省援疆前方指挥部和和田、喀什地区，扎实稳妥推进新疆馕产业扶贫试点工作并取得积极进展，分别在安徽、广东省开设运营7个和1个扶贫烤馕店（点），实现22名和田、喀什贫困人员转移就业。

新疆生产建设兵团工商业联合会2018年工作亮点举措

2018年，兵团工商联以习近平新时代中国特色社会主义思想为指导，深入学习贯彻党的十九大、十九届二中、三中全会和中央经济工作会议精神，深入学习宣传贯彻习近平总书记在民营企业座谈会上重要讲话和给“万企帮万村”行动中受表彰的民营企业家回信重要精神，落实以习近平总书记为核心的党中央治疆方略和对兵团定位要求，聚焦新疆工作总目标，贯彻落实自治区党委九届四次和兵团党委七届三次全会精神，紧紧围绕兵团党委中心工作，坚持“政治建会、团结立会、服务兴会、改革强会”，工商联各项工作取得明显成效。

一、深入学习贯彻习近平总书记重要讲话精神

2018年11月1日，习近平总书记主持召开了高规格的民营企业座谈会，在民营经济发展史上具有里程碑意义。兵团工商联把深入学习宣传贯彻习近平总书记在民营企业座谈会上的重要讲话和给“万企帮万村”行动中受表彰的民营企业家回信重要精神作为首要政治任务，迅速部署兵师工商联和广大民营企业深入学习宣传贯彻总书记重要讲话精神，掀起学习宣传贯彻的热潮，鼓励民营企业家坚定企业发展信心，引导教育民营企业家感党恩、听党话、跟党走。11月中旬，为学习贯彻习近平总书记在民营企业座谈会上重要讲话精神，广泛开展兵团民营企业发展情况调研活动。12月8日，组织50名民营企业家参加兵团民营企业座谈会。12月17日，召开兵团工商联主席座谈会，重温习近平总书记重要讲话，传达兵团民营企业座谈会和孙金龙书记在兵团民营企业座谈会上的重要讲话精神。

二、持续开展非公有制经济人士理想信念教育

以“不忘创业初心、接力改革伟业”为主题，引导教育兵团非公有制经济人士坚定理想信念，牢固树立“四个意识”，坚定“四个自信”，做到“两个维护”，扎实开展非公有制经济人士理想信念教育活动。2018年3月，组织100余名非公代表人参加学习宣传贯彻党的十九大精神专题培训班。5月，组织20名兵团民营企业家参加了全国工商联第三期民族地区小微企业经营者培训班。7月，为弘扬革命传统，传承红色基因，强化理想信念教育，组织兵团非公有制经济人士代表参加延安革命圣地红色培训。组织师（市）工商联负责人和非公经济人士分3期参加全联专职副主席培训、非公经济党组织书记培训示范班和非公经济人士执常委的培训。9月，配合兵团商务局、兵团党委宣传部等12个部门和单位开展“诚信兴商宣传月”工作。10月，组织兵团工商联直属商会负责人参加非公企业商（协）会劳动争议预防调解示范培训班。12月，组织兵团工商联五届领导班子、师市工商联负责人、各商会（协）会的企业家近100人参加宪法知识专题讲座和法治体检。为纪念改革开放40周年，推荐兵团工商联企业家副主席钟建国被表彰为全国改革开放40年百名杰出民营企业家。推荐新疆翔宇建设工程有限公司施工总监董慧明为民营企业优秀员工，推荐新疆农六师煤电有限公司总经理李庆新为优秀民营企业家，推荐铁门关市新兴纺织有限公司为全国就业与社会保障先进民营企业。

三、工商联组织体系建设

把学习贯彻落实《关于促进工商联所属商会改革和发展的实施意见》（厅发〔2018〕30号，以下简称《实施意见》）作为工商联重要工作，及时向兵团党委汇报，并就贯彻落实《实施意见》提出建议，2018年11月3日，兵团召开党委常委会议学习《实施意见》，并就落实《实施意见》作出部署。为健全工商联领导班子，7月9日召开兵团工商联五届二次执委会议，会议选举宋光杰同志为兵团工商联（总商会）主席（会长），增补朱振军同志为兵团工商联（总商会）副主席（副会长）。10月中旬，组织直属商会和团体会员参加全联商会调解示范培训班。指导成立兵团无人机行业协会和四师可克达拉市葡萄酒行业商会，启动对该商会兵团东方智慧企业家联合会解散清算工作，配合兵团民政局基本完成对直属商会2017年度审核工作。制定印发《兵团工商联2018年“五好”工商联建设实施方案》，指导规范师（市）工商联“一个设立、五个有”建设。推荐第八师石河子市工商联被表彰全国工商联系统先进集体。为加强兵团非公企业党建工作，完成对各师（市）工商联建设摸底工作，报请兵团党委常委会议同意《关于在兵团工商联设立党建工作机构的建议》。推选新大地实业有限公司党委《发挥党组织党员作用促进企业健康发展》党建论文参加全国工商联“党旗在非公经济领域高高飘扬”的征稿工作。根据兵团党委组织的《关于兵团工商联（总商会）兼职副主席、常委、执委查核情况通报》情况，依法依规向兵团党委统战部提出有关执常委的处理意见。按照全国工商联、自治政协和兵团党委组织部转来反映推荐的人大代表、政协委员有关问题的信件，落实荣威集团公司100万元捐款，及时报送调查结果。

四、推动兵团民营企业高质量发展

贯彻新发展理念，积极开展调研，建议献策，助推兵团民营企业实现高质量发展。2018年7月，协助做好中央统战部副部长、全国工商联党组书记徐乐江率全国工商联第二联系调研组赴新疆、兵团辖区开展民营企业高质量发展和商会建设情况调研活动。8月，先后赴大连、天津、青岛港口城市就劳务输出有关问题进行调研，形成专题报告报兵团党委。10月，组织协调参与兵师工商联干部和部分民营企业家赴浙江调研学习。11月，为贯彻落实习近平总书记在民营企业座谈会上的重要讲话精神，协助兵团发改委组成5个调研组对兵团民营经济发展情况进行调研，为兵团党委出台鼓励支持民营企业发展方面提供决策依据。对2017年度民营企业500强的八师天山铝业和六师煤电开展调研，形成经验材料转发各师市和执委学习借鉴。完成2017年度兵团上规模民营企业调研报告、兵团民营经济发展报告和民营企业履行社会责任调查报告。加强与发改委、工信委等部门协作配合，协助完成《兵团实施乡村振兴战略的实施意见》《工商联落实2018年一号文件精神的情况报告》和《兵团民营企业参与“一带一路”建设情况报告》等工作，为民营企业参与重点工作和重大项目积极建言献策。

五、助力兵团向南发展和招商引资工作

坚决贯彻落实以习近平总书记为核心的党中央治疆方略和对兵团的定位要求，以落实中发3号、中办发74号文件为统领，聚焦新疆工作总目标，引导教育广大非公有制经济人士积极参与深化兵团改革、向南发展和脱贫攻坚。根据中央统战部副部长、全国工商联党组书记徐乐江关于全国工商联支持兵团向南发展六个方面的批示精神，按照兵团党委主要领导关于落实徐乐江同志批示的指示精神，积极与党委南疆办、发展改革委、工信委等部门沟通，围绕脱贫攻坚、产业发展、聚集人口等方面形成《兵团落实全国工商联支持兵团向南发展的建议》，经兵团领导同意后报送全国工商联。贯彻落实全国工商联援藏援疆电视电话会议精神，积极与对口援疆省市工商联加强联系，争取政策和项目支持，助力兵团向南发展。北京、天津、河南、浙江工商联已到兵团对口援助师市开展前期调研工作。2018年5月，中央统战部光彩事业促进会、全国工商联调研考察光彩事业“南疆行”成果，结合南疆师市经济社会发展实际，提出南疆师团“扶贫车间”、脱贫攻坚项目和光彩项目，在南疆师市“三库三制度”项目库中筛选适合民营企业投资项目62项。主动与红豆集团、苏宁电器、正邦集团等500强民营企业联系，推介南疆师团和宣传招商政策。积极组织辖区民营企业参加第六届亚欧博览会、西博会，200余家民营企业参加在北京市、天津市、深圳市、江西省、河南省、陕西省等省（市）召开的兵团招商引资项目推介会。协助一师阿拉尔市、六师五家渠市、十二师、十四昆玉市师先后在北京、天津省、山东、河南等地开展10余次推介活动，共邀请企业350余家民营企业。

六、积极开展光彩事业和“民族团结一家亲”活动

提高政治站位，以多种形式开展“百企帮百连”和“民族团结一家亲”活动，推进脱贫攻坚工作。强化政治意识，扎实做好“访惠聚”驻连（村）工作。认真履行派出单位第一责任人的责任，选派两名优秀干部参加“访惠聚”工作。增强大局意识，促进新疆社会稳定。引导教育广大非公有制经济人士牢固树立“没有与稳定无关的人、没有与稳定无关的事”的维稳意识，紧紧围绕新疆工作总目标，在做好企业安全生产和稳定工作的同时，积极参与当地社区维稳工作。在兵团工商联五届二次执委会上，倡议民营企业为解决南疆师市访惠聚工作队生活和工作条件开展公益捐赠活动。已有40家企业捐赠50多万元。

七、工商联机关自身建设

深入学习贯彻习近平新时代中国特色社会主义思想和党的十九大、十九届二中、三中全会精神，认真贯彻落实以习近平同志为核心的党中央治疆方略和对兵团定位要求，牢固树立“四个意识”，增强

“四个自信”，坚决做到“两个维护”，确保以习近平总书记为核心的党中央“定于一尊、一锤定音”的权威。始终把党的建设摆在突出位置，紧盯落实巡视整改任务，加强和改进工商联党的建设。贯彻落实《中国共产党支部工作条例（试行）》，落实“三会一课”组织生活制度，以落实组织生活制度推动工商联工作，以推动工商联工作检验党建工作成效。自觉践行“亲”“清”新型政商关系，学习贯彻《党章》《关于新形势下党内政治生活的若干准则》和《中国共产党党内监督条例》，加强和改进工商联机关作风建设。修改完善了《兵团工商联党组议事规则》《兵团工商联（总商会）主席（会长）议事规则》《兵团工商联财务管理制度》等制度，工商联机关建设取得新成效。